《圕学新论丛》编审委员会

一流大学图书馆

治理能力现代化的探索与实践

主　编◎党跃武
副主编◎张盛强　李禾　姜晓

圕学新论丛

四川大学出版社

项目策划：何　静　张伊伊
责任编辑：张伊伊
责任校对：宋　颖
封面设计：墨创文化
责任印制：王　炜

图书在版编目（CIP）数据

一流大学图书馆治理能力现代化的探索与实践 / 党跃武主编. — 成都 : 四川大学出版社, 2020.10
ISBN 978-7-5690-3435-6

Ⅰ. ①一… Ⅱ. ①党… Ⅲ. ①院校图书馆－图书馆管理－现代化管理 Ⅳ. ①G258.6

中国版本图书馆 CIP 数据核字（2020）第 154966 号

书名　一流大学图书馆治理能力现代化的探索与实践

主　　编	党跃武
出　　版	四川大学出版社
地　　址	成都市一环路南一段 24 号（610065）
发　　行	四川大学出版社
书　　号	ISBN 978-7-5690-3435-6
印前制作	石　慧
印　　刷	四川盛图彩色印刷有限公司
成品尺寸	170mm×240mm
印　　张	32.5
字　　数	567 千字
版　　次	2020 年 10 月第 1 版
印　　次	2020 年 10 月第 1 次印刷
定　　价	128.00 元

扫码加入读者圈

◆ 读者邮购本书，请与本社发行科联系。
电话：(028)85408408/(028)85401670/
(028)86408023　邮政编码：610065
◆ 本社图书如有印装质量问题，请寄回出版社调换。
◆ 网址：http://press.scu.edu.cn

四川大学出版社
微信公众号

把能力建设放在首位，加快一流大学图书馆建设

（代序）

党跃武

承文翁之教，继蜀学渊源，熔中西一炉，与时代同行。自1704年锦江书院藏书之轩、1875年尊经书院尊经阁和1896年四川中西学堂藏书楼肇始，四川大学图书馆植根巴蜀大地，服务学校百廿发展，致力民族伟大复兴，荟萃灿烂中华文明，吸纳优秀外来文化，是中国西部历史最久、规模最大的图书馆。迎着东风，拥抱未来，这是中国伟大的新时代。充满豪情，不负担当，这是我们共同的新时代。在新的历史起点上，四川大学图书馆坚持以习近平新时代中国特色社会主义思想为指导，把以学习能力、服务能力、管理能力和发展能力为重点的图书馆能力建设放在首位，加快一流大学图书馆建设，在全面推进学校“两个伟大”——党的建设新的伟大工程和一流大学建设新的伟大事业中，不断取得新的胜利。

一、拿好“接力棒”，打造“新亮点”

当前，中国图书馆事业和高校图书馆事业都处于历史上的最好发展期和重大机遇期。把握立德树人根本任务，服务人才培养首要任务是高校图书馆发展的根本方向。为此，四川大学图书馆紧密围绕学校“两个伟大”，加快推进以“四位一体信息资源构建计划”“四类高端知识服务打造计划”“四季书香阅读推广发展计划”“四大特色文化资源开发计划”为主要内容的一流大学图书馆建设方案，努力形成高契合度和高水平的高校图书馆事业创新发展的新局面。

一是事业发展重效益。

以“十个进一步”为着力点，加快推进一流大学图书馆建设，各项管理服务不断取得新的进展，深度融入学校各项事业发展之中，即以主题教育和巡察整改为重点，进一步加强党建和思想政治工作；以管理服务效益评价为牵引，进一步提升文献信息资源保障能力；以发掘特色文化资源为抓手，进一步提高文献资源开发利用水平；以建设学校发展智库为目标，进一步打造品质化高端化知识服务；以一体化服务和空间再造为根本，进一步提升师生管理服务体验；以信息服务平台建设为基础，进一步支撑管理服务全面升级转型；以系列化精品项目为载体，进一步推进书香川大和学习文化建设；以立德树人根本任务为引领，进一步构建新时代文化育人新体系；以特色化融合媒体平台为路径，进一步提升管理服务社会影响力；以管理协同创新为关键，进一步推进治理体系和治理能力现代化。

二是基础服务重根本。

在管理服务中，把夯实基础服务工作放在重要位置上，为学校发展、科学研究和人才培养等提供了有力的发展保障和重要的智力支持。现有纸质文献 819 万册，可访问中外文文献数据库 325 个，拥有电子期刊 11.7 万种、电子图书 280 余万种和中文音视频近 20 万小时。近三年，新到中外文图书 20 万余种、36 万余册，完成国内外科技查新 800 余项，代查代检 11200 余项；教学周开放时间从 108.5 小时延长至 115.5 小时，到馆师生 1200 万人次，借还纸本图书超过 400 万册次，数字图书馆访问量超过 5 亿次，电子资源下载量和纸本图书借还量等重要管理服务数据均名列全国双一流高校前五位；4000 余人次参加图书馆大学生志愿者队服务，工作时长 8.3 万小时。

三是创新服务重引领。

以特色化、定制化、开放式、个性化的知识服务和创新服务为引领，构建面向师生、面向社会和面向发展的现代化文献信息资源建设体系、服务体系和安全体系。在全国率先发起成立四川省双一流高校图书馆建设联盟，面向公共图书馆、高校图书馆、科研系统文献中心、文献服务联盟等图书情报机构实施协同创新发展战略。近三年，积极建设全国首家高校红色文献主题空间“学习书屋”、全国首家省方志馆高校分馆“天府文库”、全国首家高校图书馆“馆史展览馆”、个性化学科发展智库“知识服务速报”、富集性文化育人平台和学人文库“明远文库”、榜单式阅读报告“明远学习榜”、集成化线下文化展览空间“明远展厅”、开放式双创教育空间“圜学新工坊”、定制化指尖图书馆服务系统“明远驿站”、主题文化阅览空间和晨读空间“进德堂”“桂苑”“花间”“湖畔”、多元化校外访问平台“大川为朋（SCUVPN）”、特色化机构知识库“大川智圜”等创新服务，管理服务能力不断提高，管理服务体系不断优化。

二、坚持“两手硬”，打造“新引擎”

自“新冠”疫情发生以来，四川大学图书馆领导班子带领全馆党员、干部和职工，认真学习习近平总书记近期重要讲话精神，坚决落实党中央、国务院和教育部、四川省、成都市以及学校的工作部署和要求，制定和实施一系列战“疫”服务措施，进一步加强数字资源和网络服务保障工作，为广大师生提供更加专业、及时、主动、周到的服务，以重大突发事件应急服务能力建设和管理为“试金石”，打造提升服务品质的“新引擎”，已经取得疫情防控和事业发展“同步抓、两不误”的初步成效。

一是加强领导抓落实。

图书馆党政班子在疫情防控阻击战中积极主动履职，带领全馆干部和职工，努力做到“服从大局促稳定、关爱师生重安全、恪尽职守保运行、积极思考解新题”，充分保证疫情防控和管理服务落实落细落地。

二是主动出击亮新招。

及时推出免费资源和OA资源等多项战“疫”专题服务，特别是在已有教材教参选荐用平台的基础上，与教务处等合作开展线上电子教材服务，为线上教学提供资源保障。

三是手段有力保运行。

切实保障图书馆数字资源和网络服务稳定运行，进一步优化升级“大川为朋（SCUVPN）”系统，开通试用新数据库，提供多种访问认证方式，为师生使用数字资源提供技术支持和资源保障。

四是多途并举推服务。

积极推送和大力宣传图书馆战“疫”服务工作，充分利用两站两微两端（“智慧川大”网站和“明远驿站”服务，微信和微博，校外访问和移动图书馆客户端）的融媒体平台，让广大师生更加方便、快捷地了解和使用图书馆战“疫”服务。

五是统筹协调出实效。

努力保证图书馆战“疫”服务工作有序开展，加强与学校党政办公室、学生工作部、研究生工作部和教务处等部门的联系，进一步了解师生服务需求，与校内外单位协同开展抗击“新冠”疫情阅读推广和资源服务等活动。

六是奋发向上显担当。

为弘扬伟大的抗疫精神，立足图书馆本职岗位，面向全校抗疫一线医务工作者提供贴心和细致的专项服务，通过优质服务向抗疫一线人员学习，向抗疫一线人员致敬，不断激发建设一流大学图书馆的热情和干劲。目前，四川大学图书馆战“疫”服务和事业发展工作正在积极、稳定、持续、有效开展之中。

三、用好“金钥匙”，打造“新硬核”

在建设一流大学图书馆不断取得新进展的基础上，为巩固拓展“不忘初心、牢记使命”主题教育成果，努力打造一流大学图书馆建设“川大力量”，四川大学图书馆必须用好建立“不忘初心、牢记使命”的制度、坚持和完善中国特色现代大学制度的“金钥匙”，打造一流大学图书馆建设持续发展的“新硬核”，要坚持“一个中心”，即围绕中心定位、服务中心对标和融入中心对标。

一是围绕中心明方向。

要充分认识和强调，在高等教育发展中，在学校“两个伟大”中，一流大学图书馆建设要“上舞台”“上阵地”“上前线”，既是“功成不必在我”的基本方面军，更是“功成必定有我”的重要生力军，还是“功成一定是我”的强大主力军。

二是服务中心明目标。

要将中国梦、川大梦和一流大学图书馆建设紧密结合，在对标世界一流大学建设最前列高校的基础上，进一步明确一流大学图书馆建设目标的两大任务，即以“打造引领知识服务和创新服务的智慧图书馆”为方向，以“打造最有文化底蕴和文化品位的高校图书馆”为根本，并且把二者有机地结合起来。

三是融入中心明任务。

要科学制定《四川大学图书馆“十四五”发展规划》，坚持立德树人根本任务，强化知识服务引领作用，率先扎实推进《四川大学图书馆全面融入人才培养全过程行动计划》《四川大学图书馆深度融入学科建设全领域行动计划》等发展行动计划。近期，要重点加强和推进五大服务平台的建设，主要包括大川助教（SCU CourseMate，四川大学教材教参选荐用平台），大川博雅（SCU Extension，四川大学通识类教育资源平台），大川创学（SCU Initiative，四川大学创造性学习服务平台），大川智圃（SCU Repository，四川大学机构知识库），大川智产（SCU Intellectual，四川大学知识产权信息服务平台）等。

四、跑出“加速度”，打造“新样板”

在大力推进学校“两个伟大”不断奋进的生动实践中，四川大学图书馆必须跑出一流建设、一流管理和一流服务“加速度”，打造一流大学图书馆建设加快发展“新样板”，要牢牢抓住“三个加强”，即“加强建设”强基，“加强管理”护航，“加强服务”固本。

一是加强建设下硬功。

以基本建设和资源建设为前提，促进高校图书馆发展方式和发展生态现代化。要进一步深化“两大职能”即教育职能和信息服务职能，大力建设“六大体系”，即完备的文献信息资源保障体系、完善的文献信息资源利用体系、高效的文献信息资源服务体系、规范的文献信息资源安全体系、科学的文献信息资源开发体系和系统的文献信息资源管理体系，为一流大学图书馆建设提供坚实基础和保障。

二是加强管理下真功。

以制度建设和能力建设为抓手，着力完善以基本管理制度、组织管理制度、业务管理制度和协同创新制度等为主要支撑和以学习能力、管理能力、服务能力和发展能力等为根本保证的新治理结构，推进一流大学图书馆治理体系和治理能力现代化。要进一步深入学习、贯彻和落实党的十九届四中全会精神，努力做到精准对接师生服务需求、不断优化师生服务体验、充分挖掘深厚文化底蕴、有效聚合独特文献优势。

三是加强服务下苦功。

以“夯实基本服务，创新知识服务”为路径，大力加强以“大爱至上（爱党爱国、爱校爱馆、爱书爱人）”的“服务精神”、“师生为本（师生要什么，服务有什么；师生在哪里，服务到哪里）”的“服务准则”、“广快精准（服务每个师生，提供广泛服务；强化每个岗位，提供快捷服务；完善每个环节，提供精致服务；重视每个细节，提供准确服务）”的《服务公约》和“文明热情”的《服务用语》为主要内容的图书馆服务文化建设，打造优质服务和品质服务，将以师生为中心的发展理念，深化为服务规划、固化为服务制度、转化为服务流程，从而焕发出发展力量、创造出发展成果、体现出发展效益。

南宋王槐建有词云：“无穷事业，有穷光景。但相期、不负初心。”初心如磐，使命如山。宏图伟业，正当其时。在新时代的新征程上，向着一流大学图书馆建设目标，希望四川大学图书馆每一个职工“有副好脑筋，不当假老练；有副宽肩膀，不当里扯火；有副真本领，不当白火石”，希望四川大学图书馆每一个党员和干部“跳起来谋事，不当井底之蛙；动起来干事，不当埋头鸵鸟；跑起来成事，不当南郭先生”。为适应党和国家的新要求，满足广大师生的新期待，应对事业发展的新挑战，让我们遵照习近平总书记的教导，牢记“传承文明、服务社会”的初心，勇担“滋养民族心灵、培育文化自信”的使命，一起努力吧！

目 录

“双一流”建设背景下的四川大学图书馆文献服务工作思考

何艳艳*

摘　要： 在四川大学加快建设“双一流”的大背景下，本文立足于对四川大学图书馆的基础服务数据进行梳理，揭示文献服务工作目前存在的困境，并试图寻找走出困境的路径，希望能够为四川大学图书馆建设一流大学图书馆贡献自己的力量。

关键词： 双一流　图书馆　文献服务　基础服务

一、新时期四川大学图书馆建设一流大学图书馆的背景

建设世界一流大学和一流学科是新时期中国高等教育的重要战略部署，是高等教育领域继“211 工程”“985 工程”之后的又一国家战略。2017 年 9 月 21 日，教育部、财政部、国家发展改革委联合发布《关于公布世界一流大学和一流学科建设高校及建设学科名单的通知》，正式确认公布世界一流大学和一流学科建设高校及建设学科名单。四川大学入选了首批公布的世界一流大学建设的 A 类高校名单，数学、化学、材料科学与工程、基础医学、口腔医学、护理学等六个学科入选了世界一流学科建设名单。① 为此，学校提出的最新发展思路是“办最好的医科，办一流的文科、理科和新工科”，以“文优—理进—工改—医强”为路径，全面推进

---

* 何艳艳（1972—）女，博士，四川大学图书馆副研究馆员。

① 教育部、财政部、国家发展改革委关于公布世界一流大学和一流学科建设高校及建设学科名单的通知［EB/OL］. http：// www. moe. gov. cn/srcsite/A22/moe_ 843/201709/t20170921_ 314942. html，2017-09-21/2020-05-06.

世界一流大学建设，力争到2020年，口腔医学、化学、材料科学与工程等多个学科进入世界一流行列，学校接近世界一流大学水平。为此，学校决定重点建设十二个一流学科（群），打造十个“一流”。[①] 十个“一流”中“一流的师资队伍建设，一流的学科平台建设，一流的科研创新体系，一流的文化传承创新”，图书馆都可以且必须发挥重要作用，其中“一流的环境条件保障”的重要建设内容就是建设一流的大学图书馆，这是四川大学图书馆在新时期的重要发展契机。

四川大学图书馆始建于1704年，是我国西南地区藏书规模最大的大学图书馆。图书馆分布在三个校区，有文理馆、工学馆、医学馆、江安馆四个分馆。[②] 多年以来，图书馆在新老校区之间建立了多校区一体化的文献信息资源服务模式，实体图书馆周开放时间达到108.5小时，全年开放330天以上，日均接待读者万余人次，实现了全面的通借通还服务。[③] 此外，图书馆通过自助借还、自助复印、网上预约和续借、校外访问等多种服务方式，采用移动图书馆、新媒体服务、网络平台和阅读推广等活动，实现实体图书馆与虚拟图书的交互服务，延伸服务时间长度，拓宽服务广度。

围绕学校的“双一流”建设，四川大学图书馆提出了坚持“面向师生”“面向学科”“面向发展”，以建设创新型图书馆、学习型图书馆、和谐型图书馆为前提，全面推进一流大学图书馆的建设目标，努力使四川大学图书馆在信息资源建设、管理、服务和开发的若干重要管理服务指标上居于一流高校的前列。为实现这一目标，四川大学图书馆提出重点实施“四位一体信息资源构建计划”“四类高端知识服务打造计划”“四季书香阅读推广发展计划”“四大特色文化资源开发计划”。其中“四位一体信息资源构建计划”是确立一流大学图书馆的发展根本。在该计划中，牵涉文献服务中心部分的表述是“完善信息资源发展规划，优化信息资源建设政策，发挥学科专家的主导作用，建立跨校区统一文献资源基藏库和物流服

---

① 川大：重点建设12个一流学科，打造“十个一流”[EB/OL]. http://news.sina.com.cn/c/2017-09-23/doc-ifymfcih3246999.shtml，2017-09-23/2020-05-06.

② 图书馆概况[EB/OL]. http://202.115.54.22/node/167，2020-05-06.

③ 开馆时间[EB/OL]. http://202.115.54.22/open_ time，2020-05-06.

务配套体系，科学再造图书馆物理空间和服务空间”①。文献服务工作是图书馆服务工作立足的基石，是图书馆服务中最具“温度”的部分，“为书找人，为人找书”的链接在四川大学图书馆迈向一流大学图书馆的建设过程中发挥着至关重要的作用。

二、四川大学图书馆的文献服务工作现状分析

从图书馆的馆舍基础条件、文献资源分布及特点、读者情况分析、现有人员状况等几个方面对图书馆基础服务工作进行梳理并力图就其呈现的特点作出分析。

（一）馆舍基础条件

四川大学图书馆有 4 个分馆，分布在三个校区，馆舍面积共计 6.3 万余平方米，文献服务中心管理面积按最低估计百分之六十折算，大致为 3.77 万平方米。最大的江安馆馆舍面积 2.5 万平方米，使用年限已达 15 年；最小的医学馆馆舍面积仅 8000 余平方米，使用年限已达 37 年。② 四川大学有专任教师 4527 人，现有全日制普通本科生 3.7 万余人，硕博士研究生 2.8 万余人以及 4000 余各类留学生。③ 对标国内“双一流”大学的图书馆，四川大学图书馆的馆舍面积和硬件条件在“双一流”高校中处于相当落后的位置。

（二）文献资源分布及特点

四川大学图书馆是由原四川大学图书馆、原成都科技大学图书馆、原华西协合大学图书馆合并而成，每个图书馆在长期的历史发展中形成了自己独具特色的文献体系。图书馆不同时期采用不同的图书分类体系进行分类编目，有杜威分类法、刘国钧分类法、中国科学院图书馆分类法、中国图书馆分类法等。以下仅统计了各分馆按照中图法分类、藏量排名前五的图书类别以大致反映馆藏特色。文理馆藏以社会科学类文献为主，其中经济、法律、文学、历史地理等学科领域的文献具有收藏优势。同时馆藏中还有大量的古籍资源以及特藏文献资源，是四川大学图书馆的宝贵财富。

---

① 党跃武.“双一流”建设背景下四川大学图书馆发展思考［J］. 大学图书馆学报，2018（5）：39-42.

② 图书馆概况［EB/OL］. http://202.115.54.22/node/167，2020-05-06.

③ 学校简介［EB/OL］. http://www.scu.edu.cn/xxgknew/xxjj.htm，2020-05-06.

这部分资源归属特色资源中心管理，此处不纳入讨论。文理馆馆藏前五类分别是F类（经济）、D类（政治、法律）、I类（文学）、K类（历史地理）和B类（哲学、宗教）。工学馆藏以科技文献为主，其中高分子材料科学、皮革科学与工程文献方面的收藏优势尤为突出。馆藏前五类为TP类（自动化技术、计算机技术）、O类（数理科学与化学）、TN类（电子技术、通信技术）、TM类（电工技术）及TB类（一般工业技术）。医学馆藏以医学文献为主，在口腔医学文献方面的收藏极具特色，馆藏前五类为R类（医药、卫生）、H类（语言、文字）、Q类（生物科学）、T类（工业技术）、G类（文化、科学、教育、体育）。江安馆藏主要提供基础文献资料和一、二年级所需的文献资料。江安馆馆藏前五大类分别为I类（文学）、TP类（工业技术）、D类（政治、法律）、F类（经济）、H类（语言、文字）。①

（三）读者情况分析

本文仅根据2015—2018年的图书馆进馆人次、进馆人员类型、不同分馆借书量以及不同读者类型读者借书数量来进行读者分析。近年来图书馆的进馆人次逐年攀升，屡创新高。从现有数据看，2018年11个月的进馆人次相较2015年全年进馆人次，文理馆增加了53.9%，医学馆增加了49%，工学馆增加了27.5%。因此，馆舍空间紧张的矛盾更加凸显。同时，文理馆由于拥有大量的资源，更多的空间用于存放文献资料，留给读者的使用空间就更少。而不同阶段、不同学科的学生使用图书馆的习惯、文献需求均有差异，文理馆读者中硕士生占总进馆人次的一半以上，江安馆读者中本科生进馆人次达到总人数的84%。了解服务人群的主要特点，有针对性地提供服务是今后文献服务中心需要特别努力的方向。从各分馆借书数量来看，医学馆、工学馆近四年的借阅量有所起伏，总体上有所下降，文理馆和江安馆的文献借阅量均呈现明显下滑趋势，2018年借阅量与2015年借阅量两相比较，文理馆降幅达23.6%，江安馆降幅达21%。从不同类型读者借书数量来分析，近4年来，教工、博士、硕士借阅人数与借阅册次有轻微起伏，本科生借阅人次及借阅册次逐年下滑，2018年与2015年借阅人数相比下降19.9%，借阅册次下降44%。

---

① 关于馆藏文献特色的介绍参考了图书馆概况[EB/OL]. http://202.115.54.22/node/167, 2020-05-06.

（四）现有人员状况分析

文献服务中心人员，从职称情况看，高级职称人数占比 15.7%，中级职称人数（含同等级别的职员制人员）占比 69.2%，全馆 2 个初级职称人员集中在文献服务中心，技师及工人人数占比 12.9%。从年龄结构看，在各年龄段中，50 岁以上（含）在中心占比 73.8%；40 岁（含）~50 岁占比 16.9%；40 岁以下占比仅有 9.2%。中心人员的平均年龄 50 岁，只有江安图书馆人员平均年龄较为年轻，但也达到 46 岁。从性别构成及退休人数来看，男性员工占比 41.5%，女性员工占比 58.5%，5 年内退休员工人数占比 56.9%（男性退休计算到 60 岁，女性退休计算到 55 岁，暂不计算副高延退因素）。从学历结构来看，研究生以上学历（含博士）占比 18.5%，全日制本科占比 15.4%，本科网络学院或者成人教育或者函授占比 27.7%，大学专科学历及以下学历占比 38.4%。综合以上可以看出，文献服务中心人员年龄结构严重老化，人员退休高峰即将来到，目前的人力结构无法承担图书馆日益精细化服务的工作要求。

三、四川大学图书馆文献服务工作面临的困境及探索

（一）馆舍空间不足，成为制约图书馆发展的瓶颈

随着社会环境的变化，学生的学业压力以及就业压力增加，学生对图书馆除了有文献索取的需求，还希望图书馆能够提供必要的学习空间。馆舍空间不足是文献服务中心面临的最大压力，在图书馆近期进行的读者满意度调查表中，在收集到的 852 条意见中，有 319 条是关于空间问题的反映，几乎占到反馈意见总数的一半，集中反映图书馆座位不够使用，占座现象突出等情况，这一问题已经严重影响文献服务工作满意度，已经成为制约图书馆发展的瓶颈。

分布在四川大学老校区的三个图书馆的馆舍均已使用 30 年以上，旧有馆舍在设计理念和空间布局上均具有很大局限性，大开间少，文献服务工作的流程设计不能按照理想模式进行，工作展开处处受到掣肘。仅以文理馆为例，电梯位于书库最后方，使用极其不便，整个一楼缺乏必要的工作处理空间，使得“藏、借、咨”一体化服务模式的开展捉襟见肘。目前综合服务（咨询及借还）的工作开展只能分布在两处（一楼和二楼），不利于人员的拉通使用，现在只能根据馆舍的具体情况，找到临时的书刊登录验收的空间，大大增加了业务操作时间，造成人力及物力资源的浪费。

馆舍空间的不足，使得图书馆文献资料的典藏原则无法得到完整贯彻，在工作的开展上存在“因室存放”的情况，资料放置地点呈现出零散、混乱的情况，既不便于工作人员管理，也不便于读者查找。如文理馆的过期期刊因为体量过于庞大，只能按年代分别存放在不同的库房中，或者同一库房存在多种类型文献混杂存放的情况。不同时期工作要求提出的各类文献的倒架挪架等会产生大量重复的工作，使得工作量激增。

（二）人员年龄结构严重老化，人员梯队出现断档情况

整个文献服务中心平均年龄接近50岁，呈现严重老化特点，人员队伍知识更新速度慢，对新鲜事物的接受度比较低，且距离退休年龄比较近，等待退休、不作为的思想比较严重。今后三至五年人员退休即将达到峰值，新进人员的补充遥遥无期，工作的延续性无法实现。同时作为文献服务中心补充力量的外聘人员受原有机制及用工模式的制约，工资水平很低，人员素质不高，基础服务工作环节存在漏洞。

四、四川大学图书馆文献服务工作的应对方案

（一）近期的初步探索

针对现有困境，图书馆已经开始进行初步探索，主要体现在以下几个方面：

1. 组织模式的转变

自2018年3月以来，四川大学图书馆将分布于四个分馆的阅览部、流通部及读者服务部共计7个部门调整为文献服务中心①，与其他的资源建设中心、知识服务中心、信息技术中心、特色资源中心、研究发展中心并列为图书馆六大业务中心，至此在组织架构上完成一体化架构。在管理设置上，设置4个副主任，采用条块结合的管理模式。由分管领导和4个馆长助理加上4个副主任统筹全中心业务，副主任具体负责分中心的具体工作。对业务模块进行切割，梳理业务流程，制定业务标准。

2. 业务模式的转变

在三个老校区图书馆尝试推进“藏、借、阅、咨”一体化模式，在图书馆最为显著的位置（一般是一楼阅览大厅）设置综合服务处，办理与读者直接相关的各类业务，如咨询、借还书、证件处理、门禁系统进出维

① 图书馆概况-机构设置[EB/OL]. http://202.115.54.22/node/167，2020-05-06.

护、失物招领等，使得读者的需求第一时间得到响应。

3. 服务方式的转变

老校区三个分馆延长了人工值守时间到晚上23:30①，在各个分馆开辟了自助服务区，使用自助借还设备来替代人工服务，延长服务时间。

4. 新增业务带动人员磨合

在近期调整中，文献服务中心接手了原来归属分馆办公室的办证业务，接手了原来归属知识服务中心的馆际互借及文献传递业务、毕业论文电子审核业务。同时综合服务中的咨询台的前推，需要解决的问题涉及面广，新的服务内容增加迫使部分员工走出“舒适区”，人员重新分组优化，进行工作磨合。

（二）继续有益的尝试，开辟新的路径

1. 利用一切合理途径，呼吁学校尽快解决馆舍空间不足问题

利用教代会提出提案，利用校长接待日、重要领导的调研活动、巡查谈话、读者满意度问卷调查，专题报告等多种形式，引起学校层面的重视，提供相应的存储空间，这样图书馆的文献资源布局才能调得动，调得顺，日常工作中大量的人力浪费才能够避免。

2. 引入合理的用人机制

在图书馆的基础服务部门急需培养年轻的业务骨干，适应现在一岗多能的要求，适应信息化办公环境，能够主动进行业务学习，在图书馆部分业务模块进行外包或者社会化购买服务之后能够进行业务培训及指导，并进行工作督查。

3. 在某些业务模块引入外包服务

随着退休人员增多，文献服务中心补充人员困难。图书馆本身工作人员要逐渐脱离机械的、重复性高的岗位，如上书、理架、倒架等工作，将这一部分工作采用购买社会化服务方式解决。图书馆已经开展图书上架理架外包的调研工作。

4. 核心业务模块标准化

文献服务中心的核心业务模块，如读者证件办理、期刊装订、毕业论文审核及装订、馆际互借及文献传递、过期报纸期刊管理等进一步明确工作范畴，制定尽可能详细的标准化操作指南，使得人员在短期培训后即可

---

① 开馆时间[EB/OL]. http://202.115.54.22/open_ time，2020-05-06.

以上岗操作，同时细化岗位工作质量检查标准并严格督查。

5. 扩展自助服务功能

依托现有的网络模式，进一步扩展自助服务空间，增加自助服务设备，这样可以进一步弥补人工服务的不足。

6. 调整管理体制

在管理体制上打破现有比较僵硬的粗线条管理模式，多种管理方式并存，引入弹性管理、柔性管理以及加大考核力度，在部分岗位尝试引入竞争机制，激活工作热情。

建设世界一流图书馆是一个艰巨的系统工程，而图书馆的文献服务工作是这一系统工程中最为基层，但也最必不可少的环节。文献服务工作做实做细，才是实体图书馆立足的根本。同时，图书馆的快速发展也倒逼这一传统服务工作必须革新原有内容，提升服务的广度和深度，才能在图书馆业务发展中有自己的立足之地。

基于 AISAS 模型研究意见领袖对阅读行为的影响

姜婷婷 杨 华 郑 军*

摘 要：本文介绍了 AISAS 模型，探究了消费行为和阅读行为的相似处，进一步调查发现意见领袖能影响阅读行为，并基于 AISAS 模型以董卿和朗读者为例评估了意见领袖对阅读行为的影响。

关键词：AISAS 模型 意见领袖 阅读行为

意见领袖，来源于传播学理论，指在人际传播中经常为他人提供信息，又对他人产生潜移默化影响的人。① 意见领袖在市场营销、服装消费、医学研究、公共事务以及文化艺术等多领域扮演着重要角色，是消费者决策行为最可信的信息来源。目前图书馆界也已敏锐地意识到意见领袖在传播中具有不可忽视的重要作用，指出必须强化意见领袖的地位和对意见领袖的研究。然而，图情领域现有研究稍显薄弱，研究的深度和广度都有局限，就广度而言，研究仅涉及意见领袖的识别的基础层面和应用研究（电子资源推广上）；就深度而言，缺乏对具体的影响因素、评价和作用机制的探讨。

研究表明阅读行为如阅读意愿、阅读时间、阅读量会受到生活中他人的重要影响。而意见领袖因其较高的社会地位、深厚的专业知识、强大的社交能力和对产品较高的涉入度等特征会更具信息可信优势，从而促进他

* 姜婷婷（1986—），女，硕士，四川大学图书馆馆员；杨华（1967—），女，四川大学图书馆馆员；郑军（1971—），女，四川大学图书馆馆员。

① 陆敏. 图书馆核心用户确定及其知识增值服务需求研究[J]. 情报理论与实践，2012（12）：72-74.

人的学习或者跟随，进而影响行为。但是目前关于意见领袖对读者阅读行为影响的研究尚属空白。因此，本文尝试引入 AISAS 模型，以评价意见领袖对阅读行为的影响，希望对阅读推广有一定的指导意义。

一、意见领袖对国民阅读建设和高校图书馆阅读推广的影响

意见领袖的影响力表现在对信息的创新扩散和消费行为两个方面。就传播和扩散方面，意见领袖具有创新、不被约束和对产品的深入认知特性，他们传递新信息的速度会显著影响新信息采纳者的数量。在影响消费者行为方面，首先，意见领袖能左右购物决策过程。意见领袖的态度、作用方式会影响消费者的信息搜索、购买以及产品使用等多种行为。其次，意见领袖能通过共享商品的信息或者分享其体验经验，进而以正向的口碑传播影响消费者的购买行为。

进一步分析互联网时代消费者行为和阅读行为特征，不难发现二者有超高的相似性。本质角度看，消费者行为是由需求、动机、立场、意图、购置和采办后续行为组成的一连串的心理和行为链，最核心环节是购买决策。而阅读行为也是基于阅读动机，产生阅读兴趣，进而生成具体阅读行动，是一个心理活动和行动活动相结合的过程。就发展分析，二者都不是孤立不变的，而是与时俱进不断变化的。随着互联网的发展，消费者在信息创造上拥有更大的话语权，信息获取上具有更多的选择。消费者行为变得更加独立、参与感更强，信息灵通度更高。而随着时代的发展，媒介形态的变迁也引发了人们阅读行为的嬗变。单一、静止的传统阅读模式转变为多渠道的网络模式，个体阅读逐渐变为交流互动的阅读模式。所以，消费者行为可以映射到阅读行为上。基于此，意见领袖能作用于消费者行为，那么也可能对阅读行为产生影响。

意见领袖因其自身的号召力和影响力，在打造高校图书馆品牌、开展阅读指导和读者行为分析方面也有积极的作用。调查显示，大量高校图书馆根据不同的阅读推广主题邀请知名教授、行业专家等举办讲座，分享经历，激发读者兴趣。北京大学图书馆继李世石以 1 胜 4 负在人机大战的对决中战败 AlphaGo 后立即邀请职业棋手和人工智能专家，举办了“人机博弈-深度解析与展望”讲座，效果极佳。四川大学图书馆“青春之我 · 真人书屋”系列讲座目前已举办七期，先后邀请了故宫画医徐建华，著名翻译家、翻译文化终身成就奖获得者杨武能教授，川大“剃刀三人帮”等，

致敬艺术家和艺术作品，场场讲座座无虚席。此外，高校图书馆积极利用名人的影响力推动读者阅读。韩娟娟等调研了北京大学、清华大学、中山大学、武汉大学、南京大学 5 所高校图书馆在文学作品改编的电影热映期间的借阅情况，以刘震云作品为例，发现《我不是潘金莲》和《一句顶一万句》被借阅一空，预约比例也显著提升。① 同时，不同类型的意见领袖正以多种形式推动全民阅读建设，见表 1。

表 1　意见领袖推广阅读的部分事件

分类	代表人物	事件举例	影　响
政界精英	习近平	读书已成为习总书记的一种生活方式，他不仅率先垂范，还教育干部要将读书作为增长本领的途径	习总书记参观孔子研究院，对《孔子家语通解》和《论语诠解》表示了浓厚的兴趣，这条新闻引发了公众的强烈关注，两本书也因此"一夜畅销"
	王岐山	王岐山曾向下属推荐《大清相国》一书	《大清相国》2007 年就已出版却一直默默无闻，2013 年 12 月首次进入畅销书虚构类前 30 名。这一现象与 12 月《王岐山脸谱》一文被《凤凰周刊》封面报道有关，文中提及王岐山推荐过此书
商界精英	扎克伯格	《权力的终结》被他选定为"书籍之年"自己要读完的第一本书	在国内，这本书的中文版推荐之前比较庸常，推荐之后，豆瓣上该书的评价数出现了非常明显的峰值
	比尔·盖茨	比尔·盖茨每年岁末都会发布自己的年度图书	读者阅读渴望强烈，未引进出版前，不少人将推荐书的英文版书评翻译成中文放在网上与人分享。比尔·盖茨像"国民选书师"，跟着比尔·盖茨读书，也成了很多国人的选择
专家学者	张小娴	张小娴在微博上发表《我在云上爱你》中的语句："突然，我觉得眼睛都甜了，爱上你，就是这么一回事。"	人民文学出版社曾发布关于此书的 3 条微博，被关注总数量不到 600，但是张小娴发表微博后，被她的粉丝转发 5642 次，评论 832 条

① 韩娟娟. 基于名人效应的高校阅读推广主题探析[J]. 图书馆建设，2017(8)：49-61.

续表 1

分类	代表人物	事件举例	影　响
文艺明星	高圆圆	2013 年 10 月，高圆圆在《快乐大本营》上推荐了《追风筝的人》	在节目播出后第二周《追风筝的人》在亚马逊、当当、京东三大网络书店上的销量翻了十倍
	胡歌	代言 QQ 阅读；联合众多名人作家通过各大社交媒体平台发起了一场以“全民阅读”为理念的免费送书行动	“2017 书香中国”晚会 1 小时内，QQ 阅读下载量超过 70 万，QQ 阅读在 APP Store 免费榜排名从晚会前的 143 名不断攀升，晚会结束第二天早晨已飙升至第 2 名 活动上线不到 24 小时，便登上新浪热门话题一小时榜 TOP5，话题阅读数高达 4300 多万，数以百万的网友都参与进来。

总之，意见领袖因其巨大的影响力，可以带动读者营造和谐的阅读环境，形成良好的阅读氛围，推动全民阅读的开展和发展。意见领袖对阅读的作用可以从引导和品牌化角度分析。在引导国民阅读方面，从认知层面考虑，意见领袖的示范作用，可以营造社会公益劝读的氛围。从态度层面考虑，意见领袖的权威性和专业性，可以强化接受效果，提升公众阅读意愿。从行为层面考虑，因为晕轮效应和榜样作用，可以引领公众的追随和参与。从品牌化层面考虑，意见领袖不仅是打造阅读推广品牌的中坚力量，同时意见领袖本身也是一种品牌，也可以成为一座城市、一个地区甚至一个国家的“符号”，对于塑造浓郁的社会文化氛围具有积极的推动作用。

二、AISAS 模型介绍与分析

AISAS 模型是互联网时代的一种崭新的消费者行为分析模型，是由日本电通公司针对互联网与无线应用时代消费者生活形态的变化而提出的。① AISAS 模型包含五个环节：起先由广告等品牌传播、营销推广活动引起消费者“注意 Attention”，进而激发消费者“兴趣 Interest”，产生兴趣的消费者会通过网络“搜索 Search”为购买决策搜集产品和口碑信息，然后依据线下或者线上的体验感受决定“购买 Action”行为，最后是后营销阶段消

① 杜玮. 基于 AISAS 模型的微信营销研究及策略分析[J]. 中国商贸，2018，000(022)：41-42.

费者根据商品使用的经验和产品信息在社交平台“分享 Share”体验①。AISAS 模型不仅包括了消费者心理变化过程（关注-兴趣），还涵盖了行为变化过程（包括主动搜索-促进行动-信息分享）。这五个阶段详见图 1。

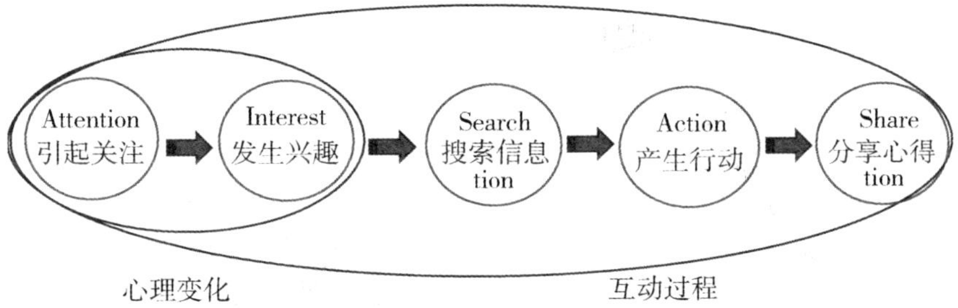

图 1　AISAS 消费者行为分析模式

在互联网时代，意见领袖对消费行为的影响评估研究较少，但零星研究表明评估主要是通过 AISAS 模式来进行分析。Wei 和 Lu（2013）引入 AISAS 模型评估了名人对女性消费者购买行为的影响，认为名人效应能引起消费者的关注，激发消费者的兴趣，促进购买行为。Xu 和 Du（2011）基于 AISAS 模型也评估了名人代言广告的有效性。Rogers（2003）研究表明，意见领袖可以通过推荐或者口头扩散的途径，将信息传递到扩散的系统中，在信息的搜索、产品的采购和用户体验等环节对消费者行为产生影响。

三、应用 AISAS 模型评估意见领袖对阅读行为的影响

董卿打造的文化情感类节目《朗读者》在央视一经播映，立即引起巨大反响，成为“现象级”节目。董卿已是文化节目领域的超级 IP。本文运用了 AISAS 模型从五个层面评估了董卿与朗读者对阅读行为的影响。

第一，关注层面的评估。主持多年央视春晚的董卿，在《中国诗词大会》上凭借文化功底惊艳亮相，沉着老练、由内而外散发的文化气质圈粉无数，引爆了全国的诗歌热。由主持人到文化名人的转型，受众对于她主持的文化节目，自然期待指数直线上升。《朗读者》一经播出，上百家媒体报道约 1310 篇次，众多知名媒体如《人民日报》等头版支持；各大新

---

① 邵长奇. 基于 AISAS 模型的房地产品牌资产创建研究[D]. 北京交通大学，2015.

闻网站首页突出显示，搜索量超过 4300 万；10 万+的公众号文章 312 篇；视频全网播放 9.7 亿次；共计 238 次登上百度热点；上新浪微博热搜 30 余次。

第二，兴趣层面评估。主要包括三方面：一是从情感角度分析，节目邀请的嘉宾可以结合自己的成长经历、情感体验或者背景故事进行再创作。这种在自我认知的基础上对传世经典的解读，使得读者可以充分表达自我，从而激发朗读的兴趣。同时，受众的情感又可以与朗读文本背后的关于人生和价值的感悟，以及蕴含的情感相吻合而产生共鸣。二是从需求角度评估，目前娱乐性的节目泛滥，朗读者从传统文化取材，一定程度上缓解了全民的精神苛求。三是从印象角度来看，制作人兼主持人的董卿是视听受众最为集中的焦点，董卿的端庄沉稳落落大方及婉约才情，让受众印象深刻，激发了受众观看节目的兴致。

第三，搜索层次的评估。节目播出，受众不光对《朗读者》相关视频进行搜索观看，围绕的相关话题还引起热议。数据显示，微博 CCTV 朗读者和卿听朗读者的话题阅读量就分别达到 14.1 亿和 1.2 亿，长期位居热门话题排行榜前列。同时，讨论量多达 300 余万次，点赞次数上万，足以显示董卿及其《朗读者》的影响力。

第四，行动层面的评估。伴随着节目的火热进行，受众纷纷加入朗读行列，掀起全民读书的热潮。“朗读亭”从银幕走向生活，朗读热也从线上蔓延到线下。第一季朗读者结束后，朗读亭共收到全国各地 2400 小时来自普通人的朗读音频。朗读者推荐的相关书籍也得到读者热捧，多地书店业务提升 50%。

第五，分享层面评估。《朗读者》成功地实现了多级口碑效应传播进而引爆全民传播热潮。受众通过网络视频、音频传播，新闻媒体、社交网络多平台的分享，形成了壮观的自传播影响力。受众不光对节目本身进行自发传播，围绕《朗读者》的受众创解读分析也频频刷屏，标志着节目已经真正进入受众生活。

四、结束语

意见领袖能对大部分社会受众的消费行为产生影响，消费者行为与阅读行为有着超高的相似之处。而 AISAS 模型是网络时代用于分析意见领袖对消费者行为影响的主流模型。因此，本文引入了 AISAS 模型，评估了意见领袖对阅读行为的影响，对于推动全民阅读有一定的实践指导意义。

参考文献

[1] Korey L G. People who claim to be opinion leaders: Identifying their characteristics by self-report[J]. Journal of Marketing, 1971, 35 (4): 48-53.

[2] Lewis D, Bridger D. The soul of the new consumer: Authenticity what we buy and why in the new economy [M]. London: Nicholas Brealey Publishing, 2000: 204-208.

[3] Lewis D, Bridger D. The soul of the new consumer: Authenticity what we buy and why in the new economy[M]. Nicholas Brealey Publishing, 1898: 125-134.

[4] Wei P S & Lu H P. An examination of the celebrity endorsements and online customer reviews influence female consumers' shopping behavior [J]. Computers in Human Behavior, 2013 (29): 193-201.

论高校图书馆安全管理工作
——以四川大学图书馆为例

李锦清*

摘　要： 随着高校图书馆事业的快速发展，高校图书馆安全管理工作遇到了许多新情况和新问题。在新时期如何确保高校图书馆安全，加快推进高校图书馆安全工作建设，是高校图书馆面临的重要课题。

关键词： 高校图书馆　安全管理　方略

近年来，高校图书馆在上级教育部门和学校党政的正确领导下，认真学习贯彻《中华人民共和国治安管理法》《中华人民共和国安全生产法》《中华人民共和国消防法》《高等学校消防安全管理规定》和《普通高等学校图书馆规程》等法规和文件精神，针对面临的诸多实际安全问题，坚决贯彻“以防为主、防消结合”的工作方针，坚持“明确责任，落实制度，加强管理，确保安全”的工作思路，从加强安全工作组织建设入手，不断强化单位职工的安全意识，进一步健全安全管理制度，狠抓安全管理工作的落实，充分发挥社会治安综合治理、安全生产和消防安全三项工作（以下简称三项工作）“保安全，促发展”的作用，杜绝任何安全事故的发生，有力地推进了高校图书馆安全体系建设。但同时，在新形势下高校图书馆安全工作也出现了一系列瓶颈问题，亟须加强科学管理予以切实解决。

一、高校图书馆安全工作存在的问题

随着高等教育事业的不断发展，高校图书馆资源日益丰富，进入高校

---

* 李锦清（1974—），男，硕士，四川大学图书馆副研究员。

图书馆的读者数量不断增加，进一步延长高校图书馆服务时间也成为大势所趋。高校图书馆安全工作一方面要确保广大读者和馆员的生命及财产安全，另一方面还要确保图书文献的安全。在新的时期，高校图书馆总体呈现馆舍分散、馆舍老旧、馆舍漏雨、面积不足、读者拥挤、电梯故障频发、消防报警系统覆盖不全、门禁系统陈旧、用电负荷超标、线路老化、消防管网锈蚀、电源控制系统不彻底、监控系统不全面、应急照明不规范、安全逃生通道智能化不足、外墙墙砖松动脱落、地下室渗水、大楼周边排水不畅、工作人员消防技能参差不齐等状况，是高校图书馆目前安全管理的主要问题。

二、四川大学图书馆安全管理现状

四川大学图书馆是我国西南地区藏书规模最大的大学图书馆，现有文理图书馆、工学图书馆、医学图书馆和江安图书馆四个分馆，馆舍面积6万余平方米。在新的时期，四川大学图书馆安全管理工作和其他高校图书馆同样出现了诸多问题，目前也正在通过建立健全安全管理制度、强化安全责任管理、加大安全工作经费投入和加强安全工作规划等举措予以切实解决。

四川大学图书馆安全工作问题主要是馆舍面积相对较大、馆舍分散、馆舍老旧、图书资产多、入馆人数多、安全工作压力较大。一是工学图书馆、医学图书馆和江安图书馆屋顶严重漏雨，文理图书馆、工学图书馆和江安图书馆还存在玻璃墙面和玻璃窗户漏水的问题，较大程度地影响图书文献安全管理。二是文理图书馆和工学图书馆外墙面砖大面积松动脱落，并呈现日益严重趋势。由于图书馆每天人流量巨大，存在较大安全隐患。三是文理图书馆、工学图书馆和医学图书馆供电线路由于年久失修，目前老化现象日趋严重。由于图书馆每天用电荷载较大，存在较大用电安全隐患。四是文理图书馆和工学图书馆供水管网因年久失修，目前老化现象极其严重，相继出现供水渗漏或爆管现象，存在较大消防用水安全隐患。五是图书馆安全应急照明系统未按消防安全规范实现全覆盖，既有安全照明系统也存在年久失修失效问题。六是图书馆所有电梯，尤其是江安图书馆直升电梯，由于使用运行极度频繁，加上购置时间长久或即将达到报废年限，现在运行故障频发，电梯维修维保费用逐年大幅度增加，但运行的安全系数却逐年降低。七是图书馆现有应急疏散大门全部采用挂锁式管理，遇到紧急情况，只能通过人工方式打开应急疏散大门，极大地延长了应急疏散大门的开启时间，极其不利于在紧急突发事件情况下的及时有效疏散。

四川大学图书馆根据当前安全工作存在的主要问题，目前正在努力通过强化责任管理、专项工作、经费争取、工作规划等措施，极力解决馆舍严重漏雨、大楼外墙面砖松动脱落、供电线路老化、供水管网老化、应急照明缺失、电梯安全运行、中央空调维护保养、阅览空间安全、应急疏散大门、应急疏散安全等实际安全问题。特别针对图书馆当前实际入馆读者人数远远超过大楼消防安全额定人数的突出问题和图书馆现有馆舍面积不能满足学校师生需求的实际情况，按照教育部《普通高等学校建筑面积指标》要求，积极筹备规划建设新图书馆大楼。

三、高校图书馆安全管理方略

（一）深入开展三项工作宣传教育，强化图书馆职工安全意识

增强图书馆全员安全意识，加强三项工作管理，是做好图书馆安全工作的首要任务和基本前提。根据高校图书馆不断发展的新形势和新任务，应采取多形式，多层次、多渠道的安全宣传教育。一是充利用网络和宣传栏等各种舆论宣传载体，大力宣传党和国家关于安全工作的方针政策，大力宣传安全法律法规和基本知识，大力宣传安全工作在图书馆工作中的重要作用，在图书馆真正形成“安全工作，人人有责”的良好工作氛围。二是加强图书馆干部职工，特别是安全管理人员的安全知识教育，通过政治学习和业务学习、安全知识教育专题培训等形式，认真学习党和国家关于安全工作的方针、政策和法律法规，尤其是对学校安全工作会议精神及安全工作通报，及时在图书馆业务学习和安全工作专题会上进行认真传达学习。三是以学校各个特殊时期开展安全大检查为契机，进一步强化全员安全教育和消防技能培训，切实做到消防工作“三懂三会”。

（二）加强对三项工作的领导，认真落实安全管理责任制

按照学校社会治安综合治理、安全生产和消防安全委员会和保卫部（处）工作部署，规范成立以图书馆主要负责同志为组长的图书馆社会治安、综合治理、安全生产工作领导小组（以下简称工作领导小组）；以图

书馆馆长为消防安全责任人、分管副馆长为消防安全管理人的图书馆消防安全管理机构；以图书馆主要负责人为组长的图书馆突发公共卫生事件应急处置工作小组。明确图书馆办公室专门同志协助分管安全工作的馆领导开展安全管理工作，通过岗位设置合理配备若干安全管理专（兼）职人员。认真落实图书馆安全工作各项规章制度，确保图书馆三项工作有序开展。工作领导小组坚持定期召开会议，及时听取安全工作汇报，高效地解决三项工作中的问题。一是优化安全管理干部。在对安全工作人员的配备上，做到了严把调配关，把政治素质高、责任心强的优秀年轻干部调整充实到安全管理工作岗位，使图书馆安全工作做到专兼结合、齐抓共管。二是明确责任抓落实。根据学校社会治安综合治理、安全生产和消防安全委员会和保卫部（处）相关要求，结合图书馆工作实际，明确图书馆职工安全管理目标责任。将图书馆安全管理责任区域按照管理服务工作岗位细分，每年逐层次与图书馆各部门和全体职工签订《图书馆安全管理责任书》，真正做到图书馆安全工作层层分解、逐项落实，形成“分类负责、归口管理、目标明确、责任到人”的安全责任体系。三是严格安全工作考核抓奖惩。坚持狠抓安全工作的督察和考核，做到督查与督导相结合，在安全工作督查过程中，针对存在的问题及时制定整改措施，并严格规范，力求达到学校规定要求。同时，将考核与奖惩相结合，把安全工作纳入图书馆职工岗位工作考核指标，坚持把考核结果与岗位责任人经济利益和评先推优挂钩，有效增强图书馆全体人员做好安全工作的自觉性和主动性，为图书馆安全工作有序开展提供坚强保障。

（三）规范管理强化措施，不断完善安全管理机制

坚持三项工作与图书馆服务工作同布置同落实，突出三项工作的保障作用，强化三项工作规范管理和措施管理，实行“纵向到底、横向到边、逐级负责、分层落实、责任到人”的安全工作机制。

1. 加强安全管理制度建设

切实制定实施《图书馆安全稳定工作预案》《图书馆消防安全管理制度》《图书馆灭火预备方案》《图书馆监控室值班守则》《图书馆突发事件应急预案》《突发公共卫生事件应急预案》等安全管理规章制度。坚持图书馆全体职工每日安全检查登记制度、图书馆大楼消防设施定期检查制度和重大活动与节假日安全工作巡查制度，严格图书馆大楼物业管理，全面做到消防安全工作“五有五无”，有效保障图书馆工作的安全化、规范化、

制度化、科学化和应用化。

2. 加强图书馆馆舍条件保障建设

通过积极有效争取经费，逐步解决图书馆馆舍分散、馆舍老旧、馆舍漏雨、面积不足、读者拥挤、电梯故障频发、消防报警系统覆盖不全、门禁系统陈旧、用电负荷超标、线路老化、消防管网锈蚀、电源控制系统不彻底、监控系统不全面、应急照明不规范、安全逃生通道智能化不足、外墙墙砖松动脱落、地下室渗水、大楼周边排水不畅等安全瓶颈问题，按照普通高等学校图书馆建筑面积规范要求，规划建设学校新图书馆大楼，彻底消除图书馆安全隐患。

3. 加强设施设备的管理建设

在有效维护图书馆既有安全设施设备正常运行，不断更新计算机、打印机、复印机和碎纸机等办公设施设备的基础上，进一步在图书库房配备空调、除湿机和智能温湿度测试仪等图书管理专用设备，特别应在古籍特色资源库房安装火灾报警和气体灭火控制器以及红外线报警系统等安全设备。同时，在图书馆公共区域全方位安装视频监控系统，实现对图书馆重要部位的 24 小时电子监控。

4. 加强社会化物业督导管理

对进入图书馆的读者或来访办事人员，严格实行门禁系统刷卡或凭有效证件登记准入和通过安全防盗仪出馆制度。对图书馆大楼实行白天门岗值守和夜间值班巡逻，对图书馆大楼进行定期消防安全检查和每日防火巡查，及时排除消防安全隐患，并做好物业管理《每日防火巡查记录》登记。图书馆大楼内严格做到无烟头、无火源，无违章作业和无危险物品。对图书馆大楼突发消防安全事件和突发公共卫生事件有应急预案。

5. 规范重点防火部位管理

对图书库房实行重点管理，强化图书库房安全管理岗位职责。严格落实图书库房管理规定，图书库房管理设备摆放规范，定期更换消防器材和防虫剂。严格做好古籍特色资源库房室内温度和湿度记录，保持库房适宜温度和湿度。坚持每日检查库房内各种图书管理电器设备运行情况，发现安全隐患及时排除，认真做好每日库房安全检查和记录。坚持定期对库房图书进行归架管理，加强库房钥匙管理，做到闭馆离开库房关电关窗锁门。库房内严禁堆放杂物，严禁将易燃、易爆、易腐物品和食品饮料带入库房。借用图书严格按照规定办理，查借阅图书及时准确归库。

6. 高度重视电子文献资源的安全管理

利用电子文献资源，严格遵守国家文献作品信息网络传播规定，严格实行电子文献资源利用读者身份认证和密码设置管理，不断加强图书馆文献资源集成管理系统在电子技术方面的安全防范能力。在此基础上，有效做好学校图书馆古籍特色资源的抢救保护工作，严格按照古籍图书数字化外包安全管理工作要求，采用在图书馆作业、工作人员监管和视频监控等措施，确保学校古籍特色资源数字化工作安全有效地开展。

7. 严格信息公开保密审查制度

按照图书馆网站建设和网络安全管理办法规定，明确图书馆信息公开主要负责人、分管负责人和具体工作人员职责，确保图书馆信息公开安全保密审查工作落实到位。坚持“一事一审”的信息发布原则，严格做到“先审查后公开”，信息发布与信息制作和运转过程相结合，从源头上保障信息公开前安全保密审查工作的有效实施。严格落实信息发布登记制度，杜绝违纪违规的信息公开行为。

8. 做好特殊时期的安全管理工作

严格按照上级部门和学校的相关要求，认真开展在冬季、暑假、寒假和国家法定节假日等特殊时期的安全管理和消防安全大检查，坚持执行在特殊时期对社会化物业管理公司加强图书馆安全管理的特别告知制度，确保图书馆在特殊时期的绝对安全。

四、结语

在新的时期，高校图书馆要严格按照《普通高等学校图书馆规程》要求，秉持淡泊明志，宁静致远，忠于所学，继续求学的风尚，永葆“始于修身，成于济众”的初心，严格落实高校图书馆安全管理规定，以做好图书馆三项工作为基本前提，不断加强图书馆职工安全教育管理，切实增强全员安全意识，不断完善安全管理规章制度，进一步强化安全管理措施，坚决杜绝安全事故的发生，积极打造引领知识服务和创新服务的一流大学图书馆，不断推进高校图书馆安全管理体系建设。

参考文献

[1] 中华人民共和国第九届全国人民代表大会. 中华人民共和国安全生产法[Z]. 2014-12-01.

[2] 中华人民共和国人民代表大会常务委员会. 中华人民共和国消防法[Z]. 2008-10-28.

[3] 中华人民共和国第九届全国人民代表大会. 中华人民共和国安全生产法[Z]. 2002-06-29.

[4] 中华人民共和国教育部中华人民共和国公安部. 高等学校消防安全管理规定[Z]. 2009-07-03.

[5] 中华人民共和国教育部. 普通高等学校图书馆规程[Z]. 2015-12-31.

[6] 阳娟兰. 浅论公共图书馆安全管理工作——以广州市内公共图书馆为例[J]. 科技情报开发与经济，2014（10）：112-113.

高校图书馆纸质图书采访工作综述*

彭蕾蕾　袁　冰**

摘　要： 选取CNKI数据的相关文献作为数据源，通过对截至2017年底高校图书馆纸质文献采购工作的研究论文进行整理分析，针对存在的问题提出了建议。

关键词： 高校图书馆　采访　纸质图书

一、引言

近年来随着网络技术的高速发展、可获取的电子信息文献资源数量激增、人们阅读和收集信息习惯的改变以及全球范围内图书馆数字化程度的推进，图书馆的馆藏模式也发生了转变。图书馆文献资源购置费用结构产生了显著的变化，其中电子资源的投入经费比例明显增加，购买纸质图书的经费比例则相对减少或维持相对稳定。据《2016年高校图书馆发展概况》中的数据可以得知：至2016年，中国高校图书馆纸质文献资源的购置费略有起伏，其平均值约为253万元；而电子资源购置费则呈现持续走高趋势，其平均值约为288.1万元。在当前环境下传统纸质出版文献资源的使用率、纸质文献经费的分配等方面都不可避免地受到了冲击，但这并不意味着否定纸质文献在文献资源建设中的作用以及其存在的意义。近年来，在高校图书馆文献资源建设中随着电子资源所占比例的持续增长，图书馆纸质图书的流通使用量数据显示出明显的下降形势。华东师范大学图

* 本文系四川省文化厅2016年度图书情报学与文献学规划项目（项目编号：WHTTSXM［2016］26）研究成果之一。

** 彭蕾蕾（1979—），女，博士，四川大学图书馆馆员；袁冰（1967—），女，学士，四川大学图书馆副研究馆员。

书馆的余海宪[1]认为，这个变化趋势并不一定代表了用户对纸质文献的利用率也在减少。电子资源只是对纸质资源的补充，两种不同的文献类型均是文献资源建设中重要的组成部分，“纸质阅读对深层次阅读不可替代的特性”①。

2017 年，教育部、财政部、国家发展改革委公布了世界一流大学和一流学科建设高校以及建设学科的名单[2]。一流大学与一流学科的建设与发展需要高学术水平教学科研队伍的支撑、经费的支持以及文献资源的有力保障。高校图书馆作为文献资源中心，以满足学校学科发展和用户的需求为工作导向，服务于教学科研，提供其所需的文献资源保障，因此图书馆文献资源的建设完善性会直接影响到高校科研和教学任务。图书馆文献资源的建设包括电子文献和纸质文献。纸质文献尤其是纸质图书，其学科分布、结构覆盖的合理性和完善性将直接影响图书馆的服务水平。纸质文献馆藏结构及其利用与图书馆的采访工作是密切相关的。因此，面临当前学科对文献资源服务的更高要求，对高校图书馆纸质文献资源采访工作进行研究具有十分重要的实际意义。

二、数据来源

本文收录的数据来自中国知网的学术期刊网络出版总库，选取“纸质图书”&“高校图书馆”or“采访”“读者荐购”or“PDA”or“分配模型”为检索词，采用题名或关键词或主题途径作为检索项，检索时间截至 2017 年 12 月 31 日，文献类型限定期刊论文，文献检索结果中剔除会议、通知等非研究性论文，共获得有效研究性论文 250 篇（如图 1 所示）。

（一）发文量和年度分布

研究对象在相关学术领域内的论文发文量能够显示出该领域的研究水平以及学术动态。从图 1 可知，首篇研究论文发表于 2004 年，2004 年至 2007 年在此方面进行的研究很少，直至 2008 年开始发文量逐年增加。从图 1 来看，从 2009 至 2017 年，发文量呈现波浪型的发展趋势。其中 2012、2015 和 2017 年发文量较前一年表现出下降趋势，而其他年度均呈出现上升趋势。图 1 呈现这种变化趋势的原因应是由于近年来，随着高校图书馆

① 陈婷婷. 多数上海市民每天阅读逾 1 小时[EB/OL]. https://news.sina.com.cn/o/2012-04-20/141424304065.shtml. 2012-04-20/2018-11-30.

在电子文献资源的经费投入比例的提高，高校馆藏资源体系中电子文献资源的比重也随之增大，对文献资源的研究热点从纸质文献延展到了电子文献，但由于纸质文献具有不可替代性，对其的研究依旧是图书馆人研究领域的关注点之一，论文数量整体呈递增态势，但研究尚未进入成熟期。

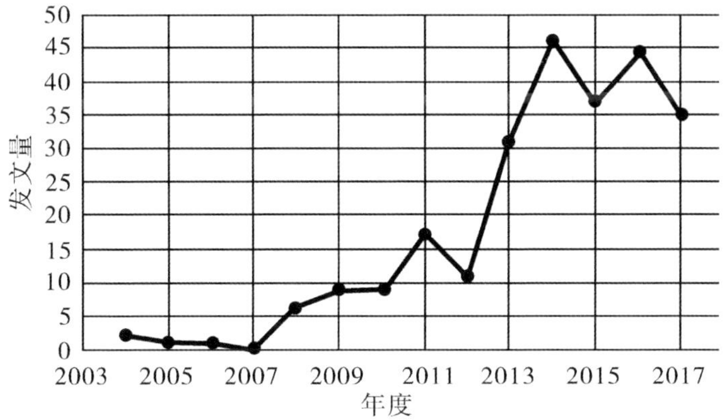

图 1　我国图书馆图书采购研究论文数量年代分布

（二）期刊分布与机构分布

250 篇论文总共发表在 95 种期刊上，其中核心期刊共有 11 种，期刊数占发文期刊总数的 11.58%；经统计，发文量含 5 篇及以上的期刊共有 14 种，期刊数占发文期刊总数的 14.74%，共发文 139 篇，占总发文量的 55.6%。发文量最多的是《科技情报开发与经济》，共 18 篇，其次为《图书馆学研究》和《农业图书情报学刊》，发文量分别是 15 和 13。发表在核心期刊上的论文共 51 篇，占总发文量的 20.49%。由此可见，对该领域的研究深度还有待进一步发展，期刊发文量的聚集度还应增强。

本次的研究论文来自全国 199 所院校，其中仅有 41 所是“211”高校，由此可见，高校尤其是“211”高校对此的研究还有待进一步加强。

（三）关键词统计分析

对检索到的全部文献关键词进行统计，其中出现频次最高的前 10 位关键词分别为：采访、高校图书馆、读者决策采购、图书馆、PDA、图书采访、文献资源建设、文献采访、纸本图书、电子书。这个结果虽然与此次选取的检索词有很大的关联，但是也可以看出，目前对纸质图书采访工作的研究重点主要是集中在从采购模式和馆藏建设等方面。根据长尾理论，频率较低、非热门的关键词也对研究工作具有不可忽视的意义，可能成为今后进行深入研究的潜在方向。

三、采购模式的研究意义

图书馆文献资源建设总是无法完全满足不同层次用户的需求，两者之间始终有矛盾存在。图书馆馆藏纸质图书的价值不在于“藏”，而在于读者使用。传统的采购模式中，采购的文献类别、复本量等是由采访工作人员决定，读者很少参与图书的订购过程，因此读者借阅不到自己所需的书籍和资料，这种需求错位会导致图书馆部分藏书出现“零流通”。有数据证实采取传统计划方式采购的图书未进入流通使用的占有不可忽略的比例，例如 2010 年美国丹佛大学在其报告中就明确指出，该年度借阅率显示为零的图书比例就高达 53%[3]；国内华中科技大学图书馆新进馆图书零流通数值也高达 40%~60%之间[4]。Kent 等人[5]早在 1979 年就提出了图书馆藏书“二八规律”即 20%的藏书占据了 80%的流通率，纸质文献馆藏资源很大部分未得到利用，这是一种极大的资源浪费。随着不同层次的用户所提出文献需求多样化问题的日益凸显，有限经费下的传统采购模式与用户不断扩张的需求之间的矛盾已得到了学术界和图书馆的重视，并成为研究重点之一。

（一）新兴采购模式研究

读者决策采购又称读者需求驱动采购（PDA，Patron-Driven Acquisitions），这种新兴的采购模式起源于美国。不同于传统采购模式，PDA 采购模式中图书馆将采购决策权下放给读者，根据学校的学科发展以及馆藏政策图书馆设定一个符合本馆的采购标准，读者直接提交文献需求后，符合标准的要求可以直接进入购买程序。PDA 模式的理念为我国图书馆改进采购模式提供了一种新的思路。丁海晖[6]基于相关数据的分析，对 PDA 与传统采购模式的业务节点、构成要素及采购流程等方面进行了实践效果的评估与分析，研究发现前者采购模式能够调动用户的主动参与性，有效促进馆藏资源的优化配置、提升现有文献资源的利用率。国内一些图书馆通过开展活动的形式对 PDA 采购模式进行了尝试和探索，如湖南大学图书馆开展的“绿色借书通道”和“书非借——读者荐购闪借服务”、中山图书馆举办的“你悦读，我采购”、南京图书馆的“你借书，我买单——陶风采”活动等[7-9]，结果显示新型的采购模式更能吸引读者的关注，并能使读者主动参与到文献资源建设中。

（二）纸质文献采购模式研究

目前，图书馆纸质文献的采购工作主要采用传统采购模式。传统的批准计划采购在很大程度上依赖于采访人员的主观判断，比如采访人员自身具备的知识结构、对学科发展的了解程度以及收集信息的能力等方面，这些人为因素直接决定了文献经费在各学科的分配。不同类型文献资源间经费比例直接影响到图书馆文献资源的规模、结构以及馆藏发展。因此，如何科学地分配文献经费是学术界一直在进行探讨的热点。戴龙基对经费分配方式进行了量化，并提出了建立合理的科学的经费分配模型[10]。该模型的基本理念是先选出衡量某一学科的影响因素，再确定各影响因素的权重，通过计算得到不同学科在所有学科中所占的比例，最终可以获取各学科经费数目。但该模型的影响因素的选取归属等方面在面对实际工作时表现出不足之处，针对这一问题，华苏永等[11]用学科类别替代院系作为分配点，同时将两个影响因子——院系属性及文献属性都归入考虑范围，并对其分别按照不同的方法进行了计算；研究者依据文献中受众跨越多个专业的学科类别，改良建立了一个更加科学的合理的新模型，该模型具有更好的实际操作性和现实意义。宋雯斐[12]从图书馆图书流通角度分析，在模糊双准则的基础上，建立了一个关于高校图书采访经费的分配模型。研究者希望能够通过建立合理的分配模型为以后能够在科学、合理、有效以及发挥最大效益的基础上为高校图书馆纸质文献经费的使用提出理论上的支撑依据。张计龙、殷沈琴等[13]采用多元回归分析方法的数据挖掘方法，基于海量的实际数据，找出影响纸本图书采访经费比例的显著变量，得到其数学关系式，通过校验，提出了采访经费比例预测模型。

四、关于高校图书馆采访工作的建议

（一）优化采购模式

目前，国内大多数图书馆，尤其是高校图书馆使用的采购模式依旧是以图书馆采访人员采购的方式为主，读者荐购采购方式为辅。采访人员在原有的采选的理念—— “价值论”[14]基础上选出的认为有价值的书，并不一定是用户真正需求的书，因此会出现采选的图书未进入流通被闲置，反之读者真正需要的图书却无法获取的情况。读者荐购模式中，用户拥有了决策权并参与了选书，能够真正地满足其文献需求；但图书馆馆藏资源建设具有持续性，而用户的文献需求则存在即时性和个性化的特征，因此会出现读者荐购的图书与馆藏资源建设总体发展规划不符的情况。因此对传统采购模式的改进以及调整新型采购实施的相关规则已成为必要之举。研究人员应该在建立合理馆藏结构的基础上，以用户需求为导向，引导用户采购决策行为，改进采购模式，提升服务水平。

（二）提升理论研究的质与量

目前读者荐购模式的实现主要是通过图书馆开展相关的活动，而对传统采购模式的改进则是在研究人员的经验及相关数据的收集基础上建立各种模型，有关主题的研究也在不断地持续深入。理论研究与实践工作之间是相互推动、共同发展的关系，一方面采购模式运行规则的调整以理论研究的指导为依据，同时图书流通率的变化、实践活动的开展等也为理论研究的进行提供了有效的数据支撑。就目前研究发展趋势看，研究论文的数量还是比较少，并且理论研究主题大多集中在采选图书的前期工作，缺乏对服务实施后的效果评估进行的研究。因此图书馆应着力提升纸质文献采购工作相关研究的量与质。研究人员应主动参与实践活动，在工作中去寻找和发现问题，对问题进行探究，加强人员之间的交流，开阔工作思路，提高自身的研究水平。

参考文献

［1］余海宪. 变革，数字环境下的纸质馆藏的发展与利用——以华东师范大学为例[J]. 图书馆杂志，2013（10）：39-41.

［2］http://www.gov.cn/xinwen/2017-09/21/content_ 5226572.htm.

［3］Levine clark，Michael. Developing a Multiformat Demand Driven Acquisition Model[J]. Collection Management，2010，35（3）：201-207.

［4］章文浪. 图书零借阅率的统计与分析——以华中科技大学图书馆馆藏中文图书为例[J]. 大学图书馆学报，2010（3）：121-123.

［5］KENT A，OTHERS A. Use of library materials：The University of Pittsburgh study[J]. College and Research Libraries，1979，1（1）：53-55.

［6］丁海晖. 读者决策采购在纸质图书采购中的应用分析与效果评估，图书与情报，2014（4）：127-131.

［7］肖蔚，易红兵. 基于数据分析的读者决策采购（PDA）实践与思考[J]. 高校图书馆工作，2018（185）：39-42.

［8］占磊，图书馆纸质图书 PDA 采访模式绩效评估研究——以广东

省立中山图书馆为例[J]. 图书馆研究，2018（2）：43-50.

[9] 朱志伟. 公共图书馆读者服务创新模式研究——以南京图书馆“你借书，我买单——陶风采”服务为例[J]. 图书馆学研究，2016（23）：32-35.

[10] 戴龙基. 文献资源发展政策研究[M]. 北京：北京大学出版社，2007：80-212.

[11] 华苏永. 高校图书馆图书采购经费分配模型的改进及经费控制机制[J]. 图书情报工作，2010，54（1）：29-32.

[12] 宋雯斐，靖培栋. 基于模糊双准则规划的高校图书馆图书采购资金分配模型[J]. 图书情报工作，2010，54（5）：31-34.

[13] 张计龙，殷沈琴. 基于数据挖掘的中文理工科纸本图书采访经费分配模型[J]. 大学图书馆学报，2013（2）：64-68.

[14] 罗华. 高校图书馆荐购决策支持系统研究[D]. 重庆：西南大学，2008：1-74.

民国时期儿童读书会阅读指导研究*

杨云舒　郑　军　杨　华**

摘　要：民国时期的儿童读书会是当时推广儿童阅读的重要组织，本文试从民国时期儿童读书会阅读指导的原则、内容等方面进行探究，并从中提炼其先进的理念及经验，以期为我国当代儿童阅读工作提供参考与借鉴。

关键词：民国时期　儿童读书会　阅读指导

一、引论

民国时期，在“以儿童为本位”的现代儿童教育观和新文化运动的影响下，儿童阅读受到了前所未有的关注和重视，从政府机构到民间组织，都从不同层面积极推动儿童阅读，其中儿童读书会是当时引导和普及儿童阅读的重要手段之一。受较低的社会发展水平和有限的社会资源限制，儿童接触图书的机会与渠道非常少，而儿童读书会的加入门槛较低，尤其是社会公共机构组织成立的儿童读书会大都免收会费，适龄儿童参加儿童读书会就能免费阅读各种图书和接受专业的读书指导，因此民国时期的儿童读书会深受儿童与家长的欢迎，是儿童参与度很高的一项团体阅读活动。

民国时期的儿童教育学者提出儿童阅读“不仅是靠宣传，更靠研究；不仅是靠空谈，更靠实验”①，以“引起儿童读书兴趣，增加读书机会，养

---

* 本文系四川大学2017年度图书馆、情报与文献学科研项目“民国时期儿童读书会研究”（项目编号：sktq201712）研究成果之一。

** 杨云舒（1986—），女，四川大学图书馆馆员；郑军（1971—），女，四川大学图书馆馆员；杨华（1967—），女，四川大学图书馆馆员。

① 中华儿童教育社上海社友读书会[J]. 儿童教育，1934（3）：39-41.

成读书习惯”为宗旨的儿童读书会①，既是儿童阅读的研究者，也是儿童阅读指导的实践者。为了更好地指导儿童阅读，儿童读书会对儿童阅读做了相当多的研究，而且非常注意吸纳国内外最新研究成果，并将这些理论成果运用到指导儿童阅读的实践当中，由此开展的儿童阅读指导工作在当时是十分进步的，对当今我国儿童阅读活动的开展仍然有着一定的借鉴意义。

二、民国时期儿童读书会阅读指导的原则

民国时期儿童读书会的教育者认为对儿童进行阅读指导有着不可替代的必要性和积极意义：第一，可以节省儿童的时间精力，增进其学习效能；第二，儿童的能力参差不等，需要老师的特别指导；第三，帮助儿童养成读书的好习惯；第四，养成儿童独创、判断、组织、发表等能力；第五，帮助儿童建立读书时的健康卫生习惯；第六，利用儿童闲暇时间陶冶其优美的性情，增加生活的乐趣。因此儿童读书会提出儿童阅读指导的首要原则就是提倡老师“应拿出十二分的热诚去献给儿童”，对待儿童“是爱与乐的教育”②，要真正走进儿童的内心，和儿童打成一片，用爱来指引儿童，儿童才会用爱来回报老师并听从老师的指导。其次要充分调动儿童阅读的动机，变被动阅读为主动阅读。指导老师应根据儿童的心理，利用儿童的兴趣，激发他们本能的求知欲和好奇心，这样的阅读才能收获最大的效果。最后，老师进行指导的程度应根据儿童年龄和智力的不同而有所变化，年龄小的儿童，其能力也相对薄弱，老师应对其加强指导；对年龄较大和智力高的儿童，则应着重训练其自己解决问题的能力。

三、民国时期儿童读书会对儿童阅读兴趣的研究与实践

阅读兴趣是人们对于读物的认知意向和心理倾向，对儿童阅读兴趣进行研究，对于形成儿童积极的阅读态度，培养儿童良好的阅读习惯，提高儿童的阅读能力，提升阅读活动的效果，有着重要的价值和意义。民国时期的儿童读书会通过借鉴欧美教育专家的最新研究成果，并结合大量的问卷调查和统计结果，得出了关于儿童阅读选择的一般事实：第一，儿童阅读小说、寓言的数量远大于其他书籍。第二，儿童对于知识性的书籍缺乏

① 聂光甫. 本馆儿童读书会之成立[J]. 山西民众教育，1936（5）：10-14.

② 梁珪训. 儿童阅览室与儿童读书会[J]. 民众园地，1934（1）：211-221.

广泛的阅读。第三，儿童重视散文而轻韵文。第四，阅读测验所得的成绩与阅读材料的性质及数量有极大的关系。阅读成绩优异的儿童在读书的数量上都远多于其他儿童，在阅读种类上多是科学、历史、传记、游记、自然界和动物界的故事等，而较少阅读言情类、冒险类小说和神怪故事。第五，儿童的阅读兴趣随着年龄的变化而有着明显的变动。六岁以前的男女儿童在阅读兴趣上差异不大，都对图画书有着显著的兴趣，而六岁之后的儿童在读物选择上开始出现明显的性别差异，例如，男童更喜欢富有动作趣味与冒险精神的书籍，对战争、侦探、武侠、历史、科技、探险等类型书籍最有兴趣，而女童则更青睐安静知性、浪漫诗意及情致深浓的书籍，喜读家庭学校生活故事、诗歌、日记、演说、神话及言情小说等。此外，男童相较于女童来说，除了图书外也喜欢翻阅杂志，尤其对时事表现出浓厚的兴趣。到了十五岁以后，男孩和女孩的心智都已经趋于成熟，阅读兴趣逐渐定型，阅读倾向和风格已和成年人相差无几。关于儿童在各年龄段表现出的不同阅读兴趣及其发展过程，详见表 1。

表 1　儿童在各年龄段的阅读兴趣

年　龄	感兴趣的读物类型
婴儿期（0~2 岁）	具有韵律感和趣味性的儿歌
准儿童期（3~6 岁）	童谣、童话、神话、自然故事
社交萌动期（7~8 岁）	谈及人我关系的书籍，充满着想象意味与反映实际现状的寓言故事、动物和自然故事、日常生活故事
个性发展期（9~12 岁）	宣扬独立、勇敢、自尊的书籍，如英雄故事、冒险故事、伟人传记、名人日记等
社会活动期（13~15 岁）	有关公众道德、地理、历史、游记、戏剧等方面的书籍

在综合考量了影响儿童阅读兴趣的各种因素的基础上，儿童读书会有针对性地提出并制定了培养儿童阅读兴趣的方法与策略：第一，建造良好的阅读环境。阅读环境包括人的环境和书的环境，所谓人的环境是指读书会的整体阅读氛围，读书会的工作人员必须富有强烈的责任感，帮助儿童唤起阅读的动机和兴味；书的环境则是通过完善的会场设备设施、整齐的书籍陈列、有趣的书面装饰等吸引儿童的注意和兴致。例如在四壁悬挂优美的风景画，安放有趣的博物标本，在高低适度的书架上整齐排列各种书籍，使儿童一走进会场就被舒适的阅读环境和阅读氛围所吸引，从而产生强烈的阅读意愿。第二，根据儿童的不同成长阶段提供最适合的读物。在

内容方面，要适合儿童生理及心理发展过程，既能发展儿童思想、增加儿童研究兴趣，又有助于培养儿童分析、组织、判断、推理等能力，选择的读物应当避免生僻字，词句要浅显易懂、生动形象，要有韵律、便于诵读，并且符合外观优美、纸张质地坚韧、字体大小适中、装订坚固、印刷清晰等要求。第三，指导老师应结合儿童的身心发展特征进行因势利导、循循善诱的阅读指导，激起儿童的期望心、好奇心、游戏精神和探究心理，从而引起儿童自发的注意和强烈的阅读动机。一是利用群体心理的影响。当儿童处于读书会这一群体之中时，其模仿的作用和兴趣的由来都受到群体的极大影响，周围人的阅读兴趣直接或间接地影响了个体的阅读兴趣，老师应善于利用群体兴趣对个体产生的积极作用，用奖赏法去激励儿童，唤起儿童的阅读动机，促进个人和团体的共同进步。二是利用儿童本能的兴趣。例如，用儿歌童谣可以引起儿童阅读歌剧的兴趣，利用儿童喜欢小动物的纯真天性可以指引其阅读有关自然、动物的文学故事，利用儿童凡事喜欢追寻究竟的好奇心引导其养成通过看书来寻求答案的好习惯，利用儿童形象思维发达的特性引起他们阅读童话、寓言的动机，利用儿童的表演欲引起其阅读剧本的兴趣，凡此种种，不胜枚举。

四、民国时期儿童读书会阅读指导的内容

（一）阅读工具和方法的指导

阅读工具和方法的运用，包括字典、辞源与百科全书、目录与索引、图书分类法，以及生字的解释，疑义的解答，读物的选择，读书记忆法，注音自习法，标点使用法，俗体字、类似字的辨别等。读书会的指导老师会帮助儿童掌握这些基本的查阅工具与方法，以方便他们查找材料，也可以增进他们学习的效能和培养独立学习的能力。

（二）阅读能力的培养

阅读能力包括速率、理解力、注意力和记忆等要素，各个要素相互影响，缺一不可。为了提升儿童的阅读能力，儿童读书会经过一系列的研究与实践，总结出了如下方法：

第一，增进阅读速率的方法。培养正确的阅读习惯，让儿童养成静读的好习惯以及有规则的眼动习惯；遇到疑难字句要有跳读的习惯；时常举行默读测验，提升儿童默读速率。

第二，提升阅读理解力的方法。要使儿童带着问题、有目的性地开展阅读；要充分利用儿童的既有认知，用固有的经验唤起感官的联动作用，

以增加对新知识的理解力；在儿童阅读之前由指导老师介绍读物的内容概要、背景、寓意及主旨等；儿童读完某种材料后口述一遍，或做读书笔记；用图表量表记录理解力测评成绩，以资鼓励。

第三，培养儿童注意力的方法。一是为儿童提供良好的阅读环境，减少对儿童的干扰和被动的注意，使儿童能聚精会神地阅读。二是通过引起儿童阅读的兴趣来保持注意力，针对不同年龄阶段和学力层次提供最适合各儿童程度的材料。根据因材施教、避免类化的原则，对年幼的儿童，用书本的装饰、新奇的插画来吸引他们的注意；对稍长的儿童，则力求提供能满足其求知欲、能给予其精神和心灵慰藉的书籍。

第四，增强儿童记忆力的方法：当时的儿童读书会指导者对阅读材料进行了分类，一种为陶冶情志类如文学小说等，专为欣赏娱乐，没有需要特别记忆的必要。另一种为形式类，例如英文数学等，对于此类需要熟练牢记的书籍的记忆法主要有三种，一是采取“概括述略”法，通过对核心内容进行归纳和梳理使之条理清楚明了，以便记忆；二是对诸如专名、公式、纪年以及各种缺乏理解的事实则采取“联想”法，使看似毫无意义不易强记的内容通过联想来补助记忆；三是采用理论应用于实践的方法，例如将新学到的知识用讲故事的形式表演给亲友，这样既娱乐了他人又通过有趣的方式巩固了记忆。

（三）阅读思考的指导

如果在阅读过程中只有被动的吸收而缺乏主动的思考，那就成了“行走的百科全书”，而不是一个有思想的灵魂。因而民国时期的儿童读书会非常注重对儿童思考能力的培养，在指导儿童阅读时随时注意训练其思考的能力，鼓励儿童每读完一章书，就对书中的主要内容进行回想，并将书中的主要观点和表达的主要思想在脑海中进行组织，然后秉持科学客观的态度评判其价值。对于那些善思考勤思考的儿童，不管其思考的正确与否，儿童读书会的指导老师都会对他们进行鼓励并予以积极的指引，因为随着阅读的丰富、知识的积累和智力的增长，思想自然能步入正轨；而对于自主思考有困难的儿童，老师们则会对其进行适当和间接的提示，循循善诱，使其能通过老师提供的线索自行解决阅读中的障碍和问题，并充分调动儿童参与读后讨论的积极性，鼓励其大胆发表自己的意见和看法，由此培养儿童的创造、判断、组织、专注、发表等能力。

（四）读法的指导

读法指导主要包括以下几个方面：第一，朗读与默读。一般性的阅书提倡默读，阅读时不发出声，由视觉直接结合大脑，由此提高阅读的速度和质量；但遇到需要记忆的材料，朗读的效果却优于默读，因为朗读不但需要目睹还必须耳闻，视觉和听觉的双重感官作用能有效地促进记忆。第二，快读与慢读。快读就是一目十行的阅书方法，着眼于整体性阅读，必须全神贯注，做到心眼相通、眼到心到，可以有效提高儿童的阅读速度，提升阅读量；但是对于经典名著名篇、科技类、学术类书籍则需要放慢阅读速度，深入领会，细细品味，因为慢读可以加强儿童的联想力、理解力和专注度，帮助儿童更深刻透彻地领悟书中的内容和思想。第三，详读与略读。对精品范文非详读不可，要深入细致地反复研读和琢磨，边读边思，做到深刻把握、彻底了解；而对于休闲消遣类、参考工具类图书则可以采取扫视和跳读的略读法，略过生字难句和无关紧要的信息，掌握文章大意主旨即可。对于以上几种读书方法，儿童读书会要求指导者必须让儿童全部熟练掌握，并能根据阅读材料和阅读环境的不同采取最恰当的阅读方法，几种方法灵活合理地运用，快慢结合，详略结合，阅读速度和质量兼顾，真正有效地提高儿童的阅读水平。

五、启示

重视儿童阅读已逐渐成为当今社会的普遍共识，从政府、图书馆、学校到民间机构，都开始从不同层面推动儿童阅读。民国时期儿童读书会在儿童阅读指导方面的理论研究与实践探索相当深入与细致，其中很多理念及实践方法仍然对我国当今儿童阅读有指导意义和借鉴价值，具体体现在以下几个方面：

除了设置专职的读书会指导员，还可聘请儿童教育专家学者担任读书会导师和顾问，为会员推介阅读书目、教授阅读方法、分享阅读心得、解答阅读过程中的疑难问题等，通过名人效应来扩大读书会的影响力和吸引力，增加儿童对阅读的向往和兴趣，指导儿童利用书刊进行研究的正确途径。民国时期的儿童读书会经常邀请知名的中外教育专家或社会名流如华虚朋、程由庐、程其保等到会给会员进行演讲，内容涉及读书会的价值、阅读的好处、现代儿童教育思潮、当代中国教育问题等。

在面向儿童开展阅读活动时，应注重劳逸结合和增加学习的趣味性，除了亲子阅读、绘本阅读、故事会、集体诵读等形式多样的读书活动，还可举办亲子游戏、经典动画电影赏析、童话剧表演等休闲活动来提升阅读的兴味和互动性。民国时期的儿童读书会的活动内容非常丰富，除了日常阅读活动之外，还组织各种体育锻炼和竞赛，开展唱歌游戏等娱乐活动，指导儿童自编刊物等，为儿童构建了快乐阅读的良好氛围，让儿童在学中玩，在玩中学，在放松身心的同时增长了知识。

适当的激励制度可以调动儿童的积极性，保持组织的活力和吸引力。民国时期儿童读书会采取了物质激励和精神激励相结合的激励机制，对阅读考核成绩优秀的会员个人和小组除了给予表扬、颁发奖状等精神嘉奖外，还会对其进行奖金和奖品的经济鼓励。这些激励措施有效地激发了儿童认真参与各种阅读活动的热情和积极性。

应当随时关注并充分借鉴欧美有关儿童阅读指导的先进理念和宝贵经验。民国时期的儿童读书会在对儿童进行阅读指导时，充分结合了当时美国教育学家如爱默逊、帕克、埃尔哈特、豪尔斯等以及知名学术机构有关怎样指导儿童阅读的研究成果，例如，将美国芝加哥大学对于儿童阅读问题的研究成果用于解决儿童阅读中的各种实际问题，努力增加与扩大儿童阅读的内容、材料，改良阅读方法，增强阅读的效能。

参考文献

[1] 迟受义. 儿童阅读指导[J]. 文化与教育，1936（101）：9-18.

[2] 励材. 儿童阅读兴趣的研究[J]. 安徽教育，1930（14）：1-37.

[3] 袁鼎昌. 对于儿童阅读兴趣的探讨[J]. 大上海教育，1935（7）：59-67.

[4] 盛梅郝. 如何引起儿童的阅读动机[J]. 浙江小学教育，1936（7）：8-9.

[5] 祝其乐. 儿童阅读的指导[J]. 中华教育界，1922（6）：1-8.

[6] 徐阶平. 儿童课外阅读的指导[J]. 中华教育界，1930（1）：1-7.

[7] 邱冶新. 儿童阅读速率之研究[J]. 河南教育月刊，1935（3）：152-156.

[8] 储子润. 教育实际问题及教材：儿童阅读训练的几个具体办法[J]. 江西教育，1934（2）：115-120.

[9] 国外芝加哥大学对于儿童阅读问题之研究[J]. 安徽教育行政周刊，1929（41）：22-23.

市民利用高校图书馆权利研究

陈云先*

摘　要：我国宪法赋予公民图书馆权利，高校图书馆部分经费来自于国家，市民由此获得利用高校图书馆权利。市民向国家和政府主张权利，一般不直接对高校图书馆主张权利。市民利用高校图书馆权利大小主要由高校决定，高校可根据图书馆使用情况对市民权利做出限制，市民行使权利须遵守高校相关规则，并受著作权保护等限制。通过制定法律规则、政府与高校订立图书馆开放协议、高校章程明确市民利用图书馆权利及高校图书馆间共享协议等措施可以促进市民权利实现。

关键词：高校图书馆　图书馆权利　高校图书馆开放　宪法

图书馆权利是我国图书馆学界近年研究的热点问题，图书馆权利的核心内容是公民依法享有的自由、平等、公平地利用图书馆的权利。联合国教科文组织与国际图书馆协会和机构联合会颁布的《公共图书馆宣言》提出："任何人，无论其年龄、种族、性别、宗教信仰、语种或社会地位如何，在获取公共图书馆服务方面都有平等权利。"① 之后，部分国家通过立法赋予市民平等、无偿利用公共图书馆权利。但《公共图书馆宣言》所针对的是公共图书馆，高校图书馆并不属于公共图书馆，市民是否拥有利用高校图书馆权，以及可以利用哪些资源，这是值得研究的问题。

高校图书馆是高校内部机构，其设立的主要目的是为高校教学科研服务，在职能定位上不同于公共图书馆。2015 年，教育部发布《普通高等学校图书馆规程》，该规程规定，"图书馆应在保证校内服务和正常工作秩序

---

* 陈云先（1965—），女，学士，四川大学图书馆馆员。

① 国际图书馆联盟．联合国教科文组织公共图书馆宣言[Z]．1994.

的前提下，发挥资源和专业服务的优势，开展面向社会用户的服务”①。尽管有了上述规定，高校图书馆对社会开放程度仍然不高，市民利用高校图书馆的机会仍然很少。其原因在于未厘清市民与高校图书馆在文献信息资源利用方面的关系。本文拟讨论市民利用高校图书馆的权利，以期引起学术界对此问题的关注。

一、市民利用高校图书馆权利的法理依据

高校图书馆是否向社会开放以及如何开放，其核心问题是市民是否拥有利用高校图书馆权。

（一）学者对市民利用高校图书馆权利的观点及评价

学者们从高校图书馆是否开放的角度，论证市民拥有利用高校图书馆权，主要理由有：

第一，高校图书馆经费来源于国家财政拨款。学者们认为，“高校图书馆资源属于社会财富，由于经费来源于财政拨款，因此高校图书馆资源是社会文化的重要组成部分，应该肩负起为社会服务的责任”②。“高校图书馆的文献购置费、工作人员工资都来源于教育事业经费，高校图书馆应充分发挥馆藏优势，弥补公共图书馆的不足，满足人们知识更新的需求，满足专业读者的信息需求。”③

第二，高校图书馆具备向社会开放的能力。世界早已进入互联网时代，高校图书馆资源已被数字化，成为数字资源，具备向社会开放的可能。同时，高校图书馆馆藏大多为专业性文献，这类文献的读者相对较少。为充分发挥专业文献的作用，面向社会吸收专业读者，能够最大限度地发挥专业文献作用。

第三，市民需要高校图书馆提供服务。“人们需要知识和教育，也需要文化和信息，高校图书馆可以为市民提供娱乐性阅读、自学进修以及信息研究的良好环境。”

---

① 中华人民共和国教育部．普通高等学校图书馆规程［Z］．2015-12-31.

② 帕提曼．高校图书馆向社会开放的障碍举要——基于图书馆合作与信息资源共享武汉宣言的冷思考［J］．图书与情报，2007（6）：21-23.

③ 吴瑛．高校图书馆对社会开放的设想与实践［J］．河南图书馆学刊，2005（2）：64-66.

第四，向社会开放有利于高校图书馆的发展。高校图书馆向社会开放，对高校图书馆管理、服务等提出更为复杂、更高要求，高校图书馆要适应社会需求，须不断改革创新，以促进高校图书馆发展。

本文认为，上述理由并不成立，这些主张未认清市民利用高校图书馆权利的法理基础。一是高校图书馆虽然获得财政拨款，仅表明高校图书馆对国家和政府承担责任，并不能推论出高校对社会或者市民承担责任，我国有很多单位获得财政拨款，但他们并不向社会开放。二是高校图书馆有能力开放与市民拥有利用高校图书馆权是两码事。三是市民有知识和信息需求，这种需求可以通过多种途径满足，并不能推论出有利用高校图书馆之权。最后，市民利用高校图书馆权利是市民无偿获得文献信息资源等服务的权利，向市民提供有偿服务，并未赋予市民利用高校图书馆权。

（二）市民图书馆权利与国家的责任

中国公民拥有利用图书馆权利，这种权利来源于宪法的规定。

首先，宪法直接赋予了市民图书馆权利。宪法第 22 条规定，“国家发展为人民服务、为社会主义服务的文学艺术事业、新闻广播电视事业、出版发行事业、图书馆博物馆文化馆和其他文化事业，开展群众性的文化活动”①。发展图书馆事业是国家的责任，对市民而言，意味着其对国家拥有了一种权利，这种权利就是图书馆权。

其次，从宪法赋予的公民受教育权可以推导出市民图书馆权利。宪法第 46 条规定，中华人民共和国公民有受教育的权利和义务。“公民受教育权是指公民有在国家和社会提供的各类学校和机构中学习文化科学知识的权利。”② 国家除了举办各类学校满足公民受教育权外，还须兴办图书馆等文化设施以满足公民不同内容的受教育权。

最后，宪法赋予公民开展科学研究、文学艺术创作及其他文化活动的权利与自由。要保障公民这些权利与自由的实现，需要赋予市民图书馆权利。市民图书馆权利是其从事科学研究、文学艺术创作和其他文化活动的重要条件，国家鼓励和帮助市民从事科学研究等活动，必然要保障市民图书馆权利。

---

① 全国人民代表大会. 中华人民共和国宪法[Z]. 1982-12-04.

② 周叶中. 宪法[M]. 北京：高等教育出版社，北京大学出版社，2005：283.

综上所述，我国宪法赋予了市民图书馆权利，市民有要求国家提供恰当的文献信息资料等图书馆服务的权利，也就意味着国家对市民承担提供图书馆服务的责任，国家通过各种形式保障市民图书馆权利的实现。

（三）国家责任与市民图书馆权利的实现方式

市民拥有图书馆权利，这种权利的实现以国家履行责任为基础。在我国，国家保障市民图书馆权利实现的方式主要有三种：

第一，国家直接设立公立图书馆保障市民图书馆权利。我国各级政府设立的中国国家图书馆及省、市、县图书馆等就是国家保障市民图书馆权利实现的方式。

第二，国家设立公立高等学校等组织附带提供图书馆服务，满足市民图书馆服务的需求。高校一般设立有图书馆，国家通过设立公立高等学校，利用公立高等学校图书馆保障市民图书馆权利。

第三，国家购买其他组织的图书馆服务以满足市民图书馆权利。民办高等学校及其他企业并不承担向市民提供图书馆服务的责任，为保障市民图书馆权利，利用民办高校及其他企业单位的图书资源，政府也可以购买这些组织的服务，向这些组织提供财政支持以获得其向社会开放图书资源。

综上所述，市民拥有利用高校图书馆权利的法理基础是，宪法赋予市民图书馆权利，国家承担保障市民图书馆权利的责任。国家通过设立公立高等学校并提供财政支持保障市民图书馆权实现，还可通过购买民办高校图书馆服务实现市民图书馆权利，市民据此拥有了利用高校图书馆权利。

二、市民利用高校图书馆权利的限制

公共图书馆承担提供图书馆服务的责任，市民行使图书馆权利与公共图书馆之间形成公务利用关系。市民与高校图书馆并未形成固定的法律关系，要保障市民利用高校图书馆权利的实现，需要一些独立措施。

我国学术界研究市民利用高校图书馆权一般仅重视权利，未意识到这些权利是受到限制的。因市民与高校未形成特别权利关系，市民利用高校图书馆权利受到系列限制。

首先，市民利用高校图书馆权利大小在一定程度上由高校决定。不论是国外还是国内，由法律规范及政府协议明确市民利用高校图书馆权利的都很少。“在美国、日本等国家，各高校图书馆向市民开放的对象、领域等都不一样，为什么会这样呢，其原因是市民利用高校图书馆权利由高校决定。”① 因此，在缺乏法律规范明确规定或者政府与高校协议明确约定情况下，市民利用高校图书馆权利大小由高校决定。高校可以决定市民进入高校图书馆的人数、借阅书籍的数量、是否交纳保证金、获得文献资料的种类等。

其次，市民须遵守和服从高校图书馆利用规则。高校图书馆利用规则包括一般规则和专门规则。一般规则是高校针对学校教师、学生利用图书馆的规则；专门规则是高校针对校外读者专门制定的规则。市民首先应当遵守高校图书馆利用的专门规则，如校外读者借、还书籍期限等规则。

最后，高校可以根据图书馆资源状况限制市民权利。高校图书馆设立的主要目的是服务高校教学、科研，市民不是高校师生，不能与高校师生享有相同权利，因此，高校图书馆优先向高校师生提供服务，高校可以以满足师生需要为由限制市民利用高校图书馆的权利，如限制办理读者证的市民数量、限制市民借书籍的数量、在期末考试期间限制市民进入阅览室等。

三、市民利用高校图书馆权利的保障

保障市民利用高校图书馆权利的实现，需要改善高校图书馆物质条件和完善制度体系。改善高校图书馆物质条件需要制度体系保障，通过制度体系保障国家、各级政府及高校对高校图书馆的投入，提升高校图书馆向社会开放的能力。此外，市民能够进入高校图书馆，还需要专门的制度措施。

首先，完善保障市民利用高校图书馆权利的法律规范体系。此领域的法律规定体系包括促进高校图书馆建设的法律规范体系和直接保障市民利用高校图书馆权利的法律规范体系。建议我国可以修改高校教育法，明确高校对图书馆建设的标准及内容等。

其次，各级政府与高校签订协议实现市民利用高校图书馆权利。我国高校有中央管理高校和地方管理高校，有公立高校还有民办高校，且高校图书馆建设情况的差距很大，通过完善法律规范体系明确列举市民利用高

① 谢丽娟，郑春厚. 美国高校图书馆社会服务发展现状及启示[J]. 中国图书馆学报，2009（2）：93-97.

校图书馆权利，一方面立法难度很大，另一方面也不现实。现实可行的路径是由政府与高校订立协议，明确高校图书馆开放责任和市民利用高校图书馆权利。政府在向高校拨款时单独列出高校图书馆建设经费，特别是列出图书馆用于向社会开放的经费项目，以此明确高校图书馆向社会的开放责任。省、市、县人民政府还可以与辖区内的普通高校订立图书馆开放协议，向高校提供经费支持等手段促进高校图书馆向辖区内居民开放，并明确市民利用高校图书馆的权利。

再次，利用高校章程明确市民利用高校图书馆的权利。高校章程是高等学校依法自主办学、实施管理和履行公共职能的基本准则。教育部《高等学校章程制定暂行办法》规定，高校章程的内容包括“开展教学活动、科学研究、技术开发和社会服务”的基本规则、决策程序与监督机制。高校在制定章程时，应将图书馆开放的对象、内容、标准、程序写进去。《高等学校章程制定暂行办法》规定了教育部和地方政府对高校章程的核准程序，行政机关可以通过核准程序要求高校在其章程中写明图书馆向社会开放责任和列举市民利用高校图书馆的权利。

最后，订立图书馆校际利用协议保障市民权利。国外高校一般赋予校友终身利用本校图书馆的权利，我国不少高校也对校友开放。除此之外，还可以通过高校间的图书馆共享协议，实现高校师生间图书馆共享，也可以在一定程度上保障市民利用图书馆权利。

四川大学图书馆馆藏苏轼文集明代刻本考述*

李咏梅　张盛强　宋桂梅**

摘　要：本文主要从版式行款、内容结构、序跋、题识、藏印、版本流传情况以及编者或刊刻者情况等方面以提要的形式对四川大学图书馆馆藏苏轼文集明代刻本进行考述，意在弘扬巴蜀文化，同时也为有关学者研究苏轼提供参考。

关键词：苏轼文集　明代刻本　四川大学图书馆

一、引言

苏轼（1037—1101），字子瞻，号东坡居士，四川眉山人，嘉祐二年（1057）进士，曾任翰林学士、侍读学士、礼部尚书等职，出知杭州、颍州、扬州、定州等地，晚贬官惠州、儋州，卒于常州。① 作为北宋时期著名的文学家、书法家、画家和文艺思想家，苏轼才华横溢，其文学作品、文艺思想乃至哲学思想都对后世产生了巨大的影响，“苏轼的思想对于国人生命灵性的启沃，盖不在孟轲、庄周之下，而恐远在程颐、朱熹、王阳明等哲学巨匠之上。他对于中国思想史的实际影响，见于后人的著述文字者还属其次，更重要的是著见于文人学士的心灵”②。

---

* 本文系国家社科基金重大项目、四川省重大文化工程《巴蜀全书》子课题“四川大学图书馆所藏巴蜀文献目录”（BSQS2016Z01）系列成果之一。

** 李咏梅，女，硕士，四川大学图书馆研究馆员；张盛强，男，博士，四川大学图书馆研究馆员、副馆长；宋桂梅，女，硕士，四川大学图书馆馆员。

① （元）脱脱. 宋史[M]. 北京：中华书局，1985.

② 王水照，朱刚. 苏轼评传[M]. 南京：南京大学出版社，2004.

流传于世的苏轼文学作品极为丰富，主要分为诗集、文集和全集（即诗文合集），存世的宋本稀见，明本较多，清代和民国刊本最多，这也反映出苏轼及其作品对后世的影响力。苏轼文集的刊刻盛行于明代，收录了苏轼的各种文论，历代学者关于苏文的评论很多，如茅坤曰“予少谓苏子瞻之于文，李白之于诗”①，焦竑曰“古今之文，至东坡先生无余能矣”②，可见苏文的地位和影响。

作为西部地区最大的学术图书馆，四川大学图书馆拥有丰富的特色资源，其中包括近30万册线装古籍，其中以唐宋以来的各种刻本、稿本和抄本尤为珍贵，馆藏苏轼作品刻本约50种，以明刻本最为珍贵，属于特藏中的特藏，其中文集刻本共有5种，本文主要从版式行款、内容结构、序跋、题识、藏印、版本流传情况以及编者或刊刻者情况等方面以提要的形式对这5种明代苏轼文集刻本进行考述，意在弘扬巴蜀文化，同时也为有关学者研究苏轼提供参考。

需要说明的是：其一，本馆收藏的明崇祯中项煜刻本《东坡先生全集七十五卷》和明刻本《新刻类编苏文忠公全集十卷》，虽名曰“全集”，但实为载文不载诗，故列为本文考述范围；其二，本馆收藏的明刻本《东坡集选五十卷集余一卷》虽主要收录苏文，但第四十三至五十卷收录了苏轼的诗词，故不列入本文考述范围。

二、馆藏明代苏轼文集刻本考述

（一）坡仙集十六卷

（宋）苏轼撰　（明）李卓吾辑

明万历二十八年（1600）刻本十册

半叶九行，行二十字，白口，单鱼尾，四周单边；书高二十七厘米，广十七点三厘米，框高二十一点七厘米，广十四点九厘米；版心刻书名、卷数及页数，文中有批点。钤有“华西协合大学图书馆”朱文方印，于1950年入藏。

卷首有焦竑“刻坡仙集抄引”，末署“万历庚子夏琅琊焦竑书”，后有

① （明）茅坤．苏文忠公文钞引．宋大家苏文忠公文钞二十八卷[M]．明崇祯元年（1628）重刊茅氏唐宋八大家文钞本．卷首．

② （明）焦竑．刻坡仙集抄引．坡仙集十六卷[M]．明万历二十八年刻本．卷首．

“弱侯”“乙丑状元”两印章。

次列“卓吾先生复焦秣陵书”，以及校阅人李流芳、王宇春、严调御等十九人姓氏。

次列《重刻坡仙集凡例》，文中云：“是集翻刻既多残缺，原本亦有淆讹……兹悉从诸善本中一一搜正，人经数手，时经数月……”可见此本并非初刻，但却尽其所能使“字安于句，义安于文，尽露当日精神，不失本来面目，批根扫叶，可谓无遗矣”。

次列“坡仙集总目”，共十六卷，卷一收诗两首、赋七首、颂九首、墓志铭八篇、铭三十一首、偈三首、赞二十六篇；卷二收传四篇、碑五篇、记二十九篇、叙七首；卷三收祭文七篇、祝文十四篇、志林四条、杂作三十一首；卷四收经说八篇、论七篇、表状七十首、乐语四首；卷五收启四十九首、书柬二十首；卷六续收书柬六十首；卷七收策问、对策及策略等二十篇；卷八至卷十收奏议四十六篇、内制三十一篇、外制十五篇；卷十一至卷十五为“别集”，收录东坡事实四百七十二条；卷十六为年谱、年谱后语及本传。

李卓吾评《坡仙集》流传版本颇多，主要包括①②③：

明万历二十八年焦竑序刻本，卷首有焦竑序，书末有方时化跋，封面题“李卓吾批选坡仙集”，卷内有“不及庵藏”印记，共六册；

明万历二十八年焦竑序刻本翻雕本，卷前有焦竑“刻坡仙集抄引”及“卓吾先生复焦秣陵书”、校阅人姓氏、重刻坡仙集凡例和坡仙集总目，与上述川大藏本所列内容相同，但此本目录后有“万历庚子岁录梓于继志斋中”牌记，而川大藏本无此牌记，此本共七册，川大藏本为十册。王重民先生怀疑“卓吾先生复焦秣陵书”为伪作。

明万历四十八年（1620）程明善刻本

明万历刻本

明末刻本

清代抄本

---

① 王重民. 中国善本书提要［M］. 上海：上海古籍出版社，1983.

② 四川大学古籍整理研究所. 现存宋人别集版本目录［M］. 成都：巴蜀书社，1990.

③ 刘尚荣. 苏轼著作版本论丛［M］. 成都：巴蜀书社，1988.

另四川眉山三苏祠藏有两种《坡仙集》十六卷刻本，为笔者所见，一为明万卷楼刻本，共八册，封面题“李卓吾先生批选坡仙集”，下署“万卷楼刊”，无具体刊刻年代；卷前有焦竑序，序中有圈点，次列“坡仙集总目”，内容基本与川大藏本相同，个别卷收录数量略有差异；该万卷楼刻本均未见收录于《中国善本书提要》《现存宋人别集版本目录》中。另一种为明刻本，有抄配，共七册，版式行款、字体和收录内容与前本相同，总目后有“万历庚子岁录”图记，而前本无此图记。明万历二十八年陈大来继志斋刻本之图记为“万历庚子岁录梓于继志斋中”，而此本只有前六字，疑为书贾挖去“万历庚子岁录”以冒充原刻本。

后明代陈继儒又对上述《坡仙集》十六卷进行补定，为《订补坡仙集》三十八卷，明万历刻本，四函二十八册，首列陈继儒“订补坡仙集序”，次列焦竑原序、“陈眉公订补坡仙集总目”及“订补坡仙集目录”，增补的篇名下均标明“补”字。此本补选了东坡诗词，增加了新的评点。三苏祠藏有此本。《现存宋人别集版本目录》收录了此本，收藏单位较多，说明其流传较广。

按：李贽（1527—1602），号卓吾、笃吾，明福建晋江（今泉州）人，回族，别号温陵居士。嘉靖三十一年举人，历共城知县，国子监博士，万历中为姚安知府，著有《藏书》《续藏书》《焚书》《续焚书》等。还曾评点过《水浒传》《西游记》《浣纱记》等，仍是至今流行的版本，是明代著名的思想家、史学家、文学家。

焦竑（1540—1620），字弱侯，号澹园，明应天府江宁（今南京）人，万历十七年殿试第一，授翰林修撰，二十二年受命撰修明国史，侍讲东宫。与李卓吾善。博极群书，精熟典章，工古文，卓然为名家。著有《澹园集》《焦氏笔乘》《国朝献征录》《国史经籍志》《老子翼》《庄子翼》等。

（二）宋大家苏文忠公文钞二十八卷

（宋）苏轼撰　（明）茅坤批评

明崇祯元年（1628）重刊茅氏唐宋八大家文钞本十册

半叶九行，行十九字，白口，单鱼尾，四周单边；书高二十六点六厘米，广十六点九厘米，框高二十点六厘米，广十四点二厘米；版心刻书名、卷数及页数，刊刻者不详。1950 年入藏华西，钤有“华西大学圕藏”白文方印。

首列茅坤“苏文忠公文钞引”，曰：“予少谓苏子瞻之于文，李白之于诗……予录其制策二首，上书七首，札子十三首，状十二首，表启二十六首，与执政及友人书二十二首，论七十首，策二十五首，序、传十首，记二十六首，碑六首，铭、赞、颂十五首，说、赋、祭文、杂著十五首，厘为二十八卷。”末署“归安鹿门茅坤题”。

次列“苏文忠公本传”。

次列“宋大家苏文忠公文钞”目录，共计二十八卷，分二十类，包括：制策一卷、上书二卷、札子二卷、状二卷、表启一卷、书二卷、论八卷、策四卷、序传一卷、记二卷、碑一卷、铭、赞、颂一卷，说、赋、祭文、杂著一卷，各类目下均标明篇数，共计二百五十一篇（比茅坤序中数目多两篇）。正文卷首书名题“宋大家苏文忠公文钞”，次行署“归安鹿门茅坤批评”。

《现存宋人别集版本目录》称此茅坤评本“有万历本、崇祯本及清刊本三种”，又有朝鲜旧刻本，存二十四卷，又有日本安政四年（1857）刊“宋大家苏文忠公文抄十卷”，二者均藏于复旦大学。①

笔者曾见眉山三苏祠藏有明万历茅一桂刊本，两函十二册，该本刻印精良，墨色好，文中有多种批点符号，每册卷末均有“泖峰庄读易居士”朱文方印。此本内容与川大藏本内容相同，但茅坤“苏文忠公文钞引”末还署名“侄茅一桂校刊”，而川大藏本无此署名。钞引后所列“苏文忠公本传”，为元脱脱撰，写刻上版。《中国善本书提要》著录的刻本即为此本，但仅存十册，二十六卷。②

按：茅坤（1512—1601），字顺甫，号鹿门，明代散文家、藏书家，湖州府归安（今浙江吴兴）人。嘉靖十七年进士，善古文，从唐顺之游，推崇韩、柳、欧、曾、苏氏父子，又善谈兵。历知青阳、丹徒，累迁广西兵备佥事，迁大名兵备副史。编选《唐宋八大家文钞》，著有《白华楼藏稿、续稿、吟稿》《玉芝山房集》《史记钞》等。

（三）东坡先生全集七十五卷

（宋）苏轼撰

---

① 四川大学古籍整理研究所. 现存宋人别集版本目录[M]. 成都：巴蜀书社，1990.

② 王重民. 中国善本书提要[M]. 上海：上海古籍出版社，1983.

明崇祯中项煜刻本二十四册

半叶十行，行十九字，白口，左右双边；书高二十六点三厘米，广十七点一厘米，框高二十点四厘米，广十四点九厘米；版心刻书名、卷数及页数。文中有红色圈点，有朱墨笔批注，有岳清澄题识。钤有“华阳林氏清寂堂藏”朱文长方印、“清寂翁”朱文方印、“林季丰印”白文方印、“縠也丰下”朱文方印。

该书首列元脱脱撰《宋史》本传，次列苏轼之弟苏辙撰“东坡先生墓志铭”，后列五羊王宗稷编“东坡先生年谱”。该书无目录，内容载文不载诗。

三苏祠收藏的《东坡先生全集七十五卷》为三十二册，由明茅维选编并于明万历三十四年（1606）刊刻，此本首列焦竑“刻苏长公集序”，次分别列茅维“宋苏文忠公全集叙”、元脱脱《宋史》本传、“宋孝宗御制文忠苏轼文集赞并序”“赠太师诰词”“东坡先生墓志铭”“东坡先生年谱”；第二册载“东坡先生全集目录”，载文不载诗。三苏祠还收藏了另外一种七十五卷全集本，明末刻本，三十二册，首列项煜“刻苏文忠公全集叙”，末署“吴门项煜谍”，次列“东坡先生全集目录”，此本无序、传、赞、诰词、墓志铭和年谱，但内容、版式行款与前本基本相同，项煜为崇祯时人，估计此本是据前本翻刻而成，《现存宋人别集版本目录》把此本作为明末文盛堂刻本，由明陈明卿评。

《现存宋人别集版本目录》收录的茅维刻本收藏单位众多，可见其流传范围甚广。该目录还著录了另外几种刊本：①

明刻本

明末文盛堂刻本　明陈明卿评（注：笔者曾在加州大学伯克利分校东亚图书馆见过此文盛堂刻本，二十二册，扉页题“苏文忠公全集，陈明卿太史订正，文盛堂藏板”，版心刻“东坡全集”，首列吴门项煜《刻苏文忠公全集叙》，次列《东坡先生全集目录》。但该馆标注该本的刊刻时间为清代。）

明末金阊宝翰楼刻本　明陈明卿订正

明刻清邵长衡重订修补本

---

①　四川大学古籍整理研究所. 现存宋人别集版本目录[M]. 成都：巴蜀书社，1990.

明龚羽明世锦堂刻本　明陈仁锡评

清刻本

按：项煜（1598—1645），明苏州府吴县人，字仲昭，号水心，明天启五年（1625）进士，由庶吉士累官少詹事兼翰林侍读。诗集文稿著述甚丰。

（四）新刻类编苏文忠公全集十卷

（宋）苏轼撰

明刻本二十册

半叶九行，行二十二字，白口，四周单边；书高二十五点九厘米，广十六点四厘米，框高二十一点六厘米，广十三点九厘米；版心刻类名、卷数及页数，不刻书名。无序跋。首列“新刻类编苏文忠公全集目录”，内容包括策、解、说、颂、赞、铭、奏状、札子等，共计四百七十余篇。此本刊刻者和刊刻年代均不详，从字体、墨色和版式看，初步定为明刻本。

此书未见收录于各目录中，三苏祠藏有同名同卷明刻本，但仅四函十二册，内容也不尽相同。《现存宋人别集版本目录》中收录了两种刻本：一是新刻陶顾二会元类编苏长公全集四十卷卷首一卷明末刻本明陶望龄辑顾起元补订；二是新刻陶二会元类编苏长公全集八卷明末书坊刻本明陶望龄辑顾起元补订。

第二种可能是从第一种刻本中抽取部分刊刻而成，川大和三苏祠藏本亦可能是以第一种刻本为底本抽编而成。

（五）苏长公小品四卷（存三卷，缺第一卷）

（宋）苏轼撰　（明）王圣俞评选　（明）凌启康编

明凌启康刻朱墨套印本三册（缺第一册）

半叶八行，行十九字，白口，四周单边；书高二十六点三厘米，广十七点三厘米，框高二十一厘米，广十四点三厘米；版心刻书名、卷数及页数，刻印精良，墨色清晰。有手写上版的红色批点。具体刊刻年代不详。

本书既有分类，又有类名，各卷篇名目录分列于各卷正文之前，正文卷首书名题“苏长公小品”，次署“古杨王圣俞评选”。每册目录页有“林季丰印”白文方印，每卷卷端钤有“季鹰”和“春江”朱文方印。卷二收尺牍二十九首、颂二首、偈五首、赞七首。卷三收铭十一首、评史九首、杂著八首、题跋七首。卷四收题跋四十七首、词一首、杂记三十首。

笔者曾见三苏祠所藏四卷本全本，首列施扆宾“苏长公小品序”，次列凌启康“刻苏长公小品序”，言及《苏长公小品》书名之由来和刊刻源流，根据凌序，此四卷本是在明万历三十九年章氏（万春）心远轩刻二卷本基础上刊刻而成。凌序后分别列王圣俞原序、章万椿原题辞、黄庭坚“苏子瞻像赞”，文中有红色批点。卷一收赋二首、序二首、记七首、传一首、启二首、策问五首。正文圈点为王圣俞所加，在书眉和篇末除了王圣俞原有评语外，又添补了其他评家的评语。据卷末“附评名家姓氏”，这些评家包括：唐顺之（荆川）、茅坤（鹿门）、姜宝（凤阿）、钱穀（文登）、楼昉（迂齐）、李贽（卓吾）、陶望龄（石篑）、吕雅山、蔡采之、袁宏道（石公）、陈继儒（眉公）、刘士璘（越石）、郑之惠（孔肩）等十余家。

《现存宋人别集版本目录》和《中国善本书提要》均收录川大馆所藏此四卷本，收藏单位达数十家，可谓流传甚广。三苏祠还藏有二卷本，半叶九行，行二十一字，白口，四周单边，首列王纳谏“叙苏文小品”，叙后有一长方形牌记，两行十六字，云：“万历辛亥八月既望雕于章氏之心远轩”；次分别列汪元哲“苏长公小品题解”、章万春“苏文小品题辞”，后列“苏长公小品目”，分上下两卷，有分类，但无类名。

“小品”本属佛教用语，指佛经之节本，因其篇幅短小，语言简约，便于诵读和传播，故备受人们的青睐，万历三十九年（1611），王圣俞编成《苏长公小品》，最早将“小品”视作文学概念，随后在明末盛行一时。王圣俞选东坡短小文章，深入浅出，夹叙夹议，以求“一饷三欢，而非千秋之志也”，意在投时所好①，故本书收录以题跋居多，次则尺牍、杂记等。

按：王纳谏，字圣俞，号观涛，江都（今属江苏扬州）人，明万历三十五年（1607）进士，被授予行人司行人，官至吏部稽勋司员外郎，潜心钻研，精于易理，著有《周易翼注》《四书翼注》。

凌启康，字安国，又字天放，号旦庵主人，万历年间乌程（今浙江吴兴）人。

三、结语

苏文浩如烟海，流传于世的明代苏轼文集刊本多达三十多种，海外藏

① 刘尚荣. 苏轼著作版本论丛[M]. 成都：巴蜀书社，1988.

本也很多，尤以台湾地区及日本、美国等地居多，而上述川大图书馆收藏的五种明代苏轼文集刊本则是其中的典型代表，不仅具有较高的版本价值，而且也具有重要的文学研究价值。这五种刻本具有四个方面的特点：一是收录的内容和形式十分丰富，包括赋、序、记、传、碑、启、策、书、论、尺牍、解、说、颂、偈、赞、铭、奏状、书柬、叙、札子、评史、杂著、题跋、杂记、祭文、祝文等近三十种文论形式，其中不少为传世佳作，如《赤壁赋》《进论》《进策》《思治论》《上神宗皇帝书》等；二是大多由名人名家作序跋和辑刻，这和苏轼在文坛的地位是分不开的；三是流传版本和收藏机构较多，流传很广；四是刻印精良，字体大多为横轻竖重的长宋体匠体字，尤以明凌启康刻朱墨套印本《苏长公小品》最具有代表性。

苏轼在其"自评文"中写道："吾文如万斛泉源，不择地皆可出。在平地滔滔汩汩，虽一日千里无难。及其与山石曲折，随物赋形而不可知也。所可知者，常行于所当行，常止于不可不止，如是而已矣。其他虽吾亦不能知也。"① 这是对苏文最精准的评论。苏轼文集是研究苏轼文论特点和探讨文学发展规律的重要文学遗产，对苏轼文集刻本的深入研究和探讨无疑是很有必要的。

参考文献

[1] 馆情介绍[EB/OL]. 2018-9-22. http://202.115.54.22/sculib/(S(uki4zhmwsftzcj55qxdkfn45))/intro/intro.aspx.

[2] 胡惠芬，李咏梅. 三苏祠馆藏善本图书提要[M]. 成都：四川文艺出版社，2001.

[3] 张撝之等. 中国历代人名大辞典[M]. 上海：上海古籍出版社，1999.

[4] 李卓吾[EB/OL]. 2018-9-26. https://baike.baidu.com/item/%E6%9D%8E%E5%8D%93%E5%90%BE/3078375.

[5] 明朝进士项煜的家世[EB/OL]. 2018-10-3. http://blog.sina.com.cn/s/blog_52ff6b940102weqo.html.

[6] 欧明俊. 论晚明人的"小品"观[J]. 文学遗产，1999 (5)：63-73.

① （宋）苏轼. 自评文. 东坡先生全集七十五卷[M]. 清文盛堂刻本. 卷六十六.

［7］孙启新.《聊斋志异校注》人物补注续［J］. 蒲松龄研究，2017（2）：60-72.

［8］赵红娟. 凌、闵二氏套印本零签［J］. 湖州师范学院学报，2003（1）：30-34.

［9］曾枣庄. 苏文汇评［M］. 成都：四川文艺出版社，2000.

四川大学图书馆特色资源开发利用的策略探讨

李咏梅　许卫红　丁　伟*

摘　要： 特色资源开发利用是图书馆的重要工作之一，本文从四川大学图书馆特色资源开发利用的发展现状入手，分析其开发利用中存在的问题和困难，在此基础上提出加强特色资源的整理与挖掘、有力推进数字化建设、利用新技术拓展特色资源展览的形式和内容、注重文创产品的开发以及进一步加强特色资源的修复与保护等举措，以期得到专家及同仁的指正，推进本馆特色资源开发利用的长足发展。

关键词： 四川大学图书馆　特色资源　开发利用

一、四川大学图书馆特色资源概述

特色资源是指个体图书馆收藏的不同于其他图书馆的具有独特内容表征和收藏价值的文献资源，其形成主要包括内生型、影响型和捐赠型。特色资源具有显著的独特性和个性化特征，这决定了其在图书馆不可替代的重要地位，对特色资源进行开发利用是图书馆实现可持续性发展的需要，是加强自身竞争力和保持强劲生命力的需要，是践行《图书馆服务宣言》“实现知识传播，传承文明的社会功能”① 的必然之举。

四川大学图书馆馆藏特色资源极为丰富，包括近 30 万册线装古籍，其

---

* 李咏梅，女，硕士，四川大学图书馆研究馆员；许卫红，女，硕士，四川大学图书馆副研究馆员；丁伟，男，硕士，四川大学图书馆馆员。

① 中国图书馆学会. 图书馆服务宣言[EB/OL]. [2018-10-10]. http://www.lsc.org.cn/contents/1132/2829.html.

中以唐宋以来的各种刻本、稿本和抄本尤为珍贵，以及民国图书和报刊、民国四川大学学位论文、舆图拓片、木刻雕版、缩微资料、名人赠书等资源，具有重要的史料和学术价值，其中很多藏品还具有文物价值，为四川大学人文社会科学的教学科研和人才培养提供了独具一格的文献保障和服务。

本文拟从四川大学图书馆特色资源开发利用的发展现状入手，分析其开发利用中存在的问题和困难，在此基础上提出了新形势下加强特色资源开发利用的举措，包括加强特色资源的整理与挖掘、有力推进数字化建设、利用新技术拓展特色资源展览的形式和内容、注重文创产品的开发以及进一步加强特色资源的修复与保护等方面，以期得到专家及同仁的指正，推进四川大学图书馆特色资源开发利用的长足发展。

二、四川大学图书馆特色资源开发利用的发展现状及存在的问题

（一）特色资源开发利用的发展现状

四川大学图书馆一直比较重视特色资源的开发利用工作，取得了一定成绩，主要表现在以下几个方面：

1. 修复与保护工作取得历史性发展

（1）特色资源保存环境和条件得到极大改善

按照国家标准 GB/T 30227—2013，利用学校专项经费对 11 个特色资源书库进行了改造，安装了恒温恒湿机组、防紫外线灯具和窗帘、红外监控、摄像监控、自动灭火系统、烟感报警、使用樟木书柜和书盒，构成全方位的立体保护网，实现了特色资源的保存性保护。

（2）成立古籍特藏文献修复室

四川大学图书馆于 2006 年恢复成立了古籍特藏文献修复室（现已更名为特色资源修复室），2014 年获批“四川省古籍修复中心四川大学分中心”，2016 年获批“国家级古籍修复技艺传习中心四川古籍修复中心传习所”，这是西南地区高校图书馆首家也是唯一一家古籍修复技艺传习所，标志着其古籍修复人才培养工作迈上了新台阶。修复室现有修复人员 3 人，工作面积两百余平方米，设备设施齐全，功能分区明确；有严格的管理制度、工作规程和完善的环境监测、藏品交接、方案审核、质量验收规定及修复档案，可以说四川大学图书馆修复工作走在了高校图书馆的前列，在高校领域产生过一定的影响力。

2. 书目数据库建设工作初见成效

利用全国或省级古籍保护中心古籍普查的机会，对古籍线装书进行整理和编目，工程巨大，目前已完成80%的古籍简编工作，建立的书目数据已收录于CALIS高校古文献资源库——学苑汲古，为全国用户提供服务。

3. 数字化建设取得一定进展

四川大学图书馆目前最具代表性的特色资源数字化项目是《新新新闻》数据库，《新新新闻》是本馆收藏的颇具地方特色的珍稀民国报纸，反映了当时四川地区政治、文化、经济和民生的方方面面，是研究四川区域史的重要史料之一，由于利用率很高，原版报纸破损日益严重。《新新新闻》数据库不仅有效地保护了原版文献，而且可通过篇名、作者和日期随时随地进行检索，使读者能更为方便快捷地利用该报纸。此外，独家收藏的5700多册民国国立四川大学和华西协合大学毕业论文也进行了数字化，进入后期数据库发布流程。

4. 着力善本影印出版和再造

遴选本馆珍稀善本进行影印出版和再造，先后影印出版《四川大学图书馆馆藏珍稀四川地方志丛刊》及续编、《钻坚研微、研慎细思——国立四川大学学生毕业论文选编》，影印再造镇馆之宝《四川全图》，以及《青在堂草虫花卉谱·翎毛花卉谱》《二酉英华》《初白诗抄》《芥子园画传》《林思进评点唐诗选》等。

（二）特色资源开发利用存在的问题

虽然在特色资源的开发利用中取得了一定的成绩，但仍然存在以下的问题和困难：

1. 普查和编目工作步入瓶颈

古籍线装书的整理与编目虽然已完成了80%，但剩下的工作更为困难和棘手，加之人员短缺，工作进展甚为缓慢，包括未编书编目（包括残本、名人赠书、舆图、金石拓片、小语种文献，以及华西馆藏等）、资产账实核查、已编数据清理、线装书重新排架（由于库房改造和使用新樟木书柜导致新老架号不匹配）等。

2. 修复与保护工作仍然任重而道远

修复与保护工作经过十来年的发展取得了不少成绩，但依然存在很多问题：修复困难、人手短缺、无法满足修复需求，有些资源因为暂时无力修复，无法向读者提供服务，不能开展进一步的开放利用，所以说修复与保护工作仍然任重而道远。

3. 数字化建设步伐较慢

四川大学图书馆数字化特色资源数量较少，也尚未建立专门的特色资源门户和检索平台，数字化建设步伐较为缓慢，经费不足和人员短缺是主要原因。本馆目前投入巨资购买了很多学术数据库，以及时满足科研教学和学科发展的需要，由于经费和人力的局限，难以开展大规模馆藏特色资源的数字化建设，如何优化本馆特色数字资源的建设和开发利用是我们必须要思考的问题。

4. 特色资源开发利用的创新性不够

在特色资源开放利用的形式和内容上仍以传统方式为主，拓展创新不够，如实体展览仍以静态为主，有创意的展览不多，文创产品的创新开发也较为匮乏。

三、新形势下四川大学图书馆加强特色资源开发利用的有力举措

2017 年 9 月四川大学被国家列为“双一流”建设高校，这既是发展的重要契机，更是巨大的挑战。对特色资源进行全面、深入、合理和高效的开发利用，不仅可以更好地服务于学校教学科研、人才培养和学科发展，同时对于弘扬传统文化，增强文化自信，推动“川大文化”“巴蜀文化”“红色文化”“校训文化”和“匠心文化”的建设具有重要意义。

（一）加强特色资源的整理与挖掘

整理与挖掘是特色资源开发利用最基础的工作，目前古籍普查与编目剩余的 20%非常棘手，加上由于库房改造和使用樟木书柜导致线装书新老排架号不匹配，需重新制作吊签和排架，工程浩大，任务繁重，工作人员不仅需要熟悉馆藏，而且对新旧排架号体系的对应变更要很了解；此外，舆图拓片保存状况不佳，很脆弱，易受损，整理难度也很大。这些工作都需要组织专门人力分步骤完成，同时需要修复人员同步协助，四川大学有不少从事古籍研究和整理、汉语言学、文献学方面的专家学者，必要时可以聘请他们来指导残本、舆图拓片的著录。

在普查和编目过程中需要进行资产账实核查，做到有书就有目，有目就有书，账实完全一致；同时，有意识挖掘有价值的特色资源，一是文献

本身的价值，包括版本、批校题跋、递藏信息等，二是按特定主题挖掘人文价值，包括名人名家、巴蜀文化、川大文化，红色文化、校训文化和匠心文化等，对其中很有价值的藏品进行影印出版和再造、高仿复制等，同时也为展览和文创产品的开发提供素材和元数据。

（二）有力推进特色资源数字化建设

特色资源数字化是数字图书馆建设的重要组成部分，它不仅是特色资源建设和开发的重要内容，也是其重要手段，要充分利用数字人文技术，促进特色资源开发利用的创新发展。

1. 积极参加数字化建设项目

积极参加 CALIS、CASHL 和 CADAL 等全国性数字化建设项目，是推进特色资源建设和开发的有效途径。这些全国性项目各有侧重，但都包括了特色资源的建设和开发利用。如 CASHL 特藏++深度服务项目目的在于对特藏资源进行深度揭示，并向全国用户提供服务。四川大学图书馆独家收藏的缩微胶卷《美国宗教合集》收录了一万余种宗教类期刊，是研究美国宗教的重要文献资料，如果将该套资源全文数字化并建立检索平台，将为本校和全国的用户提供方便快捷的文献服务，从而大大提高文献的利用率，目前该项目已获批，本馆组织专门人员和技术力量通过跨部门合作正在紧张地建设之中。

2. 建立专门的特色资源检索平台

为特色资源建立专门的资源库检索平台和门户网站，是特色资源开发利用的重要手段，也是连接图书馆及其特色资源与终端用户的重要桥梁。该资源库应包括以下内容和功能：（1）特色资源的著录系统；（2）特色资源的目录、图像和全文数据库；（3）资源库检索平台，用户可以通过检索、索引、浏览等方式查询使用资源。由于工程浩大，需要大量的资金、人力和技术支撑，是开发利用工作的一个难点。北京大学图书馆创建的“秘籍琳琅——北京大学数字图书馆古文献资源库”网络平台完整揭示了北京大学图书馆馆藏的古籍特藏资源，包括古籍书影、电子图书、拓片和舆图图像等，读者可以在其上检索各种类型的古文献元数据，该平台取得的成功经验值得我们借鉴。

3. 利用数字人文技术拓展开发利用的深度和广度

数字人文是计算或数字技术与人文学科相交叉的学术研究范畴，且包括了人文学科中数字资源的系统运用，同时也反思这种运用。[①] 如果将数字人文技术应用到特色资源特别是古籍数字化中，从古籍文献信息的简单组织、检索与利用到对海量文献资源的深度分析和挖掘，从单一的古籍研究手段到多维度的科学分析和智能介入，将使古籍数字化工作实现里程碑式的飞跃。前面提到的北京大学数字图书馆古文献资源库首次在数字图书馆建设中引入了 GIS（地理信息系统）技术，不仅使用户更加便捷地多途径检索相关资源，还拓展了新的检索入口——时空检索，可得到时间和空间两方面的直观检索集，弥补了文本检索的不足。

《四川全图》是四川大学图书馆的镇馆之宝，可以利用数字人文 GIS 技术，打造古籍数字化地图资源检索平台，可借鉴中国台湾地区中央研究院的中国历史文化地图系统（CCTS）研究项目，它以谭其骧先生《中国历史地图册》和中国国家基础地理信息中心发布的《中国数字地图》为主要基础，将古籍文献纸质史料集成化、数字化、图表化、可视化，具有资料查询、数据统计、地图生成等功能[②]，从而大大拓展了特色资源开发利用的深度和广度。

（三）利用新技术创新特色资源展览的形式和内容

展览是特色资源开发利用的重要传统手段，如何在新形势下使展览富有活力和生命力是我们要面临的新课题。打造专门的特色资源展览室，展示有重要版本价值和收藏价值的文献，或者能突显四川历代名人名家和历史文化元素或者川大元素的资料，或者密切结合现实需要，配合国家、地区和本校的相关活动主题，如本馆近期举办的“四川大学纪念马克思 200 周年诞辰主题文献展”就是一次很成功的具有现实和历史意义的展览，展出馆藏的马克思著作、校友顾民元等十位革命烈士毕业论文、抗日烈士赵渭滨和袁文彬遗存文献、革命烈士“江姐”专题文献等实物资料以及以马克思的生平和著述、四川大学与马克思主义在中国的传播为主题展出的图片资料。[③] 这些展览向全校师生开放，可拟定解说词，配置解说员，成为

---

① 郭英剑. 数字人文：概念、历史、现状及其在文学研究中的应用. 江海学刊，2018（3）：190-197.

② 范佳.“数字人文”内涵与古籍数字化的深度开发. 图书馆学研究，2013（3）：29-32.

③ 理想的灵魂，真理的光芒[EB/OL]. [2018-10-20]. http://lib.scu.edu.cn/node/11336.

弘扬和传承中华传统文化、川大文化和川大精神的重要人文和素质教育基地。

在实体展览基础上利用多媒体新技术大力发展数字化展览是创新的重要手段，通过数字化、交互式、有声化加工，实现人与资源的互动，为读者提供多媒体趣味体验，本馆正在筹备的清代雕版展就可以做一次尝试。四川大学图书馆藏有清代木刻雕版版片近300块，可遴选出重要版片进行实体展览，配以文字说明，配备解说员；如果相关版片内容构成一部完整的古籍，可由修复人员将印刷页面装订成新印古籍，供读者科研之用，这也是对雕版馆藏的深度开发。在静态的实体展览基础上，还可设计雕版刷印动态体验活动，具体可包括雕版刻书流程动态展示、读者刷印体验、版刻册页装订等演示和实践活动。通过数字化交互方式，使晦涩难懂的雕版变得生动有趣，使读者在多媒体趣味体验中轻松地了解图书发展史、古籍雕版刻书知识和川大历史，打造一个独一无二的具有川大特色的文化素质教育基地，使学生更加热爱川大，以川大人为自豪。

（四）注重文创产品的开发

文化创意产品开发是特色资源开发创新的重要手段和突破口，是弘扬中华传统文化和地域文化的重要助推器，是服务师生和社会大众的现实需要，也是释放文化创造力和追求时代发展个性的需要。文创产品的确定主要包括三个方面：原创展览、教育服务项目和文创衍生商品，做好原创展览是基础，上述清代雕版展也是一个文创产品开发的试点，通过原创展览衍生做成文化创意产品展，同时开发创造出不同特色的元素制作手提袋、纸杯、书签、鼠标垫、书立、手机壳等，这些产品既能继承传统，又是具有当代特征并受人喜爱的“新中式”文化产品，将观赏性、实用性和品牌商标三者密切结合起来，这是文创产品开发的重要发展方向。如北京故宫博物院文创产品主要取材自故宫本身的历史文化资源和相关宫廷文化陈列展览，处处体现了皇家元素，包括宫廷人物、服饰和建筑以及皇权用品等，值得我们借鉴和学习。

（五）进一步加强特色资源的修复与保护

修复与保护是特色资源开发利用的立足之本，要高度重视并始终把这一工作放在首位。积极采取各种有效措施推进传习所建设，加强人才培训，密切与四川省图书馆等各兄弟馆的合作与交流，加强接受国家古籍保护中心的指导和培训，不断推动本馆修复与保护的可持续性发展。

此外，积极响应四川大学“一流学科平台建设”和“推进学科交叉与融合”的双一流建设，实施“跨学科与多学科知识平台培育计划”，可与历史文化学院考古系文物保护实验室开展纸质文物保护相关教学和科研的交叉学科合作，建立古籍修复实习基地，包括本科实验教学、研究生联合培养、业务发展和科研合作等方面，使学校多学科深度融合的潜在优势得到充分发挥。

参考文献

［1］张楠、宋仁君. 高校图书馆特藏资源建设流程的再思考——基于TALIS 特色项目建设的分析［J］. 图书馆学刊，2015（11）：51-56.

［2］馆情介绍［EB/OL］. 2018-10-15. http://202.115.54.22/sculib/(S(uki4zhmwsftzcj55qxdkfn45))/intro/intro.aspx.

［3］古籍［EB/OL］. 2018-10-16. https://www.lib.pku.edu.cn/portal/cn/zy/zzzy/guji.

［4］王燕. 浅谈数字图书馆中的图形化查询技术——GIS 在北京大学古文献资源库中的应用［J］. 大学图书馆学报，2006（1）：58-59.

［5］龚良. 正确理解博物馆文化创意产品开发［N］. 中国文物报，2017-9-26（5）.

赵少咸《增修互注礼部韵略校记》价值初探*

宋桂梅　邹　艳**

摘　要： 赵少咸是著名的语言文字学家，20 世纪 60 年代初，其以精湛的学识对《增修互注礼部韵略》进行了校勘并对相关问题进行了论述，惜此项研究成果一直未得到关注。本文通过对校勘记的考察，探讨其在校勘中的小学研究视角和对《增韵》的研究贡献。

关键词： 赵少咸　《增修互注礼部韵略》　校勘

赵少咸（1884—1966），名世忠，字少咸，安徽休宁人，近世小学大师。1904 年，入四川高等学堂就读，清末民初，曾参与革命事业，随后在各中学、大学任教。1937 年，执教于中央大学。1943 年始，执教于四川大学至去世。一生育人无数，桃李芬芳，其学生中尤为著名的有殷孟伦、殷焕先、余行达、徐仁甫、刘君惠等人。赵少咸毕生致力于语言学研究，著述宏富。四川大学图书馆藏有赵少咸批校的《增修互注礼部韵略》（以下简称《增韵》）一部，批校所用底本为《四库全书》本，共十册，校记书于眉端及空白处。另外，书中尚有赵少咸绿笔题识六处、朱笔题识四处，及扉页赵少咸记、余行达墨书题识一则。据此可知：赵少咸自一九五九年至一九六三年间，凡三校此书，分以朱笔、绿笔校写，终以朱笔改定，笔迹清晰，朱绿粲然。2016 年 4 月，中华书局推出《赵

* 本文系四川大学 2017 年度“图书馆、情报与文献学”科研项目（sktq2017）成果之一。

** 宋桂梅（1985—），女，硕士，四川大学图书馆馆员；邹艳（1984—），女，硕士，四川大学图书馆馆员。

少咸文集》，将赵少咸已刊和未刊著述十一种整理影印出版，《增修互注礼部韵略校记》（以下简称《校记》）为其中一种，乃据誊清稿本影印。[①]

《增韵》是宋代毛晃、毛居正父子在监本《礼部韵略》的基础上增补改并而成。成书之时，即颇受当世学者推崇，后世韵书如《古今韵会举要》《洪武正韵》的修撰亦深受其影响。在中国音韵学史上，《增韵》具有重要的历史地位。赵少咸对《增韵》的校勘和研究对当下的韵学研究有非常重要的参考价值。将本馆所藏批校本与中华书局影印本结合互参，初步揭示赵少咸校勘《增韵》的方法和思想，以及对《增韵》所涉诸多问题的解答，以见其对《增韵》研究的贡献。

一、小学视角的校勘特色

清代考据学兴盛，校勘学家辈出，如黄丕烈、卢文弨、段玉裁、王念孙、顾广圻等，他们丰富的校勘实践和成熟的校勘理念，为校勘学的发展做出了重要的贡献。赵少咸学承清儒，精通音韵文字学，故而在校勘《增韵》的过程中，方法精湛，理论丰富，体现出一己之校勘特色。综合考察《校记》，赵少咸校勘《增韵》有以下特点：

（一）重视韵书体例，整体观照各韵注文

赵少咸谙熟韵书体例，在校勘《增韵》时，利用其之义例，细究文本误缺。如卷一第四十五页左面第一行关于“旟”字，校记云：

> 省馆本及《正韵》“旟”上有“轝同上，轝车两手对举，又《御韵》。舁同上，轝车也。《说文》共举也。又《御韵》。”二字。按：本书之例，凡见于注之亦作某某者，必一一再具于下。今“轝”“舁”二字不如例，实缺。

同时，亦前后比勘，整体观照各韵之下注文，施以内证、外证相结合的方法，或纠其中之缪，或相互参证。如利用“纸”“荠”“霁”三韵互注内容考察，综合出校卷三第九页左面第一行“不之”之误：

> 按：本书“之”韵注云：“又‘纸’、‘荠’、‘霁’三韵”，荠韵

① 经逐一比对，中华书局影印本校记内容系从批校本过录，仅有少量校记和题识未录。为行文方便，凡引中华本者，不复标注，引用四川大学图书馆藏批校本者，单独出注。

注云："又'支'、'纸'、'霁'三韵"，霁韵注云："又'支'、'纸'二韵"，合而校之，则"不之"殆"荠""霁"之误。省馆本作"荠""霁"。①

相互参证者如卷一第五页右面第四行"又冬韵"下言：

> 《正韵》作"又姑宗切，习也。毛曰：'二韵通用。凡字同义同而有两音通用'"云云一段，即见本书冬韵"攻"注。

又卷二第二页右面第四行"岸"字校云：

> 省馆本及《正韵》同误。《韵略》作"厓"，《韵会》引《说文》："行垂厓也"。恐此为"崖"误，本书《佳韵》"厓"亦作"崖"。

以上种种，在《校记》中随处可拈，可见校勘者对《增韵》体例和内容的熟稔和校勘时前后比勘、整体观照的研究思路。

（二）广征博引，重视汉唐文献和清人研究成果

校勘不仅需要将本书的各种版本进行比对，还需要广征文献，扩大参校范围，提高校勘的准确性。赵少咸治学视野开阔，学识渊博，校勘《增韵》时，除征引经部元典及传注疏文外，更博引史、子、集、丛部文献。对汉唐时期的各部文献及注文尤为重视，充分利用汉唐文献中保留的古音古字来校勘《增韵》，征引文献诸如《汉书》《史记》《晋书》、两《唐书》《文选》《韩昌黎文集》《北堂书钞》《艺文类聚》《慧琳音义》《说文解字篆韵谱》等。聊举数例以见征引之广博，校勘之精准。

卷二第三十三页右面第五行对"佳"音的校记，征引了南唐徐锴《说文解字篆韵谱》。

> 按：大小徐本及《篆韵谱》"佳"，俱音"古膎"，不作"古牙"。此云《说文》，不审何本？俟考。又按：《集韵》"嘉，居牙切，《说文》美也，或作佳。"《韵会》引《集韵》作"或作佳，《说文》：佳，美也，古牙切，与嘉同"。考《说文》五："嘉，美也"；八"佳，善也"，二义不同，未可强合，此殆错解《集韵》而误。省馆本及《正韵》同此。

又如卷二第三十七页左面第五行关于"附"字引韦昭注解：

① 此条校记见四川大学图书馆藏赵少咸批校本《增修互注礼部韵略》。

按：《子道篇》注："韦昭曰：'方，并页，编木为泭。"

又卷四第六十二页左面第六行关于"披"字校记引《文选》作参考：

《正韵》作"彼"，亦误。按：《文选》作"投"，"趁"作"赴"。

又卷三第五十六页左面第五行关于"午"字校记则引慧琳《一切经音义》（简称《慧琳音义》）：

《正韵》同误。按：《慧琳音义》六十："舛，顾野王云：'差舛不齐也'"。

除重视汉唐时期文献外，对清代乾嘉学者的研究成果亦广泛吸收，合理运用。如卷一第四十九页右面第八行关于"十黍"之校就引用了段玉裁的《说文解字注》：

省馆本及《正韵》同误，《韵会》作"权十分黍"。段注《说文》云："分作絫。絫，十黍之重也。"此脱"絫"字。

又如卷三第十四页右面第二行关于"桃"字校记引用了顾广圻校勘《仪礼》的成果：

省馆本及《正韵》作"挑"。按：《仪礼·有司》释文："或作桃"，顾广圻按："唐石、宋严本皆是'桃'字"。

再如卷一第八十二页右面第八行于"胙肉至，炙燔者"之校则引用了阮元的校勘结论：

省馆本及《正韵》同误。按：《告子》下："不用。从而祭，膰肉不至"注："从鲁君而祭于宗庙，当赐大夫以胙，燔炙者为膰"，"燔"阮校作"膞"。《韵会》引《孟子》："膰肉不至"。

（三）多闻阙疑，又明断是非

《论语》有"多闻阙疑，慎言其余"之戒。赵少咸在校《增韵》的过程中，仔细察究文本异同，对不能判断者，提出疑问，以俟后考，不妄下结论，体现出一种多闻阙疑，严谨审慎的校勘态度。如：卷四第二十一页关于"礼"字之校则存疑：

《正韵》作"屝，周谓之屦，夏谓之屝"，不审所出。屦有葛有皮，屝为草，迥非一物，俟考。

卷四第十七页关于“懿”字的又音问题，校记虽云有疑，但仍未遽断：

按：“懿”无异读，本书“之”韵亦无，疑此三字衍。省馆本即如此。

同时，赵少咸对《增韵》的校勘又非止步于比勘版本、文字异同，还以其渊博的学识，丰富的小学研究经验，勇于判定是非。且分析精当，征引有据，体现了“唯是而从”校勘原则。

在卷二第四十九页左面第五行关于“廾字音拱”之校利用《说文》释字以定“廾”字正误：

按：《说文》四“衡，牛触，横大木其角，从角，从大。”则“大”即大木，非“廾”音拱字。

又卷二第七十三页左面第三行关于“谋”字之校征引《荀子》注文参释，以定“谋”为“眸”误：

《荀子》：“尧舜参牟子”。按：《非相篇》杨注：“牟与眸同。眸子，谓有二瞳之相参也。”疑“谋”为“眸”误。省馆本及《正韵》同误。

再如卷五第三页左面第七行关于“匹居”之校则以《曲礼》断“居”字衍：

按：《曲礼》下：“庶人之挚匹”注“以匹为鹜”，则不当有“居”字。

其实，校勘学并不是一门孤立的学问，它与校勘者的学识眼界、学术经验及校勘目的密切相关。赵少咸乃近代小学大师，治学风格多似清儒，在校勘方法上承接乾嘉学者，将清儒校勘之法与己之学问专长和研究目的相结合而体现出校勘之法的灵活和思想之深邃。同时这些灵活之处亦丰富和延展了校勘学的内涵。

二、研究式校勘的学术贡献

赵少咸在校勘《增韵》的过程中，将所校文本纳入了音韵学研究的体系中，通过校语探索韵书修纂承袭之误和宋之后所修韵书对《增韵》的订正、地域差异和民族融和对语言文字的影响，以及毛氏父子编撰时的误失等。这些考察内容不仅使校勘成果更加丰富，提高了《校记》的学术价值，亦是对音韵学尤其是《增韵》研究的直接贡献。

（一）考辨源流，匡正前误

学者修书在因袭前人成果之时，或因学识不逮，或失于考证，将前书之误一并延承的现象比比皆是，毛氏《增韵》亦不例外。赵少咸在作校勘时，广泛参校，兼考各家韵书修撰传承关系，以探致误缘由，既纠此本之讹，亦厘正误源。

如卷一第四十五页左面第三行考察“蜘蛛”一词的释义指出是沿《广韵》之漏：

> 《正韵》同误。按：《方言》十一：“鼅鼄，北燕朝鲜洌水之间谓之蝳蜍。”《玉篇·虫部》：“蝳蜍，肥大蜘蛛也。”蝳蜍联语，此沿《广韵》，漏“蝳蜍”二字。

又如卷四第十六页右面第七行校“词与”是由《集韵》致误：

> 《正韵》《韵会》同误，俱本《集韵》而然。《广韵》依《说文》作“与词”。

再如卷一第六十四页考察“旄”字是由《汉书》致误：

> 省馆本及《正韵》同。按：《文选·答宾戏》作“斄”，《汉书》作“旄”，《韵会》作“斄”，此自“旄”误。

（二）下探衍变，推究后世所订

《增韵》对宋以后各种韵书的修撰有着直接和重要的影响，同时各书在承袭的同时，亦有补充发展，更有勘误更正，如元代大德年间（1297—1307），熊忠编纂《古今韵会举要》时，广泛吸收了毛氏父子《增韵》的成果，同时也对《增韵》的不当之处进行了勘误。[1]《洪武正韵》是明初官修韵书，在承袭《增韵》之时，不仅有增删，亦有部分修改。赵少咸在校勘《增韵》时，十分重视后修韵书对《增韵》内容的订正，并对此作了进一步的辩证和阐释。如卷三第十三页右面第三行关于“水流”之句，以《韵会》所引为然：

> 省馆本及《正韵》同误。《韵会》：“湀辟，流水处也”。以“湀

辟”为句是，然《广韵》已误。

卷一第十三页左面第五行关于“蓬”及其注文的辨析，认为《洪武正韵》不采毛氏观点诚为可取：

> 《匡谬正俗》，颜师古作，此误云“之推”。“蓬”，《正韵》作“逢”，《正俗》卷八作“逄”，云：“逄，姓者，盖出于逄蒙之后，读当如本字，更无别音。今之为此姓者，自称乃与‘庞’同音。按：德公士元，所祖自别，殊非伯陵、尹父之裔，不与弃其本姓，混兹音读，乃猥云逄姓之逄与逢遇字别，妄为训释，何所据乎?”毛殆误会颜旨，反谓“逢逄文别，岂可雷同”？此八字不审所出。按：洪适《隶释》十《逢盛后碑》云：“司马相如云：乌获逢蒙之技。王裒云：逢门子弯乌号。《艺文志》亦作逢门，即逢蒙也。《庄子》：羿、逢蒙不能睥睨。《淮南子》：重以逢蒙门子之巧。皆作逢迎之逢。至《孟子》则云：逢蒙学射于羿。《扬子》：羿、逢分其弓。后之言姓者，始皆作逢。石刻有《汉故博士赵逢府君神道碑》《逢童之碑》，其篆文皆从‘夆’。魏《元丕碑》有‘逢牧’，《孔宙碑阴》有‘逢祈’。此有逢信，亦不书作逄。”洪氏之说与颜同也。颜云“逢逄遇，音本无别”，而晁云“岂可雷同”，又云“寻颜氏之言，逢逄固异”，是臆改颜语以就己说，乌可哉?《正韵》不录晁言，良有以也。

（三）考察语言和文字变化规律

赵少咸在研究声韵学的过程中十分重视考察各地方言和民族融合对语音文字带来的改变。在一封致殷孟伦的信中，谈及自己对地域、民族、时代对语音影响问题的看法。他如是说：“从《玄应音义》举出一些地方言至今尚存，是不是可以之说明语言在时代上改变是很少的，地域上的差异是很大的？民族流动可以造成语音的转移，这只是地域的关系，不是时代。又看出《洪武正韵》之音似未足以代表明代之读，以其与《韵会》《蒙古字音》《音韵阐微》之协用今用相乖，即支、齐所分亦与词曲家有异。”① 这些思考亦体现在《增韵》的校记中，如利用方言考察卷一第十一页左面第四行“篕”字，以为方言中篕笼连语，此处不宜割裂。

---

① 赵少咸著，赵吕甫整理. 赵少咸论文集[M]. 北京：中华书局，2017：558.

> 按：《方言》九："车枸篓，宋魏陈楚之间或谓之䈙笼"注即"车弓也"。䈙笼连语，不可割裂。

又如根据十六国时期后赵统治者石勒的改字，探究"香菱"一词的来源，校记云：

> 省馆本及《正韵》作："石勒改胡菱为香菱"。

另外，赵少咸亦注意到书体变化对文字字形的影响。中国书法源远流长，书体有大小篆、隶、楷、行、草等，书体变化造成字形的改变在训诂中尤需仔细考察。

如卷二第二十三页右面第四行的"自"字：

> 省馆本及《正韵》同。按《说文》从白，此依隶书立言。

卷四第十六页左面第二行校"棄"字云：

> 省馆本及《正韵》同误。《韵会》无"棄"，亦误。"棄"者，从篆文省，"棄"乃俗字。

卷二第六十六页左面第二行的"䌛"字：

> 省馆本及《正韵》同误。《韵会》通作"**繇**"，亦作"䌛"，无"䌛"字。此盖因从篆文"䍃"变隶而成，非异字。下"䌛"亦误衍。

（四）校正作者毛氏之误

赵少咸在《校记》中对毛氏所增之韵、又音及释音误失进行了考察，通过校语表达了自己的观点。

关于毛氏增韵，在校卷一第二十四页左面第八行关于"鷦"音时，认为多种韵书均有误解，以《左传》为解，认为不应增入：

> 省馆本及《正韵》同误，《集韵》《韵会》俱误。按：《左传》"昭公二十三年"作："鷦，音焦，本或作鵃，子遥反，或子尧反。"毛晃增入非是。

关于又音，校卷一第三页右面第一行"芃"字时，认为"芃"字确有二音，不当除去又音标识。

> 按：下文符中切，芃芃，草盛貌。《韵略》引《诗》"芃芃黍苗"。按：《释文》"芃，蒲东反。一音，扶雄反"。是有二音，不当

除圈。

关于释义，校卷二第六十九页右面第四行关于“雠”字及注文，认为毛氏误将“仪”字释义同引，实属不当。

传，《正韵》作“俦”。按：《释诂》：“雠仪匹也”注“《国语》云：‘丹朱冯身以仪之’”，此释‘仪’也；又曰：“雠，犹俦也”，此释‘雠’也。毛氏并引，殊非。《韵会》与此同，亦失校。省馆本同误。

关于释音，对卷三第十页左面第六行关于“骫”及注“从八九之九”之语的考察，认为毛氏释音有误。

省馆本及《正韵》同。《韵会》引毛氏云：“从八九之九，从丸者误”。按：《说文》即作“丸”声。此疑“丸”非声，以意改为“九”，不知“九”更远矣。丸，骫正匣、影支桓相转，段注《说文》谓之为合韵，是也。

通过以上四个方面的例证和分析，可以看出《校记》内容远超仅校勘文字的狭小范畴，已将触角深入到韵学研究的多个层面。上探《增韵》致误源头和下究后世韵书对《增韵》的订补，是以一种学术史梳理的方式考察韵书修撰中的传承和发展；对地域、民族、时代于语言文字影响的思考和校勘运用，则彰显了语言学研究中一种横向、纵向相互联系相互比较的研究手法，避免了孤立地看待语音文字的差异和衍变。对《增韵》作者毛氏父子误失的辨析和勘正，能不受校勘之限，不囿作者成说，唯是而从，不仅需要广阔的校勘视野，更需要精湛的学识方能达到。《校记》中的校勘成果和学术观点以及一些研究方法对今天整理和校勘众多版本的《增韵》有非常重要的价值。在校勘《增韵》时，赵少咸曾有信致殷孟伦，云“似此《校记》可作四库本及省馆本之参考”①，冀《校记》能对《增韵》的校勘和研究有所推进。

三、从校勘角度解答《增韵》相关的问题

除内容丰富的校勘记外，赵少咸尚撰有《增韵校记叙》一篇，冠于

① 赵少咸著，赵吕甫整理. 赵少咸论文集［M］. 北京：中华书局，2017：547.

《校记》之首。其中肯定了《增韵》的价值，亦指出了《增韵》在五个方面的不足；亦有通过校语解答学界至今依然关注的问题，这些无疑对当下学界关于《增韵》的研究都是极有助益的。

（一）质疑四库所收《增韵》的版本

《四库全书提要》称所收《增韵》为宋代“太岁丙午仲夏秀岩山堂重刊”本，且云“视近本特为精善”。赵少咸通过校勘，对这一说法产生了质疑，如卷五第六十四页关于“幂”“鼏”两字校记云：“省馆本同，《韵会》：‘《礼韵》“幂”“鼏”字各出，《增韵》附出，误。’此未附出，足证此本之非旧。”《古今韵会》成书于元初，去宋未远，以其时所见版本之《增韵》关于“幂”“鼏”二字的处理与四库本《增韵》的差异断四库馆臣所称宋本的说法“俱不可信”。

现今学者对海内外存藏《增韵》的各种版本有专篇揭示。李子君通过对日本天理图书馆所藏的《增修互注礼部韵略》与四库本比对，认为四库本实为元至正二十六年仲夏秀岩书堂重刊本，属元末之本，远非宋本，证实了赵少咸的猜测。赵少咸未能得见《增韵》诸多版本，但通过校勘，提出对该版本的质疑，实属识见高明。虽然说今天因为复制技术的发达和各收藏单位的共享，我们能够同时见到同一种书的众多版本，从而通过牌记、刻风、版式等外貌特征来判断版本的归属，但这种通过内证考究版本的学术方法，依然具有现实意义。

（二）考证《增韵》的繁简本问题

魏了翁在《跋毛氏〈增韵〉》一文中道出南宋监刻本《增韵》比诸毛氏原著有删削，其后，傅增湘曾在《双鉴楼藏书续记》中认为监本之前已有毛氏自刻本《增韵》存在。李子君在研究《增韵》时，发现曾寓目的《增韵》诸种版本中都存有未见的互注又音问题，并据魏跋推测可能系同一祖本错讹导致的，但亦未能究出确切原因。

赵少咸在校勘《增韵》时结合魏跋给出了从校勘角度的回答。卷三第六十七页关于“玛瑙文石”的校记云：“《本草》卷八李时珍案：‘《增韵》云：玉属也。文理交错，有似马脑。因以名之。’《韵会》引《增韵》：‘文石，一曰此宝色如马脑，因以为名。’”而《正韵》、省馆本及四库本《增韵》则仅言：“玛瑙，文石，亦作码碯。”因此，据各本时代及引《增韵》原文的文字异同多寡，推测“元明间尚有繁本存”①。这一推测无疑为学界所纠结的问题提供了一个解答思路和一个参考结果。

四、结语

20 世纪 60 年代，赵少咸已经充分认识并肯定了《增韵》的价值，同时亦指出了《增韵》在五个方面上的不足，关于四库馆臣的评价，也一并提示参见余嘉锡的辨证。惜其成果一直未得出版，批校底本又一直藏在深闺。故而，其对《增韵》的校勘和研究成果，一直未能得到关注。当下研究《增韵》的方法和思路已不同于传统范式，但赵少咸所作的研究工作依然具有启发和借鉴的作用，其中对毛氏《增韵》所作的订正和关于语言规律变化的考察具有非常高的学术价值，值得我们进一步关注和研究。

参考文献

[1] 李子君.《增修互注礼部韵略》研究[M]. 北京：社会科学文献出版社，2012：472-476.

① 赵少咸著，赵吕甫整理. 增修互注礼部韵略校记[M]. 北京：中华书局，2016：10.

古籍修复技艺传承中将隐性知识显性化的探索*

——以四川传习所古籍修复课程为例

张黎俐　许卫红　李红宇**

摘　要： 隐性知识因其隐蔽性，难以用语言表达或公式化，不易被人发现和重视，但它是一种智力资本，认识它不仅对企业管理有促进作用，对于传统行业古籍修复来说也有重要意义。文章阐述了隐性知识的含义及其在古籍修复中的表现和重要意义，并以四川传习所古籍修复课程为例现身说法，提出古籍修复工作中将隐性知识显性化的心得和体会。

关键词： 隐性知识　古籍修复　知识管理

一、隐性知识的含义

“隐性知识”这一术语最初是由匈牙利裔的英国哲学家迈克尔·波兰尼（Michael Polanyi）于1958年在《个体知识》一书中提出。隐性知识又叫内隐知识、默会知识或意会性知识。波兰尼认为，人类的知识通常分为两种，一种是可以以文字、图表或公式表述出来的知识；而另一种知识很难表述或者无法用语言文字进行表达，它隐含于人们的行动之中，难以量

* 本文系2017年度四川大学中央高校基本科研项目“新媒体视野下高校图书馆古籍阅读推广活动评价体系构建及实证研究”（项目编号：skq201704）、四川大学图书馆、情报与文献学项目“高校图书馆古籍文献宣传推广与服务优化”（项目编号：sktq201710）研究成果之一。

** 张黎俐（1977—），女，硕士，四川大学图书馆馆员；许卫红（1977—），女，硕士，四川大学图书馆副研究馆员；李红宇，女，学士，四川大学图书馆馆员。

化处理，例如人们的技能、技巧、经验等①。

随着科学技术的发展，知识经济时代的到来，知识作为一种生产要素，更需要进行科学化的研究和管理，而隐性知识更因为其隐含于人们的行为中，不易被发现，难以量化却又在竞争中起着至关重要的作用，因此隐性知识不但不容忽视，还非常值得研究和评估。

二、隐性知识与古籍修复工作的关系

（一）古籍修复工作中隐性知识的表现

古籍修复是一项传统的手工技艺，具有非常强的实践性和操作性。师徒制中，师傅是传道授业解惑之人，而修复人员则是修复和学习的主体。通过传授知识和习得知识的双重选择，每个修复人员所获取和存储的知识都是有差异的。因为在实际的修复工作中每个人通过观察、体验、实践而习得的修复手法、心得和感受是不同的。一般来说，古籍修复通过师傅传授和学员习得的过程使隐性知识表现为理解力隐性知识和操作力隐性知识。隐性知识在操作力上的表现是浅表性、程序式的学习，对学员自身素质（包括学历、理解力、领悟力等）的要求也不高，主要通过修复人员在不断地实践和反复的练习中逐渐形成技能和经验；而理解力隐性知识表现为更深层次的系统性学习，学员需要在理解的基础上将知识进行整理、组合、再加工，并将理论升华形成带有个人独特见解的价值观、心智模式和思维框架，从而在修复工作中形成独立解决问题的能力和方法。因此，隐性知识的习得和获取也只有在实际的修复工作中才能表现其价值和意义。

（二）隐性知识在古籍修复工作中的转换

野中郁次郎等人提出了知识转化的四种模式（SECI）：群化、外化、融合化和内化。在古籍修复工作中，从隐性知识到隐性知识的内化过程主要通过修复人员对师傅的观察、模仿来实现。从隐性知识到显性知识的外化主要通过修复档案的记录、个人修复经验的文字化，包括工作日志、笔记、论文、交流等方式。从显性知识到显性知识的融合化主要表现为建立学习和沟通的平台，利用各种现代化技术进行知识的融化。从显性知识到隐性知识的内化主要包括修复人员通过各种培训、学习，交流、会议等方

---

① 迈克尔·波拉尼. 个人知识[M]. 贵阳：贵州人民出版社，2000.

式习得的修复技艺和个人心得体会。

（三）对隐性知识进行科学化管理，实现信息交流与知识共享

科学管理之父泰勒认为科学管理的根本目的是谋求最高劳动生产率，而要达到最高的工作效率的重要手段是用科学化的、标准化的管理方法代替经验管理。实现科学、有效管理的前提是建立起统一、有效的能够提供智能交互的环境和平台，而目前我国古籍修复机构不仅存在于图书馆，还分布于档案馆、博物馆、寺庙等其他科研单位。每个单位的管理系统不同，每个系统都有各自的标准，因此很难实现统一有效的管理。既然管理系统、标准规范都不同，构建共同的信息交流和知识共享平台就显得尤为重要，古籍修复人员可以通过知识共享平台完成隐性知识的共享，又可以进行及时的交流和信息互通，促进、提高个人业务水平。

三、隐性知识在古籍修复中的作用

隐性知识这一概念的提出，为从事古籍修复技艺传承的工作者提出了新的思考和要求。过去我们在考虑教学问题时更注重显性知识的作用，而忽视了隐性知识的存在，或许有人隐约意识到隐性知识的存在，却并始终未能把它与显性知识视为同等重要来研究和对待。古籍修复并不是一种单一的工作，它涉及的学科领域包括版本学、古汉语、文献保护技术、造纸技术、美学以及应用化学、生物学等多学科领域的知识，同时还要求从业人员掌握各种修复手法和技艺，不仅要有较宽的知识面，逐年积累的经验，还需要有一定的审美能力。所以在古籍修复工作实践中，会涉及大量的隐性知识。无论是从前传统的师傅带徒弟，还是现在的培训班、大专院校的古籍修复相关专业，隐性知识都在潜移默化中影响着修复人员。

四、如何将隐性知识显性化——以四川省传习所古籍修复课程为例

师徒制是非正式学习的一种模式，简单来说，个体隐性知识的转移是通过师徒制模式来完成的，它能够将隐性知识不用外显化而得到转移和共享，这也是隐性知识社会化的一种有效方式。师徒之间传递知识，特别是隐性知识显性化需要几个条件：

（一）师徒之间都有共同的知识背景、信仰、兴趣或爱好

在古籍修复行业里，师徒往往具备相同或相似的知识背景，有着对古籍保护和修复相同的信念和责任心。2016 年“国家级古籍修复技艺传习中心四川传习所”在四川省图书馆成立，杜甫草堂博物馆和四川大学图书馆是其两个分中心。2017 年 4 月 10 日，四川传习所迎来了第三次古籍修复课程。课程由来自故宫博物院资深修复专家、传习所导师徐建华讲授。大家有着相似的工作经历、修复背景并共同肩负着历史文化保护和传承的任务，相聚一堂，有幸跟随我国书画界修复专家学习和切磋技艺。

（二）师徒双方有着共同的知识平台及知识分享环境

网络环境下，隐性知识的传播会因知识共享平台的差异性和交流不畅受到影响，因此，我们需要建立一种提供智能交互的统一架构，在此平台上人们可以有效地使用知识空间并进行交流，这是将隐性知识显性化的前提和基础。传习所的学习模式，促使大家常常聚在一起共同学习、探讨和切磋修复技艺，并创造出一个共同学习知识的平台和知识分享的环境。在这样的平台和环境中，师徒之间通过最丰富的媒介方式瞬间反馈，面对面地将隐性知识进行转移和共享。从隐性知识到显性知识的外化主要通过修复档案的记录、个人修复经验的文字化，包括工作日志、笔记、论文、交流等方式。本次传习所三周的学习，时间紧、任务重、信息量大，很多知识点需要大家在课后进行消化和动手练习。其实这一学习的过程也是从隐性知识到显性知识的外化过程。科斯基勒恩等认为隐性知识的获取和转化可以通过两种途径，一是行动学习和技术创新中人们之间非正式交流；二是人际互动。个体隐性知识不仅能帮助员工认识到自身获取隐性知识并管理好个人知识的重要性，还能帮助员工学会如何与他人分享这种知识并从分享中获益。

（三）面对面的交流

一方面传授者通过示范、身教、暗示或者讲故事等方法进行指导和知识的传授，另一方面学习者通过观察、模仿、现场体验和领悟获取知识，再通过知识内化这一过程，达到知识技能的积累和认知行为的改变，进而产生学习需求。俗话说：“师傅领进门，修行在个人。”师傅传授的是他的个人知识、经验和体会，而将这些知识内化为自己的本领需要通过观察、模仿、实际操作乃至形体上的沟通，因此立象尽意是表达隐性知识的途

径，通过对客观事物的反应，不是单纯的形象描写，有时需要理解和把握言外之意，也就是需要体会和领悟隐性知识。在学习中，可利用传统笔记与思维导图的优势，以一种类似手账的图文并茂的方式进行笔记记录（图1），这样不仅可以让老师说过的话、示范过的动作浮现眼前，帮助我们厘清思路和步骤，还可以将老师在指导过程中难以通过语言表达和传授的知识，通过自己心领神会的一些小技巧、小窍门记录整理出来。案例教学是古籍修复常用的一种授课方式，然而烦琐的步骤、严密的秩序决定了古籍修复过程是一项繁复、反复、重复的修复过程，错一步都可能影响后面的操作造成返工。课程结束后，本人将此次课程的笔记整理成 PDF 文件上传群共享；之后以笔记为主题，拟成博文《送你一份精美笔记》推送至本部门微信公众号，这两种形式的宣传和推广，在业内受到了一致好评，很多同行也开始以这种新型的方式记录修复行业里日常的学习、工作、外出交流、考察等。这样的笔记有图有批注有心得，与记录者的成长环境、知识结构、教育背景、专业经历、价值观和信念等息息相关，因此具有非常鲜明的个性化特色。当这些隐性知识转化成图片和文字实现信息交流与知识共享后更利于提升和优化工作的绩效，而通过这种行动学习和人际互动也可以让修复技能这项隐性知识得以传递、分享和提高。

在学习传统技艺时，师傅通过传统授课、示范、言传身教、暗示、讲故事等多种途径传递知识，学员通过聆听、观察、模仿、体验和领悟获取知识，在这一过程中双方不断地交流、反馈，将获取的知识内化为自身的技能知识和认知行为的改变，从而产生新的学习需求以及对知识源的搜寻和定位。因此，以笔记为依托，把知识通过理解、梳理重新加工并再次输出，旨在充分体验事物的本质和规律后，不再依赖显性知识的文本，而将文字表述融会贯通，举一反三，形成意念和高超的技艺，目的是把基本知识和原理和实际操作的技能合为一体。

古籍修复技艺传承中含有大量的隐性知识，因其不易传播、共享和转化等特点，它体现为个体所涉及的专业经历、经验、专业诀窍、价值观和信念，或者个人不愿意外露或无法明示的知识。因此研究古籍修复技艺中的隐性知识，把那些不为人知和不为大家所注意的经验、个人体会，修复手法以及潜意识的心里反应、个人感知，只可意会不可言传的隐性知识内容显性化，对其展开有效挖掘、积极转化、科学管理，是推动古籍修复事业传承与发展、保持行业创新与活力的重要保证。此外，学员通过学习、实践、思考、研究将隐性知识与显性知识重新组合、再次发现，从而实现知识的更新与传递，这也是修复人员自我完善和持续发展的必要保证。古籍修复工作者要树立终身学习的理念，搭建知识共享平台，不断激发学习动机和潜能、养成自主学习与自我发展的习惯。通过学习，知识内化培养持续吸收新知识、建构新知识和应用新知识的能力，努力为我国的修复事业搭建起优秀的人才梯队。

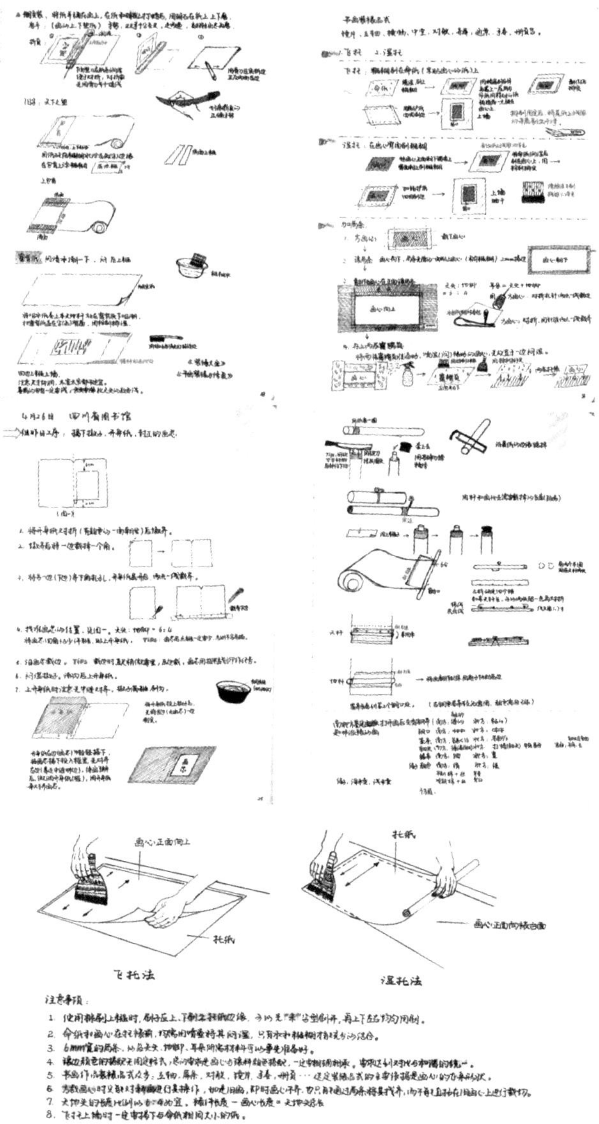

图 1　四川省传习所古籍修复课程课堂笔记一览

参考文献

[1] 陈时见. 课程与教学理论和课程与教学改革[M]. 1999：7.

[2] 唐晓杰. 西方“隐蔽课程”研究的探析[J]. 华东师范大学学报(教育科学版)，1988 (2).

[3] 李作学. 隐性知识计量与管理[M]. 大连：大连理工大学出版社，2008：26-30，162-166.

[4] 许卫红，王阿涛. 古籍修复工作中的知识管理[J]. 大学图书馆学报，2010 (2)：45-49.

[5] 刘爱华. 古籍修复技艺传承中隐性知识优化管理问题研究[J]. 晋图学刊，2015 (4)：50-53.

[6] 杨敏仙. 简述隐性知识在古籍修复工作中的作用[J]. 云南档案，2012 (11)：38-39.

[7] 王晓庆. 图书馆古籍保护工作中的隐性知识转移[J]. 图书馆，2016 (7)：106-111.

[8] 刘爱华. 古籍修复技艺传承中隐性知识优化管理问题研究[J]. 晋图学刊，2015 (4)：52-53.

[9] 宫晋婷. 古籍修复隐性知识研究[J]. 研究与交流，2019 (23)：254.

德国考古研究院中文文献编目

朱晓非 *

摘　要： 本文对德国考古研究院（DAI）中文文献编目特点进行了分析和总结，提出了进一步提升四川大学图书馆编目工作质量的思路和方向。

关键词： 编目　德国考古研究院

笔者在四川大学图书馆从事西文编目工作十年，近年又参与了德国考古研究院（DAI）北京分院图书室的建立，因此熟悉 DAI 北京分院图书室的图书采购、编目、上架、借阅等一系列流程；在此希望通过对 DAI 北京分院图书室中文文献编目工作特点的分析，探索进一步提升四川大学图书馆编目工作质量的思路和方向。

一、德国考古研究院（DAI）及其北京分院简介

德国考古研究院（DAI）是德国最古老的研究机构之一，成立于 1829 年，距今已经有近两百年的历史，目前隶属于德国外交部。DAI 由 11 个大单位组成：柏林总部，波恩、法兰克福和慕尼黑的三个委员会以及雅典（希腊）、柏林（德国）、开罗（埃及）、伊斯坦布尔（土耳其）、马德里（西班牙）和罗马（意大利）的 7 个部门。目前在德黑兰（伊朗）、萨那（也门）、巴格达（伊拉克）、大马士革（叙利亚）和北京设有五个分支机构，拥有全球 14 个国家的代表处或工作站，工作人员在 400 人左右。DAI 的组织架构和分布反映了其重点研究区域。

DAI 在世界范围内开展大量的考古研究项目，同时经常性地、不定期地组织国际学术座谈会，进行考古人员培训，并每年出版约 60 册考古发掘

* 朱晓非（1970—），女，学士，四川大学图书馆馆员。

报告和考古论文集。德国考古研究院北京分院于2009年成立，是DAI最新和发展最快的成员①。

二、DAI中文文献编目特点及分析

（一）汉字拼音化

DAI编目语言有四种：英语，德语，法语和意大利语。中文文献使用英语编目。当涉及汉字时采用拼音，早期使用韦氏拼音，现在改用汉语拼音。

汉字拼音化是国际编目多年来对中文文献著录的主流做法。由于历史原因，外国人学习汉语一部分是在中国台湾学习繁体汉字，一部分是在中国大陆学习简体汉字，甚至还有相当数量的外国人只能使用拼音读写汉字；另外国外也缺少熟练掌握汉语的工作人员可以使用中文输入；因此汉字拼音化是一个简单方便的选择，可能也是当时唯一的选择。

DAI也延续了这个传统，但有所弥补。对于（人、团体）名称、丛书书名拼音化后在规范文档的400/410/430中列明了其各种文字形式（简体汉字，繁体汉字，台湾拼音和出现过的其他文字形式）；245字段的正题名拼音化后，其简体汉字、繁体汉字形式在246字段以其他题名方式著录。

（二）译者不入700字段

在文学作品中译者是一类比较特殊的存在。他们不是原创者，但对原著的传播影响巨大。好的译者对文学作品有再创作的作用，他们不仅准确地对原著进行文字转换，还完美地复制了原著的文学内涵和意境，使原著能够在完全不同的社会环境中被理解和欣赏。一部好的原著可能有多个译本，一位好的译者一般也会有多部译作。这是译者作为检索点存在的意义。

显然在考古文献中译者只是进行了文字转换，几乎没有一本原著多种译作或一位译者多部译著的情况。因此DAI认为译者没有检索意义。另外，DAI对名称规范要求很高，100和700字段都要求做人名规范。如果译者入700还会增加无谓的工作量。所以DAI编目中700字段舍弃了译者。

（三）主题词

DAI有自己单独编制的主题词表。在著录时工作人员首先套录美国国会图书馆编目使用的主题词，然后加上自己的主题词，没有条件编制时可

---

① The DAI [EB/OL]. https://www.dainst.org/en/dai/meldungen.

以省略。北京分院缺少熟练掌握德语同时精通历史知识和编目的工作人员，因此没有进行主题词编制。从已编制的主题词来看，DAI 主题词更简练，有时对应他们的组织机构（11 个大单位），更贴近 DAI 特点。

（四）索书号

正确地编写索书号是整个编目过程中非常重要的一个步骤。图书上架排列和读者找书都需要依据索书号，所以准确的索书号可以使内容相近的书在书架上相邻排列，引导读者在找书过程中扩大阅读范围；同时又严格地区分出书与书的不同之处，使读者不会有任何混淆地精确地找到自己的目标。索书号的准确与否直接影响读者的阅读体验。

DAI 索书号分为三个部分：分类号、作者号、年代。

分类号：DAI 有自己单独的分类法，根据考古文献的特点主要以国家（地区）区分。DAI 分类法类目少，在实际使用过程中感觉分类比较粗糙，在北京分院这个缺点非常突出——80%的文献分类号都是 160（中国）。笔者曾建议把中图分类法中 K 类号加入，未被采纳，理由是全馆分类号必须统一。因此避免索书号重复的关键只有加强作者号的区分。

作者号：作者号的选取在北京分部有重大改变。之前 DAI 选作者姓的前三个字母作为作者号，但是这个规则用于拼音则明显无法有效区分不同的作者。现在北京分院取号规则改为选取姓的全拼（首字母大写其他小写）加名的首字母（大写）；对团体作者则取全称的前五个汉字拼音的首字母（大写），严格根据《汉语拼音正词法基本规则》进行选取。例如：上海市文物局的正规拼音形式是 Shanghai Shi Wen Wu Ju，作者号是 SSWWJ；而不是 SHSWW（Shang Hai Shi Wen Wu Ju）.

北京分部对常用的重号作者名进行固定编号。如湖北省、河南省、黑龙江省、湖南省、河北省的文物考古研究所作者号都是 HSWWK，现在依次编号为 HSWWK、HSWWK1、HSWWK2、HSWWK3、HSWWK4。其他根据实际工作情况制定的辅助规则在此不一一赘述。

年代号：选取出版年。

DAI 北京分院作者号编制规则的改变再次充分体现了 DAI 的编目规则紧密贴近收藏文献的特点。

（五）规范

DAI 编目的最大亮点是对规范文档的编制。DAI 对名称规范和丛书规范非常重视，要求对所有 100，110，700，710 和 830 字段进行规范文档编制。

北京分院图书室在规范文档，尤其是名称规范的编制上遇到很多困难。因为拼音的特殊性，名称规范的主要参考对象美国国会图书馆编制的名称规范文档也多有错误。例如作者“王晓”和“汪小”的拼音形式完全相同（Wang，Xiao），如果二人的著作又同属考古学科，那么对于非专业人士来说真是难以区分，外国人更容易张冠李戴。

北京分院图书室对此的优势是编目人员为中国人，可以通过各种中文网站进行信息查询以进一步确认区分；甚至咨询 DAI 北京分院的中国专业考古人员，请他们帮助辨认作者。

DAI 对规范内容的编制要求也很高。如名称规范要求表现其所有的拼音形式（大陆拼音，台湾拼音）；所有的中文形式（简体汉字，繁体汉字，全称，简称）和其他语言形式（外语或少数民族语言的所有全称，简称）；以至于规范文档中 400（个人名称）或 410（团体名称）常常高达 10 余个。

DAI 对名称规范的重视和要求很好地弥补了它在编目上的缺陷。100（110）/700（710）字段中的拼音形式无法准确判断作者，但在对应的名称规范文档中罗列了其所有表现形式，令读者一目了然，并且大大扩充了检索范围（规范文档中 400/410 都是检索点）。

另外规范文档中 670 列举了作者的其他著作信息，如果文档套录了美国国会图书馆或其他图书馆的编制内容，则可能包含非 DAI 馆藏，可以扩大读者选择阅读的范围。

丛书规范文档也详细清楚地展示了丛书的整体出版情况和内容，是对编目的有益补充。

（六）DAI 的编目标准

国际编目标准之前是 ISBD 和 AACR2，从 2012 年美国国会图书馆全面采用 RDA 标准以来，国际编目标准已逐渐过渡到 ISBD 统一版和 RDA 阶段。

RDA（Resource Description& Access，资源描述与检索）是由美国、英国、加拿大及澳大利亚联合编制的元数据内容标准，是《英美编目条例（第 2 版）》（AACR2）的升级版，其目的在于满足数字环境下资源著录与检索的新要求。AACR2 以纸本资源作为主要编目对象，而 RDA 的编目对象则覆盖所有媒体类型。

DAI 编目目前仍然采用 AACR2 标准，没有升级到 RDA。他们认为 DAI

文献收藏在可见的未来仍以纸本为主，改为 RDA 意义不大。

（七）结论

根据文章之前一至六对 DAI 编目特点的分析，不难得出结论：DAI 编目工作的原则就是紧密贴近 DAI 馆藏特点，根据馆藏制定 DAI 编目规则，甚至不惜舍弃国际标准。

三、DAI 编目对四川大学编目工作的启发

四川大学是综合性全国重点大学，是 985、211 重点建设高校。学校学科门类齐全，涵盖文、理、工、医等十二个门类。这样一个综合性大型学术图书馆不可能偏离编目国际标准。因为只有严格依据国际标准编目才能做到做好资源共享，而资源共享正是世界图书馆工作的重要目的之一。

信息爆炸的概念很早就被提出，资源共享在某种意义上加剧了信息爆炸。如何在信息爆炸的背景下帮助读者省时省力地准确地找到真正需要的文献是图书馆工作人员的重要任务。

DAI 编目对笔者的启发在于发现编目可以在大而统的前提下适当地发展小而精的工作。即我们可以尝试在编目中深耕，强化对文献之间深层次联系的表现。

具体到四川大学的编目工作，图书馆可以尝试结合学校的发展方向，结合目前学校双一流学科建设，对学校双一流发展学科、重点实验室、重点研究中心等重点文献进行深层次编目，深入揭示资源，提供多种检索途径，不断提升和加强编目数据著录的科学化、规范化，为读者获取相关资源提供便利；甚至学习 DAI 的做法，针对某些特殊文献制定特有的编目规则作为对国际标准的补充，以便充分挖掘文献内容，为读者所用。

参考文献

[1] 国家图书馆 MARK21 格式使用手册课题组. MARK21 规范数据格式使用册[M]. 北京：北京图书馆出版社，2005.

[2] RDA 发展联合指导委员会. 资源描述与检索（RDA）[M]. RDA 翻译工作组，译. 北京：国家图书馆出版社，2014.

四川大学图书馆中医古籍综述

丁　伟*

摘　要： 四川大学图书馆藏有丰富的中医古籍，本文拟就其来源、名人捐赠、版本结构略作揭示，并择其独具特色者做重点揭示。

关键词： 中医古籍　来源　名人捐赠　珍本举要

百川汇海，聚书成山。经过一百二十多年的发展，四川大学图书馆现藏有古籍线装书约30万册/件，内容涵盖经史子集，包罗万象。四川大学历史悠久，学科门类齐全，医学专业在全国处于领先地位。所以图书馆拥有丰富的医学文献资源，中医古籍收藏颇具规模（中医古籍，这里指1949年以前出版的以线装形式存在医学文献）。本文就日常编目所见，略作论述。

一、馆藏中医文献概况

本文所调查四川大学图书馆藏中医古籍八百多种四千五百多册，版本年代自明清以至民国，时间跨度近五百年；制作技术既包括传统的木刻雕版、活字印刷、多色套印，也包括西学东渐以来传入的石板印刷、铅字排印以及珂罗版影印技术；不仅有中国本土的书籍，还有日本朝鲜印制的文献。经过一百多年的时间，四川大学多次合并调整，图书馆藏书来源复杂：或来自自购，或来自寄藏，或来自捐赠，或来自调拨。通过考察钤在文献上的馆藏印章，可以有效地判断文献来源。馆藏中医古籍中，既有四川大学（及前身）的印章，也有华西医科大学（及前身）的印章，笔者对其分布略作统计如下。

* 丁伟（1983—），男，硕士，四川大学图书馆馆员。

本馆所藏中医古籍中的馆藏章

机构		印章
华西医科大学	华西协合大学	华西协合大学图书馆
		华西大学圕藏
		华西协合大学哈佛燕京学社
		华西协合大学中国文化研究所圕
		华大中国文学系图书馆
		华西大学棣之图书纪念室章
		华西大学图书馆珍藏
	四川医学院	四川医学院图书馆庋藏书籍
四川大学	存古学堂	四川存古学堂所藏金石图书之印
	四川国学院	四川国学院所藏金石图书之印
		四川国学馆所藏金石图书之印
		四川国学院图书之记
	四川高等学堂	四川高等学堂所藏金石图书之印
	四川高等师范学校	四川高等师范学校藏章
	中西学堂	中西学堂
	国立四川大学	国立四川大学图书馆
	国立四川大学文科研究所	国立四川大学文科研究所
	国立成都大学	成大图书馆

通过对馆藏章进行统计，我们发现钤有华西协合大学馆藏章（“华西协合大学图书馆”“华西大学圕藏”“华西协合大学哈佛燕学社”“华西协合大学中国文化研究所圕”等）、四川医学院藏章的中医古籍无一例外全部存于318室，而318室的医学古籍为2015年由华西分馆整体迁入。由此可以得知1952年院系调整时期，华西协合大学划拨给四川大学的线装书中并没包括医学文献。八百多种中医古籍中，属于原四川大学藏书占比约20%，属于原华西医科大学藏书约占80%。

二、名中医曾彦适赠书

一般来说，图书馆的文献来源除了自身购置外，还会有来自个人或机构的捐赠。此次调查中，我们发现有一百多部五百多册中医古籍钤有“曾彦适先生捐赠”章，种数和册数都超过总数的10%。通过进一步调查发现，曾彦适赠书不仅数量多，且多有珍本善本。

曾彦适（1899—1966），名志坚、存孙，字彦适，号无住、恒庵，出生于成都的一个知识分子家庭。祖父曾瑞华为清末举人，父亲曾天宇在柏林大学获得政治经济学博士学位，曾任国立四川大学法学院院长。曾彦适早年学习传统诗文，后来随父亲迁居上海，就读于圣约翰大学预科和文学系，英文极佳，回成都后在成都大学预科以及国立四川大学工学院担任英文教师。因家人染疾，为庸医所误，曾彦适于是改业从医，相继拜名医沈绍九、彭香谷为师。由于他天资聪颖，勤敏好学，在很短的时间内尽得二位老师真传，与卓雨农、张澄庵、唐伯渊齐名，驰誉蜀中。1934 年，曾彦适在成都文庙前街家中挂牌“国医曾彦适内科针灸科诊所”，开始悬壶济世治病救人的行医生涯，1949 年后曾彦适任成都市第一人民医院、第二人民医院主任医师，直至去世。曾彦适在行医治病之余，勤于著述，遗稿被他的后人曾上劼先生编为《曾彦适医学遗稿》，2015 年由四川科学技术出版社出版。关于曾彦适的资料见于余逊撰《名中医曾彦适》、白淑仪、曾上劼撰《曾彦适》，两篇文章所记大同小异，而关于其藏书、捐书的事迹则未见提及。从馆藏章以及原始编目信息判断，曾彦适在 1949 年以前将他的医学藏书捐赠给华西协合大学图书馆。

此外，馆藏中医古籍中，还有 14 部钤有“王子逵印”“子逵”印，王子逵不知谁属，其生平事迹罕见记载。

三、版本结构分析

八百多种中医古籍中，传统雕版印刷品约占统计样本的 65%以上，石印本、铅印本各占 12%左右，此外还有少量的稿、抄本。这与雕版印刷在传统出版业中占统治地位的论断大致吻合。

从出版时间来看，明代刻印古籍 17 部，清代刻印近 500 部（其中包括康熙刻本 6 部，乾隆刻本 11 部），民国时期出版的有 233 部。此外还包括东亚地区出版物，日本刻印的有 12 部，朝鲜刻印的有 2 部。1990 年编纂的《四川大学图书馆古籍善本书目》“子部 · 医家类”收录善本医学古籍 20 部。经过此次调查，原属华西医科大学馆藏的部分医学古籍尚可入选馆藏善本书目。明嘉靖十六年楚府崇本书院刻本《重修政和经史证类备用本草》入选“国家珍贵古籍目录”，是入围的唯一一部馆藏医学古籍。

中医古籍是中华民族优秀传统文化的重要组成部分，是先民在长期的生产实践中同疾病作斗争的理论经验总结，是中医药理论体系的物质载体，是历代祖先传承层积的智慧结晶。中国传统医学对东亚文化圈产生过深刻的影响，中医古籍是重要的文化传播媒介。早期输出的珍贵医学古籍在国内已经绝迹，在邻邦日本、朝鲜却得以保存并发扬，医学文献回流又可以对我国的中医发展进行反哺。同其他古籍一样，中医古籍是四川大学图书馆特色资源的重要组成部分。中医古籍流传至今，最古者距离今天已近五六百年，近者也有百余年历史，它们不仅具有重要的文献价值，同时也具有珍贵的文物属性。中医古籍编撰、刊刻历史是鲜活的，每一环节都凝聚着先人的心血；收藏传承是有生命力的，流转过程中附载了很多文化信息，比如曾彦适的捐赠章、王兆荣的题跋、杨啸谷的手迹、何仲皋的手稿，为我们探究历史真相提供了线索。

四、特色文献举要

（一）《东医宝鉴》

《东医宝鉴》二十三卷，朝鲜许浚撰。许浚（1546—1613），字清源，号龟岩，阳川籍，宣祖七年（1574）为内医院医官，宣祖二十五年（1592）登御医，官至辅国崇禄大夫。除《东医宝鉴》外，许浚还编、译有《纂图方论脉诀集要》《谚解胎产集要》《谚解救急方》《谚解痘疮集要》《谚解腊药证治方》《新纂辟瘟方》《辟疫新方》等书。《东医宝鉴》一书在后世影响极大，不仅在朝鲜广泛流传，中国、日本也多次翻刻，所以此书版本情况很复杂。馆藏《东医宝鉴》二部皆为朝鲜刻本，一全一残，其入藏经过均与当时四川大学（包括它的前身四川国学院）主事者有关，现略述如下。

《东医宝鉴》，二十五册。半叶十行，每行二十一字，小字双行同，白口，双对花鱼尾，四周双边。首有万历三十九李廷龟《重刊东医宝鉴序》，称此书编撰完成于万历三十八年，序末有牌记“万历四十一年十一月日内医院奉教刊行/监校官通训大夫行内医院直长臣李希宪/通训大夫行内医院副奉事臣尹知微”，表明《东医宝鉴》最早刻于万历四十一年。目录末另刻牌记“岁甲戌仲冬/内医院校正/完营重刊”，“甲戌”具体是哪一年学界存在争议，有崇祯七年说，也有学者认为是朝鲜纯祖十四年（1814，清嘉庆十九年）。完营是朝鲜全罗道的监营。所谓监营，为派遣到各道的检察使履行公务的所在地，同时承担各地刻印书籍的任务。

全书末叶有墨笔题记，关涉到此书入藏始末，录文如下：“是书为朝鲜御医阳平君许浚奉敕撰成于万历三十八年庚戌，越两年而刊行。其以万历纪年，因朝鲜固奉中土正朔也。久与《济众新编》并行中土，《济众新编》者即由此书节要而成十八卷。当纪文达公校录《四库全书》时，分子部为十四，虽以医为民命所关拔之第五，而《东医宝鉴》一书竟未著录，定以所辑者采自华夏已见他书欤？偶过书肆见此本，视校中旧藏者较为完整，遂为购置。二十三年十二月重装既竟，略志颠末于此。王兆荣。”①

王兆荣（1887—1968），字宏实，又名伯跃，重庆秀山人。早年留学日本，在东京帝国大学法科政治系学习，期间担任“留学生救国团”总干事长。后因“留学生救国团”的行动被日本当局镇压，王兆荣同3000留日学生于1918年5月愤然回国，继续从事救亡活动。1932年起，王兆荣出掌国立四川大学，为国立四川大学首任校长。此书即王兆荣1934年在书肆阅市时为学校所购置。

王兆荣题记中提到的“校中旧藏者”，即为另一残本五册，存五卷，包括内景篇卷一、三，杂病篇卷三、六，针灸篇一卷，书中钤“四川国学院所藏金石图书之印”“四川国学院图书之记”印章。佚名撰《国立四川大学图书馆藏书概况》一文中提到，“明板经学及《东医宝鉴》等，则廖季平先生所置”②，考察书中的印章以及廖平先生在四川国学院的经历，此残本《东医宝鉴》正好可与“廖平购书”的记载相印证。

（二）《医心方》

《医心方》，日本丹波康赖撰，成书于日本永观二年（984，时值北宋太宗雍熙元年）。全书三十卷，丹波元坚在《校刻医心方序》中称：“每卷各为一类，下分子目。其所征引，上根据农、黄、扁、张之经，下贯穿至唐以上各家之著。其所论列，起《治病大体》，讫《食物》，每门上载症候，下列其方，遇有可注明者，附以按语。”③ 如序所言，《医心方》引用隋唐以前医学文献非常丰富，其中许多早已失传。据《关于医心方》一文统计，《医心方》引述我国失传文献达204种之多，因此它的文献价值极大，历来被视奇书、宝书。馆藏《医心方》两部，均为抄本，将其版本特

---

① 许浚．东医宝鉴［M］．清朝鲜刻本（四川大学图书馆所藏）．

② 国立四川大学教务处．国立四川大学校刊．1944，17（2/3）．

③ 裘诗庭．珍本医书提要［M］．北京：中医古籍出版社，2010：215．

征略述如下。

其一为十四册，民国钞本。存卷一至卷十、卷二十二至卷二十三、卷二十五。半叶十行，每行二十字，白口，单黑鱼尾，四周双边。版心上方刻“医心方”，下方刻“国学学校抄”，为抄写《医心方》印制的专用稿纸，钤“四川国学院所藏金石图书之印”。“国学学校”，即四川国学学校，1913 年 10 月由四川国学院易名而成，谢无量、刘师培、廖平、宋育仁先后任校长，1918 年重组为四川公立国学专门学校。四川国学学校承尊经书院遗风，学生以“读经为主，参杂纬书岐黄，故横通医学”①，此《医心方》当为四川国学学校故物。卷九末有“三台陆蓍那校”六字。考陆蓍那即四川绵阳的著名学者陆香初。陆香初（1882—1953），原名德馨，字香初，号蓍那，一号陆海，曾在四川存古学堂、国学学校就读，师从经学大师廖平先生，深得学术真谛。蒙文通评价陆海的学术，“先生弟子遍蜀中，唯三台陆海香初治《周官》，洞明汉义，亦不废先生晚年之说”②。书眉及行间有朱、墨色批注校语。

其二为二十九册，民国钞本，缺第二十八卷。蓝格稿纸抄写，半叶九行，二十字，白口，双对鱼尾，四周双边，版心上方写“医心方”。书中钤“默存室”“胜雪斋藏”“杨印啸谷”“华西协合大学图书馆”“华西大学图书馆珍藏”印。除华西协合大学的两枚馆藏章外，“杨印啸谷”为杨啸谷所钤，“默存室”“胜雪斋藏”不知谁属。观全书笔迹，非成于一手，其中部分页次为杨啸谷先生笔迹。书中天头以及行间有朱笔校字，观其笔迹，亦为杨啸谷所为。杨啸谷（？—1968），号竹扉，四川大邑人，早年就读于四川武备学堂，后拜于康有为门下，精于文物鉴赏，曾任华西协合大学教授、四川省文史馆、博物馆研究员，著作有《古月轩瓷器考》传世。全书首页有“8 JULY 1948”字样，此为华西协合大学图书馆的编目信息，表明《医心方》一书于 1948 年 6 月 8 日入藏华西协合大学图书馆。

卷一第六、七叶天头上朱笔批语，“廖校盖廖师季平所校”“罗校盖罗云裳先生所校”。此批语是针对书中“‘血脉’二字《千金》作‘而寸口关尺’，为后人校改。廖校”“六朝人书‘妍’每作‘研’。罗校”中的

---

① 涂文涛. 四川教育史[M]. 成都：四川教育出版社，四川出版集团，2007：333.

② 蒙文通. 经学抉源[M]. 上海：上海人民出版，2006：200.

“廖校”“罗校”而发，由此可知《医心方》在抄写过程中过录廖平、罗元黼二人的校语。廖平（1852—1932），名平，字季平，初名登廷，字旭陔，四川井研人，光绪己丑进士，曾任尊经书院襄校，四川国学学校校长。罗元黼（1856—1931），字芸裳，号香雪老人，崇庆（今崇州）街子镇人，早年在尊经书院学习，与廖平、宋育仁、张祥苓齐名，曾任四川高等学堂舍监、四川国学院学监，并主持四川国学院存古书局校书、刻书工作，撰有《蜀画史稿》《蜀中名画记续集》行世。民国初年，四川存古书局刻印书籍内封题名多署“芸裳”，即罗元黼所题。

（三）《证类本草》

《证类本草》三十卷，宋唐慎微撰。唐慎微，字审元，成都华阳人，一说蜀州晋原（今崇州）人。世代为医，精于医方，宇文虚中在《翰林学士宇文虚中书证类本草后》中称其“为士人疗病，不取一文，但以名方秘箓为请，以此士人尤喜之，每于经史诸书中得一药名一方论，必录以告，遂集为此书”①。《证类本草》，著录于陈振孙《直斋书录解题》者曰“大观本草”，著录于晁公武《郡斋读书志》者曰“政和本草”，二者实为一书，在南宋时期已经两种版本并行。

馆藏《证类本草》明刻本有两种，一为嘉靖刻本，已入选《国家珍贵古籍名录》，一为万历刻本，略记版本特征如下。

其一为《重修政和经史证类备用本草》三十卷，目录二卷，明嘉靖十六年楚府崇本书院刻本，二十册。半叶十二行，每行二十三字，小字双行同，白口，双顺白鱼尾，四周单边。卷端题名次行题“成都唐慎微续证类，中卫大夫康州防御使句当龙德官总辖修建明堂所医药提举大内医官编类圣济经提举大医学臣曹孝忠奉敕校勘”。首有成化四年商辂《重刊本草序》，嘉靖癸未陈凤梧《重刊证类本草序》，麻革序，政和六年曹孝忠序，末有皇统三年成都宇文虚中《翰林学士宇文公书证类本草后》，己酉云中刘祁序。卷三十末有牌记“嘉靖丁酉孟春月吉/楚府崇本书院重刊”，钤“金黄裳吉氏藏书”“曾藏乌程庞氏家”二印。

成化四年，山东巡抚原杰以平阳善本为底本刻于臬司，嘉靖二年陈凤梧任山东巡抚时，因成化本模印既久，字迹汗漫，遂以成化本为底本翻

① 唐慎微. 重修政和经史证类备用本草三十卷目录二卷[M]. 明嘉靖十六年楚府崇本书院刻本：宇文虚中序.

刻，历时一年始成。馆藏此本为藩府刻书，嘉靖十六年楚王朱荣溅以崇本书院的名义据嘉靖二年陈凤梧本重刻。

其二为《重刊经史证类大全本草》三十一卷，明万历五年刻，万历二十八年、三十八年修补印本，四函二十二册。半叶十二行，每行二十三字，白口，双顺白鱼尾，四周单边，版心下方记本板字数及刻工姓名，刻工有“德”“元”“王”“李”“用”“孝”“明”等。目录次行题“唐慎微纂”，卷端题名次行题“知南陵县事楚武昌朱朝望重梓/春谷义民王秋原刊/庠生王大猷、引礼程文绣仝校”。首有万历庚戌彭端吾《重刻本草序》，万历庚戌金励《重刊大观本草序》，万历丁丑梅守德《重刻本草序》，大观二年文晟《经史证类大观本草序》，万历丁丑王大猷《重刊本草后序》。文晟序末有牌记“大德壬寅孟春/宗文书院刊行”，卷三十一末有牌记“万历庚子岁秋月/重锲于籍山书院”。

据诸序考证，此书实为万历三年至五年宣城王秋所刻，万历二十八年南陵知县朱朝望重修，万历三十八年彭端吾“嘉（王）秋有是刻，不虞其久而圮也，厘工新之”①，历时一月而成。故馆藏此本实为万历三十八年修补印本。牌记中所及“籍山书院”之籍山，即在今安徽南陵境内。

（四）《石室秘箓》

《石室秘箓》六卷，清陈士铎撰。陈士铎，字敬之，号远公，别号朱华子，浙江绍兴人。陈士铎为浙江名医，潜心医学，著述颇丰，撰有《内经素问尚论》《本草新编》《素问新编》《灵枢新编》《辨证录》《石室秘箓》等书，《嘉庆山阴县志》载其医学著作二十三种，惜多散佚。《石室秘箓》一书版本复杂，仅据《中国古籍总目》著录，就有康熙二十八年本澄堂刻本、雍正八年马弘儒萱永堂刻本、嘉庆三年崇文堂刻本、同治四年刻本、宣统二年江夏刘氏刻本，还有不能确定雕印年代的校经山房本、经元堂本、文渊堂本、隆文堂本、清华堂本，屡经雕印，其受关注程度由此可见。

馆藏《石室秘箓》为清雍正八年刻本，六册。半叶十行，每行二十五字，小字双行同，白口，单黑鱼尾，左右双边。卷端题名次行题“山阴陈士铎远公甫敬习，义乌金以谋孝芑甫订定，李祖咏子永甫参考”。内封刻

---

① 唐慎微. 重修政和经史证类备用本草三十卷目录二卷[M]. 明嘉靖十六年楚府崇本书院刻本：彭端吾序.

“雍正八年新镌/重刻石室秘箓医法/萱永堂藏板”，版心刻“萱永堂藏板”。正文前附雍正八年马弘儒濂臣序，康熙二十八年金以谋《石室秘箓序》，吕道人《石室秘箓序》，康熙丁卯岐伯序，康熙丁卯张机序，后三序显然是伪托之作。

书中钤“明善堂览书画印记”“楚北费莫氏藏书印”“开卷有益”“子孙保之”“宜尔子孙”“平生真赏”“以仁存心”“办理西藏番务章京关防”“铁伟人鉴赏图书”“平生所好尽在其中”“伟人珍藏”“费莫氏铁魁秘玩书”等印。“明善堂览书画印”疑为乾隆时期弘晓怡府藏书用印。其他藏印为铁魁所钤。铁魁，满洲镶白旗人，翻译进士，曾办理西藏事务，光绪四年以候补知府留用四川。馆藏文献中的《二思堂集》《广舆记》也曾经为铁魁收藏。

（五）《脉学秘传》

《脉学秘传》一卷，何汝夔撰。何汝夔（1861—1918），字仲皋，四川简州人（今属成都市龙泉驿），为清末民初时期著名的中医。光绪末年，何汝夔倡办国医学堂，后更名为仁术学堂、中医学堂，造就人才无数。业医之余，何氏勤于著述，著作被其子何龙举辑为“何氏医学丛书”出版。何汝夔主持创办的《中医杂志》是有关中医的第一批杂志，在当时很受欢迎。

馆藏《脉学秘传》为稿本，一册。半叶十二行，每行二十八字，无格无框，行间有朱笔圈阅。卷端题名次行题“成都何仲皋先生著，男龙举成帙”，表明此本最初为何龙举先生所藏并装订成帙。正文前有民国四年著者自序，云“丙午春，余设学川垣，与诸生讲求脉学，因取灵、素经理出以简易，约为百言，上句言脉之象，下句言主病之扼要者”。此即何汝夔光绪三十二年在国医学堂讲课时期所编著，全书共涉及二十七脉及五脏绝脉、太素脉、妇人脉、小儿脉等，是其影响较大的医学著作之一。

参考文献

［1］政协成都市委员会文史资料委员会. 成都文史资料（第二十八辑）蜀都俊彦［M］. 成都：成都出版社，1995.

［2］陈先斌. 四川名医传［M］. 成都：四川科学技术出版社，1991.

［3］陈力. 四川大学图书馆古籍善本书目［M］. 成都：四川大学出版社，1991：前言.

［4］车武. 许浚与《东医宝鉴》. 北京：中央民族大学出版社，2012：25.

［5］金世玉. 东医宝鉴版本传承新考[J]. 中国中医药信息杂志，2008（5月增刊）：163.

［6］雄飞宇. 国立四川大学首任校长王兆荣著述脞谈载《深隐的风景——巴蜀人物散记》［M］. 桂林：广西师范大学出版社，2017.

［7］宋书功，王耀堂.《医心方》房内方论与功法[M]. 北京：中医古籍出版社，2016.

论高校图书馆助推儿童阅读的意义与实施策略

华礼娴*

摘　要：图书馆不仅能育智，还能育人。高校图书馆作为地域公共文化资源的重要组成部分，有义务面向社会开放资源、发挥自身优势。本文从高校图书馆社会化服务现状、开展儿童服务的优势、助推儿童阅读的意义、开展儿童阅读推广的实施建议等方面进行了论述；并以四川大学图书馆助力四川大学第一幼儿园举办"图书馆遨游"主题活动为例，得出高校图书馆通过自身优势助推儿童阅读，可挖掘图书馆潜能、寻求创新发展之路的结论。

关键词：高校图书馆　儿童阅读　阅读推广　社会化服务

一、高校图书馆的社会价值

吴慰慈先生曾指出："图书馆是公益性的文化机构，服务的着眼点应放在社会效益上。"① 中山大学的程焕文馆长在"现代图书馆营销理念创新"的报告中也提出，"图书馆的本质就是它的公共性、服务性"②。这意味着，无论何种性质的图书馆，都要利用本馆资源，通过一定的方法和途径，服务社会、服务各类读者。

高校图书馆在《普通高等学校图书馆规程》中的定位是"应履行教育

---

* 华礼娴（1980—），女，硕士，四川大学图书馆馆员。

① 吴慰慈．图书馆学基础[M]．北京：高等教育出版社，2010：114.

② 程焕文．要实现图书馆的社会价值，就必须让更多的人来利用我们的图书馆[J]．西域图书馆论坛，2018（2）：50.

职能和情报职能”[①]，它的社会价值也由此衍生为显性价值与隐性价值。作为大学的附属机构，毋庸置疑，高校图书馆坐拥大量的科研成果、专家团队，可以针对社会需要，直接提供某一领域的理论指导与相关培训；同时，通过对在校师生专业技术的培养与人文熏陶，可以将务学之风通过他们渗透到现在的或将来组建的家庭中，从而间接为营造知识型社会培养、储备人才。二者相结合，便可以在有形与无形之中以自身优势服务于地方和社会。

二、高校图书馆开展社会化服务现状

高校图书馆开展社会化服务，既是时代和社会发展的需要，也是自身可持续性发展的需要。

国外许多高校图书馆提出“图书馆不应只为特殊阶层服务，应该向一切愿意来图书馆学习的人开放”[②]，并以实际行动响应了这一号召。如，英国剑桥大学图书馆全部采用开架服务方式，校外读者除了图书外借，其他均与校内读者享有同等权利，且无需提供任何证明；学龄前儿童也可在家长陪同下入馆阅览。[③] 普林斯顿大学图书馆在致力于为本校师生服务的同时，也面向未成年人读者开展了“Cotsen 走进课堂”服务项目。[④]

21 世纪之初，我国业界开始对高校图书馆社会化服务的可行性进行研究与评估。当时，我国 95%以上的高校图书馆，一般仅立足于服务本校师生，对服务社会公众态度漠然，因此导致我国各高校图书馆藏书的 60%~80%处于闲置状态。[⑤] 随着教育部《普通高等学校图书馆规程（2002 年修订)》的出台，明确规定了“有条件的高等院校图书馆应尽可能向社会读者和社区读者开放”，使高校图书馆社会化服务再度成为热门话题。

---

① 范宝民等. 大学生与图书馆[M]. 北京：新华出版社，1999：3.

② 秦丽. 高校图书馆信息服务社会化的处境及对策[J]. 科技情报开发与经济，2006（4）：7-8.

③ 杨琼. 中外高校图书馆社会化服务比较研究[J]. 图书馆论坛，2011（4）：35-37，5.

④ 丁学淑. 高校图书馆对儿童阅读推广策略研究[J]. 晋图学刊，2017（3）：32-35.

⑤ 李桂兰. 高校图书馆服务社会化若干问题探讨[J]. 图书馆工作与研究，2006（4）：82-84.

如今，普通高等学校评估已经把“图书馆面向社会服务”作为一项重要指标列入评估体系，其中包含年办讲座数，办宣传栏数等①，并逐渐提高了其在评估体系中的比例②。

许多高校图书馆亦将儿童读者纳入社会读者范畴，相继在几大中心城市开展儿童读者服务。清华大学、北京大学等52所在京高校图书馆，2015年4月23日面向全市中小学设立开放日；到2017年，其中48所高校图书馆已全日向中小学生开放。这些高校每年还联合推出“走进大学图书馆，让阅读点亮人生”等开放活动，来助推儿童阅读。③

三、高校图书馆开展儿童阅读服务的优势与劣势

（一）高校图书馆开展儿童阅读服务的优势

作为校园文化和社会文化建设的重要基地，高校图书馆在社会精神文明建设中发挥着越来越重要的作用。④ 相比公共图书馆与其他社会教育机构，高校图书馆有如下几方面优势：

1. 数量优势

2015年《中国统计年鉴》的数据显示，2014年我国儿童中14岁以下的有2亿多人，而全国独立儿童图书馆仅有108家，即每200万个儿童才拥有一个儿童图书馆，而且分布不均，服务水平参差不齐；同时，我国有3117家公共图书馆，其中只有少数馆设置有儿童阅览室或开展了少儿服务，但总体规模较小、服务水平有待提升。而截至2014年，我国高校图书馆有2529所⑤，且分布在全国各地，管理体系也十分完善。如果能立足长远，加入儿童服务行列，将会对公共图书馆儿童服务起到极大的推动作用。

---

① 柴晓娟，代根兴. 高校图书馆评估与管理[M]. 北京：北京图书馆出版社，2006：276.

② 胡小军. 论高校图书馆的社会服务功能[J]. 丽水学院学报，2010（3）：125-128.

③ 丁学淑. 高校图书馆对儿童阅读推广策略研究[J]. 晋图学刊，2017（3）：32-35.

④ 寇文青. 儿童阅读引导：高校图书馆面向社区开放的突破口[J]. 河南图书馆学刊，2017（3）：68-69.

⑤ 韦庆媛. 美国大学图书馆儿童特藏服务于启示[J]. 图书馆工作与研究，2016（250）：115-120.

2. 环境优势

高校图书馆附属于高等学府，环境优美、宽阔，设施设备齐全，安保机制相对完善；读者多为在校师生，人员构成较简单。同时，高校图书馆文化底蕴深厚，馆藏丰富；不同类型的图书文献可激发儿童的学习与探索热情；大学生读者孜孜不倦的学习气氛，会不知不觉地熏陶、感染儿童，从而使他们爱上阅读与学习。与此同时，也可以鞭策大学生端正行为与学习态度，为儿童做好表率。

3. 人才与文献资源优势

拥有专业人才与各学科文献资源，是高校图书馆与公共图书馆最主要的区别。高校图书馆的从业人员多为具有相应学科背景的高学历人群。可以对儿童利用图书馆做出正确、系统引导。同时，也可以为儿童家长在选择儿童读物标准、开展亲子阅读模式上给出合理建议，助力儿童从小养成良好的阅读习惯。高校图书馆工作人员还可以从专业角度出发，从学科知识中提炼儿童感兴趣的内容，以多种形式或载体，让儿童从小对各行各业有一个初步的认识。同时，高校图书馆的馆藏文献一般会涵盖中图法 22 大类，领域宽泛，是名副其实的知识海洋，可以激发起儿童对各种知识的好奇心。

高校图书馆的种种优势，为服务于儿童读者提供了坚实的基础与保障。

（二）制约高校图书馆推广儿童阅读的因素与对策

尽管高校图书馆在开展儿童阅读服务上具有较强优势，但不可否认，高校图书馆在馆舍空间、思想观念、管理模式、文献资源以及人员配置上仍面临较大挑战。对此，可以借鉴高校兄弟馆的成功经验，结合本馆具体情况，制定实施方案。

例如，在馆舍空间不足的问题上，鉴于为儿童单独打造阅读空间，既可以避免影响在校师生的正常阅览。然而目前的实际情况是，高校图书馆由于馆藏文献不断丰富、阅览环境不断改善，使得利用图书馆师生人数不断上升，以致已有图书馆阅览空间严重不足。在此情况下，如若想另辟空间设置儿童阅览室，确有一定困难。针对这个问题，可以考虑先在周末及节假日面向儿童开放图书馆内部分区域，而后再逐渐视情况增加开放天数。当然，也可以通过采取让儿童借书回家阅读的模式，缓解阅读空间的不足。无论哪种方式，其宗旨都是为了让儿童养成正确利用图书馆的习惯。

又如，在思想观念问题上，高校图书馆已经迈出了第一步，即，面向社会读者开放，不再只局限于校内师生。并且，据平日观察，社会读者中也不乏带儿童入馆进行阅览者。只是，图书馆方面尚无针对儿童读者的专项服务。在人力资源缺乏上，高校图书馆要长期开展儿童阅读服务，涉及组织、策划、联络等诸多方面，必然要有专人来负责此项工作。然而，现在多数高校图书馆日常工作已十分繁重，要兼顾儿童阅读可能会分身乏术。针对上述情况，可以考虑高校图书馆牵头，书商、出版社、儿童教育机构等地方企事业单位协同的方法开展儿童服务、推广儿童阅读。

四、高校图书馆面向儿童开展阅读推广的意义

（一）响应国家号召

2011 年国务院颁布了《中国儿童发展纲要（2011—2020 年）》，提出了围绕儿童健康、教育、福利、社会环境和法律保护等方面到 2020 年应实现的一系列目标。内容从鼓励开展儿童图书阅读活动、为儿童阅读创造条件、培养儿童阅读习惯，到推广儿童图书分级制、为儿童量身择书以及为儿童家长提供建议与指导等策略与措施①，涵盖了儿童权益与儿童发展的方方面面。

近些年我国开展的“知识工程”，在全国掀起了推广“全民阅读”、营造“书香社会”的浪潮。在党的十九大报告中，亦提出要开展全民阅读活动。这既是我国文化建设的重要内容，也是加强社会主义精神文明建设的总目标。是否重视儿童阅读，反映了一个国家能否在涉及国家发展、民族未来的战略问题上进行宏观布局。②③

从 2009 年的“儿童阅读年”到 2010 年的“亲子阅读年”再到 2012 年的“未成年人服务提升计划”，以及 2013 年以后各地方图书馆协会开展的儿童阅读活动，正是上述目标的具体实践。

---

① 中国儿童发展纲要（2011—2020 年）[EB/OL]. http://www.gov.cn/gongbao/content/2011/content_1927200.htm，2020-03-11.

② 张虹. 关于高校图书馆社会化服务的理论思考[J]. 湖北大学学报（哲学社会科学版），2004（4）：488-490.

③ 朱淑华. 从战略高度推进儿童阅读[J]. 图书馆理论与实践，2012（2）：75-79.

（二）助力中小学教材改革

2019年起，“部编本”教材在全国中小学全面启用。较之前的老版教材，变化最大的就是语文。在新版语文教材中，大幅度增加了古诗词的篇目。小学一至六年级要求学习128篇，比之前增加了87%。为了适应这种新变化，语文老师要求学生每天坚持阅读30分钟以上。同时，对初高中古诗词的阅读量也做了较高的要求。

2019年语文高考难倒了不少学子。这也印证了部编本语文教材总主编温儒敏的预言：“语文高考最后要实现让15%的人做不完……”“高考的阅读面也在悄悄变化，哲学、历史、科技什么类型的内容都有。现在阅读的要求远远高出语文教学平时教的那个水平。”这意味着，学习不仅要专精还要务博。

阅读是一个日积月累的过程，不能一蹴而就。阅读的优势在低年级并不明显，但到高年级，从小坚持有效阅读的优势则会凸显出来。这就要求学生从小要养成良好的阅读习惯、正规的阅读方法，多读书、读好书，而高校图书馆正是可以满足学生进行全科阅读的最佳场所。近代图书馆学家刘国钧曾指出，儿童教育是一切教育的基础，而随时随地能供给儿童所需知识的地方，没有比图书馆更合适的了。而儿童良好的阅读习惯，大多要靠图书馆馆员的指引和鼓励。[①] 这也是高校图书馆在儿童教育价值上的重要体现。

（三）从儿童时期培养利用图书馆、进行自主学习的重要性

笔者作为一名图书馆工作人员，在工作中发现，许多学生虽然已读至硕士、博士，但仍然没有养成良好的阅读习惯，没有掌握利用图书馆的方法，不清楚各种文献的入手路径，不懂得如何筛选自己所需要的资料，且遇到检索未果的情况习惯性地向馆员求助，缺乏独立探索的能力。这些问题无疑不应该出现在研究者或准备成为研究者的人士身上，但这却是现实。这些虽不一定会影响研究者走向成功，但必定达不到事半功倍的效果。

（四）指导如何正确选择儿童读物

相比中国传统图书出版业的每况愈下，儿童出版物可谓“一枝独秀，一举打破了计算机、经管、外语学习三大板块独领畅销书市场的局面，成

---

① 卢震京. 小学图书馆概论[M]. 北京：国家图书馆出版社，2013：1.

为出版业界热门”[1]。530多家出版社、370亿营业额、10%的增长速度，让当下儿童父母在庆幸孩子可以通过种类齐备、内容丰富的儿童读物获取各方面知识、开阔眼界的同时，亦因如何在良莠不齐的浩瀚书籍中选取适合孩子的儿童读物、对孩子进行阅读指导而感到困惑。因为，只有选择适合孩子的读物，才能让孩子产生兴趣、激发孩子的求知欲望，从而奠定自主学习的基础。而良好的阅读习惯也不是一蹴而就的，是从孩提时代潜移默化形成的。因此，以何种标准选择适龄读物、采取何种方法引导孩子快乐阅读需要图书馆馆员的专业指导。

（五）明确亲子阅读的观念

当下，许多家长已认识到阅读对儿童的意义，积极开展亲子阅读活动。然而，在一项关于“对亲子阅读的观念理解”的问卷调查结果，有33%的家长认为“亲子阅读”就是“家长和孩子共同阅读一本书”；22%的人认为“亲子阅读”是“家长教孩子读书写字”；21%认为“亲子阅读”就是“家长为孩子念书上的内容”；仅有24%的家长认为“亲子阅读”是“家长和孩子共同分享多种形式的阅读过程”[2]。由此可见，由于家长的知识结构不同，指导孩子阅读能力的水平不一，使得对“亲子阅读”观念的理解也不尽一致。但显而易见的是，多数家长注重孩子的读书识字能力，而非阅读本身的含义与价值，更谈不上与孩子一同分享形式多样的阅读过程。只是把“亲子阅读”当作一种“学习手段”，丧失了其本身的趣味。

五、高校图书馆开展儿童阅读推广的措施

高校图书馆开展社会化服务，是一项很有现实意义却又存在实际困难的工作。目前高校图书馆普遍存在图书暴库问题，且学生的自习空间也较为紧张。在此情形下若想再辟一处专供儿童阅览之用，恐有一定困难；而若将儿童与高校大学生安排在同室阅览，想必会给大学生带来一定困扰。因此，高校图书馆要推广儿童阅读，必须要遵循内外有别、量力而行的原则，采用走出去、请进来两种模式助推儿童阅读。

---

① 肖东发等. 少儿出版与少儿阅读[J]. 编辑学刊，2015（2）：6-10.

② 刘馨. 高校图书馆建立亲子阅读的路径探究[J]. 安顺学院学报，2017（2）：96-98.

（一）走出去，开展嵌入式服务

高校图书馆馆员深入所辖片区幼儿园、小学面向儿童家长与教师进行开展科学的阅读指导与培训讲座，为他们提供引导儿童阅读的有效方法，提高他们的指导能力。

同时，可以发挥大学生志愿者的力量，深入幼儿园及小学讲读绘本故事。这里可以借鉴日本和歌山县立日高高中面向县内各小学校开展的“高中生讲读志愿者”活动。在这个活动中，高中生要取得志愿者资格，必须参加3次相关培训并获得合格证书。校方在活动中的任务则是制定讲读内容，安排时间、场地、工作人员，并在学生培训中给予专业指导。在整个活动中，大学生与儿童并非只是朗读与倾听，而是要营造一种轻松互动的悦读氛围。①

（二）请进来，展现高校图书馆魅力

高校图书馆可以定期或不定期举办一些主题活动，吸引儿童及家长前来参加。如：

1. 图书馆亲子一日游

通过让儿童与家长观看图书馆介绍的短片、视频，参观图书馆工作区，参加图书寻宝活动等，体验图书馆的氛围、了解高校图书馆的构成以及基本的利用方法。

2. 亲子阅读比赛

顺应儿童心理，建议家长与儿童采用情景剧的模式将故事内容再现。同时，可以借此机会举办儿童心理讲座，请高校心理卫生专家为家长们讲解儿童兴趣形成的原因、途径以及各年龄段的儿童应该看什么、做什么。

3. 举办儿童演讲比赛

区别于普通的讲故事，以书评汇的模式邀请儿童参加比赛。目的是培养儿童尝试演讲中“1-3-1”的时间设计，锻炼其语言组织能力与表达能力。

4. 大学生阅读导师

发动在校大学生参与一带一阅读活动。图书馆按照一定标准，筛选出适合参与此活动的大学生志愿者，以抽签的方式与报名参加活动的儿童结

---

① 周樱格. 日本图书馆阅读推广动向研究——案例分析与启迪[J]. 新世纪图书馆，2013（5）：23-26.

成对子。大学生根据图书馆在内容与期限上的要求，可与儿童家长自行安排时间在图书馆进行阅读指导，最后以比赛方式评出最佳导师。借此活动，小学生爱上阅读、大学生得到锻炼，实现共同成长。

5. 四川大学图书馆助力幼儿阅读推广实践

四川大学图书馆每年都会接待四川大学第一幼儿园大班小朋友来馆学习、参观。特别是近两年来，随着对儿童阅读意义的认识，对从小养成图书馆习惯重要性的理解，四川大学图书馆精心准备了生动的启蒙课程——“圕萌课堂”。这门课程安排在图书馆多功能厅进行。课上，图书馆工作人员会用大屏幕以图画的形式为小朋友展现文字的由来、书籍的演变，同时也会向小朋友展示各种装帧形式的实体书籍。随后，图书馆工作人员会带领小朋友参观工具书阅览室、古籍阅览室与外文书库等。各个库室都有专门的工作人员负责讲解，让小朋友了解到普通图书如何编号、分类与摆放；古籍文献从内而外与现代文献的不同之处。通过这项主题活动，让小朋友通过鼻子闻书香、眼睛看书海、耳朵听介绍、手指摸纸张，切身感受到图书馆的书香氛围，激发他们想读书、想到图书馆读书的愿望。

鉴于这项主题活动的实际意义，四川大学第一幼儿园也将其作为大班“园本课程”中的重头戏，意将阅读变成孩子们生活中的一部分，“让阅读成为一种快乐、一种享受，让爱读书、读好书、乐读书、喜读书的种子生根发芽茁壮成荫!”

此外，高校图书馆还可以在中国传统节日之际举办主题问答竞赛或相关图书宣传等活动，让儿童了解中华文化的源远流长。

服务创新是图书馆发展的动力之源，是图书馆价值的实现路径。高校图书馆通过开展社会化服务，不但能弥补我国公共图书馆资源的不足，也开拓出一条可持续发展之路。高校图书馆应不拘一格，放眼社会，通过引领儿童步入阅读殿堂，感受大学图书馆文化，并借此氛围熏陶和培养儿童爱学习、爱阅读的良好习惯，为建设书香校园、书香社会贡献自己的力量。

信息化背景下高校图书馆特色资源数字化建设刍议

金彩虹*

摘　要： 伴随全球信息化发展以及网络新技术的应用，当今数字化、网络化和信息技术化的社会应用水平日益提高，高校图书馆也面临着新的变化与挑战。加强资源数字化建设是促进高校图书馆顺利完成新时期发展转型、满足新形势下用户需求的重要建设环节，其中特色资源数字化建设，更关乎高校图书馆的长远发展。

关键词： 高校图书馆　特色资源　数字化

高校图书馆对高校的教育教学以及科研工作发挥着重要的信息保障与服务功能，同时作为图书馆界的理论前沿与实践阵地，高校图书馆始终保持与时俱进，不断引入先进技术，助力图书馆行业发展建设。特别是在当前信息化背景下，各行各业都处在向数字化、智能化、效能化转型的过程中，这种转型不仅改变了知识和信息的结构与传播方式，也使生活节奏更快，社会运作更高效。国务院第十五次全国国民调查报告显示，超过半数的成年国民更倾向于数字化阅读方式①，大众对资讯的即时获取期待值非常高，图书馆也面临着用户不断攀升的实时服务需求。在此过程中，具有多元表现形式的数字资源凸显了传递迅速、获取便捷、读取不受时间空间限制等优势，特别是功能强大的在线数据库，在检索效率及时间成本等方面极大地便利了科研人员，成为高校读者群检索和获取信息的首选资源。

---

* 金彩虹（1979—），女，硕士，四川大学图书馆馆员。

① 第十五次全国国民阅读调查［EB/OL］. http://book.sina.com.cn/news/whxw/2018-04-18/doc-ifzihnep4386289.shtml，2018-07-15.

向用户提供高效精准的即时知识服务，保证用户快速便捷地获取所需信息，实现服务高效化、多样化、个性化、专深化、智能化的多维融合，成为新时期高校图书馆的发展目标与趋势。面对行业发展的时代特征与用户需求，作为支撑各项数字化资源应用的基础数据保障，高校图书馆资源的数字化建设工作仍需加强和拓展，其中特色资源的数字化建设尤为重要，对发挥高校图书馆特色文献资源价值、增强自身核心竞争优势、协同高校发展都具有现实意义。

一、高校图书馆特色资源数字化建设现状

（一）概况

特色资源作为个体图书馆所独有的区别于其他图书馆的文献资源，是各馆经过长期建设积累，在某些方面形成一定规模，结构比较完整的优势文献资源。不同图书馆的特色资源各自呈现了该馆独特的文化底蕴及资源价值，图书馆界普遍非常重视特色资源建设，高校馆亦不例外，各馆在整合优化资源结构的基础上强化特色资源建设和开发，建设了众多数字化的特色资源库。据周玲元等《“985”高校图书馆数字资源分类调查研究》取样 2016 年的调查数据，39 所“985”高校图书馆共建有特色资源数据库 413 种，平均每所高校馆 10.59 种，其中清华大学最多，有 59 种，其次西安交通大学 34 种，华南理工大学 28 种，北京师范大学 23 种，四所高校馆合计 144 种特色资源数据库，占了总建设份额 34.87%的比例。这些特色资源数据库中，如南开大学图书馆“家谱研究文献数据库”、四川大学图书馆“《新新新闻》报纸数据共享平台”、中国海洋大学图书馆“海洋文献数据库”、重庆大学图书馆“三峡专题资源库”、武汉大学图书馆“长江资源库”、厦门大学图书馆“东南海疆研究数据库”、吉林大学图书馆“东北亚研究数据库”，往往体现了各馆的优势馆藏、学科特色及地域文化。[①] 其他高校馆也普遍着力特色资源开发，并依据专题侧重不同建成各种形式的数据库以及数据平台，如福建师范大学图书馆的“馆藏前身校论文篇名数据库”“馆藏族谱目录数据库”、中南民族大学“女书文化特色数据库”、河南大学图书馆“馆藏金石拓本文献数据库”、内蒙古大学图书馆“蒙古

---

① 周玲元，王雪．“985”高校图书馆数字资源分类调查研究［J］．图书馆学研究，2017（15）：42-52.

学信息服务平台”等等，不一而足。

（二）存在的问题

高校图书馆在特色资源数字化建设过程中，客观存在重视不够、经费紧张、设备不足、人员有限、融通多种技能的人才紧缺、数字化操作规范不一、共享意愿低等难题或障碍。尽管各馆大多建设了可供检索利用的特色资源库或数据平台，但业界实际调研数据显示，上述障碍直接限制和制约了数字化建设的实施与成效，从而造成高校图书馆在特色资源数字化建设方面差距大、建设成果不同程度地存在专业化开发程度不高、有些建设项目流于浅表、不能满足用户深度需求、使用率偏低、资源共享度低等现象。如某些数据库仅仅是基于书目数据建成的篇名题录库，在资源的著录与标引、内容深度揭示与知识关联方面相对欠缺；甚至有些只是通过数字化扫描完成了特色资源存储形式的转换，如基于扫描纸本建成的文档图片数据库。并且因自建特色资源的非营利性质，很多高校馆对自建特色数字资源库进行了使用保护，较多地通过 IP 地址控制对校外及异地访问进行了物理限制，从而降低了使用率。以上种种，一方面说明特色资源数字化较完善的建设需要依赖于人力、物力、财力、技术多方因素的综合支撑，一方面也说明当前对特色资源数字化的重视程度还不够，以至投入不足，成效折损，以及资源共享观念有待树立等问题。

二、高校图书馆特色资源数字化建设策略

（一）重视馆藏特色文献数字化建设

高校图书馆主要服务于教学科研，各馆在常规数字化资源配置与建设方面可谓大同小异，内容相同度及重复度较高，区别主要在于经费投入、资源数量多寡，学科覆盖面宽窄等，因此更应重视特色资源的数字化建设。荷兰莱顿大学图书馆馆长贝尔德（Kurt De Belder）在 2013 年的一次讲演中曾预测，在未来 15 年内高校图书馆将只有特色馆藏在本地存储和管理，其他纸本馆藏都将存入国家/地区级的仓储库。① 从发展趋势看，未来的中国数字图书馆网络信息资源体系将由图书馆中的特色信息资源组成。因此高校馆需顺应时势走特色化发展道路，以发挥在特色知识服务方面的

---

① 刘万国，黄颖，杨贺晴．“2017 年数字资源建设与知识服务学术研讨会”综述［J］．大学图书馆学报，2018（1）：12-17.

独特作用，从而适应信息化时代需求。在此过程中，各馆应重点突出自身独特的“亮点”，强化本馆资源特色，并结合院校发展定位和学科体系，以及所处地域人文地理，以重点学科、优势馆藏、地域文化等为主题进行特色资源数字化建设，从而打造无可替代的资源优势，使之成为用户对该方面资源需求的不二选择。

（二）加强数字化工作团队建设

特色资源数字化建设是一项综合运用文献资源整理、元数据加工、计算机信息处理、软件编程、网络通信等技术的系统性团队协作工作，团队成员对业界发展行情和文献资源的了解程度、业务水平、专业技能以及管理水平都直接关系到数字化建设的每一个环节和流程，故而团队的综合素质尤为重要。从当前业界发展趋势来看，数字化将是各图书馆一项重要、长期和持续的规划与工作，因此各馆都需要重视并加强数字化工作的团队建设，建立一支业务精通、技术过硬、学科结构合理并且思维活跃有创造性的专业建设团队，这关系到特色资源的数字化建设能否顺利推展和持续进行。高校馆应适当突破团队成员以往工作的既定范畴和专业壁垒，采取各种灵活有效的形式，有针对性地加强培训，在重点培养原有专业、技术人才使其业务趋于精通的同时，还要不断引入新人，以旧带新，以新促旧，既可以强化现有团队成员的业务能力，又能补充队伍后续人才的梯队建设；同时要促进团队成员相互间业务与技术的交流和更新，加强非专业和非技术人才融通文献资源整理、设备设施操控、计算机操作、网络技术应用等多种技能的能力，持续提升团队符合数字化建设和时代要求的综合能力与素质，促进数字化建设工作可持续发展。

（三）提升数字化技术规范控制

1. 标准化不容忽视

数字化资源建设的本质是海量资源以数字信息形式的集成和再创造，建设过程涉及多流程、多层次、跨领域、一体化统筹等各种结构性问题。每个流程都要以该环节所需技术的标准化作为基础支撑，标准化是保证各流程间畅通衔接的基础和必要条件，双方以及多方的融合更需要标准化作为引领和保障。特色资源数字化建设不局限于单一图书馆内部各系统和工作流程间的小协调，还需考虑时代发展背景下多联盟合作的大协同前景。从这一角度而言，特色资源数字化建设必须严格标准化操作，不断提升对各流程的技术规范控制，充分考虑资源将来的各种聚合模式，不仅便于在小范围内保证各流程和环节步调一致，配合得当；还可以在涉及多联盟合作时确保对不同体系间系统对接、通用互换、网络共享等问题的控制，实现资源能够有效传递与共享，通过体制、机制到技术发展两个层面的配合，从而进一步实现特色资源数字化建设与集成化、开放化、网络化、智能化服务的对接与兼容。

2. 数据规范的重要性

数字化建设中，对数字对象元数据的控制必须规范，因为其中包含的信息数据节点较多，涉及多种数据标准，包括数字化数据的结构标准、取值、内容、格式标准等等，各种数据采集和加工均需严格依照通用标准进行，这是数字对象元数据体系构建的基础。而特色数字资源信息描述方式与规则是否标准，则是实现集成管理特色数字资源并提供存储与检索的基本保障，为保证数据及其体系在更大范围内的适用性和通用性，避免资源转化整合以及后续开发维护等工作的进展受到制约，除依照通用标准外，同时还应遵循各具体领域所应用的专业性元数据标准，对共有或特有的元数据核心要素进行规范并加以区别标记，进行关联性确定，从而建立彼此间的多重关联关系，以适应跨学科、跨机构、跨地区间的合作、互操作与开放、共享的发展态势。

（四）加强数字化资源深度开发和利用

特色资源数字化建设的终极目的仍落脚于对资源的利用，其最终成果一般都将以数据库或数据平台的形式展现，从资源的建设与长期利用角度而言，要避免仅止步于检索目录式或图像浏览等功能单一的初级数据集合阶段，应结合当前智能服务理念引入相关信息技术、数字技术对特色资源加以深度开发，进一步拓展基于数据的文本分析与数据统计析出、结果展示等功能，从而提高资源的利用率、延长资源所蕴含的信息的生命周期。如近来业界不断深入实践的数字人文技术，启用文本挖掘、词频统计、关联数据、规范控制、可视化分析等具体技术方法，在文献与目录研究中方便地实现查询、计量分析统计等功能，将相关资源的信息节点进行多重关联整合，呈现思维导图般的信息关联性，揭示其内在联系；某些较为抽象或难以表达的文本内容，通过可视化工具以直观的电子图表或3D建模等立体化形式显示对数据的分析结果等。在此方面，国内高校图书馆界已有一些专门或相关机构成立，从事数字人文技术研究项目，并已有先导实际案例可资借鉴，如武汉大学数字人文研究中心“基于GIS的历史地理信息可视化研究项目”、南京师范大学虚拟地理环境教育部重点实验室进行的“华夏民族家谱地理信息系统”、首都师范大学国学传播中心的“古籍电子定本工程”、中国科学院计算机研究所与武汉大学、浙江大学合作研发的“敦煌项目”，旨在实现以测绘遥感、3D 建模等高科技手段为支撑的敦煌石窟数字化工作体系。

（五）促进特色数字化资源共享

当今数字化和智能化正逐步深入到各行业体系建设中，几乎所有的行业和领域，都与互联网、人工智能、大数据发生了关联，就此而言，信息技术发展的核心要义在于打开了各行业资源的发展空间，破除了原有的界限或障碍。对于高校图书馆而言，开放、创新的发展前景要求各高校馆打破原有界限实现资源重组与共享，以众筹意识聚力跨学科、跨机构、跨地区的联盟合作。以长远规划建设数字资源服务共享平台，拓宽资源共享渠道，既可以丰富完善各馆自身资源建设，又可以带动滞后发展的馆共同参与数字资源的创建，促进形成各成员馆特色资源共享、互通有无、优势互补，共同发展的长效机制。通过这种方式，满足最广大的用户需求，协同高校创新人才培养模式的发展和学习方式的变革。

三、结语

在信息化时代背景中，特色资源数字化将是各图书馆一项重要、长期和持续的规划与工作，数字化不仅仅是做好文献的保护和传承，面对用户对精品高端知识服务需求的增长，如何将其做精做细，并广泛传播和推广应用更为重要。各高校馆都应引起足够重视，并积极引入新技术手段辅助特色资源数字化建设，这既是时代的发展要求，也是挖掘特色资源所蕴含的信息潜力从而服务用户的需求，同时对发挥高校图书馆特色文献资源价值、协同高校发展、拓宽资源面向社会大众、服务地方发展都具有重要的现实意义。

参考文献

［1］何秀荣. 高校图书馆创新发展研究［M］. 北京：中国农业大学出版社，2017：1-3.

［2］蔡迎春. 数字人文视域下的图书馆特藏资源数字化建设——以“民国时期文献目录数据平台”为例［J］. 图书馆建设，2018（7）：31-41.

［3］宋琳琳，李海涛. 大型文献数字化项目元数据互操作调查与启示［J］. 中国图书馆学报，2012（5）：27-38.

［4］蔡迎春. 特色资源建设中的数字人文应用进展——基于国内数字人文相关项目及实践案例［J］. 图书馆建设，2018（8）：18-24.

开源统计软件 Matomo 在图书馆网站设计中的应用
——以四川大学图书馆网站为例

冯 涛*

摘 要： 本文对开源网络分析平台 Matomo 项目进行了简要的介绍，并对该平台的数据采集原理、统计分析方法、重要的指标进行了介绍和评述，最后结合四川大学图书馆网站规划和设计的应用实践，运用 Matomo 的指标和工具，选择实践中的两个案例进行分析。

关键词： 图书馆 统计 网页设计 Web 大数据

高校图书馆门户网站是教育服务型的网站，是广大师生获取文献及信息资源的重要途径，是他们获取图书馆服务的重要工具，也是图书馆进行业务及服务推广的重要方式，经常性地对网站效能进行评估对于优化图书馆网站具有重大的意义。

评估的重要方法之一是追踪和记载用户使用网站的行为，通过科学的方法对海量的日志数据进行挖掘，通过对一些专项指标进行持续的统计，达成评估网站效能的目的。

一般的方法是借助网站访问统计软件，比较有名的有百度分析、Google Anlysis，但这些软件部署在服务商云端服务器，对于平台服务商提供服务的内容、平台运营状况依赖比较大，而且受制于网络的通畅程度，功能定制的自主性相对来说比较差。

本文在这里介绍一款开源的网站分析软件 Matomo。Matomo 以前叫

* 冯涛（1967—），男，大专，四川大学图书馆馆员。

PIWIK，2007 年该项目诞生于英国伦敦，2008 年发行第一个公众版，根据 Matomo 项目官网公布的文字及数据，2014 年该软件获韩国科学、信息通信技术和未来规划部主办“开源世界挑战赛”金奖，曾被 Gartner Web 分析市场指南引用作为代表性的 Web 分析供应商，在全球 100 多个国家众多网站使用，截至 2012 年该软件下载量超过了一百万，2018 年更名为 Matomo。

Matomo 由于采用开源项目的模式，软件的获取完全免费，可以从该项目的官网上免费下载该软件的安装包到本地的服务器并安装使用。

一、Matomo 统计分析软件的设计理念分析

（一）Matomo 数据采集的原理

默认采用在页面中嵌入脚本的采集方式，当用户访问页面时，脚本代码下载到用户本地终端上后通过用户浏览器中执行，用户在页面上的操作被脚本程序运行的脚本程序铺捉到并将数据传回 Matomo 服务器。

```
<!-- Matomo -->
<script type="text/javascript">
  var _paq = window._paq || [];
  /* tracker methods like "setCustomDimension" should be called before "trackPageView" */
  _paq.push(['trackPageView']);
  _paq.push(['enableLinkTracking']);
  (function() {
    var u= matomo服务器地址
    _paq.push(['setTrackerUrl', u+'matomo.php']);
    _paq.push(['setSiteId', '5']);
    var d=document, g=d.createElement('script'), s=d.getElementsByTagName('script')[0];
    g.type='text/javascript'; g.async=true; g.defer=true; g.src=u+'matomo.js'; s.parentNode.insertBefore(g,s);
  })();
</script>
<!-- End Matomo Code -->
```

图 1　软件嵌入脚本代码截图

（二）Matomo 的日志采集方式与基于日志的网站分析软件的比较

由于脚本代码执行时间是在用户访问并下载内容到本地终端上后开始执行，执行的容器只能是可以运行 JS 代码的软件，主要是网页浏览器，可以排除一些类似于搜索引擎内容扫描机器人软件等的访问，能够比较真实地反映用户对于网站的阅读行为，软件也为用户提供了对 Web Server 日志文件进行分析的功能，日志文件分析数据比较全面，可以对搜索引擎扫描机器人的扫描情况进行分析，对于改进网站架构，提高被搜索频率有一定参考意义，也可以用于对黑客攻击行为进行预警。

二、Matomo 的分析方法

Matomo 通过对海量日志信息进行挖掘，分别从访客、行为、获取途径

三种角度提供量化指标，在这些指标的基础上，用户可以选择不同的时间频率在时间序列上生成分析报告，下面分别对这些分析方法进行介绍：

（一）访客分析

我们这里把访客分析中指标按照对于网站设计者的利用价值的不同归为四类。

·侧重于分析网站用户群体的广度，包括页面访问次数（PV）、访客的次数（UV）、唯一页面浏览量等。

·侧重于分析用户对于网站的关注深度，包括平均停留时间、单次访问最大活动量、访问行为数、跳出次数等。

·用户所使用终端的统计，包括用户终端的产品型号、所用的操作系统、浏览器的种类和版本，可用于帮助网站的设计者改进网站页面的兼容性。

·用户的所在地统计，Matomo 内建 IP 地址和地理位置对应的数据库，可以导入第三方供应商提供的数据库，如 GeoiP，可以在平台中按照来访用户地理位置进行统计，可以在界面中显示访客的经度和纬度等更为详细的位置信息。

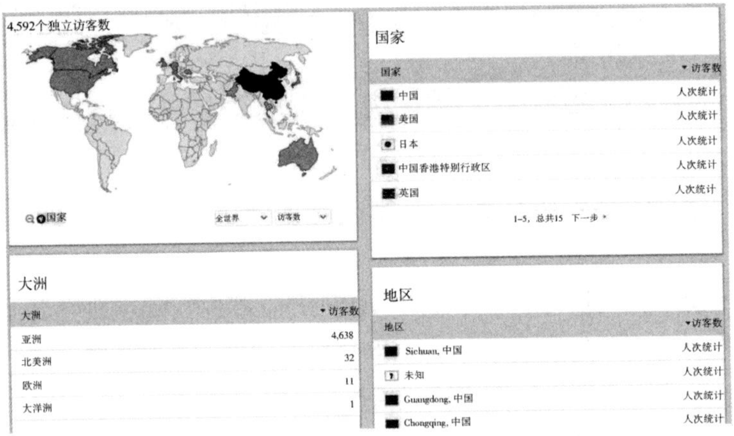

图 2　Matomo 的用户所在地统计界面

Matomo 既有高利用率统计，可用于分析用户关注重点，也有平均指标，用于分析用户普遍关注的情况，还提供了低利用率统计，可帮助网络的设计者发现网站存在的问题，利用 Matomo 进行分析时，往往需要结合多种指标，综合地进行评估和分析，下面分别介绍几个重要的指标：

·页面访问次数（PV）：从用户终端发起一次对网站内每一页面的访

问请求，并获得响应后，都记为该页面的一次访问量，该指标有时也被称为页面的点击量、页面的刷新量，比较适合用于评估服务器的访问压力。

·访客的次数（UV）：在 Matomo 界定的时间段内，某个用户第一次访问网站页面开始，不论访客访问了多少次，只记为一个访客。该指标是在无法准确地获取用户在阅读网页时的思维活动和行为的情况下，利用时间的量化指标给出访客数量的近似指标。

·唯一页面浏览量：网站的一个访客在 Matomo 界定的一个访客周期内，从第一次访问网站某个页面开始，不论访客浏览了多少次该页面，只记作访问该页面一次，页面访问次数（PV）指标用于分析用户的访问次数具有很大的局限，因为不能排除用户无意识的刷新动作以及“机器人”软件进行的页面扫描等情况，该指标可看作 PV 量的补充。

·平均停留时间：用户在一个访客周期内，从进入网站的第一个页面开始，如果用户在周期内点击了站内页面上站外页面链接，记为一个停留时间，如果到最后一个访问页面为止也没有点击站外页面，到周期截止时间为止，记为一个停留时间，通过该指标可评估计网站内容对于用户的吸引力。

（二）行为分析

行为分析，指的是用户在使用网站时的行为分析，一方面统计用户访问网站页面的情况，即用户在站内活动的情况；另一方面分析用户访问网站的站内信息和站外信息的链入和链出关系，下面对其重要的方法和指标进行介绍。

·页面访问统计：一种是通过页面网址进行统计，但页面网址对于分析来说不那么直观，所以 Matomo 又提供了按页面的标题进行统计，页面的标题就是网页代码中<head></head>标签之间放置<title>标签，这是网页设计者对于网页内容的一种标识，通过标题统计可以比较直观地反映用户对网站内容使用的分布情况。

·进入页面统计和退出页面统计：“进入页面”是以用户作为一个访客在一个访问周期内第一次打开的网站页面，“退出页面”是指用户作为一个访客在一个访问周期内最后打开的网站页面，对“进入页面”和“退出页面”的统计可以分析网站页面的利用情况。

·站内搜索统计：如果网站设计有搜索功能，Matomo 可以对用户的搜索关键词进行统计，搜索关键词是用户自己通过语言将自己想了解什么、想发现什么在页面上的表达，通过对用户的搜索关键词进行统计，可以帮助网页设计者分析用户在关注什么内容。

·离站链接的统计：统计的内容是用户点击网站内的页面上的站外页面的链接的次数，由于图书馆网站具有资源门户功能，网站内大都设计有资源导航，网站的设计者可以通过站外链接统计常据用户对于资源利用的情况。

·Matomo 可以对每一个用户访问的页面制作转化分析图（图 4），在图中可以比较观地反映用户访问这个页面是从什么地方链接进来的，通过点击页面内的链接，用户的阅读目标又转移到其他什么地方去了，通过 Matomo 对这些转入和转出的统计数据进行了归类，网站的设计者可以清晰地看出。这些链入和链出哪些是站内的页面，哪些是站外的页面，哪些是来自于搜索引擎，哪些是用户直接输入网址进入的，他们各自占多大的百分比。

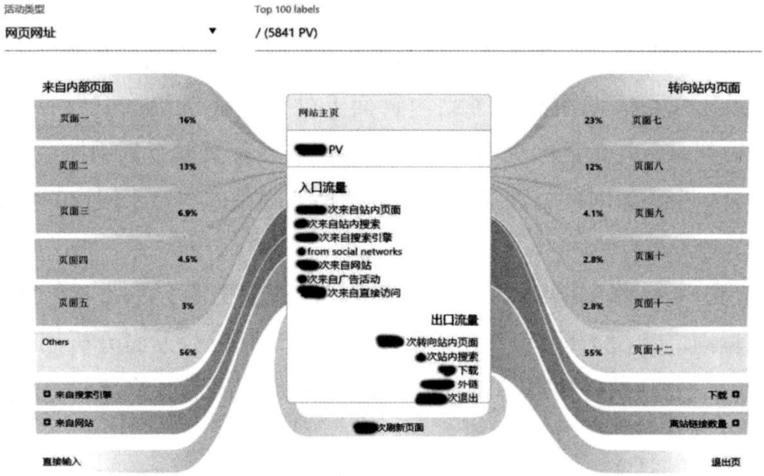

图 3　Matomo 转化分析界面

（三）获取（Acquisition）分析

分析的目标是用户是从什么渠道链接到网站的，可以帮助网站的设计者跟踪用户获取网站访问的途径，对于网站的设计者进行网站推广效果的评估，改进推广策略具有参考意义，获取分析分为来源网站分析、搜索引擎和关键词等内容的分析。

（四）目标分析

Matomo 能让用户定制追踪的目标，定制的条件可以是用户访问站内的页面的内容或类型，也可以是用户链接转向外部的网站的内容或类型，可以精确匹配单个的页面，也可以通过包含字符，或者是通过匹配表达式定制一组页面作为追踪目标。

三、利用 Matomo 对四川大学图书馆门户网站的分析

（一）四川大学图书馆主页页面内容利用效率分析

四川大学图书馆门户网站是图书馆在网上对读者进行服务的重要工具，也是读者获取图书馆资源的重要途径，其中首页是用户访问网站的入口，首页的使用效果直接关系到网站的利用效率。

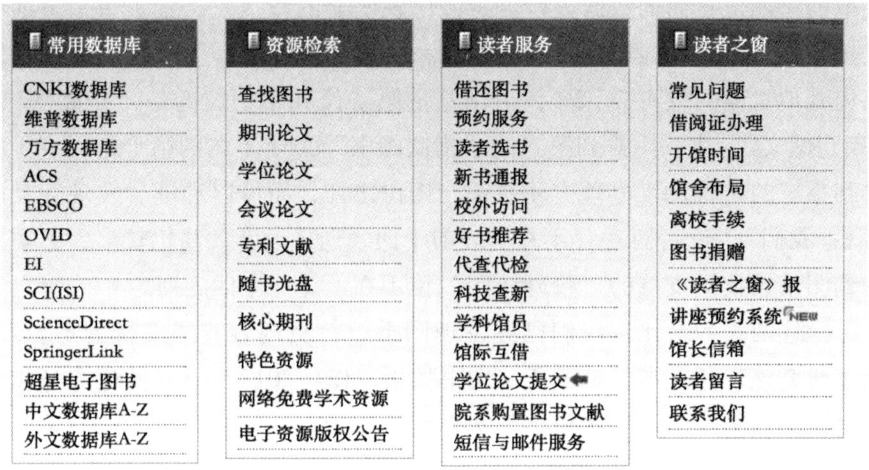

图 4　四川大学图书馆网站首页截图

我们把图书馆首页的链接分别按内容的归类，并按其重要性分别从高到低进行排序。

表 1　网站设计者对图书首页主要内容的标题分类排序

关于借阅图书	关于电子资源	关于服务	关于读者推荐
查找图书	常用数据库列表	新闻内容	好书推荐
借还图书	电子资源版权公告	联系我们	读者选书
借阅证办理	期刊论文	读者留言	图书捐赠
开馆时间	学位论文	校外访问	
馆舍布局	会议文献	代查代检	
预约服务	专利文献	科技查新	
新书通报	随书光盘	学科馆员	
	特色资源	短信与邮件服务	
	网络免费学术资源		

上面这个表的排序反映了网站的设计者从图书馆从业者的角度，根据服务理念对于内容的安排，为了检验网站用户实际使用网页的效果与网站设计者的意图是否一致，网站的设计多大程度达到了服务推广的目的，我们利用 Matomo 实施了以下测试：

我们将测试的时间范围设定为一周，通过一周七天的时间对用户日志的追踪，利用 Matomo 的用户行为分析工具的页面标题分析进行分析，我们取前十四位排名的数据进行分析，比较明显的特点是，首页单个页面的浏览量占了所有页面浏览量的 78.8%，用户进入首页后又进一步实际访问站内其他页面的仅占 21.2%，占浏览量第二位和第三位的是“查阅图书”“期刊论文”，表一中排列第二的“借阅图书”位于上图的第十位，表 1 中排列第三的“借阅证办理”不在前十四位之列，而可以和读者实现互动的“联系我们”“读者留言”不在上表前十四之列，读者关注比较多，更需要得到图书馆技术支持的“校外访问”也不在上述前十四之列。

上述两表的对比，我们已经发现图书馆首页内容布局安排的不合理，为了研究该现象，本人参考了《图书情报工作》2018 年 5 月的论文《高校图书馆网站版式设计中认知心理学理论的应用——以北京大学图书馆英文版新门户改版为例》，该文将认知心理学引入图书馆网站版面设计的研究，用户阅读网页的过程可以看成“短时记忆”的过程，人的大脑通过“短时记忆”，对新的信息进行加工处理，并存储到长时记忆[1]，文中引用了美国著名心理学家 G. A. Miller[2] 的关于“短时记忆”的理论，该理论认为“无论何种类型的数据，大脑的短时记忆都只能容纳 7 个单位量”，该文给本人的启发是，我们在设计我馆门户网的首页时，安排了太多的元素在首页，大大超过了 G. A. Miller 关于“短时记忆”的 7 个单位量的极限值，造成用户浏览网页的过程中，无法将“短时记忆”转化为长时记忆，完成内容认识的过程，改进的办法是将现图书馆首页中众多的信息元素按照一定模式进行分组，让分组的单元量少于 7。

（二）校外访问用户资源使用分析

由于一部分本校师生居住在学校园区以外，更由于移动设备的广泛使用，越来越多的师生使用非校园网访问图书馆的资源，为了解决这部分师生使用图书馆资源的问题，近年来图书馆引进了校外访问系统，校外访问系统是一种 VPN 系统，使用该系统的师生需要安装该系统的客户端在其本地终端上，由于校外访问客户端与用户终端系统兼容性的问题，长期以来存在用户访问不同的资源使用的各种各样的问题，为了常据这部分用户在使用校外访问时访问资源的特点，以便我们能制定更有针对性的技术支持策略，我们利用 Matomo 的定制追踪功能，进行了专项分析。

首先我们在 Matomo 中定制追踪元素，将访问者的来源 IP 限定为校外访问 VPN 的 IP 地址，在目标分析中我们将图书馆首页的常用资源列表中的每一个资源设定为追踪目标，校外访问用户在首页上点击常用资源中的条目后，都会被系统记载，通过对一周的时间的统计报表进行分析，我们可以看到，校外访问用户资源访问比较集中于个别的资源，中文资源集中在 CNKI，外文资源集中在 SCI，尽管该报表的分析数据具有一定局限性，因为这种分析方法只能统计用户通过点击图书馆首页链接访问被追踪资源的数据，但这些统计结果，也可以提醒我们在制定技术支持策略时更多地要注重研究这两种资源访问所遇到的问题以及解决问题的办法。

小结：Matomo 是一种功能非常强大的网站分析软件，由于该软件开源项目的性质，在全世界范围内拥有众多的加盟开发者，在该项目平台上可以找到许多插件来对该平台功能进行扩展，利用该软件的众多分析工具和插件，我们可以组合实现更为复杂的分析处理。高校图书馆在网站设计和运维过程中，不能“闭门造车”，也不能把图书馆网站的开发项目当成“一次性工程”，利 Matomo 这种网站用户跟踪分析工具，可以为我们随时评估图书馆网站的应用效果并制定改进策略提供更多的参考数据。

参考文献

[1] 吴越. 高校图书馆网站版式设计中认知心理学理论的应用——以北京大学图书馆英文版新门户改版为例[J]. 图书情报工作，2018，62(10)：25-26.

[2] MILLER G A. The magical number seven，plus or minus two：some limits on our capacity for processing information [J]. Psycho-logical review，1956，63 (2)：81-82.

基于图书馆数据的可视化分析工具比较及应用初探*

赖　伟**

摘　要： 在图书馆的工作与服务中，基于数据的调研分析和业务决策越发凸显出重要性，利用数据可视化分析工具，有利于从复杂多变的数据环境中发现并挖掘数据价值，为服务模式的改变提供创新驱动力，从而促进图书馆的转型发展。本文对四种工具的主要功能特点做了总结，并结合数据分析的步骤，利用相关数据进行了可视化呈现与分析的实例应用。

关键词： 可视化分析工具　功能特点　实例应用

一、引言

随着数字图书馆建设的不断推进，图书馆行业经历了自动化、数字化和信息化等几个较大的发展阶段，除了集成管理系统外，越来越多的软件系统和平台进入图书馆的服务环节，为高效服务提供了有力的技术支撑，随之而来的是数据总量和数据类型呈快速增长态势，图书馆已进入大数据时代。大数据的出现，改变了图书馆行业对数据的看法与认识，传统的信息服务将面临以复杂数据为对象、以深度挖掘为要求的高标准挑战。同时，大数据相关技术的不断深入应用，使得针对迅速增长的海量、复杂数据的及时获取和深度挖掘成为现实，为图书馆利用大数据在服务改进、创新阅读服务和知识服务模式方面带来了新的机遇。

---

* 本文系 2017 年度四川大学图书馆、情报与文献学项目（项目编号：sktq201726）研究成果之一。

** 赖伟（1977—），男，硕士，四川大学图书馆馆员。

图书馆所拥有的海量数据，也具有容量大、类型多、时效性高和低价值密度的大数据4V特征，虽然有数据挖掘、机器学习、智能算法、统计分析等数据分析方法，但这些方法对专业知识要求高，普通用户难以利用并得到有用的信息。数据可视化是利用计算机图形学和图像处理技术，将数据转换成图形或图像在屏幕上显示出来，并进行交互处理的理论、方法和技术。数据可视化是可视化技术在非空间数据领域的应用，改变了传统的通过关系数据表来观察和分析数据信息的方式，使人们能够以更直观的方式看到数据及其结构关系，发现数据中隐含的信息。① 并且可视化分析是大数据分析的重要方法，能够有效地弥补计算机自动化分析方法的劣势与不足。②

二、数据可视化在图书馆的应用情况

目前已有针对性的大数据可视化分析系统架构与分析流程设计；对图书馆业务数据进行多维度分析、采集与挖掘，利用数据可视化方法在多平台展现即时到馆流通人数、书刊流通即时数据以及业务统计报表等；借助数据分析挖掘和数据可视化的手段，挖掘上海市中心图书馆体系运营所产生的数据的价值，以运营数据本身为内容实现二次服务，制作读者年度个人阅读账单、年度阅读报告和流通分析报告等，进一步推广和提升公共文化服务效果；厦门图书馆搭建了图书馆业务数据可视化监控平台，通过数据仓库技术组织、管理、处理和分析数据，对数据进行抽取、转换和模型化处理，将表格和数字图形化，对读者信息和馆藏使用展开评估，为图书馆文献采购、数字化馆藏建设和馆藏剔旧等事务提供决策支持；基于天津市高校图书馆联合系统的数据，采用多视图从不同维度对馆藏图书层次分析、借阅图书与馆藏图书对比、不同类别图书与图书馆之间关系进行了可视化的展示与分析。

以上这些应用大多都需要很强的计算机应用能力甚至软件开发能力，进行定制化的使用，而一些商业智能分析工具软件，如Tableau、Qlik、

---

① 赵斌. 数据可视化在上海图书馆数据展示服务中的应用[J]. 图书馆杂志，2015（2）：23-29.

② 任磊，杜一，马帅，等. 大数据可视分析综述[J]. 软件学报，2014，25（9）：1909-1936.

Power BI、FineBI 等，具有操作界面友好、用户易于上手、支持拖拽操作、软件内置常用数据模型、提供丰富的可视化效果图等特点，并且软件将整个数据分析和使用过程进行了极大简化，便于使用者自主分析和进行判断与决策。

三、主流可视化分析工具软件的功能特点

Tableau 和 Qlik 都是国际知名商务智能与分析软件，长期处于 Gartner 商务智能与分析平台魔力象限的领导者位置，Power BI 由微软开发，为大家所熟悉的界面风格为显著特点，FineBI 则是国内知名的智能分析软件。

与其他数据分析工具类似，这四款软件支持多种形式的数据来源，包括多种格式的文件、多种类型的数据库以及外部数据源，数据类型大致可分为维度和度量两类，可视化图表包括基础的条形图、折线图、饼图、柱状图、散点图、气泡图、交叉表，以及复杂的树形图、箱型图、甘特图、直方图、瀑布图等。但在数据加载及处理方式上有较大不同，除了支持导入或内部加载的方式外，还支持以实时读取数据或加载的方式直接与数据源建立通道关系；而且提供了多种计算方法、计算模式以及函数，实现在已有数据字段的基础上，通过计算转换产生新的数据字段，为数据处理和分析调试提供了很多便利；此外还具备完善的图形化交互式界面和操作方法，如多维度排序、过滤筛选、钻取，并且即时刷新所呈现的结果。当然，四款软件在部分细微功能方面还是略有差异的。

总之，利用此类工具不需要使用 SQL 语句就能轻松完成数据处理、转换和整合，并使用种类丰富的内置图表，将数据每一维的值进行分类、排序、组合及显示，从而让使用者更能关注于对象或事件的数据本身，以及对象或事件之间的关联，极大地提高数据分析的效率，这也是可视化分析工具的优势。

四、基于可视化分析工具的应用实例

（一）进行可视化数据分析的主要步骤

首先是确定分析目标，收集相关数据。既可以利用各种业务或应用系统所产生累积的数据，也可以通过问卷调查、电话访谈等方式收集数据。

然后是数据处理及数据分析。需要对收集到的数据进行预处理，确定字段项目及其属性，处理空白数据，过滤问卷等。随后是利用可视化分析

工具进行数据分析，这是整个步骤中最为重要的部分，需要对数据进行全面且科学的分析，联系多个维度，根据目标选择不同的分析思路，并依靠工具所呈现结果，进行分析目标的调整或精细化。

最后是形成结论及建议。

（二）图书馆服务数据对比分析实例

四川大学图书馆每年会产生超过百万次的图书借还操作，在践行“以人为本”的服务宗旨下，持续对传统的借还服务进行更多、更人性化的提升，于是出现图书预约服务、不同分馆间的通借通还服务等。因此除了常规的数据统计和报表外，有必要从更多的方面对流通业务数据进行深入分析。

首先从图书馆集成管理系统导出2012—2016年期间所产生的近九百万条流通日志，保存为数据文件。日志的信息包括时间戳、操作日期、操作时间、操作工作人员账号、流通事务类型、借书地点（或还书地点）、图书所属分馆、用户ID等。

然后以数据文件的方式导入可视化分析工具，选择图表进行数据呈现并根据图形进行分析。

图1以堆积柱状图的方式呈现连续5年借书、续借和还书册数的对比，可以看出每年借书、续借和还书册数之间的比例一直是均衡的，而2014年本科生借书总册数增加了5册，引起流通量大幅度增长，并打破了前期每年图书流通量不断减少的趋势。

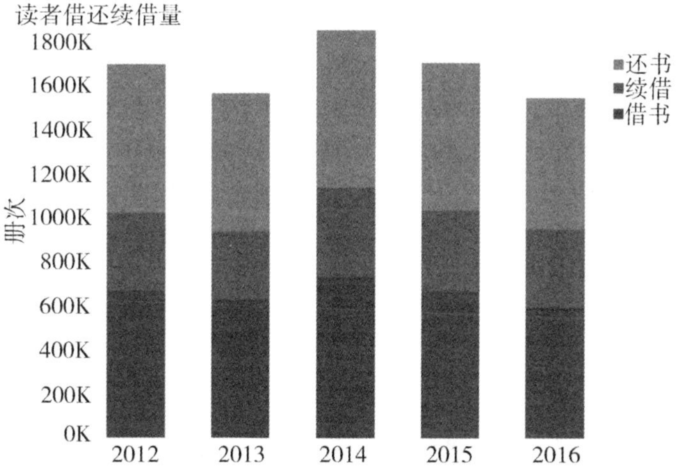

图1　2012—2016年外借、续借和还书册数对比

由于柱状图非常适合展示多个分类的数据变化以及同类别各变量之间的比较情况，因此图 2 采用柱状图的方式进行数据呈现。从时间和区域两个方面展示借书和还书册数的对比，其中工学图书馆和医学图书馆，连续 5 年借书和还书册数在不断减少，而江安图书馆和文理图书馆则在 2014 年出现了逆势增长，其原因也是增加了本科生借书册数，特别是以本科生为主要服务对象的江安图书馆，增长量更为显著。

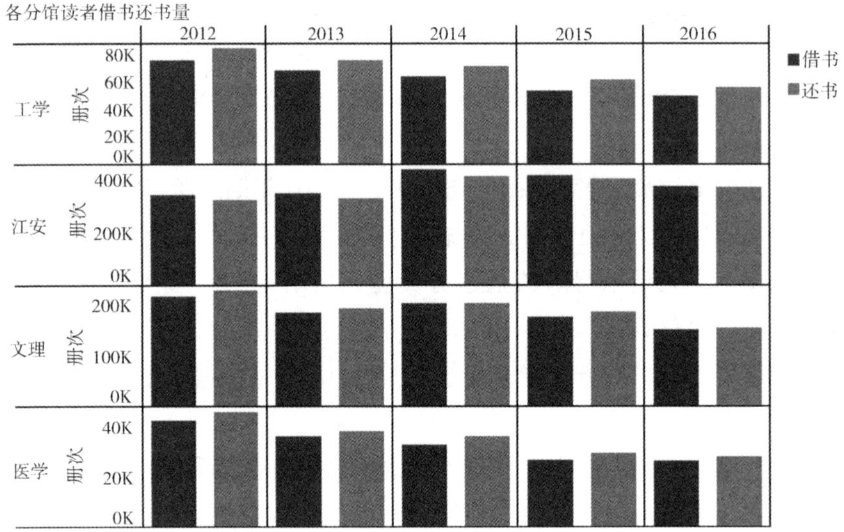

图 2　2012—2016 年四个分馆借书与还书册数对比

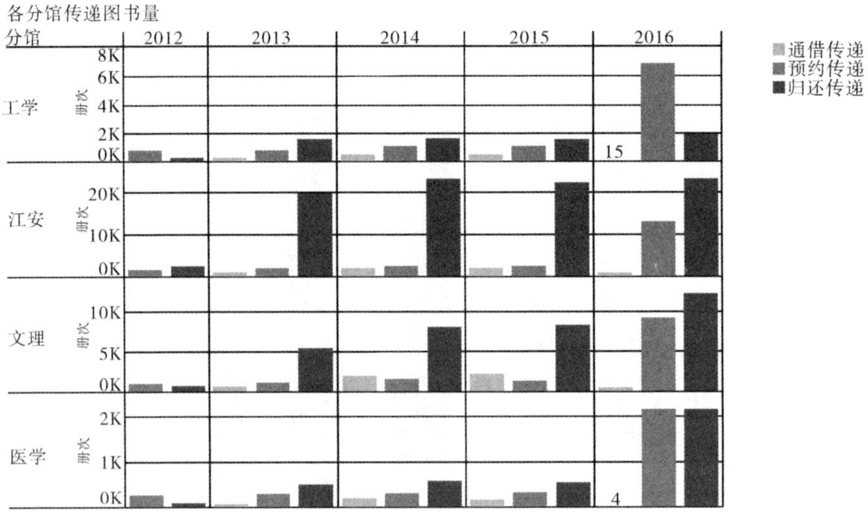

图 3　2012—2016 年四个分馆递送图书册数对比

图 3 仍然采用柱状图作为可视化数据的展示方式，2016 年预约传递量有非常显著的增长，并且通借传递量几乎减少为零，这与当年将跨校区通借服务统一为预约服务的服务模式转变是完全一致的，而且 2016 年的预约传递量也远大于之前通借传递量与预约传递量之和，此外分馆之间的归还传递也在不断增长，说明图书在不同分馆之间的流转次数越来越多。这都表明图书馆对借还服务的优化，为师生利用图书馆纸质资源提供越来越方便的服务，而且师生也非常愿意使用这样的服务。

（三）“特别还书周活动”的成效分析实例

2016 年读者服务宣传期间，首次开展为期 4 天的“特别还书周活动”，对活动期间归还超期图书产生的超期费予以免除，利用可视化分析工具对此次服务的成效进行分析和评价。

在活动结束后从图书馆集成管理系统抽取 2014—2016 年读者服务周及前后各两周期间的流通服务日志和超期欠款数据，以数据文件的方式导入可视化分析工具，其中超期天数是采用计算字段的方法通过还书日期与到期日期之差计算得到的。

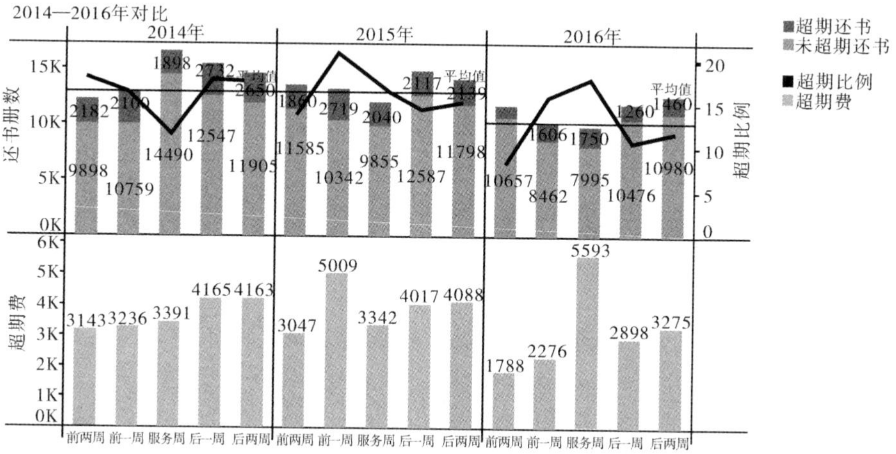

图 4　2014—2016 年读者服务周期间，还书册数与超期比例及超期费对比

图 4 采用柱状及折线混合图，以周为时间单元，将已超期的还书册数、未超期还书册数、超期比例和超期费整合在一个结果图中进行呈现。图 5 是以折线图方式，呈现服务周 4 天与 2016 年全年归还的超期图书在超期册数和超期天数上的比较，在服务周期间，有几个明显的波峰，而全年归还超期图书主要是集中在短期逾期上。图 6 则在此基础上，利用分析工具分

类聚合的功能，根据原始的超期天数项目新设置了超期天数分组项，数据在自动分组合并后，区分为超期天数小于 6 天、6 至 10 天、11 至 30 天、大于 30 天四个分组，从分组间的对比可以看出在活动期间归还的超期图书中，超期 30 天以上所占比例比明显增加。

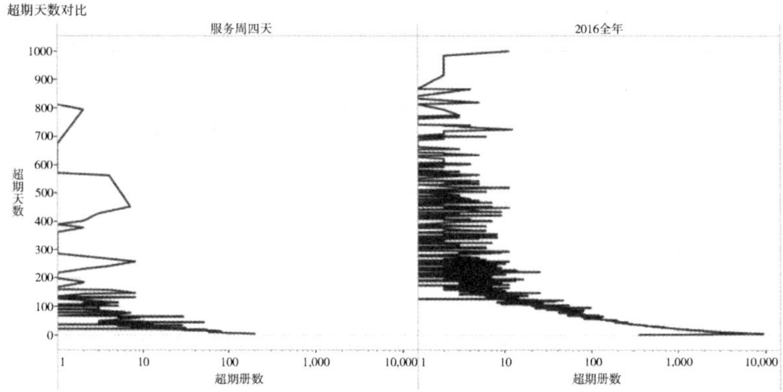

图 5　归还超期图书在超期册数与超期天数的对比

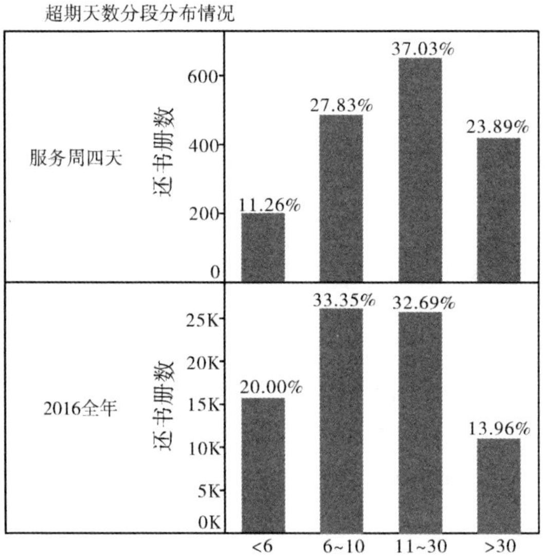

图 6　超期天数分组对比

可以看出在活动期间，虽然还书总量不大，但归还超期图书的比例明显提升，特别是长期超期的图书，表明此活动有效促进了超期图书的归还，对提高图书周转率也有积极作用。

通过上述实例可以看出，利用可视化分析工具，既能完成时间跨度很大的数据汇总，以及横向与纵向的对比，也能基于相同的数据范本着力于不同的落脚点进行针对性的分析，甚至还可以实现将多个基础图表组合为一个显示整体，从高一层次统领全局，涵盖业务工作数据的点和面，从而为图书馆服务的深化与增效提供科学支撑依据。

五、结语

使用可视化分析工具软件，不但能使用普通 PC 机系统处理千万甚至上亿级别的海量数据，还能将不同来源的数据进行整合与关联，再经过数据加工处理和交互式操作，提高用户在数据清洗和数据处理方面的效率，最后借助丰富多样的可视化图，便于用户从纷繁复杂的数据中发现线索和规律，进行深入的分析，从而让数据产生新的价值，不断促进图书馆工作与服务的创新与发展。

参考文献

［1］杨利军，高军. 图书馆个性化服务中的大数据可视化分析与应用研究［J］. 现代情报，2015（7）：68-72.

［2］韩翠峰. 大数据带给图书馆的影响与挑战［J］. 图书与情报，2012（5）：37-40.

［3］孙骁骁，韩海涛. 大数据时代图书馆服务创新研究［J］. 图书情报工作，2015（增刊）：28-30.

［4］陈超. 图书馆如何迎接大数据时代?［J］. 图书馆杂志，2014，33（1）：4-7.

［5］马晓亭. 图书馆大数据可视化分析系统的设计与实现［J］. 图书馆学研究，2015（10）：37-41.

［6］杨佳，梁永平. 创新型可视化数据服务——上海图书馆的实践［J］. 图书馆杂志，2015（2）：11-17.

［7］张肖回. 基于数据仓库技术的图书馆业务数据可视化监控平台——以厦门图书馆为例［J］. 现代情报，2013（4）：150-158.

［8］申雪锋，柯永振，姚楠. 多视图合作的联盟数据可视化分析［J］. 数据分析与知识发现，2017（3）：21-28.

［9］Tableau Software［EB/OL］. https://www.tableau.com，2019-08-25.

［10］Tableau 教程［EB/OL］. https://www.w3cschool.cn/tableau/tableau_

overview. html，2019-08-25.

［11］ Qlik［EB/OL］. https：//www. qlik. com，2019-08-25.

［12］ 王喆，戚小玉，等. 大数据时代两款敏捷商业智能工具对比分析［J］. 铁路计算机应用，2016，25（9）：79-82.

［13］ Power BI［EB/OL］. https：//powerbi. microsoft. com，2019-08-25.

［14］ Power BI 文档［EB/OL］. https：//docs. microsoft. com/zh-cn/power-bi/，2019-08-25.

［15］ FineBI 帆软商业智能［EB/OL］. http：//www. finebi. com/，2019-08-25.

基于战略的大学图书馆人力资源培训与开发分析及实践

雷若寒　黄丽娟*

摘　要： 大学图书馆向读者提供服务水平的高低取决于大学图书馆人力资源素质的高低。本文从战略人力资源管理角度，就当前大学图书馆人力资源培训与开发模块存在的问题做出分析，并提出一系列可操作的实践方法。

关键词： 大学图书馆　人力资源　培训开发　职业生涯　战略人力资源

引言

根据《普通高等学校图书馆规程（修订）》（2015 年版），图书馆作为一所大学总体水平的标志，体现在图书馆的管理水平、提供的服务、技术水平、人力资源素质上，而人力资源的素质高低决定着前三者的水平。①

基于战略的人力资源管理是人力资源管理的发展，大学图书馆的人力资源规划，应当基于学校的整体发展战略来制定。而现实状况是，一些大学图书馆在发展过程中没有制定明确的人力资源战略。少数大学图书馆虽然有战略规划，但只表现在形式上，并没有着手实施。这些情况主要体现在以下几方面：管理理念停留在上世纪的人事管理方式上、图书馆的员工结构不尽合理、部分员工质量不高、员工招聘录用不合需求、没有员工培

---

* 雷若寒（1975—），女，硕士，四川大学图书馆馆员；黄丽娟（1976—），女，硕士，四川大学图书馆馆员。

① 教育部. 普通高等学校图书馆规程（修订）[Z]. 2015-12-31.

训和开发体系、无完善的考评与激励机制。本文仅就战略人力资源管理中，大学图书馆在员工培训与开发方面的内容展开讨论。

一、人力资源的培训与开发理念及现状问题

（一）管理者对人力资源培训和开发的重视不够

由于部分大学图书馆在这方面对员工做得不够，一些员工期望通过一些途径在某方面提升自己，例如参加硕士、博士等更高层次的专业教育，但有的图书馆会给予种种限制。一是担心员工在接受了高一层级的教育后会离开图书馆，二是担心员工学习会影响工作。《普通高等学校图书馆规程（修订）》第十三条明确规定："高等学校应将图书馆专业馆员培养纳入学校的人才培养计划，重视培养高层次的专家和学术带头人。鼓励图书馆工作人员通过在职学习和进修，提高知识水平和业务技能。"虽然在制度层面上有比较合理的规定，但管理者担心员工跳槽，宁可对员工学习教育附加诸多限制条件，以降低人力的流动性，也不愿从对员工的开发体制中探究决定性的因素。而客观上，员工持续学习是一种激励，可以使员工感觉工作不再枯燥。现实中部分图书馆这样严格管控，会严重挫伤员工的积极性。有能力的员工会在机遇合适时毫不犹豫地离开图书馆，能力较弱的员工心态会愈加消极。

（二）大龄老员工的现状

长久以来，有的大学图书馆中年龄较大的员工在计算机技能和外语水平方面相对较弱，无力承担并且本人也不愿承担劳动复杂程度较高的工作。对这种状况的员工，可以根据社会发展和服务方式的变化，进行基本工作技能的培训：计算机信息、人工智能、外语等。辅以员工本人的性格、志趣等个体差异，规划合适的工作方面和职业道德方面的培训。在一定时期内，通过学习提升员工素质，这样就具备了从事需求较高的工作的能力。另一方面，员工的工作能力越强，知识水平提高，思辨能力的提升，其对工作的态度也会转变。

（三）新进员工的现状

一些图书馆没有对新招录的优质员工进行职业规划，没有做到对人力资源的充分利用和开发。这些员工在图书馆从事简单劳动复杂程度的工作，其拥有的技能与志趣没有与岗位相匹配。在就岗前，图书馆对新

进人员没有进行相关职业道德、本馆独特文化、员工职业生涯培训，也未举行对各业务部门工作内容和整体工作流程的培训，以及图书馆各项制度的介绍。现实情况是，新员工就岗后，只对本人或本部门的岗位有认知，对其他业务部门了解不全面。因此，在为读者提供服务的过程中存在着短板。

（四）时代的变化

随着人的不同层次的需求和价值观多元化的发展，管理者对员工的管理也须更加复杂化。如果将掌握较高和较多技能的员工安排在简单劳动复杂程度的岗位工作，一方面会造成人力的浪费，如果这类员工长期从事这样的工作，势必无法实现自我价值。而工作中的不满足，自然会延伸到工作以外，例如，将大部分精力投入到申请科研项目、发论文、评职称等事项。或重新寻求能满足实现自我价值的工作。而更糟糕的情况是，有部分这类员工被散漫的工作环境同化，放松自我要求，工作得过且过。既没有实现自我价值，也没有提高工作绩效。另一方面，这样的工作相对机械枯燥，如果图书馆没有营造一个适合的工作环境和人际环境，没有自己的核心文化，员工对工作的消极情绪最终将体现在对读者的服务上，导致读者满意度降低、投诉增多。

二、人力资源培训与开发分析

员工的培训与开发是对人力的智力投资，从图书馆层面讲，对新员工进行培训是为了使他们尽快适应新环境，尽快具备岗位所要求的能力。而对老员工进行培训的目的是提升他们的素质，适应业务发展和岗位要求提高的变化。对员工开发的目的是提高他们的综合能力，挖掘其潜力，以适应未来图书馆的需求。对员工的培训和开发，总体目标是使图书馆更好地发展，提高员工个人和图书馆组织的绩效。

（一）新员工岗前培训

新员工入职后，通常学校会组织对所有新员工进行岗前培训，但这种培训只具备通用性，属于基础层面的培训。有的大学图书馆没有开展对新员工的岗前培训，包括各部门作业流程、馆情介绍、规章制度和图书馆文化等。以至于很多新员工在图书馆工作很长时间后，也不了解图书馆其他业务部门的工作，还需花较长时期来适应图书馆环境和人际关系。最重要的是，没有对员工手册进行学习，领悟不到图书馆的制度、精神、文化。

图书馆手册具有图书馆内部法律的功能，应明确规定每位员工的责、权、利，并公之于众，最好每人一本。

本文对图书馆新进员工的培训设计如表 1 所示，明确培训流程中的各环节和要素。

表 1　大学图书馆新进员工岗前培训设计

流程号	流程项目	内　容
1	确定培训目的	（1）使员工尽快适应图书馆环境，了解图书馆工作流程和各部门工作 （2）通过培训，使新员工对基本的图情知识有大概了解 （3）了解本馆文化和精神，本馆的发展目标和发展战略 （4）职业道德、职业忠诚度、服务理念、个人发展目标引导 （5）了解图书馆规章制度和行为规范
2	培训需求分析	人力资源部门召集新员工会议，收集意见，以参考并确定需要培训的内容
3	培训课程的目标	（1）新员工应了解所有图书馆及各部门在地理位置上的分布（如果大学有几个图书馆） （2）知道图书馆的全部业务流程，每个部门工作的大致内容 （3）通过培训，做到工作中积极向上、对读者提供专业的服务和呈现良好的态度。能够将自身的发展与图书馆的发展战略结合起来 （4）能够在将来热爱图书馆的工作，在价值观上与图书馆一致，安心于图书馆工作
4	课程设计	（1）所需时间：10 天左右 （2）第 1 天上午：欢迎新员工加盟图书馆，由人力资源部门和图书馆相关管理者介绍图书馆基本情况及馆文化、发展目标和战略规划。下午：将图书馆的员工手册分发给新员工学习，同时发放其他的励志类书籍 （3）第 2~3 天：地点在教室，请专业知识丰富的员工向新员工进行图情知识的简单培训 （4）第 4~5 天：图书馆实地观摩，走访各部门，并尝试参与一些简单的读者服务工作 （5）第 6~10 天：根据新员工自愿选择工作地点，合理安排，分配至各个部门，初步了解基本业务流程和业务系统
5	进行培训	根据前面四个步骤的设计，安排地点、培训官、接洽人及用车事宜
6	培训结果的评估	（1）通过试卷的方式测试培训内容 （2）提交所看书籍读书报告 （3）提交培训总结

（二）老员工的培训

人类社会进步对图书馆影响很大，特别是科技发展不但影响读者的需求和观念，而且也影响管理者的观念，直接导致图书馆业务的变革。技术进步会影响员工的工作方式，例如过去在网络通信技术不发达时，图书馆的服务以借还书和阅览为主，以人工的方式进行登记。而参考咨询服务作为图书馆向读者提供的核心功能，由过去的协助读者找到有用的馆藏资源，利用图书馆的资料进行学习和科研，发展到现在的在线咨询、实时咨询、互动咨询、可视咨询等动态、高效的方式。同时图书馆还要积极参加大学人才的培养和信息资源的共建共享，要有一批专家型的馆员来满足读者的需求，对读者提供更便捷、范围更广、更精准的个性化服务。这就需要员工的知识结构和技术结构跟上时代变化，才能与变化着的需求、服务和工作方式相适应。所以，员工的培训与开发应该是一个动态过程，并且具有前瞻性，要以国内外环境、大学和图书馆的发展战略为基点，跟上环境和时代变迁的步伐。

1. 培训规划

第一步，划分培训对象：一线工作者、中层管理者、高层管理者。第二步，划分培训内容：知识培训、技能培训、态度培训，按照本馆在一定时期内的发展战略及具体工作和人力资源供需变化，为培训对象配置适合的培训内容。第三步，细化培训对象，例如将一线工作者细分为：需改进工作的员工；本身能力强，根据本馆发展需求，需要多掌握技能的员工，以安排到其他岗位；具有发展潜力的员工，符合图书馆需求并可以培养其掌握更多的技能，以便进入高级别岗位。前两类由工作任务需求决定，第三类受本馆的发展战略和中长期目标制约。第四步，制定周密的规划执行表，计划一学年或者一学期所有的培训事项，包括日程、对象、地点、内容、培训人，以及培训前的各种准备工作。第五步，培训结束后，需对培训结果进行评估。包括在培训过程中员工的反馈，以及评估员工参加培训后是否达到了培训的目标。

2. 培训内容

对不同的培训对象，培训内容应该是不同的。传统部门的员工通常由于年龄较大，在图书馆工作的时间更长，很少更换工作岗位。这类员工的工作比较机械，工作态度有待提高。随着科技的进步，他们的技能需要提高，应参加技能和态度的培训。其他类型的员工有热情和学习意愿，根据他们的兴趣、个性和知识结构，建议他们参与一些培训，即使与现有的岗位没有太大关系。这样他们在将来就可以被调整到有人力资源需求时的岗位。图书馆对中高级管理人员的培训内容主要是宏观的，如管理、战略管理、人力资源管理、时间管理等方面。

3. 培训方法

培训方法根据不同的培训对象、内容和预期目标而异。对于普通计算机硬件、软件和工作软件的使用培训，由于参加人数众多，一般可以课堂讲授方式进行；内部业务和技术沟通培训可以通过会议的形式进行；某些特殊技能的学习需要参加图书馆以外的机构组织的培训活动；根据工作需要和业务发展，参加对外交流会议；到国外或其他高校图书馆学习管理、服务模式和方法；通过轮岗，员工可以在不同的岗位上工作一段时间，对不同部门的工作有深入的了解；对于图书馆的高层管理者来说，通过参加定期的学术交流和研讨会来碰撞思想。

4. 培训效果评价

培训效果的评估可以按照柯克帕里克的四级评估标准进行。第一，收集参与培训对象的反馈，调查培训对象满意度，分析培训方案是否有需要改进的地方。第二，调查培训对象是否通过培训获得了所需的知识与技能，以及他们的工作态度和工作中的适当行为。第三，通过对培训对象行为的观察，评估他们是否将所学运用到工作中，是否提高了工作技能，是否改进了工作态度。第四，通过最后的绩效考核结果来评估员工自身的绩效是否得到了提高，图书馆的整体组织绩效是否得到了提高。

三、人力资源的开发与职业生涯

图书馆人力资源的开发与培训，既有联系又有区别。培训是根据员工岗位需求做出的，是短期的，对结果评估也比较明确。评估方式可以通过考试、工作技能和对读者的态度、绩效考核来进行。员工的开发则注重长远和未来，注重知识和判断，能够满足图书馆未来一定时期的需求，能为图书馆未来的发展提供竞争优势。在对员工实施开发计划之前，可采用16PF 量表的方法对员工人格进行测试，然后进行一般能力倾向测验，最后再综合分析测试结果与员工的直接主管和高级管理者的意见。将图书馆的发展目标与前者结合起来分析，确定员工是否需要培训或开发，如有需要，再确定培训和开发的内容。

（一）工作轮换

员工岗位的轮换是基于图书馆未来发展的需求。由于高校图书馆工作人员众多，属于比较大的组织，但工作人员的晋升渠道相对狭窄，仅有少数人有机会。员工的横向轮换工作不仅可以视作激励的一种方式，而且可以满足图书馆在未来的需要，并作为管理中的一种风险防范方法。通过在不同的岗位工作，图书馆工作人员可以更好地了解自己的职业兴趣和目标，客观地评估自己的优势和劣势，发展各种工作技能，为将来可能的机会做准备。

（二）员工在职学历教育

这种开发模式在图书馆中很常见。然而，图书馆通常只支持少数具有学士学位的员工接受硕士学历教育，仅限于图书馆相关专业。一些高校图书馆对拥有硕士学历的工作人员申请与图情专业无关的博士学历教育不抱支持态度。一些大学图书馆也不支持那些拥有硕士学历，再申请另一个硕士学历的教育。究其原因，是图书馆仍然停留在人事管理的思维方式，而不考虑员工的职业前途，虽然要求员工忠于图书馆，但对员工没有真正实现以人为本，导致一些员工离开图书馆，或接受了更高层次的学历教育之后跳槽。目前一些高校图书馆的人力资源管理仅仅是控制人，而不是通过开发和引导员工，建立有凝聚力的图书馆文化，增强图书馆组织的向心力来吸引员工。

（三）职业生涯管理

现阶段，一些大学图书馆在人力资源管理方面没有对员工进行职业规划，管理者也不具有这种观念。但是，假如图书馆实施员工职业生涯管理，则可以较好地开发员工的潜力，不仅可以激发员工的工作热情，提高员工对图书馆的忠诚度和工作奉献精神，而且也提高了图书馆整体的组织绩效，有利于实现图书馆的组织目标。图书馆职业生涯管理可以合理配置有限的人力资源，不仅可以使员工在图书馆工作中更有效率，提高个人素质，实现个人目标，还可以通过提高图书馆组织绩效来实现组织目标。对于大学图书馆这样一个容易出现人才流失的机构来说，对其员工进行职业生涯管理和规划，有利于凝聚人心，稳定队伍。这样不仅促进了员工的自我提升，也有利于图书馆的发展目标的实现。

为了实现对图书馆员工职业生涯的管理，需要建立职业生涯规划流程，如图 1 所示：

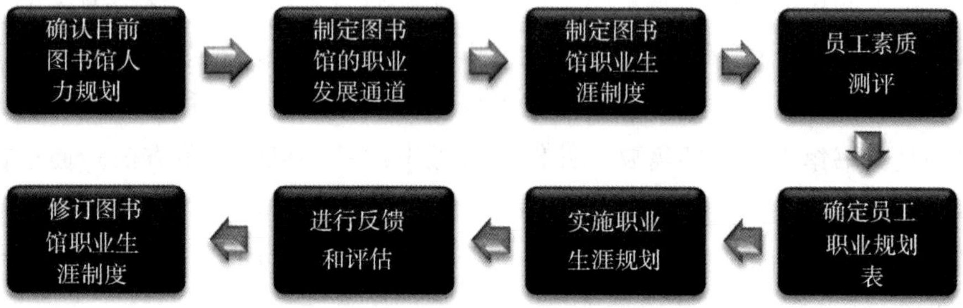

图 1　大学图书馆职业生涯规划流程

当前，大学图书馆的职业发展途径之一是职位晋升，但这一途径狭窄，竞争激烈，机会不多。另一种是职称评定，相对于前一种机会略多。然而，由于学校的各种要求和配额有限，对大多数员工来说也并非易事。因此，图书馆需要另行设计一个适合大多数员工的职业发展途径。除了这两种方式外，图书馆还可以根据员工的技能、工作业绩和工作态度进行评级，分为一至六个等级。但这一制度的建立需要学校能给予图书馆一定的自主权，并且要得到图书馆工作人员的支持。这样，虽然大多数员工没有高级职称，但他们有望获得晋升，员工也能保持工作积极性。具体参见表 2。

表 2　大学图书馆员工职业发展定位设计

职业发展定位	具体描述
内部职务晋升	基层员工通过岗位技能的提高，经验的积累，参加各种培训，发展为管理岗位 普通员工→主岗、组长→中心、部门副主任→中心、部门主任→副馆长→馆长
职称晋升	助理馆员→馆员→副研究馆员→研究馆员
职位调整	基层员工根据个人情况和图书馆需求，可以在不同的部门、中心调整岗位 从事管理岗位的员工可以根据自己情况和图书馆的需求转为技术岗位；技术部门的管理人员也可以转为纯管理岗位
能力级别晋升	根据员工具有的能力、工作绩效和工作态度的综合测评定级 一级→二级→三级→四级→五级→六级

制定员工的职业生涯体系之后，可进行霍兰德职业兴趣倾向测验，或

者MBTI职业性格测试，以确定员工倾向喜欢的工作类型，然后通过一般能力倾向测验（General Aptitude Test Battery，GATB）及韦克斯勒成人智力量表，以用来确定员工适合什么样的工作。然后，利用卡特尔16PF量表对员工的人格进行评价，确定员工能胜任什么样的工作。这类测试有在线直接测试，或者购买测试软件也可以，可以很快得到分析结果。综合分析上述三者结果，确定员工的素质，以及他们可能胜任什么样的岗位。最后，根据图书馆的职业发展定位表，对员工进行有目的的培训或开发。如表3所示：

表3　测评结果与职业生涯规划

测评结果 / 实际表现	好	中	差
好	晋升或作为人才储备	横向技能培训或作为人才储备	横向技能培训
中	本岗位技能培训或更换岗位	本岗位技能培训或更换岗位	本岗位继续培训
差	轮换岗位，进行职业定位	降职或更换岗位	降职、离职或更换岗位

大学图书馆通过对员工的职业生涯规划做出调岗、降职、降级或晋升的决定后，需要另对规划结果进行相关培训。安排晋升的员工在管理、领导能力及沟通技巧方面培训；对需要调整到新岗位的员工进行知识、技能、安全和团队关系等方面的培训。对留在原岗位的员工培训该岗位所需的技能和团队关系。职业生涯规划实施后，需在一定的时间内对员工的情况进行评估，观察员工的工作能力是否得到提高，团队关系和工作态度是否得到改善，最后观察员工的个人绩效是否得到提高。如果是正向的，那么规划有效。否则，图书馆人力资源管理部门需要调整和完善图书馆职业规划体系。

结语

以上基于战略人力资源的管理方法所设计的规划方案，运用到大学图书馆员工培训与开发的实践中，目的在于提高人力资源的素质，更好地服务于学校的师生。如果方案实施的结果与预期存在偏差，则需要分析原因，对一揽子方案进行调整。如依该方案实施后，最终能有效提升员工个人绩效和图书馆的组织绩效，并表现为读者满意度的提高，该方案则是有效的。只需今后根据图书馆内外环境的变化做出相应的调整，然后再在实践中检验规划的有效性。这是个动态的过程。

参考文献

[1] 孙宗虎. 人力资源管理咨询工具箱[M]. 北京：人民邮电出版社，2009：134-146，75-87.

新媒体环境下高校图书馆阅读推广效果的实证研究

——以四川大学图书馆微信朗读云平台为例*

李晓蔚　王丽华　朱兵清**

摘　要： 随着新媒体技术的快速发展，利用新媒体平台进行阅读推广已经成为高校图书馆的共识。但在进行效果研究时，用户行为的分层统计效果往往被阅读量、点击量、参与量等整体数据所拉平和掩盖。鉴于此，本研究以四川大学微信朗读云平台为例，通过对案例中活跃用户的行为数据及其传统图书馆的使用数据进行 SPSS 相关性分析，发现读者参与新媒体阅读推广活动的活跃程度与读者到馆数相关性显著，但与其借阅数及移动图书馆的使用相关性不显著。由此，本研究提出新媒体阅读推广效果的评估应充分考虑与传统服务的联动性，并可以通过“杠杆效力”指标评估活动带动非活跃用户的能力，作为对现有评估方法的补充。

关键词： 阅读推广效果研究　皮尔森相关分析

随着以社交媒介为代表的新媒体技术的快速发展，利用新媒体平台进行阅读推广已经成为不少高校图书馆的共识。高校图书馆官方微博、官方微信公众号等推广手段广泛普及之后，以新媒体为载体的阅读推广活动呈现出创新性、社交化、UGC 等诸多特点，但在高校图书馆的新媒体阅读推

---

* 本文系四川大学 2017 年度图书馆、情报与文献学科研项目“新媒体环境下高校图书馆营销策略与服务创新研究”（编号 sktq201705）研究成果之一。

** 李晓蔚（1989—），女，四川大学文学与新闻学院博士生，四川大学图书馆馆员；王丽华（1984—），女，硕士，四川大学图书馆馆员；朱兵清（1974—），男，硕士，四川大学图书馆馆员。

广实践活动中，不可避免地会遇到活动推广效果的问题。目前在实践中，有关新媒体阅读推广的活动效果研究，往往以阅读数、点击量、实际参与人数、留言数等直接数据作为考量①，或是基于第三方统计数据平台进行总体评分②，甚至以清博指数中的WCI（微信传播指数）作为直接评价依据③。诚然，这种方式一定程度上可以作为衡量活动抵达读者的覆盖面，或称“到达率”，但是由于互联网本身无远弗届，参与活动的用户往往呈现出多元化、广泛性的特点，仅仅用新媒体活动的阅读量、点击量来代表阅读推广效果就显得过于笼统，并且显著性及可靠性均有待论证。另一方面图书馆作为阅读推广的主体，无论采取何种新媒介形式的阅读推广活动，其最终目的都是“培养阅读兴趣，促进全民阅读”，那么，高校图书馆在考察新媒体阅读推广效果时，除了活动的“到达率”，还应当考虑的是阅读推广活动与传统图书馆使用情况之间的关系。

然而前期文献综述发现，新媒体阅读推广的效果并未得到与其重要性相符的研究。2018年6月12日，在CNKI中以“阅读推广”和“效果”为篇名进行检索，检索到相关论文20篇；以“阅读推广”和“效果研究”为篇名，仅检索到相关论文6篇。在有关新媒体阅读推广效果的研究方法上，前期文献主要采用问卷调查法④、案例分析法⑤等研究方法进行描述性的研究，方法相对单一，对参与活动的用户主体缺乏清晰的把握，也未对数据进行针对性的分析。因此，本文在前人思考的基础上，重点关注新媒体阅读推广活动的参与者，通过实证研究探寻用户参与新媒体阅读推广活动与使用传统图书馆服务之间的相关关系，以期能为阅读推广的效果研究提供新的思路。需要特别指出的是，虽然本文以微信线上活动为例进行研究，但作为一般性的方法和思路，可以推广到其他新媒体阅读推广的效果研究中。

---

① 李海燕. 新媒体时代阅读推广活动实证研究——以大连外国语大学图书馆为例[J]. 图书馆工作与研究，2018（3）：102-105.

② 万慕晨，欧亮. 基于微信公众平台的高校图书馆阅读推广效果实证研究[J]. 图书情报工作，2015，59（22）：72-78.

③ 蔡丽萍，孔德超. 基于WCI的省级公共图书馆微信阅读推广研究[J]. 图书馆工作与研究，2016（10）：90-95.

④ 杨莉. 基于AHP法的阅读推广效果评价指标初探[J]. 图书情报导刊，2016，1（09）：58-60.

⑤ 秦疏影. 高校图书馆精细化阅读推广模式研究与效果评价——以北京农学院图书馆阅读推广活动为例[J]. 图书情报工作，2015，59（16）：45-49.

一、案例的选择与实施

2017 年 2 月，中央电视台推出的大型文化情感类节目“朗读者”的热播引发了社会各界对于阅读和朗读的强烈兴趣；随后，“朗读者”的线下活动“朗读亭”开始在各大高校、人流密集区进行巡展。据悉，“朗读亭”平均排队时间 3 小时，由于时间和空间的限制，“朗读亭”的线下成本和参与成本较高，展示效果相对有限，只能满足部分人在特定时间的朗读需求。此外，目前大多数图书馆的朗读活动都是通过“线下朗读，线上征集”的模式，组织现场朗诵会，或者是读者自行录制朗读音视频后发送到指定邮箱征集，这种模式无形中增加了读者的参与成本，同时也减少了参与成员之间的实时互动。如何才能降低参与成本，让更多人都能获得朗读的乐趣，成为亟待解决的问题。

为了更好地发扬朗读这一经典的阅读推广模式，并与新媒体时代的特性进行结合，我们创新性地采用了“用户生成内容”的 UGC 模式，打造了“我是朗读者”线上活动，将朗读活动直接放到微信平台上，利用微信的语音接口功能自主开发了微信朗读云平台，让每个人都可以直接在微信上录制语音并一键上传，并能够进行实时分享和点赞排名，强调利用微信朗读、朋友圈分享的方式，创新新媒体时代阅读推广的服务，强化了新媒体平台社交化阅读的特性。为了不让用户产生被公众号“绑架”的体验，本次活动采用了授权登录的方式，不必关注公众号，也不必绑定一卡通，即可以无门槛地直接参与活动。同时，为了探究用户参与新媒体阅读推广活动与使用传统图书馆之间的关系，本次阅读推广活动是完整的线上活动，从图文宣传到在线参与均在微信中进行，不涉及线下部分，因此作为新媒体阅读推广案例具有较好的代表性。

“我是朗读者”新媒体阅读推广活动于 2017 年 6 月推出了第一季，上线一个月内，点击人次就高达将约七千人次，朗读连起来可以播放近五百分钟，在不到一个月的时间里被分享了将近五百次，点赞将近五千余人次，下载播放总流量超过 10G，新颖的技术形式和良好的推广效果使该案例荣获了首届四川省高校图书馆服务创新案例大赛一等奖。然而在评估阅读推广活动效果时，除了整体而宏观的数据之外，我们更想知道以下几个问题：“我是朗读者”在线活动面向所有人开放参与，那么参与者究竟是如何组成的？“我是朗读者”在线活动的在校参与者，与其使用传统图书馆服务之间有何种联系?

基于以上问题，我们对“我是朗读者”新媒体阅读推广活动的效果进一步作了量化研究。

二、新媒体阅读推广效果与实体图书馆使用的相关分析

（一）数据的描述性统计

通过对活动数据的梳理，我们将参与用户的微信 Open-id 与其参与情况进行了分层梳理：参与点赞的用户数为三千多人，共点赞将近五千余人次；使用朗读语音的用户超过一千人，其中上传人数近三百余人，上传了将近七百段；四川大学图书馆微信公众号绑定一卡通的本校活跃用户将近四万人。由此，我们可以根据参与微信活动的用户 Open-id 和公众号中绑定一卡通的用户名单进行比对，得出以下对数据的描述性统计：

表 1　用户行为的分层统计表

用户行为	维度	维度说明
A 点赞 & 绑定	A1	点赞者中绑定卡号的本校活跃用户
	A2	点赞者中未绑定卡号的非本校用户及本校不活跃用户
B 语音 & 绑定	B1	使用语音者中绑定卡号的本校活跃用户
	B2	使用语音者中未绑定卡号的非本校用户及本校不活跃用户
C 语音 & 点赞	C1	既上传又点赞的活跃用户
	C2	只点赞不上传的“围观”用户
D 点赞 & 语音 & 绑定	D1	既点赞又使用语音的本校活跃参与者
	D2	参与点赞或使用语音的非本校用户及本校不活跃用户

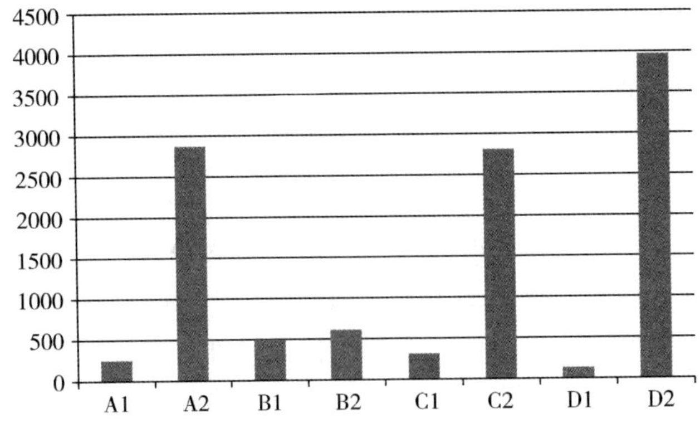

图 1　用户行为的分层统计图

对于表 1，未绑定一卡通有两种情况：第一种为非本校用户，第二种为本校不活跃用户。对于第二种情况，因其未绑定，说明其并未在图书馆微信公众号中使用过馆藏查询、接收通知、预约讲座、推荐图书等功能，因此将其称为“不活跃用户”。为了便于理解，本文将其中关键数据用图示表示如下。

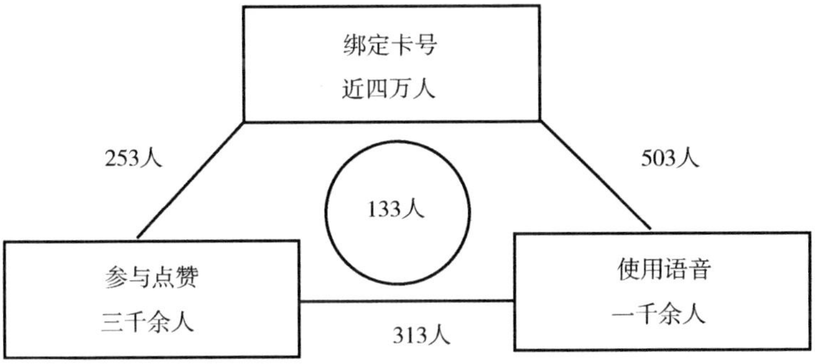

图 2　用户行为的关键数据图示

通过分层统计可以看出，图书馆新媒体阅读推广的线上活动，带动了将近三千位新用户或非活跃用户的参与，活动带动性较强；而通过图示，本研究重点关注既参与点赞又上传朗读语音的本校 133 名活跃参与者，希望探寻这部分用户参与阅读推广的活跃程度与其本身使用传统图书馆服务的卷入度（到馆数、借阅数）的使用情况等之间是否存在相关关系，力图理清参与活动的用户是本身因为长期使用图书馆服务，因而图书馆的线上活动也更主动地关注和参与，还是本身虽然不常使用传统图书馆服务，但却仍旧对新媒体线上阅读推广保持积极的关注和参与。

（二）理论假设、研究假设及相关分析

本文采用皮尔森相关分析作为研究方法，根据数据的前期描述性统计，提出如下理论假设：用户在新媒体阅读推广活动中的活跃程度与其本身使用传统图书馆的卷入度之间存在相关关系。

为了对该假设进行验证，首先要将理论假设进行概念操作化。本文将用户参与新媒体阅读推广活动的活跃度划分为两个维度，即关注度和参与度，并分别使用用户点赞音频的数量和用户使用音频的数量作为指标进行测量。同样的，将用户使用传统图书馆的卷入度划分为到馆数和借阅数两个维度，并分别使用用户在图书馆的入馆次数和用户在图书馆的借阅数量进行测量。

表 2　概念操作化

概念	维度	指标
参与新媒体阅读推广活动的活跃度	关注度	用户点赞音频的数量
	参与度	用户使用音频的数量
使用传统图书馆的卷入度	到馆数	用户在图书馆的入馆次数
	借阅数	用户在图书馆的借阅数量

根据概念操作化得出的四个指标，本文相应地提出四个研究假设：

H1：用户对新媒体阅读推广活动关注度与其借阅数相关

H2：用户对新媒体阅读推广活动参与度与其借阅数相关

H3：用户对新媒体阅读推广活动关注度与其到馆数相关

H4：用户对新媒体阅读推广活动参与度与其到馆数相关

（三）SPSS 数据分析

本研究的样本为“我是朗读者”活动中，既参与点赞又上传朗读语音的本校活跃参与者。为了切实反映读者数据的真实性，133 份初始样本通过筛选，剔除了图书馆教职工等部分异常数据，得到 106 份样本。为保证数据稳定性，实体图书馆统计数据时间跨度为 1 年，即 2017.01.01—2017.12.31。通过将其在实体图书馆的行为数据进行对比，形成如下数据，见表 3：

表 3　SPSS 数据表（部分）

用户编号	关注度	参与度	到馆数	借阅量
1	1	1	408	3
2	1	1	86	13
3	1	2	136	33
……	……	……	……	……
106	1	1	0	6

将样本数据录入 SPSS 后，点击 Analyze（分析）——Correlate（相关分析）——Bivariate（双变量相关），在相关系数中选择 Pearson（皮尔森相关分析），两两对比后得到分析结果如下：

表4　新媒体阅读推广活跃度与传统图书馆卷入度 SPSS 相关性分析

		关注度	参与度	到馆数	借阅数
关注度	Pearson Correlation Sig.（2-tailed）	1	0.423** 0.000	0.235* 0.016	−0.014 0.885
参与度	Pearson Correlation Sig.（2-tailed）	0.423** 0.000	1	0.198* 0.042	0.115 0.239
到馆数	Pearson Correlation Sig.（2-tailed）	0.235* 0.016	0.198* 0.042	1	0.380** 0.000
借阅数	Pearson Correlation Sig.（2-tailed）	−0.014 0.885	0.115 0.239	0.380** 0.000	1

根据 SPSS 输出结果，关注度与参与度（P=0.000）、借阅数与到馆数（P=0.000），两对变量的相关性非常显著，符合经验常识；再对 H1～H4 四个研究假设进行验证：

关注度与借阅数的相关分析结果显示，相关系数为−0.014，属于负向弱相关；P 值 0.885（>0.05），表明二者相关性不显著，不能推广到总体。即，读者对新媒体活动的关注度与借阅数相关性不显著，研究假设 H1 不成立。

参与度与借阅数的相关分析结果显示，相关系数为 0.115，属于正向弱相关；P 值 0.239（>0.05），表明二者相关性不显著，不能推广到总体。即，读者对新媒体活动的参与度与借阅数相关性不显著，研究假设 H2 不成立。

关注度与到馆数的相关分析结果显示，相关系数为 0.235（<0.3），属于正向弱相关；P 值 0.016（<0.05），表明二者相关性显著，可以推广到总体。即，读者对新媒体阅读推广活动的关注度与到馆次数具有相关性，研究假设 H3 成立。

参与度与到馆数的相关分析结果显示，相关系数为 0.198（<0.3），属于正向弱相关；P 值 0.042（<0.05），表明二者相关性显著，可以推广到总体。即，读者对新媒体阅读推广活动的参与度与到馆次数具有相关性，研究假设 H4 成立。

由此可以得出，用户在新媒体阅读推广活动中的活跃程度与其本身使用传统图书馆的到馆数之间存在正相关关系，但与借阅数之间的相关性不明显。

三、新媒体阅读推广效果与移动图书馆使用的相关分析

上述分析主要着眼于新媒体阅读推广与图书馆传统服务之间的对比，

但同为依托移动互联网平台进行服务的移动图书馆是否与新媒体阅读推广存在相关性？是否使用移动图书馆越多的用户，接纳和参与新媒体阅读推广更容易？为了探寻二者之间的相关关系，本研究对上述106名用户在新媒体阅读推广中的活跃程度与移动图书馆的使用情况进行了相关性分析，SPSS输出结果如下：

表5　新媒体阅读推广活跃度与移动图书馆使用度SPSS相关性分析

		关注度	参与度	移动图书馆
关注度	Pearson Correlation	1	0.423** 0.000	0.114 0.243
参与度	Pearson Correlation Sig.（2-tailed）	0.423** 0.000	1	0.042 0.673
移动图书馆使用	Pearson Correlation Sig.（2-tailed）	0.114 0.243	0.042 0.673	1

根据SPSS输出结果：

移动图书馆使用与新媒体阅读推广关注度的相关分析结果显示，相关系数为0.114，属于正向弱相关；P值0.243（>0.05），表明二者相关性不显著，不能推广到总体。即，读者对新媒体活动的关注度与其移动图书馆的使用相关性不显著。

移动图书馆使用与新媒体阅读推广参与度的相关分析结果显示，相关系数为0.042，属于正向弱相关；P值0.673（>0.05），表明二者相关性不显著，不能推广到总体。即，读者对新媒体活动的参与度与其移动图书馆的使用相关性不显著。

由此可以表明，虽然同为图书馆移动端的新媒体服务，但移动图书馆的使用与以微信为代表的新媒体阅读推广效果之间并不存在显著相关关系，即移动图书馆使用率高的读者，并不一定是图书馆新媒体阅读推广的活跃用户，读者的使用和参与与媒介平台的相似性无关。

四、本案例对新媒体阅读推广效果研究的启示

（一）新媒体阅读推广的效果研究应充分考虑与实体图书馆的耦合程度

通过对以“我是朗读者”为代表的新媒体阅读推广案例的量化研究，我们发现线上活跃参与者的活跃程度与传统图书馆的到馆行为有显著的相

关性，但与其借阅行为及移动图书馆的使用相关性不显著。到馆数实际上反映了读者与图书馆实体空间的耦合程度，虽然借阅和移动图书馆属于图书馆服务，但不一定会促使读者长时间往来图书馆。也许正是因为这种源自实体图书馆的认同，经常到馆的人更容易参与图书馆的新媒体阅读推广活动。

虽然本案例作为个案研究其普遍性意义有待进一步论证，但作为一般性方法和理念，本文认为新媒体阅读推广的效果研究应当考虑其与传统图书馆使用之间的联系，并对模糊的用户行为进行更深入的厘清，而非仅仅停留在宏观数据的描述上，由此才能对新媒体阅读推广的效果、用户的组成、活动的传播机制以及与传统图书馆服务之间的关系有更加清晰的把握。长久以来，人们认为数字图书馆建设可以不吸引读者到馆，新媒体服务和馆舍空间没有任何关系；但本研究通过量化分析为我们提供了另一种观点，促使我们重新思考原有经验是否一定正确。

（二）新媒体阅读推广的效果研究可将“杠杆效力”作为对比指标之一

“无社交，不阅读”是当下新媒体阅读推广活动的新特性。[①] 不少新媒体阅读推广活动在设计中越发强调朋友圈、点赞等方式，以“老”带“新”。但是在效果评估时，这部分环节的效果往往被整体数据所拉平和掩盖。因此，本文认为对整体活动效果的评估应充分考虑各环节带动非活跃用户的能力，即“杠杆效力”，用公式表达为 $k=\frac{\text{非活跃用户}}{\text{活跃用户}}$，可以简单理解为每个活跃用户平均可带动多少位非活跃用户参与。例如，在“我是朗读者”微信阅读推广活动中，参与点赞的 3125 名用户中，活跃用户 253 人，非活跃用户 2872 人，那么 $k=\frac{2872}{253}=11.35$；在参与上传的 1113 名用户中，活跃用户 503 人，非活跃用户 610 人，那么 $k=\frac{610}{503}=1.21$。k 值越大，表明活动带动非活跃用户的“杠杆效力”越好，因此，点赞环节的设计比上传更能带动非活跃用户的参与。同理，该公式亦可比较不同平台和

① 李晓蔚. 高校图书馆微信公众号传播效果实证研究——以四川大学图书馆为例[J]. 图书馆论坛，2016：84-91.

类型的新媒体阅读推广活动的“杠杆效力”。

五、结语

在新媒体时代，简单地将阅读推广效果等同于总体数据（点击量、阅读数、WCI 指数）的统计是不够的，在描述宏观数据的同时还必须对不同类型的用户行为有更深入的研究。借助相关性分析，我们得以对用户主体进行清晰的把握，修正新媒体阅读推广中的思维局限，使传统服务和新媒介环境不发生断裂，由此，新媒体阅读推广才能最大限度地发挥其技术特性和传统优势。

TRS格式数据向SQL格式数据的转换

——以循证医学特色库平台数据迁移为例*

王丽华　霍　林　闫钟峰　雷若寒**

摘　要： 文章针对TRS数据库和SQL数据库的特点，以循证医学特色库平台数据为例，介绍利用.NET解决由TRS数据库向SQL数据库转换的方案，给出具体转换流程，设计出转换函数，实现了TRS数据库到SQL数据库的自动批量转换，以提升图书馆服务效率。

关键词： TRS数据库　SQL数据库　格式转换.NET

一、引言

目前，不同来源的数据格式并不统一，而手工将数据录入到自建专题数据库中，效率很低。因此针对这些不同的数据格式开发出相应的格式转换系统，实现数据自动批量处理，将会极大地提高数据的可重用性和数据库建设的效率和水平。四川大学图书馆循证医学特色库作为满足循证医学信息需求的专题数据库，为用户提供了便捷高效的循证医学专业信息查询工具；同时也通过信息化手段，宣传循证医学，推广循证医学研究成果的应用，促进循证医学在我国的发展，后台使用的是TRS数据库。

---

* 本论文系2017年度图书报与文献学规划项目（项目编号：Sktq201702）研究成果之一。

** 王丽华（1984—），女，硕士，四川大学图书馆馆员；霍林（1965—），男，学士，四川大学图书馆馆员。闫钟峰（1982—），男，硕士，四川大学图书馆馆员；雷若寒（1975—），女，硕士，四川大学图书馆馆员。

本文结合实际工作，以循证医学特色库平台数据迁移为例，通过对比、分析 TRS 数据格式和 SQL 数据格式特点，对 TRS 数据向 SQL 数据的转换进行一些实践性的尝试。

二、转换流程概述

（一）TRS 数据和 SQL 表数据

截取的导出的 TRS 表的数据片段，数据结构如下所示：

<REC>

<ID>=1

<题名>=应用活动平板运动试验、24 小时动态心电图评价黄芪注射液对冠心病心肌缺血的治疗作用

<作者>=施海明；李勇；奚悦文；范维琥；王受益；戴瑞鸿

<作者单位>=上海医科大学附属华山医院心脏科 200040

<关键词>=动态心电图；冠心病；黄芪；心肌缺血；运动试验

<主题词>=黄芪/＊治疗应用；心电描记术，便携式；心肌缺血/＊病理生理学；心肌缺血/＊中药疗法；运动试验；注射剂

<摘要>=应用随机交叉对照研究方法，对 39 例冠心病患者分别先后给予黄芪注射液 24g 和对照剂 5%GS 治疗 2 周。在治疗前、黄芪治疗后及对照治疗后，均作 Holter 动态心电图及平板运动试验。结果显示，黄芪治疗后总运动时间较治疗前显著延长，缺血总负荷显著降低（分别为 523±148 对 406±153s，P<0. 01；4

<分类号>=R282. 71；R540. 41；R540. 47；R542. 202. 3；R542. 205；R944. 11

<刊名>=上海医药

<ISSN>=1006-1533

<出版日期>=1995

<期>=11

<页码>=19-21

<DBtype>=01

<出版地>=上海

<特征词>=人类

<REC>

<ID>=2

<题名>=尼群地平逆转高血压性左室肥厚及对心功能的改善作用

<作者>=邱慧丽；王宪衍；唐树德；范明昌；董寿琪；龚兰生

<作者单位>=上海第二医科大学上海市高血压研究所 200025

<关键词>=尼群地平；心功能；原发性高血压；左室肥厚逆转

<主题词>=肥大，左心室/＊预防和控制；肥大，左心室/病因学；高血压/＊药物疗法；高血压/并发症；抗高血压药/＊治疗应用

<摘要>=本文对 30 例原发性高血压患者用尼群地平 10mg 每日 3 次口服治疗 8 周，观察其血压、心肌肥厚逆转和心功能的变化，并与 30 例同样原发性高血压患者用安慰剂进行随机对照研究，结果显示，治疗 4 周时，治疗组仅血压下降，其他变化不明显，治疗 8 周时有显著的左心室肥厚逆转作用，并伴有心脏收缩和舒张功能的改善。

<分类号>=R311；R541.01；R541.025；R544.105.3；R544.106；R972.4；R972.9

<刊名>=上海医药

<ISSN>=1006-1533

<出版日期>=1995

<期>=11

<页码>=32-34

<DBtype>=01

<出版地>=上海

<特征词>=人类

其数据格式的特点是：每一行存储的一条是一个字段，以“<字段名>”开头，但是笔者对比多条数据后发现每一条数据片段的字段的个数可能不同，这给转换工作带来了一定的困难。另外发现，每条数据都是以“<REC>”开头，题名、作者、关键词等数据条目结束后会有一个空行。

表 1 是截取的 SQL 表的数据片段，不难发现，数据字段存储的方式是结构化的，每一行存储的是一条数据的所有字段，导入数据时每一条数据的字段个数是相同的。

表 1　SQL 表部分数据片段

ID	DBtype	出版日期	期	题名	刊名	作者
11	01	1995	4	思密达佐治小儿急性细菌性痢疾疗效观察	武汉职工医学院学报	李弢，董宗祈
315	01	1995. 10. 15	5	福寿威片治疗老年肾虚证的临床研究	中药药理与临床	李荣亨，何英，刘岳凤，张永如，彭玉芳，周光英
376	01	1995. 06. 20	2	外科术后病人医院内感染危险因素的流行病学研究	济宁医学院学报	赵本华，丁少峰，尹光明
378	01	1995. 10. 18	5	国产米非司酮并用不同剂型前列腺素终止早孕的临床观察	北京医科大学学报	武淑英，李美芝，阎春兰，陈淑英，黄曼维，贾建文
380	01	1995. 09. 30	5	高血糖素对肝硬变患者免疫功能的影响	第四军医大学学报	汪毅，王新，许才绂，赵国宁，黄裕新
402	01	1995. 09. 25	5	三甲丙咪嗪与丙咪嗪治疗抑郁症双盲对照研究	中国神经精神疾病杂志	曾昭祥，刘琳，张永东，李志成，马恩轩，于兴旺

（二）数据转换总体流程

前述分析了 TRS 数据格式和 SQL 数据格式的特点，经过对比发现，TRS 数据的格式和 SQL 有明显的不同，TRS 中一条数据的每个数据字段都是独立的一行，而 SQL 中的一行为一条数据，所有的数据条目都包含在该条的字段里，下面就重点解决如何把 TRS 中的以“<REC>”开头和空行结尾的一条数据中的多个数据条目转换成 SQL 中的一条数据的多个字段。

初步设想先把 TRS 格式数据转为 EXCEL 格式，这样就把 TRS 格式的数据转为一列多行的 EXCEL 格式的数据，这样一条数据中的一个字段占一个单元格，再利用 .NET 技术通过笔者编写的数据转换程序将 EXCEL 格式数据导入 SQL 数据库中，总体流程如图 1 所示。

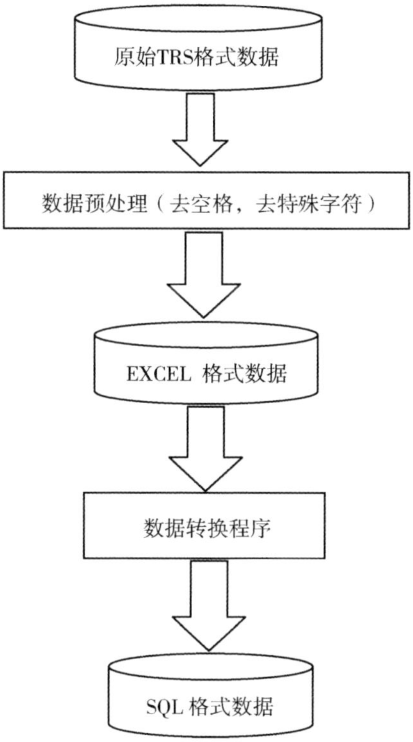

图 1　总体流程图

三、数据转换中主要的功能实现

（一）数据转换函数的设计

数据转换函数是转换中的重要步骤，也是难点。笔者主要是利用.NET 技术读取由 TRS 格式数据转换的 EXCEL 格式文件。读取数据时以“<REC>”为一条记录的开始标识，空行为一条记录的结束标识，每个字段则用包含字符串来判断该行属于哪一个字段①，然后替换掉标识字段并保存数据，基本流程如图 2 所示。

① 游强华，王霞，王萍. PubMed 的 MEDLINE 数据格式到 TRS 系统数据格式的转换[J]. 中华医学图书情报杂志，2009（7）：64-66.

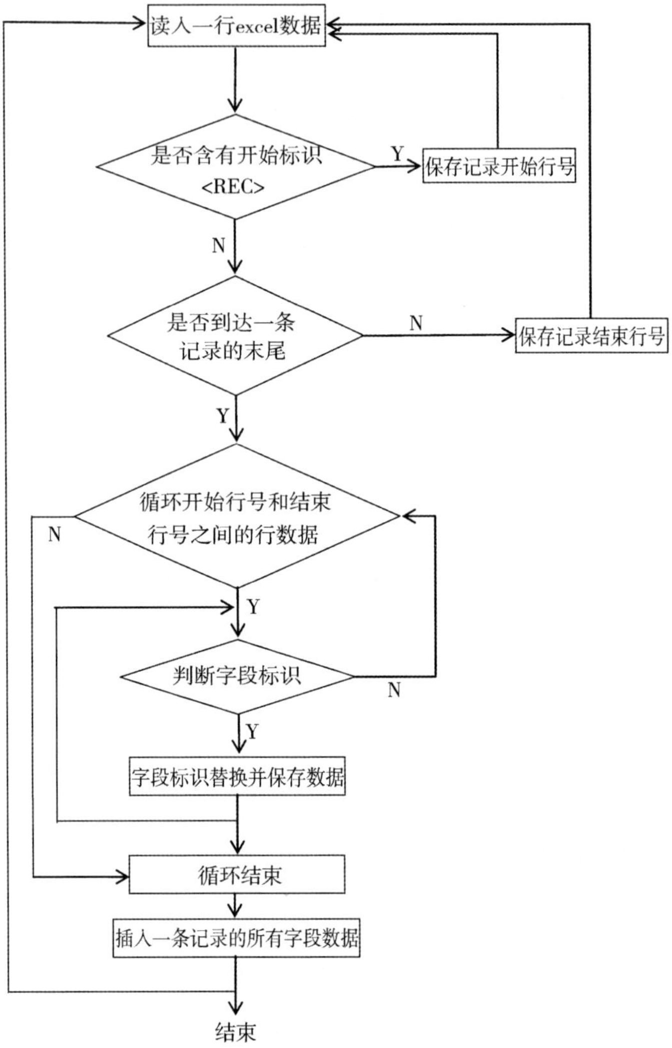

图2　数据转换函数基本流程图

（二）目标数据表设计

根据原始数据字段分布情况，剔除原数据表中的冗余字段，新建 SQL 表 xunzheng（表2），字段的设计要保证所有条目数据的每项都囊括在内，否则数据转换就会出现信息不完整的情况，根据 TRS 表统计，共 21 个字段，为了便于理解，字段名称设置为与原始数据字段名称相同，字段类型除了 ID 设置为 int 类型，其他一致设为 vchar 类型，因为 vchar 类型是可变长数据类型，会根据实际输入数据的长度进行空间的占用，字段长度设置要特别注意，设置长度不够会导致数据转换不成功。

表 2　目标数据表 xunzheng

字段名称	字段类型	长度	允许空
ID	int	4	否
DBtype	vchar	5	是
出版日期	vchar	10	是
期	vchar	5	是
题名	vchar	250	是
刊名	vchar	200	是
作者	vchar	200	是
…	…	…	…
团体作者	vchar	150	是
页码	vchar	10	是

（三）数据转换程序的主要实现过程

1. 预处理文件

判断是否上传文件，判断上传的文件是否为 EXCEL 格式①。

2. 连接数据库并上传文件

用 SQLConnection 进行数据库的连接，和数据服务器连接成功后，获取选择上传的 EXCEL 文件的名称，为避免上传文件名字的重复覆盖，可将上传的 EXCEL 文件重新命名为“当前时间+文件名”，之后获取虚拟服务器相对路径，保存至服务器上根目录的 upfiles 文件夹下。

3. 自定义数据集函数

自定义函数 ExecleDs 将数据提取到 DataSet 中②，首先建立 OLEDB 连接，新建 DataSet 数据集，利用 OLEDB Data Adapter 将 EXCEL 表中的 sheet 读取出来填充到新建的 DataSet 结果集中。

4. 确定标识

首先判断是不是一条数据的开始标记，<REC>为一条数据的开始标识，空行为一条数据的结束标记。

---

① 房大伟，吕双．ASP.NET 开发实战 1200 例［M］．北京：清华大学出版社，2011：662-662.

② 祭胜仓，潘振宽．利用．Net 技术实现批量数据格式的调整［J］．科技信息，2006（9）：39-40.

5. 逐行读取，判断标识字段

每行数据通过判断包含字符串来确定该行数据属于哪个字段，与上述表1中的字段相对应，利用字符串替换方法把每行数据的“<字段名>=”标识去掉（这里笔者设计了一个替换函数 string MultiReplace，以期增加转换效率），然后将该行的数据内容保存下来，并做好是属于哪个字段的标记，就这样进行逐行读取，直至一条数据转换完成，最后将保存下来的多个数据内容也就是一条数据的多个字段内容一次性插入表1。其中字符串替换函数如下①。

string MultiReplace（string str，string oldV alues，string newValues，int resuhStringLength=0）

它包含四个参数，其中：

str-原始字符串；

oldValues-需要查找的一个字符串数组；

newValues-需要被替换字符串数组；

resuhStringLength-返回的字符串可能的长度，这个参数必须大于实际返回的字符串长度，因为它是用于防止缓冲区再分配和清除无用的数据，从而改善执行性能。如果返回结果字符串的长度不容易预测，那么可以忽略这个参数。

运行界面如图3所示。

图3　运行界面

四、结语

本文以实际工作中的数据平台为例，介绍了一种将TRS数据库向SQL数据库转换的方案，成功地转换了58797条数据。本研究应用计算机编程技术，自主设计数据转换函数，大大地提高了工作效率；将TRS数据格式转换至SQL数据格式，是对不同数据格式之间的转换工作的一次实践性尝试，具有很好的借鉴意义。

---

① 戴丽丝，郝刚. 基于.NET的高效字符串替换算法[J]. 广东技术师范学院学报，2012（3）：25-27.

图书馆网络安全上网认证系统方案、实施及远程管理

——以四川大学图书馆为例

向　忠*

摘　要：所有终端设备在接入互联网时都需要进行上网认证。本文全面解析四川大学图书馆网络安全上网认证系统的方案、实施及远程管理，保证上网行为规范安全。

关键词：图书馆　网络安全　上网行为管理　审计　用户接入认证

根据国家网络信息安全法规的要求，在使用网络中，需要规范上网用户和上网行为，即所有终端设备在接入互联网时都需进行上网认证。本文以四川大学图书馆为例，概述图书馆网络安全上网认证系统一般普适性方案、实施过程和远程管理维护思路。

一、网络安全上网认证系统方案

（一）网络安全防护系统

我们可通过对四川大学图书馆目前运行的网络安全防护系统的描述，来说明网络安全防护系统的常规架构。其具体内容包含：

网络用户接入认证系统（ESS）

网络行为管理与审计系统（UAC）

Web 应用防火墙（WG）

网页防篡改软件（Wlock）

---

* 向忠（1969—），男，硕士，四川大学图书馆馆员。

网站监控预警平台（WMS）

在保持原网现状下，UAC 串联在核心交换机与出口防火墙之间，一方面提供上网审计功能，另一方面提供三层 Web 认证功能。ESS 旁挂在核心交换机上，提供 Web 认证用户数据匹配校验功能。WG 串联在服务器区接入交换机与汇聚交换机之间，为服务器提供网站防护功能。Wlock 部署管理中心、发布端、客户端，为服务器提供网站防篡改功能。

下面本文将重点介绍与网络安全上网认证用架构相关两个系统平台：网络用户接入认证系统（ESS）、网络行为管理与审计系统（UAC）。

（二）网络安全上网认证系统介绍

1. SMP

在介绍 ESS 和 UAC 之前，需要首先介绍安全管理平台（Security Management Platform，简称 SMP）。它作为企业级安全产品，是新一代的用户身份认证管理平台。

一方面，其配合网络安全智能交换机、无线控制器、出口网关、路由器、防火墙、交换机和无线控制器，可根据用户需求采用接入层、汇聚层、出口准出认证的方式，部署实施于办公局域网环境，实现对用户身份认证、主机健康性、上网权限控制和安全域控制等方面的管理。

另一方面，在 802.1x 认证、Web 认证、短信认证等传统认证方式的基础上，优化网络准入操作，提升客户体验。

SMP 安全管理平台软件系统，定位于网络访问控制 NAC 领域，从网络接入者的身份、接入主机的健康性以及网络通信的安全性等多方面为用户构建一个全局的安全网络。

2. ESS

安全管理系统（Easy Security System，简称 ESS），可以被认为是硬件化的 SMP，硬件集成操作系统和数据库，无需额外的服务器，只需要简单配置 IP、子网掩码和默认网关，接入网络中即可使用。

我们可以为网络中的主机设备定义一个统一的网络安全接入标准，只有满足这个接入标准的主机才能接入并使用网络。同时，我们还可以在 ESS 上生成并执行访问控制策略，对合法网络用户进行保护，对网络攻击行为进行预防、检测和处理，从而有效阻止恶意用户对网络进行攻击，并防止网络病毒在网络中进行传播和破坏。

3. UAC

UAC（User Account Control）系列统一上网管理与审计系统，是专门解决互联网审计问题设计的网络设备。UAC 基于对应用流量内容的双向检测分析，识别检测十几类应用，分析应用行为，审计交互内容。

UAC 通过对网络数据包的实时分析检测、过滤，来精确识别网站、应用和应用行为。同时支持 Web2.0 时代的应用识别和实时过滤。通过用户识别，根据安全策略配置阻断或记录用户对互联网敏感的访问。

UAC 对网络流量提供三步循环的解决方案——可视、可控、可追溯。“可视”指深层分析网络中运行的各种应用协议、网络行为，从而完整地了解网络带宽的使用状况。“可控”指根据对网络情况的了解，结合用户的实际需求，提供最有效的控制策略，让网络资源得到最合理的利用。“可追溯”指对全网的使用情况进行了详细的记录，并提供内容检索、模糊查询、自动报表等功能，方便管理者跟踪、追溯网络的使用情况，帮助管理者定位网络问题。

（三）网络安全上网认证系统设备特征

1. ESS（网络用户接入认证系统）主要技术指标

支持 802.1X 客户端方式认证、MAC 地址认证；支持 Web 方式认证；支持与基于 LDAP 的第三方认证系统、Windows AD 域、第三方 RADIUS 系统对接，实现统一认证。

支持 Windows \ OS X \ iOS \ Android 系统使用操作系统自带的 802.1X 客户端进行认证，对于 Windows XP 和 Android 4.0 以下系统，需提供与操作系统相适应的 802.1X 认证环境配置工具，方便用户进行 802.1X 认证环境的配置。客户端 IP 获得方式，同时支持静态 IP 和 DHCP（有线用户采用静态 IP，无线用户采用动态 DHCP）。

包含对正在使用的接入交换机的配置调试与应用实现。能够批量预置上网账号，上网账号开户、销户、分组；用户信息字段自定义；临时用户功能、黑名单功能；上网账号过期自动销户。

为满足多种应用场景，准入方式应支持有线的用户名密码认证（EAP-MD5）、无线的用户名密码认证（PEAP-MSCHAPV2）和 USB-KEY CA 证书认证（EAP-TLS），CA 证书认证功能需提供技术白皮书。

提供基于 Java/web service 的第三方接口。

每个上网账号可以支持一台 PC 端（电脑）和两部移动端（手机或平

板）同时在线。禁止提供代理服务、禁止 MODEM 拨号、MAC 地址防篡改、防暴力破解、禁止非法外连、网络访问权限控制（基于交换机 ACL、交换机 VLAN、主机 ACL）。客户端 ARP 信息动态绑定、网关 ARP 信息静态绑定、NIDS 联动、关键服务器保护。支持分布式管理模式、分支机构认证、安全本地化、中央集中授权管理、支持分支机构自助管理用户。不管是 L2/L3 层结构，都能控制每个用户的上下行带宽，粒度为 16-48K。同时支持基于组的带宽控制。

可记录用户上网的时间段、所使用的 IP 地址、MAC 地址、VLAN ID 等数据，并可统计上网时长流量。

能详细记录认证用户的详细的访问记录。包括用户电脑的 MAC，源 IP、用户名、目的地址、访问时间等等。方便网监部门实时查询。

在实际使用中，可至少保留 60 天访问日志。为提供系统的稳定性，支持基于 Windows 及 SQL Server 集群的双机热备。支持主、备服务器的数据自动同步功能。今后扩展用户数，能在线平滑升级，不影响用户的接入。

支持使用用户名密码+手机号及短信获取的 6 位数随机校验码作为认证要素进行双因子认证。

2. UAC（网络行为管理与审计系统）主要技术指标

该设备主要的技术指标为：可配置千兆电口≥6 个，扩展插槽≥1 个。内置硬盘存储容量≥1T。设备最大吞吐量≥400Mbps；最大支持并发连接数 50 万；每秒新建连接数≥10000/秒；用户数≥1000。（保留测试权利）

内置应用识别特征库、Web 分类特征库，支持在线升级，使用中可配置不低于 3 年特征库授权。

支持网桥部署、路由模式部署、旁路部署、混合部署支持与认证系统联动，实现用户上网行为的实名制审计；支持基于 AD、PPPOE、Web 等方式的单点登录功能；支持将多个端口捆绑成一个逻辑的端口以增加带宽，同时增加链路备份；支持多链路间的负载均衡。

对于多 IP 的 DNS 解析，支持根据用户的来路而做出一些智能化的处理，然后把智能化判断后的 IP 返回给用户，而不需要用户进行选择。DNS 均衡算法包括：按权重、按上行流量、按下行流量、按总流量。支持基于加密邮件过滤、邮件发件人的过滤、邮件关键字过滤、附件类型过滤、附件大小过滤、附件内容过滤、WebMail 邮件过滤将每个用户的 MSN、QQ、Yahoo、GTALK、Skype、阿里旺旺、飞信这几种即时通信工具的登入记录或文件传输记录进行分项统计与显示。

黑名单支持流量配额、速率控制、并发会话数控制、基于时间段控制、多加倍惩罚等方式。

支持基于内网用户的白名单、外网 IP 地址的白名单、基于 URL 的白名单、基于即时通讯账号的白名单、基于时间段的白名单等方式。

支持本地认证、AD 域认证、Radius 认证、LDAP 认证、POP3 认证、短信认证、微信认证。详细记录每一个会话的信息，包括：用户名、用户组、源 IP/端口、目的 IP/端口、转换 IP/端口、MAC 地址、协议类型、协议名称、发送流量、接收流量、会话持续时间、会话结束时间。并可导出为 EXCEL 或者 HTML 格式的报表。

二、网络安全上网认证系统实施

网络实施前，网络工程师根据收集需求信息，对 SMP 系统进行软、硬件检查。选择符合需求的网络场景、产品的部署方式，根据需求配置相应的功能。实施完成后，对软件产品进行运行检查。

实施的基本过程包括：①实施前准备；②软件安装维护与服务启动；③配置指导；④实施后软件运行检查；⑤故障排查等。

确认实施方案后，根据客户需求，在实施方案前需确定出以下几点：①网络拓扑规划；②新增设备安装位置、线缆（网线/电源线）、互联设备 IP 地址/VLAN 规划；③认证用户数据规划；④网站防护数量、网站地址规划；⑤实施进度规划。

方案实施顺序如下：①方案拓扑搭建；②方案软件环境安装；③实施 UAC/ESS 系统配置。

SMP 软件安装实施步骤：

①准备工作；②安装 SQL Server 数据库；③安装 SMP 软件；④启动服务。

SMP 系统使用 SQL Server 作为数据库服务器，所以首先需要安装 SQL Server 数据库服务器。成功安装 SMP 后，必须先安装服务，才能正常启动 SMP。系统管理员可访问 SMP 管理界面，进行后续的配置工作。

三、上网认证系统的远程管理

（一）ESS 远程登录

ESS 作为硬件化产品不同于 SMP 通过 Web 方式登录管理界面进行配置

的方式，其硬件配置是固定的。网络安全上网认证系统（ESS）可以远程登录，可提前导出认证所需字段的信息，包括姓名、工号（作为用户名）和密码字段，导入ESS认证系统。

ESS登录后，可通过用户模板、管理用户、在线用户和用户组，管理设备、管理黑名单、白名单，进行认证参数配置、认证授权管理、系统监控维护等一系列功能模块进行功能管理。

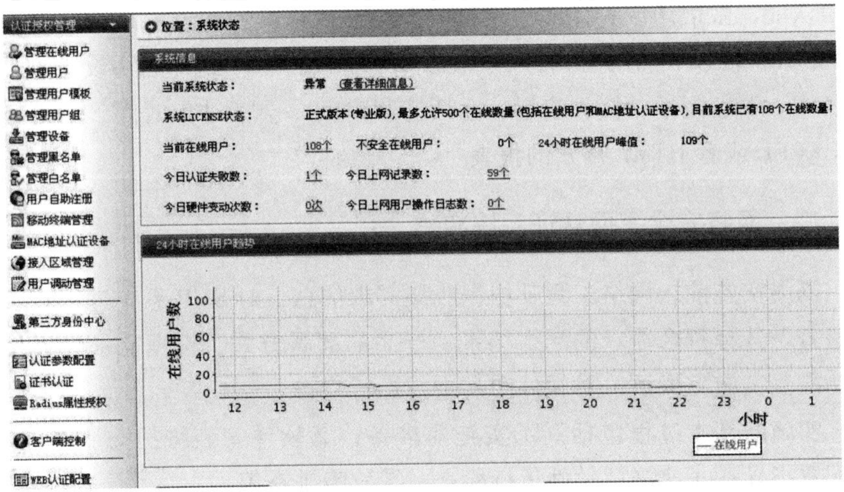

图1　ESS易安全系统

ESS系统服务检查包括：①ESS管理页面正常登录、无错误显示；②系统自检各项指标无异常，认证、记账、设备信息监听、NIDS联动、客户端信息接收启动正常；③服务内存和磁盘空间检查无异常；④数据库使用内存情况检查无异常。

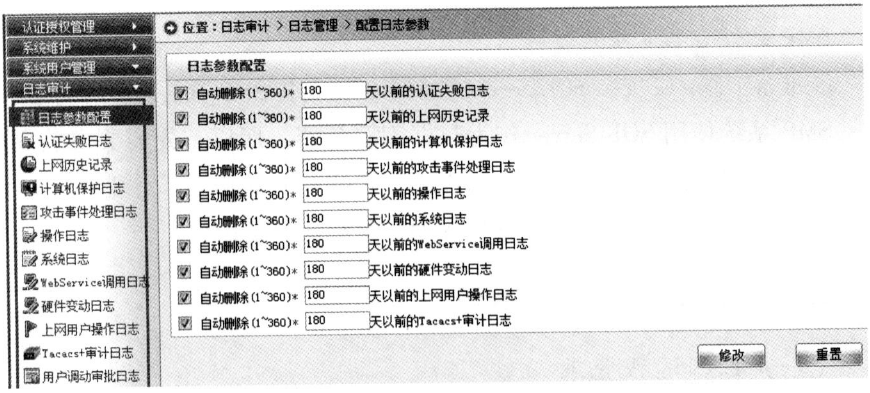

图2　查看ESS各项的日志信息

（二）UAC 远程登录

UAC 设备的使用，同样需要完成认证用户、认证策略等功能的配置。配置完成后，可使用 PC 访问用户认证页面，若 Web 认证成功，用户端将获得认证成功的返回消息。此刻再登录 UAC 设备管理端，UAC 可以根据用户名进行实名审计，也可以在“实时监控-在线用户”下查看用户在线信息。用户认证成功后，便可以访问策略允许的资源。

登录 UAC 系统后，可以通过系统对象的地址簿，配置需要认证的 IP 地址；可以实时监控在线用户认证及上网行为，及时处理上网登录异常情况，并能对某些不当行为追根溯源。

如果认证成功后过一段时间 QQ 等即时通讯软件出现掉线情况，则需要通过浏览器新页面再次认证。而出现此种情况，可能的原因是：①认证成功后，关闭了其保活页面，当保活超时之后，用户被迫下线；②由于网络状况较差，PC 电脑和 UAC 设备之间的保活消息没有持续交互，以致超时，用户被迫下线。

当内网出现单个 PC 上网故障或认证故障的情况下，可以通过 UAC 远程登录，捕获数据报文，排查故障。

参考文献

[1] 廖艳达，何倩. 基于数字化校园上网账号管理技术的研究[J]. 电脑知识与技术，2016（12）.

[2] 第二代 RG-UAC 6000 系列统一上网行为管理与审计系统 Web 配置手册（V1.1）.

[3] RG-SMP&ESS 安全管理平台实施一本通（V5.1）.

创新代理人——高校图书馆馆员的新角色

闫钟峰　张盛强　何　华*

摘　要：信息技术的加速发展导致部分用户在接受图书馆的创新服务上越来越迟钝。图书馆馆员应将自己定位于创新的代理人，利用创新扩散理论，选择恰当的传播手段，积极向这些用户推广图书馆的新技术、新服务和新观念。

关键词：创新　扩散　创新代理人　高校图书馆

一、背景

随着信息技术的飞速发展和图书馆经费的不断增长，图书馆管理者能够将越来越多和图书馆相关的新观念、新模式、新技术、新服务应用于日常服务当中，这有力地提高了图书馆的服务质量和效率。然而，高校图书馆有很大一部分大学生用户是在相对保守和落后的技术环境中成长起来的，他们对新技术、新观念比较陌生，往往不能很好地使用图书馆的新技术和新服务，这与信息技术的快速发展形成巨大的落差。第79届国际图联大会发布的“国际图联趋势报告”（IFLA Trend Report）① 指出，人类社会发展五大趋势之一为：新兴的科学技术将使一部分人更容易获取信息，同时也使得另外一部人更加难以获取信息。这个趋势表明，技术的加速发展

---

* 闫钟峰（1982—），男，硕士，四川大学图书馆信息技术中心馆员；张盛强（1975—），男，博士，四川大学图书馆副馆长、研究馆员；何华（1966—），四川大学图书馆文献服务中心副研究馆员。

① IFLA. Riding the waves or caught in the tide: navigating the evolving information environment: insights from the IFLA trend report[EB/OL]. http://trends.ifla.org/insights-document.

导致用户与新技术之间的距离越来越大，用户对新兴技术掌握程度的差异，将造成更加严重的数字鸿沟。

二、图书馆的职能转变

过去，图书馆在保存和传播知识上发挥了巨大的作用。进入信息时代以来，随着信息技术的发展，尤其是在互联网技术的冲击之下，图书馆的职能也在不断拓展和改变。

国际图联在 1975 年召开的图书馆职能科学研讨会上，将图书馆的社会职能概括为以下四个方面："保存人类文化遗产、开展社会教育、传递科学情报、开发智力资源。"① 而对于高校图书馆，2014 年征求意见版的《普通高等学校图书馆规程》② 已经将其定位为"学校的信息资源中心""为人才培养和科学研究服务的学术性机构"，它的工作内容主要是"建设适应学校发展需要的信息资源体系，对信息资源进行组织、管理、保存和维护"。

这表明，图书馆正在逐渐从传统的资源保存中心转变为信息服务中心。图书馆的职能转变也带来了图书馆馆员的角色转变，在这种形式下，高校图书馆作为新技术的代理机构，应当要求自己的员工积极主动地采取有效的手段，提高用户对图书馆已经采用的创新的接受程度，这对于用户高效地使用图书馆的资源和服务是有巨大帮助的。

三、创新扩散理论

（一）创新扩散理论与创新代理人

《创新的扩散》一书的作者、创新扩散研究的集大成者 E. M. 罗杰斯将创新的扩散定义为："创新在一定的时间内，通过特定的渠道，在某一社会团体的成员中传播的过程。"③ 罗杰斯认为所有新奇的理念、实践或实物都可称之为创新，事物是否为创新同其在客观上是否最新关系不大，只要它们在人们看来是新的，那么就可视为创新。

---

① 马费成. 信息资源开发与管理[M]. 北京：电子工业出版社，2009.

② 教育部高等学校图书情报工作指导委员会. 普通高等学校图书馆规程（修订）[EB/OL]. [2014-5-4]. http://www.scal.edu.cn/zxdt/201405050832.

③ Rogers E M. Diffusion of innovations[M]. New York: Free Press, 2003.

在罗杰斯的创新扩散理论中，创新代理人是指按照创新代理机构期望的方向影响客户创新决策的个体。他们的任务通常是保证机构所采纳的新技术、新观念、新模式被客户所采纳和接受。

（二）作为创新代理人的图书馆馆员

图书馆作为创新的代理机构，必须为自己所采购的创新服务挑选相应的职员来担任创新服务代理人的角色。按照罗杰斯对创新代理人的定义，负责面向读者提供参考咨询服务的馆员以及对图书馆相关创新提供技术支持的馆员先天的具有创新代理人的优势。

在新旧观念激烈碰撞、新老技术迅速更新换代的环境下，图书馆馆员应当将自己定位为创新扩散理论中的创新代理人，通过积极地向用户传播新技术新观念，以尽快弥合创新与用户之间的差距。

四、分析与实践

（一）工作内容分析

在罗杰斯的创新扩散理论中，影响创新采纳速度的因素包括：创新的五种属性，即相对优势、相容性、复杂性、可试验性、可观察性；创新决策的类型是个人、集体还是权威；创新的传播渠道；社会系统的性质；创新代理人的努力程度。

对于高校图书馆采购的创新而言，由于资金使用方式、图书馆管理模式和历史形成的惯性等各方面的因素，图书馆采纳创新的决策类型都是属于权威决策，即采纳或者摒弃某种创新主要是由相对少数的成员决定，这种决定权来源于学校对图书馆的授权。根据创新的不同，具体决策小组可能来源于图书馆的管理层、图书馆的技术团队等。这种决策类型在可预见的未来是无法做出改变的。对于不需要资金采购的免费工具或开源软件，以及新观念、思想等，其创新决策类型则属于选择性创新决策，即由个人做出采纳还是放弃该种创新。

受限于采购协议中关于知识产权保护的相关规定，对于需要图书馆花费资金采购的创新所面对的社会系统也以本校全体师生员工为主，因此，图书馆馆员的创新推广对象主要是本校师生员工。

因此，对于高校图书馆馆员而言，发挥主观能动性改进创新扩散的采纳速度，就是要做到根据创新的五个属性，采取适合创新复杂性的传播渠道，策划可操作性强的传播运动来宣传图书馆的创新技术和服务。

（二）面对的主要问题

作为创新代理人的图书馆馆员需要处理好以下两个问题：

其一，创新技术专家和高校图书馆用户是两个具有很大异质性的群体，作为创新代理人的图书馆馆员处在这两个群体中间，需要谨慎对待自己的边际角色。不可否认，作为创新代理人的图书馆馆员，客观上起到了连接创新技术专家和高校图书馆用户的纽带作用，但这也导致了图书馆馆员与创新专家和用户均存在着不同程度的异质性。这就需要图书馆馆员能够在面对不同的人群的时候，灵活地进行角色转换：在图书馆采纳创新的调研、测试阶段，面对创新专家时，将自己置于普通用户的角色，基于这一角色设身处地地向创新专家做出有针对性的咨询和学习；在向用户普及创新服务的时候，将角色切换成对创新有足够了解的创新专家，帮助用户分析它们所面对的问题，快速准确地帮助用户发现创新需要，进而激发用户对创新的使用意愿，最终说服用户，使用户将意愿转化为行动。这一阶段作为创新代理人的图书馆馆员的任务主要是走到用户当中去，与用户建立信息交流关系，结合用户的实际需求和创新的特性，帮助用户发现他们对创新的需求，促进用户采纳创新。同时也要在用户采纳创新之后，及时响应用户使用中的问题，或通过一定的渠道迅速将问题反馈给创新机构的专家。

其二，当一项创新被图书馆采纳以后，负责推广创新和为创新提供技术支持的图书馆馆员会在短时间内从创新机构那里获取有关创新的海量信息，作为创新代理人，他们需要在较短的时间内消化吸收这些信息，并从中筛选归纳出最有用、最具操作性的信息以便传递给用户。这就对图书馆馆员的综合素质提出了较高的要求，他们必须积极学习新技术，采纳新观念，同时需要具有快速的信息分析、甄别和处理的能力以及高效的学习能力，同时还要与用户保持长期畅通的信息交流，了解用户的真实处境，能够快速判断用户的需求，从而做到有针对性地选择信息传递给用户。作为创新代理人的图书馆馆员，在推广创新时还应当利用创新扩散的理论，选择合适的工作方法，逐步降低用户采纳创新的不确定性，提高创新的扩散速率和采纳率。良好地履行创新代理人这一职责，从而有效地解决创新扩散的“最后一公里”的问题。

（三）实践案例

以四川大学图书馆的移动图书馆推广活动为例，针对移动图书馆的容易上手、预期使用面较广、潜在用户较多的特性，在制定传播运动方案时，选择了合适的推广渠道，借助于微博等社交媒体和图书馆信息发布平台进行前期在线宣传，同时在线下连续组织多次各类宣传活动，在实施传播运动的过程中寻找易于采纳创新的意见领袖作为自己的助手。

整个活动共包含了五个阶段。第一阶段的“注册有礼”是在线下发放礼品来吸引读者注册使用移动阅读，期间在各分馆摆设摊位，邀请用户注册并赠送小礼品和提供抽奖机会，通过这种方式来增加活动的曝光度。线下活动中，奖品激励吸引了很多用户围观和注册，“注册有礼”期间现场注册移动图书馆的用户近三千人，活动期间及之后的一个月内新增注册用户超过五千人。第二阶段的“达人征集”借助于大众传播中比较流行的达人评选来鼓励用户多使用移动图书馆，通过对指定日期前使用移动图书馆量最大的前 20 名用户进行奖励，进一步调动读者使用移动图书馆的积极性。期间用户注册数稳定增加，读者登录次数则骤增至日均数千次。第三阶段的“攻略征集”则是在争取到了足够数量的早期使用者后，进行移动图书馆使用攻略的征集，让早期使用者现身说法，作为意见领袖将自己使用移动阅读、移动图书馆的体会和攻略介绍给其他读者，为其他尚未使用移动图书馆的用户提供可供借鉴的使用方法。活动共征集投稿近百份，筛选 20%~25%修改后进行微博投票。第四阶段为教师员工开办讲座普及移动阅读、移动图书馆，让教职工向学生推荐使用移动图书馆，同时以举行在线投票评选最佳攻略的方式，进一步增加移动图书馆的曝光度，继续获得用户的关注。此后，图书馆还将移动阅读和数字资源使用的讲座作为图书馆的常规讲座，每学期均进行开设。第五阶段邀请移动阅读达人和攻略作者参与移动阅读交流会，探讨了移动阅读的体验、优缺点、移动阅读的未来等问题。

在此次活动中的不同阶段，通过引入恰当的活动方式，持续不断地吸引用户的注意力，让移动图书馆得到广泛而持久的曝光，让更多的同学了解活动进而了解到移动图书馆，从而增加了用户与移动图书馆这种创新事物的接触机会，最终这次传播运动取得了非常好的效果。自 2012 级开始，每届学生中使用移动图书馆的比例都达到 26%或更高，这一比例远高于国内采用同类产品的其他高校。

五、结论

一直以来，不论是传统的还是现代的图书馆职能定位，对图书馆馆员的角色基本都定位于被动地满足读者需求。但随着信息技术的加速发展，用户在接受创新方面显得越来越迟钝，用户与新技术、新观念之间的差距越来越大，用户对图书馆的期待也一直停滞在自己的认知水平上，这极大地降低了图书馆为用户提供的服务效率。图书馆馆员应当主动承担起创新代理人的角色，将图书馆已经采纳或免费的新技术、新工具，尤其是新观念，主动传递给用户。四川大学图书馆的实践证明，这对于提高图书馆资源使用率和服务水准具有非常大的帮助。

古籍数字化再造技术的回顾与展望[*]

闫钟峰　宋桂梅　何　华[**]

摘　要：本文回顾并展望了古籍数字化再造技术的演变。随着相关技术的进步和用户需求的变化，古籍的数字化再造从过去注重纸本资源的数字化，演进到现在的数字人文支撑，下一步还将参与到数字学术生产的过程当中去。作为古籍再造的主要参与者，图书馆应当在古籍再造支撑数字人文、古籍再造参与数字学术领域发挥更加重要的作用。

关键词：数字人文　古籍再造　图书馆

一、引言

四川大学的图书馆等单位收藏了大量的珍贵历史古籍文献，其中的很多孤本和善本既有很高的文物价值，同时还具有很高的文献价值。如何解决这些具有文物属性的文献在保护和使用之间的矛盾，一直是四川大学数字图书馆建设的一个重要议题。

过去图书馆自建的古籍数据库，以及数据库商的古籍数字化再造，囿于技术水平和成本，总体上还是“重藏轻用”，无论是检索、阅读的体验或是内容的准确性，都难以满足用户的需求，用户在使用过程中出现的种种问题暴露出了过去古籍数据库建设中的各种局限，它的源头在于，建设古籍数据库时的技术水平和指导理念没能跟上不断发展的用户需求。

---

* 本文系四川大学2017年度“图书馆、情报与文献学”科研项目《新技术环境下图书馆自建书库的文献整序研究》（项目编号：sktq201703）成果之一。

** 闫钟峰（1982—），男，硕士，四川大学图书馆信息技术中心馆员；宋桂梅（1985—），女，硕士，四川大学图书馆特色资源中心馆员；何华（1966—），四川大学图书馆文献服务中心副研究馆员。

新技术带来了新思维、新契机和新方案，同时广大用户持续增长的精准化服务需求也对古籍数字化再造提出了新的要求。以数字人文、数字学术为代表的数字图书馆建设技术的新发展，为更好地发挥这些兼具文物价值和文献价值的珍贵古籍指明了方向、提供了可能。

二、回顾：纸本再造和缩微文献

（一）前数字时代的古籍再造：雕版印刷、影印及排印出版

始于唐末的雕版印刷首次实现了对古籍文物的再生性保护，而影印出版技术则是在雕版印刷古籍技术的基础上，结合19世纪发明的照相技术而诞生的。影印出版技术自产生以来，广泛应用于珍本、善本的再造，这种技术可以较为忠实地还原原始文物的内容与形式，将文物的艺术价值和使用价值从原始文物中剥离出来，使用户可以直接通过影印版来使用文物所蕴含的价值，既有助于保护原始文物，也一定程度上满足了学者和公众对文物的研究与欣赏需求。以影印出版为代表的前数字时代的再造技术，在解决珍贵古籍文献的保护与使用之间的矛盾、促进传统学术的繁荣上居功厥伟。而古籍常见本的排印出版，可以通过对古籍加以注释和翻译等手段，使古籍适于普通大众的阅读，有利于满足普通用户对古籍文献的阅读需求。

2011年，四川大学图书馆联合多个单位，借中华古籍善本再造之机，在巴蜀书社影印出版了四川大学图书馆的镇馆之宝——纯手绘“四川全图”。《四川全图》，亦称《清初四川通省山川形胜全图》，是乾隆十三年（1748）清廷两次用兵金川期间，由清代名家董邦达领衔为军事目的所绘制。青绿设色绢画，兼工带写，兼具文物价值、艺术价值和史料价值。《四川全图》的影印出版，一定程度上缓解了《四川全图》藏和用之间的矛盾。

但是影印出版也存在很多弊端，如存世状况不清影响底本征集；破损情况严重，制约底本扫描；总体影印比例偏少，难以满足学术研究的需求和对更多的古籍进行再生性保护；因底本选择不当而不被学界接受；受限于技术水平与技术选型、制作规范和成本等因素而导致的影印版本不够清晰；影印出版的古籍利用率低下；影印出版仍以纸质为主要载体，出版的数量相对较少，流传范围较小，难以满足更大范围内的学术研究需求和欣赏需求。

此外，影印版从表现形式上忠实于原始文物，仍然是以静态形式再现，使用和欣赏影印版对知识储备的需求同样很高，缺乏相关学科领域的背景知识的普通公众无法对作品进行赏析，影印版本难以充分满足普通大众的文化诉求。

（二）缩微文献及其数字化

利用缩微技术将纸质文献制作成缩微胶片，可以有效延长保存时间，节约馆藏空间，也使古籍再造的载体从纸本过渡到了数字形式。自20世纪80年代以来，四川大学图书馆、档案馆等机构在制作缩微文献方面进行了多种形式的探索和实践，积累了丰富的成果和经验。

但是缩微技术也有其本身的缺陷，例如阅读时特别依赖特殊设备，查阅过程中无法进行检索，必须频繁更换胶卷，耗费大量时间、精力浏览全部文献等，这些缺陷降低了用户使用缩微设备的频率和体验，使得缩微品的利用率较低。

由于缩微技术重藏轻用的缺陷，以及在信息技术快速发展和普及的冲击下，缩微技术在国内逐渐式微。在这样的技术和时代发展背景下，四川大学图书馆结合用户需求和技术发展方向，开始将缩微胶卷进行数字化加工。首先将缩微文献加工成了数字图像文件，并对加工所得的数字图像文件进行了基础描述元数据的标引和著录，在此基础上建设了可以基于元数据进行检索和在线阅览数字图像文件的《新新新闻》数据库等为用户提供服务，但因人力物力、技术难度、经费等综合因素的限制，尚未实现对数字图像的文字识别。

三、从纸本再造到数字化

纸本资源、缩微文献等实体类型资源的数字化，是数字图书馆建设初级阶段的最大特征和主要工作内容，始于2000年的中美百万册数字图书馆合作计划（即CADAL），以及始于2002年的Google Books等，是这方面的主要代表。国内较早从事纸本资源数字化的公司有超星公司对纸本学术书籍的数字化加工和书同文对四库全书等古籍的数字化扫描和文字识别。

这一时期的加工手段主要是，使用高精度的数字扫描设备，对原始的纸本文献进行扫描，制作成为数字图像文件，再进一步利用光学字符识别（OCR）等技术加工成便于保存和阅读的文本格式或其他格式，然后在数字展示系统中提供数字文件的在线阅览或下载服务。

将实体类型的资源进行数字化加工的优点主要在于，将具有竞争资源属性的实体资源转化为可以无限复制的数字形式，并利用数字在线系统向更加广泛的用户提供服务，这种做法一方面进一步将文物的内容（艺术价值和使用价值）从原始文物和实体形态中剥离出来，另一方面由于数字资源的无限复制和易于传播的属性，数字化加工将资源的服务对象扩展为所有可以使用数字终端和互联网的用户。实体资源的数字化也为进一步利用新兴技术做深度开发做好了准备。

四川大学图书馆在这一时期深度参与了 CADAL 项目的纸本资源数字化加工，作为 CADAL 西南分中心，完成了约 8.5 万册（种）包括古籍、民国图书、新中国成立前学位论文、新中国成立前期刊等各类纸本书刊的数字化加工，并在这一过程中培养了一批数字加工人才。

但是数字化加工也存在着诸多问题，很多古籍数据库在使用过程中所暴露出来的技术更新缓慢、内容错误多、质量低于纸质产品等问题，都严重影响了古籍数字化再造成果的使用。很多数字化加工再造项目，囿于技术、人员和经费的限制，只是将实体的纸本做了扫描，其成果只有静态形式的非结构化的数字图像文件，只能为用户提供数字图像文件的在线阅读，没有充分发挥数字化应有的文本化、数据化、结构化、关联化的优势。数字图像格式的资源难以提供多角度和多层次的深度展示，和使用原始的实体资源一样，都对用户的学科背景和知识储备有较高的要求。

同时，由于知识产权的限制等多方面的原因，数字化形式的内容无法充分发挥其非竞争性资源的特性，为所有有需求的用户提供服务。

四、当前热点：从数字化资源建设到数字人文支撑

（一）数字人文

数字人文是从人文计算等概念演变而来的。关于数字人文的定义，不同时期、不同组织对此有不尽相同的论述。例如，ARL 在 2011 年对 126 个成员馆进行调研后出版的《SEPC Kit：326》中，将数字人文定义为：采用计算机技术的新兴领域，旨在探索人文学科的新领域。

由于数字人文还在快速发展和不断演进，因此当前很可能无法给出一个准确和完备的定义，但是总体上而言，数字人文的理念就是要给科研工作者提供数字化的研究环境。传统的数字典藏是被动式提供资源的检索和使用的，资源放在那里等待被使用，而数字人文则是主动的，试图与研究

者的需求产生关系。

随着数字人文概念的逐渐形成和发展，全球各地与之相关的机构、会议、中心、项目、实验室和研讨组织等如雨后春笋般出现，可以说，数字人文的浪潮正在世界范围内形成。概括起来，当前各组织机构在数字人文方面的工作主要集中在以下四个方面：一是节省传统人文学者在查找资料、文本处理、计算等方面的低水平重复的劳动；二是引入新工具新方法解决传统人文问题；三是利用数字思维和数字工具提出人文领域的新问题，并尝试去回答新问题；四是利用数字思维对传统人文领域进行创造性破坏和重建。

人文学者的技术短板既体现在不会使用技术上，也体现在缺乏使用数字化方式思考人文问题上，例如可否用数字工具解决传统问题、提出新问题、解决新问题等，而图书馆恰好可以充当“连接者”角色。

（二）面向数字人文的古籍语义化再造

由于技术发展水平和成本的限制，过去的古籍数字化再造基本没有加入语义标记，这导致在进行基于文本的数据挖掘时，对古籍相关领域的研究还仅仅停留在浅层分析阶段，而深入到文本内容去研究其中蕴含的人-地-事关系仍然完全依赖于人文学者人工进行。

万维网发明人、图灵奖得主 Tim Berners-Lee 所提出的语义网（Semantic Web）、关联数据及在其基础上产生的知识图谱等一系列概念和技术为古籍语义化再造提供了解决方案，这类技术能够使得知识的表达和组织从文本的层面上升到知识层面，知识处理技术也从原始的基于文本的索引技术转变为更加高效的语义处理。借助于语义标注技术和实体识别技术，对数字化、文本化的古籍文献进行语义标引和实体识别，将有助于利用数字思维对古籍及与之相关的历史文化研究领域进行创造性破坏和重建。

将文本化的古籍转化为本体化的领域知识库是面向数字人文的古籍再造工程的核心任务，而语义标注技术（Semantic Annotation）是实现这一目标的重要途径。对古籍进行语义化标注，首先是要识别古籍文献中的命名实体（name entity，即人名、地名、事物名称等所有以名称为标识的实体，古籍文献中的命名实体是构成语义的基础），其次是用命名实体来进行标引和建立索引。将古籍文献中的命名实体和他们之间的相互关系识别并进行标注之后，计算机就能够在一定程度上“读懂”古籍文献的内容，进而为人文学科研究者提供更加有力的支持。

五、未来展望：从数字人文支撑到参与数字学术

（一）古籍数字化再造的未来：古籍智慧数据加工

从古籍实体资源的图像化、数字化，到数字化资源的文本化、数据化，再到数据化资源的本体化、模型化，借助于相关技术的不断进步，传统的古籍文献正一步一步演进为知识语义化、数据关联化、支持语义出版、细粒度数据集成的智慧数据。智慧数据就其本质上而言是一种知识资源的高级编码方式与组织形态，它使得不同来源、异构、大体量的古籍文献数据能够在语义层面上有效地结合、关联进而进行分析，从而使得智慧数据的建设可以直接参与到科研工作的过程当中去，可以说，古籍智慧数据的建设使得古籍大数据变得有意义。

古籍资源智慧数据的获取，需要作为领域专家的人文学者、古籍整理专家的人工标注和数字人文馆员提供技术辅助和加工。从支撑数字人文到参与数字学术，面向智慧数据加工的古籍数字化再造既要依靠技术的进步，也需要人文学者和古籍整理专家去发挥更大的作用。由于文学性问题的提出和分析处理不可能完全交给计算机，因此也就不可能完全交给技术专家，而从研究问题的设置到支撑语料的选取再到分析结果的解读、意义的阐释、体系的建构，都需要借助于相关领域的人文学者去完成。因此，古籍智慧数据的加工，必须让人文学者和古籍整理专家作为领域专家从新技术的旁观者、批评者转变到提问者、检查者，乃至最终成为古籍智慧数据加工的挑战者和主导者。

（二）图书馆支撑数字人文研究的对策和职责

数字人文是数字图书馆建设达到一定规模后的必然发展方向。作为古籍资源保存和利用的重要机构，图书馆在当前数字人文的浪潮中应该承担的责任主要包括：资源建设的重心从数字化转变为数据化，充分挖掘古籍数据的价值；以古籍数据的建设驱动相关领域的学习研究和交流，改革图书情报学研究和工作的方法论体系；响应开放存取运动，推动古籍数据从封闭走向开放合作和共享，让古籍数据在开放中实现增值；参与数据基础设施建设，构建数字人文研究环境；建立系统性的数据保存、监护、分析、展示的标准规范体系，保证人文研究结论的可靠性和可验证性；开展数字人文方法、技术、工具的教育和培训，帮助传统人文学者熟悉数字人文研究范式。

（三）图书馆面向数字人文支撑和数字学术参与的技术路线

数字人文的努力方向是数字学术参与，是要用技术去驱动人文领域的研究，是运用数字技术提出、探索和解决人文研究领域的人文问题，而不是仅仅停留在做好技术支撑的阶段。因此，未来面向数字学术参与的古籍智慧数据加工的技术体系将根据所要介入的人文学科的不同而包含但不限于数字化技术、数据管理技术、数据分析技术、可视化技术、VR/AR 技术、机器学习技术等。随着新技术的采用和新业务的开展，高校图书馆的服务模式也将逐渐从服务于学术研究转变到提供数字人文支撑进而成为数字学术研究的参与者，图书馆将有能力利用数字技术驱动并引领人文学术的研究。

六、总结

随着信息技术的产生和飞速进步，以及用户不断提出的新需求，古籍再造的重心逐渐从纸本再造为主过渡到了以数字化再造为主。而伴随着技术的进一步发展，古籍的数字化再造也逐渐地从过去注重纸本资源的数字化，演进到现在的面向数字人文支撑的数据化、语义化再造，下一步伴随着新技术的出现和普及，还将继续演进到参与数字学术生产的新形态。

作为传统上古籍再造和提供古籍资源服务的重要参与者之一，图书馆应当密切追踪数字人文、数字学术和相关技术的发展动向，紧密联系用户不断增长的精准化服务需求，在当前的古籍再造支撑数字人文的热潮当中和未来的古籍再造参与数字学术的演进过程中发挥越来越重要的作用。

参考文献

［1］贾贵荣. 古籍影印百年回眸［J］. 博览群书，2015（10）：17-20.

［2］肖玲. 地方历史文献影印出版：价值、原则、难点与对策［J］. 图书馆论坛，2017，37（08）：110-118.

［3］周余姣. 1949 年以来的古籍影印出版研究述略［J］. 图书馆论坛，2019：1-8.

［4］吴建社. 缩微技术在图书馆期刊管理中的应用［J］. 四川图书馆学报，2000（04）：45-46.

［5］张伯康. 图书馆古旧文献的抢救与缩微化［J］. 图书馆学研究，1998（03）：60-61.

［6］ 李金中，党跃武，曾雪梅. 高校历史档案数字化建设的实践与探索[J]. 中国现代教育装备，2013（21）：76-77.

［7］ 刘慧云，陈定权. 我国图书馆缩微技术的发展历程和未来走向[J]. 图书馆论坛，2017，37（01）：10-18.

［8］ 金彩虹. 民国时期四川地区报纸缩微胶片数字化——以四川大学图书馆为例[J]. 四川图书馆学报，2016（03）：17-19.

［9］ SOMERS J. TORCHING THE MODERN-DAY LIBRARY OF ALEXANDRIA[J]. The Atlantic，2017（04）.

［10］ 姜哲，马少平，夏莹. 大型中文古籍《四库全书》自动版面分析系统[J]. 中文信息学报，2000（02）：14-20.

［11］ 于淑娟. 台大资讯工程学教授：新技术能为历史研究提供什么帮助[EB/OL]. [2018. 10. 28]. https://www. thepaper. cn/newsDetail_ forward_ 1340177.

［12］ 朱本军，聂华. 数字人文：图书馆实践的新方向[J]. 大学图书馆学报，2017（04）：23-29.

［13］ MARCIA L Z. Smart Data for Digital Humanities[J]. Journal of Data and Information Science，2017（01）：1-12.

［14］ 刘石，孙茂松. 大数据时代的古典文学研究[N]. 光明日报，2018-10-15.

［15］ 夏翠娟. 上海图书馆数字人文博客[EB/OL]. [2019. 11. 11]. http://dhblog. library. sh. cn/index. php/zh-hans/node/7.

［16］ 刘炜，叶鹰. 数字人文的技术体系与理论结构探讨[J]. 中国图书馆学报，2017（05）：32-41.

［17］ 王雪茅，LEE JAMES. 图书馆数字人文中心新定位：从学术研究服务模式提升到学术研究参与模式［R］. 上海：第九届上海国际图书馆论坛，2018.

关于人脸识别技术在图书馆管理的应用与研究*

赵 佳 黄丽娟 雷若寒**

摘 要： 文章首先概述了人脸识别技术及其技术流程、系统构成。其次通过对比了人脸识别技术与其他身份识别技术的优劣进而得到人脸识别技术的可行性分析。最后结合具体案例介绍利用人脸识别技术在图书馆门禁、文献借还管理、信息共享空间与创客空间、座位管理、大数据统计分析等的应用优势。

关键词： 人脸识别 图书馆 门禁 创客空间 共享空间

一、人脸识别技术概述

人脸识别技术作为人体生物特征识别技术中最为直观的一种识别方法，是一个高智能化、高速处理的复杂系统。① 此技术通过对人脸视觉特征信息的分析和比较来进行身份鉴定及识别。人脸识别技术主要是基于人脸特征，通过提取静态或动态人脸图像中的图像来匹配的过程。人脸识别技术首先检测并定位人脸的轮廓、长短尺寸和其面部器官（如眼睛、鼻子、嘴巴等）的形状等信息；其次，将上述检测信息与现有人脸数据库进行比较，识别出人脸从而鉴定身份。人脸识别技术的识别过程如下图

---

* 本文系 2017 年度四川大学“图书馆、情报与文献学”项目（项目编号：sktq201717）研究成果之一。

** 赵佳（1980—），女，硕士，四川大学图书馆馆员；黄丽娟（1974—），女，硕士，四川大学图书馆馆员；雷若寒（1975—），女，硕士，四川大学图书馆馆员。

① 王国强，耿伟杰，王元锋. 嵌入式人脸识别技术在图书馆的应用[J]. 山东图书馆学刊，2012（8）：71-74.

所示：

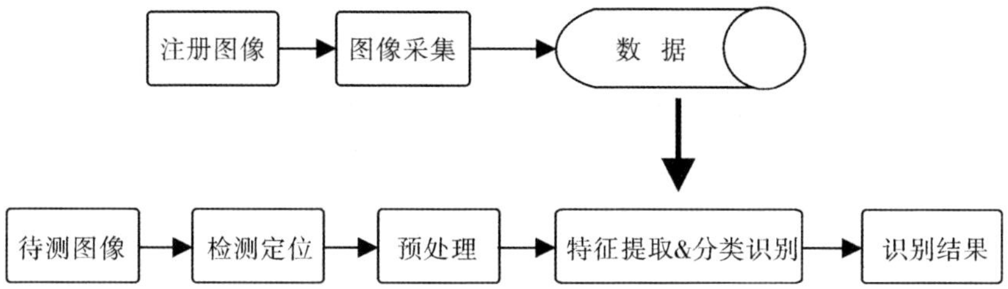

图 1　人脸识别处理过程

人脸图像采集：利用摄像头拍摄并采集人脸信息，包括人脸的静止图像、动态图像及表情各异、位置不一的图像。若在摄像头的有效拍摄距离内出现人脸，则摄像头会自动聚焦拍摄用户人脸图像。

人脸检测定位即检验是否有人脸存在于图像中，如果有人脸，将人脸与背景分离开来，并将人脸和面部器官的轮廓、长短尺寸和位置在图像中标识出来。

人脸图像预处理是操作处理上一步检测定位得到的结果，此预处理过程可以降低图像噪声，提高图像质量，从而提高人脸识别的准确性和快速性。

特征提取和分类识别是人脸识别的最后一步，它们是人脸识别技术的两个关键步骤。特征提取是利用一些特定方法提取人脸图像中的有效特征，分类识别则是使用提取到的有效特征向量对人脸进行分类识别，得到最终的识别结果。

二、人脸识别技术可行性分析

目前，我国高校图书馆大多依靠读者的 ID 卡（例如高校的一卡通、身份证、工作证、IC 卡等）以及密码等手段来进行身份验证。上述验证方法可能会遇到卡片不易携带、卡片丢失、卡片损坏或不可读，以及忘记密码、密码被破解、信息被伪造等多种情况。因此，目前普遍使用的证件、密码等传统身份确认方法明显落后于现代科学技术的发展和社会进步，且与生物特征验证方式相比存在明显的缺陷。

由于人身上的生物特征是与生俱来、唯一且极难被伪造的，这种验证方式具有较高的准确性和安全性。① 人的脸、虹膜、指纹、语音、基因等都是生物特征验证方式之一。在图书馆门禁系统中应用其他生物特征识别技术如指纹识别和虹膜识别等技术存在一些缺陷。

指纹识别技术：首先部分用户的指纹特征较少，造成指纹图像难以成型及识别。其次在使用指纹识别时，用户的指纹印痕会留在指纹采集机上，这些留下的印痕也许会被用来复制指纹，并且也有一定的卫生安全风险问题。最后指纹识别速度不够快，在入馆高峰时期容易导致人流拥挤造成安全隐患。

虹膜识别技术是公认的最精确的生物识别方式，但对于图书馆来说，其设备成本太高，无法广泛应用。

人脸识别技术具有独特的应用方面的优势。首先，人脸采集装置是在被采集用户目标无意时，以非接触方式获取人脸面部图像。也就是说，用户在最自然的状态下应用此技术，使用非常方便的。其次，人脸识别技术相较于其他几种生物识别技术，其速度较快，识别精度较高，错误识别率和拒认率较低。最后人脸识别技术成本较低，具有较高的性价比，易于推广使用。目前各个高校图书馆大多已经实施了摄像监控系统，因此推广使用人脸识别技术可以继续使用图书馆原有的一些投资，既保护了图书馆原有投资，又扩展了现有设备的功能，达到了低成本、高效益的目的。

三、人脸识别技术在图书馆应用

（一）应用在门禁系统及安全管理

目前，我国大多数高校图书馆的门禁系统主要采用一卡通作为门禁识别标志。近年来，随着人脸识别技术的飞速发展，人脸识别技术在部分图书馆中被应用到门禁系统的管理中来。利用人脸识别技术的优点，对到馆读者人脸信息和后台数据库进行了自动对比校验，只有具有相同信息的读者才能进馆，否则不能进馆，门禁系统将无法打开，保证了读者身份的有效性和信息的准确性。

图书馆内存放有大量资产。除了书籍、报纸、杂志等大量纸质文献以

① 李佩蓉，解解，崔旭，李姗姗. 人工智能在高校智慧图书馆中的应用与发展——基于人脸识别技术的应用及其算法实现[J]. 图书馆研究与工作，2018（7）：27-30.

外，还有各种服务器、存储、交换机、计算机设备、自助设备、日常办公用品等。这些资产大多具有较高的经济价值。由于高校图书馆也对社会公众开放，人员流动性强，存在一定的安全隐患，例如，有些读者经常把自己的贵重物品，如 iPad、笔记本电脑、手机、钱包等放在图书馆的公共区域，然后本人短暂离开或埋头睡觉，导致其贵重物品丢失或被盗，类似事情容易导致读者与图书馆之间的矛盾和纠纷。此外，图书馆资产和馆员自身财产也面临同样风险。引入人脸识别技术，可以有效地禁止利用他人一卡通或其他方式进入图书馆，也将本校读者和社会公众区分开来，排除了安全隐患。

目前国内多家高校图书馆已经将人脸识别技术应用在门禁系统中，如哈尔滨工业大学、电子科技大学、西南大学、华南师范大学、郑州大学等图书馆。

（二）应用在文献借还管理

读者进入图书馆并借阅文献，通常使用一卡通为凭证，此卡仅供本人使用，不能转借他人。读者需要稳妥保管此卡，如果卡丢失，应立即挂失此卡，否则存在卡被冒用的可能性，造成不必要的损失。将人脸识别技术引入到文献借还管理中，首先因遗失一卡通而导致的盗刷行为可以被有效预防，从而阻止了冒用他人证件的事件的发生，特别是校外读者在使用被遗失的一卡通借阅文献时更容易被发现，同时可以降低图书馆书籍丢失率；其次，由于进馆和借还图书全程都使用人脸识别技术进行操作，无需再使用一卡通，可以避免因忘记携带一卡通而无法进馆或借书的尴尬，同时降低了一卡通的遗失率。因为人脸具有不易复制的唯一性、简单性、稳定性等特性，人脸识别技术不仅可以精确高效地识别出读者的身份，而且可以减少和简化图书馆馆员的核验工作，从而提高工作效率。遵义市播州区图书馆已经启用“人脸识别”借书功能，刷脸就能实现借书，方便快捷。

（三）应用在各种自助服务设备中

目前国内高校图书馆基本都提供多种自助服务设备供读者使用，如自助借还图书机、自助复印打印机、自助预约空间设备等。读者在使用这些设备时首先需要验证身份，一般使用一卡通刷卡进行验证。若使用人脸识别技术代替一卡通验证身份的话，同样读者无需再使用一卡通进行各种操作，也不再存在冒用他人一卡通使用各种自助服务设备的情况。

（四）应用在图书馆各种空间门禁管理

目前国内大多高校图书馆都在馆内为读者规划了信息共享空间，还有少数高校图书馆建立了创客空间。信息共享空间（Information Commons，IC）是一种培育读者信息素养，促进学习、交流、协作和研究的新型服务模式。① 它整合了互联网络、计算机硬件设施及各种类型的文献资源，加之优雅的场地环境、先进的技术设施、高水平的学科专业人员，为师生提供一个方便、舒适、优雅的交流信息、获取信息的场所。②

创客空间即 maker space，maker lab，hacker space，hack lab，creative space 等，是用户交流心得、分享知识成果、学习实践活动的场所。它是一个真实存在的物理场所，一个具有加工车间、工作室功能的开放交流的实验室、工作室、机械加工室，一般设在大学、社区中心、成人教育机构或是工厂的厂房里。③

将人脸识别技术应用在共享空间或创客空间和将其应用在图书馆门禁中类似，利用刷人脸代替刷一卡通完成预约、签到、续借等步骤来使用物理空间或空间中的设备。

（五）应用在座位管理系统

大多数高校学生学习的首选场所都是图书馆，图书馆座位被占用情况比较严重，座位使用出现严重失衡情况。通常情况下，图书馆座位的供给超过了需求，无法达到预期的利用率。然而，特殊情况下比如期中考试和期末考试时图书馆座位的供给则远小于需求。为了有效利用图书馆有限的座位资源，国内大多数高校都采用座位管理系统进行管理。但是，仅使用座位管理系统软件，还存在不按规定使用座位和恶意占用的现象，在每天的早、晚、课间等高峰时段，图书馆经常有更多的人流量，此时往往多人会同时操作座位管理系统，例如选择座位、签到、临时离开、释放座位等操作将导致图书馆环境在一段时间内出现拥挤、嘈杂。引入人脸识别技术来解决这方面的问题，其具体应用主要需要以下几个方面：

---

① 于丽凤. 国外大学图书馆信息共享空间理论研究与实践[J]. 图书与情报，2008（5）：31-34.

② 盛兴军，任树怀. 信息共享空间在中国的研究视角与实践模式[M]. 上海市社会科学界第六届学术年会文集，2008.

③ 黄艳华. 国内图书馆创客空间建设及服务研究述评[J]. 图书馆学研究，2016（8）：14-17.

首先，由于我国大多数图书馆近年来都安装了视频监控系统，利用现有的监控设备系统可以实时监控图书馆进馆、出馆读者数量和馆内座位使用及空闲情况，根据读者人数实时调整座位占用情况。

其次，将包含人脸识别技术的门禁系统与现有的座位管理系统进行数据交换。当读者进入图书馆时，通过门禁入口处人脸识别系统得到读者相关信息，并将读者的数据传输到座位管理系统，系统可以自动验证此读者是否已预约座位。如果读者已预约座位，系统可以实现自动签到并锁定其已预约座位，并启动计时器。若读者在超过一定的规定时间后尚未就坐，系统将解锁此座位并将其分配给其他预约座位者。多次失约（后台设置可次数）的读者将受到一定的惩罚措施，例如在一段时间内不能预约座位。

通过引入人脸识别技术，座位管理系统可以提高图书馆座位的利用率，有利于提高公共安全系数。

（六）应用在图书馆大数据统计分析

采用人脸识别的门禁系统对读者进馆数据进行统计时，首先保证了进馆信息采集的准确性。其次，从访问统计数据中可以得到实时的到馆人数，如果进入图书馆的人数超过了图书馆可以容纳的最大人数，图书馆可以根据实时到馆人数同步调整入馆策略。最后，通过统计数据可以计算出不同类型的读者访问图书馆的次数和频率，进一步分析为何某些学院、专业、年级的读者到馆率高或到馆率低，从而找寻方法加以改正以提升读者的到馆率。

基于人脸识别技术的文献借阅系统在统计文献借阅相关数据时，由于借阅读者的身份准确性由人脸识别技术保证，因此各个年级、学院、专业、个体读者使用的各种文献的详细信息都能如实反映在统计数据中；统计数据还能够为图书馆资源建设部提供合理的采访议案，也可以根据读者自身借阅历史习惯进行个性化推荐服务。

人脸识别技术可以实时定位读者在图书馆中的位置，并根据其所在位置区域推送信息，让读者在整个图书馆范围内都能享用到丰富多彩的个性化服务。当读者刚通过图书馆门禁进入馆内时，根据读者自身情况，推送其借阅的临近归还日期的、逾期未归还的图书清单以及图书馆现有活动等信息；当读者进入图书馆座位管理区域（比如自习区域或电子阅览室）时，则可以推荐现有的空余座位；当读者进入馆藏区借阅书籍时，可以将所在区域的新到图书信息和其是否在架等情况进行推送；当读者进入自助服务设备区域时，可以向读者推送自助服务设备的使用规则等。

四、总结

随着科学技术的飞速发展，我们的生活也发生了变化，各行各业都顺应时代潮流进行了更新换代。人脸识别技术应用在图书馆相关系统中，可以为读者的生活、学习等方面带来诸多便利，也可以使读者体会到科技进步带来的好处，提高读者对图书馆的满意度；同时提高图书馆自动化管理水平，更有效地保障读者和工作人员的人身安全和财产安全。

STEM 视角下高校图书馆媒体技术教育职能探索*

周一萍　李晓蔚**

摘　要： STEM 教育被认为是提高科技竞争力的创新教育模式，强调跨学科和真实应用场景。在 STEM 视角下的创新教育实践是四川大学图书馆拓展职能的新探索。此文以四川大学图书馆开展媒体技术教育为例，从政策支持、服务创新、空间改造、组织管理、学生兴趣方面描述了高校开展媒体技术教育的契机，设计了技术基础、框架、目标，在学生参与利用多媒体技术进行资源建设和服务中进行了初步的教育实践。对高校图书馆利用自身技术和资源优势，开展 STEM 教育的内容和形式提出了几点设想。

关键词： 高校图书馆　STEM 教育　媒体技术教育　媒体素养　资源建设

一、引言

随着科技革命带来的现代科技进步，科学技术各个领域之间相互联系加强。在科技领域处于主导地位的人力资源是一专多能的复合型技术创新人员。[1]而传统教育理念带来的学生素养单一问题有待解决。[2]另一方面，学生毕业后就业专业不对口也是很常见的情况，且不对口比例理科高于文科。[3]提高学生专业技能、培养综合素质成了高校教育不容忽视的目标，

---

* 本文系四川大学图书馆、情报与文献学项目“新环境下高校图书馆用户行为研究”（项目编号 sktq201714）研究成果之一。

** 周一萍（1984—），女，硕士，四川大学图书馆馆员；李晓蔚（1989—），女，硕士，四川大学图书馆馆员。

高校教育应该往培养具有多领域视角科技人才的方向定位。体察目前的高校教育，虽说也有先行者勇于尝试，但是，教育范式的惯性也让教育教学变革及实践步伐缓慢。[4]

再看图书馆层面。近年来，高校图书馆的职能也引发了广泛关注，把握从“信息中心”向“学习中心”的变化趋势，图书馆承担着部分信息素养教育的任务。为配合高校教育改革、鼓励科技创新，满足学生不拘泥于传统课堂教育形式的需求，满足其渴望养成综合知识素养的需求，图书馆理应发挥资源共享、信息共享的特长，在职能方面做出新的尝试。

二、对 STEM 的理解

所谓 STEM 教育，即是涉及 Science（科学）、Technology（技术）、Engineering（工程）、Mathematics（数学）领域的教和学。它几乎贯穿所有年龄层次的教育环境，从幼儿园到博士后，正式的和非正式的环境。[5]

STEM 教育更多地关注学习的过程而非结果，代表着对传统教育哲学的范式颠覆，允许学生试误，尝试多样化的观点，聆听不同意见，生成能够运用于真实生活的个人知识库而不是应付考试。[6] 当然，众多 STEM 教育研究者们达成共识的是，STEM 教育绝不是简单地将几门课程内容进行叠加，需要引导学生把零碎知识进行组合、联系成整体，通过设计、合作、探究、实践来解决实际问题，提高创新能力。[7] 它的创新之处正是打破学科界限，将分散学科有机整合起来。[8] 正是由于跨学科特性，也有学者将其归纳为 STEMx 教育。以 STEM 课程结构为基础，可以灵活融入其他不同的学科或关注领域。例如，STEAM（Science，technology，engineering，art，and mathematics），STEMM（Science，technology，engineering，mathematics，and medicine），GEMS（Girls in engineering，math，and science）等。[9]

国内关于 STEM 教育的研究，绝大部分是对美国、加拿大、澳大利亚、英国、日本等国的 STEM 人才培养、建设成功案例、存在问题、对策、启示进行分析。少数研究将其与创客教育进行对比，与信息素养教育结合论述。个别中小学教师团队针对机器人、Scratch 编程语言、互动媒体等课程进行了实践初探。实践方面，也有一些教育单位通过组织科技大赛，机器人竞赛、数学竞赛、建模大赛等方式来体现对 STEM 的重视。[10] 在上海等发达地区采取校企合作的方式组织学生到企业平台进行 STEM 科技体验。[11]

计算机软件和媒体应用自2012年加入了美国攻读学位的STEM专业列表。[12]笔者综合上述STEM的内涵和外延，在文中要谈的STEM视角的教育范畴即是定义在软件和媒体范畴。以跨学科为出发点，基于学生参与四川大学图书馆多媒体资源建设与服务的实际场景，对开展媒体技术教育进行了一系列的理论和实践探索。

三、四川大学图书馆开展媒体教育的可行性

图书馆作为重要的教育科研支撑辅助单位，理应合理利用软硬件资源，调动馆员积极性，在创新型跨学科教育方面出一份力。随着多媒体技术的发展，图书馆对多媒体资源的需求增加，四川大学学生团队参与图书馆的视频频道建设以及微信图文推送服务，为实施教育提供了契机。

（一）政策项目的支持

让学生团队参与图书馆多媒体资源建设的设想，积极响应了学校政策以及“大学生创新创业训练计划”项目号召，得到馆领导、学校的支持，并申请到了多媒体资源建设学生服务岗位。

（二）服务创新的要求

围绕新时期信息服务、文化教育和素质教育的主要职能，图书馆要能收集图文声像多种媒体形式的资源、提供多媒体资源服务。视频技术、社交媒体等新兴技术和媒体在图书馆各项活动、任务中推行应用，例如拍摄“读书节”“读者服务宣传周”活动，利用微信公众号进行资源推广等。组织人员做好新的媒体相关方面学习，服务也需要重视起来。另外，服务需要学生加入，学生群体能提出看资源的视角以及对资源的需求，让服务更加有针对性。

（三）空间改造为基础

由于开展多种形式的文化活动、学术活动被提上图书馆工作和服务议程，图书馆也在探讨进行了可利用的空间功能改造及对应空间功能的设备配置，改造完成，媒体技术教育基地就有了现成的选择。能够满足独立学习以及协作创作的需求。

（四）组织管理为保障

四川大学图书馆多年图书馆学生志愿者服务工作积累，在管理组织学生方面有着合理的安排设计，能够与学生建立良好的协作关系。图书馆技

术中心开展媒体工作的经验，为其制定合适的教育培训和资源建设计划，保证媒体技术教育项目顺利执行。

（五）学生兴趣为动力

技术发展迅猛，准入条件降低，学生接触媒体技术的机会增加，平日里已经对多媒体感兴趣的学生不在少数，利用手机拍摄微视频、用 QQ 影音等简单的视频处理工具剪辑声音和图像视频已经不是什么难事。当中也不缺乏有兴趣成为技术控的学生，对更高级的媒体技术软硬件充满好奇，但学科及专业背景使得自己没有相应的机会接触。参与图书馆媒体技术教育项目，既可以充分利用起自己的课余时间，又能够服务奉献，还能满足兴趣，促进自己进行媒体技术的学习和发现。

四、四川大学图书馆媒体技术教育设计与实践

以四川大学图书馆信息技术中心为主导，视频频道和微信公众号作为教育平台，结合学生参与视频资源建设和微信服务的实践，开展媒体素养、媒体技术教育，多媒体图文声像多感官的综合处理。既要教育学生与技术进行交互，与自己的思维进行交互，还要与传播受众进行交互。在视频媒体方面，包括视频资源主题的筛选、分镜头脚本设计、镜头语言、摄录编技术及技巧、多媒体资源压缩技术、多媒体资源发布等；在社交媒体微信方面，主要包括图文传播受众需求分析、社会和学校大事件热点分析、计划选题、选题文案、推送消息的编辑排版。

（一）技术基础

图书馆信息技术中心从教育平台搭建、教育规章、人员配备三个方面做好准备。

1. 平台搭建

利用开源软件完成服务平台搭建和本地化部署；设计平台栏目；改造空间。

表 1　媒体技术教育平台搭建

项目	搭　建	功　能
视频频道	开源视频平台 PHPvod、Kaltura；直播互动平台 Bilibili	视频资源共享发布，设计栏目包括“分析图书馆”“1 分钟学术资源”“微拍电子书”“图书馆讲座”“信息检索课”“创意视频”“活动宣传”

续表 1

项目	搭　建	功　能
微信公众号	公众服务平台 PHP 开源套件（UPUPW）；开源的微信图文编辑器	服务及资源推广，除一般图文消息外，专题包括图书馆使用技能类“小图知道”、图书馆主题资源推广类“沐心小屋”、图书馆互动专栏类“读者来稿”“社团之声”等
信息共享空间	学习空间（独立学习终端）	媒体热点搜集、媒体素材检索搜集管理、文案创作等
	研讨空间（互动平板、电子白板、投影）	开展跨学科的头脑风暴
	创作空间（图形工作站、3D 打印机）	多媒体素材编辑、后期加工和处理，设计转化为实物
	简易蓝箱（摄录设备）	前期拍摄

2. 规章方面

STEM 视角下的教育讲究参与和积累，故教育教学每周开展三次，每次 2~3 小时。虽然对 STEM 教育的产出并没有特别严格的要求[13]，但在此次图书馆媒体技术教育中，为保障学习动力和学习效果，规章还是建议学生能够定期提交多媒体作品充实服务平台。可利用网络云盘进行作品提交。

3. 人员方面

组织教育力量。以一位专职视频资源建设岗位馆员作为主导，加设了另一位非专职但有媒体制作特长的馆员作为辅助。招募对媒体技术和图书馆资源学习、服务、推广有兴趣的学生组成服务学习[14]小组。利用沟通协同多端软件 Tower 和钉钉进行人员组织、查看人员的任务进展。

（二）教育框架

图书馆媒体技术教育框架以跨学科作为教育背景，以“做中学”[15]和建构主义[16]作为指导思想，以学生技术成长中的调查发现、生成反思、积累管理、改变创新、联系协作、传播分享等过程作为教育主线。积累经验，适当调整教育内容等。

（三）分阶段行为目标设计

根据教育框架的指导，笔者将学生和馆员各自需要完成的行为目标进行了分阶段设计，如图 1 所示。阶段目标中，层次越往上，对学生和馆员的主动性要求也越高。阶段一，以技术的方法掌握为主要教育任务。阶段二，以顺应技术产品的目标结果为主要教育任务。阶段三，以批判技术产品目标结果、形成个人媒体意见为主要教育任务。阶段四，以媒体技术知识综合应用、发散创意及实现为主要教育任务。

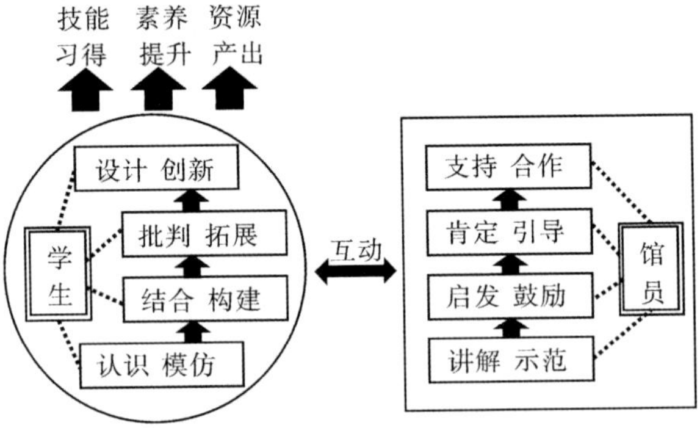

图 1　图书馆媒体技术教育分阶段行为目标

（四）学生实践

自 2015 年 9 月起，每学期各有一批学生报名参加图书馆媒体技术教育。有数学、文新、高分子、艺术、电气、化工学科的学生组成跨学科小组。没有图书馆学或图情专业的学生，但小组成员必须结合自己的学科背景完成图书馆资源的制作、推广和服务等实践。

认识模仿：认识 PhotoShop 图形图像处理，Premiere、会声会影非线性视频编辑软件后期剪辑、字幕及音效处理，摄像机摄录、推拉摇移跟升降、蒙太奇、拍摄脚本的格式及编写、微信编辑器使用及其编辑内容与微信公众平台的对接、3D 打印机操作、用软件对模型进行切割等，按照馆员先行示范进行学习操作。

结合构建：将自己的专业背景与图书馆资源服务结合，运用媒体语言、思维和技术构建带有个人学科背景的资源表达和传播方式。结合服务平台相关栏目专题指定的风格，构建情境。

批判拓展：学生有了前期积累的基础上，会对图书馆原有的一套媒体表达方式产生批判，进一步拓展资源形式和资源内容的更多可能性，逐渐从标题党批判进化出内容为王的思想。

设计创新：积极进行创意思考，并把思考转化为行动，在与同伴合作中，完成创新产品的设计和产出。协作设计拍摄剪辑完成图书馆文化推广音乐小品、服务介绍 FLASH。

截至 2017 年 8 月，搭建起视频频道，视频覆盖了图书馆宣传片（除了一般形式的视频，还包括 FLASH 动画、延时摄影等）、图书馆技能 get 专栏、图书馆创新空间活动、图书馆讲座和学术会议、文明使用图书馆公益片、信息检索课、学术小视频等，制作视频资源个数近三千个，容量近 1T。

（五）教育思考

职能扩展。教育中，学生表现出多重身份。图书馆表现出多重职能。

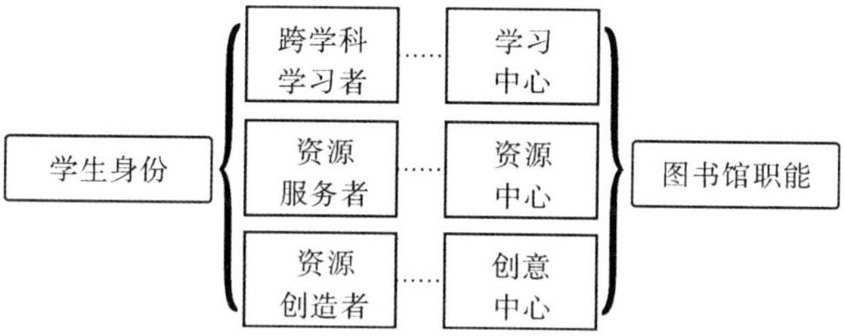

图 2　图书馆媒体技术教育特点

知识转移。工作方法方面，馆员应该更加主动地给予指导，充分交流，引导学生平衡服务与学习、平衡学科学习与接受跨学科知识拓展，促进知识转移、素养形成。

文化烙印。高校图书馆作为正式学习和非正式学习融合的场所，作为校园文化传播的重要媒介，通过这种无缝的技术体验和交流，学生能更好地体验到学校的文化建设和向导。因此，可以将图书馆尝试的这种教育模式更新为 STEM-C（Culture）教育模式。

五、对四川大学图书馆 STEM 教育的改进

四川大学图书馆 STEM 教育计划还有诸多需要探讨和改进之处。目前开展 STEM 教育的力量主要来自于信息技术中心应用小组，应用小组主要关注的是软件技术，知识结构不全面，教育内容受限。

（一）联合部门力量

结合信息技术中心另外两个小组数据小组、硬件小组力量。将服务器及存储的管理、容灾备份、机房建设与维护，网络接入、终端维护、终端监控等工作吸纳到教育内容中，组织更多基于硬件技术的科技教育，扩展视野、获取网络知识、培养硬件动手能力、了解更多实际应用。

（二）联合学科馆员

理论方面，知识服务中心学科馆员历来对自己的学科领域有良好的敏锐度，也随时关注学科热点及跨学科的研究，以他们作为 STEM 教育的理论支撑，结合高校学生的实际需求，带领学生尝试科技查新等学科服务，理论指引实际，辅助更系统、更前沿、更深入的专业教育。

（三）联合学科教师

实践方面，STEM 专业学科教师拥有丰富的实践经验，邀请他们将图书馆作为课堂外的第二学习基地，充分发挥图书馆资源共享的优点，像高分子、工程类的学科专业，利用图书馆的工作站、3D 打印技术开展建模和打印，提升动手能力和实现能力，让实践与理论结合更加紧密。

（四）扩展教育形式

目前教育形式主要是在服务中学习，以后，以图书馆和学院学科联合，图书馆与企业联合，图书馆提供场地，学院组织，以跨学科的专业背景组成参赛小组，开展数学建模大赛、工程建模大赛、多媒体大赛、艺术设计比赛等，以比赛促进协作参与、激励学习动力，同时，还可以丰富校园文化。谷歌与美国图书馆学会合作培养儿童编程能力，美国 STEM 教育跨部门合作娴熟、起步早，值得我们借鉴。也希望像类似这样的合作能够成为国内图书馆转型职能的一个方面。

（五）学生作品的收集保管和利用

学生参与媒体技术教育过程中创作的 UGC 作品我们都给予了收集和发布。如果今后有更多类型的产品产出，像建模产品，在不涉及保密，有一定量积累的情况下，也能加以组织丰富，吸纳到图书馆的广义的特色库、机构库建设。

六、总结

高校图书馆 STEM 教育，立足高校人才培养，借助图书馆的共享资源、学术支撑和纽带作用，开展职能创新，协助学校开展“双创”教育，让学生参与图书馆的资源建设、资源推广、学科服务，在服务学习中，以跨学科的观点重新组织自己的知识结构和思维。既然有政策支持，学生又表现出参与热情，那么在后续教育实施过程中，还会面临大量的探索工作需要完成。高校图书馆应该不遗余力地配合教育创新，实现学生、图书馆、学校的三赢，为 STEM 人才培养做出贡献。

参考文献

［1］吴俊杰，梁森山，李松泽. STEM 教育对中国培养适应 21 世纪的复合型创新型人才的启示［J］. 中小学信息技术教育，2013（3）：43-47.

［2］冯娅妮. 教育惯性论［J］. 教学与管理：理论版，2014（11）：1-4.

［3］新浪教育. 大学生就业调查：专业不对口比例理科高于文科.［EB/OL］.［2014-10-30］. http：//edu. sina. com. cn/gaokao/2014-10-30/1008441118. shtml.

［4］时伟. 论大学教育模式的转换与改革［J］. 教育研究，2011（11）：44-47.

［5］Heather B. Gonzalez，Jeffrey J. Kuenzi. Science，technology，engineering，and mathematics（STEM）education：A primer［EB/OL］.［2012-08-01］. https：//fas. org/sgp/crs/misc/R42642. pdf.

［6］Deron Cameron. STEAM education.［EB/OL］. http：//steamedu. com/.

［7］钟柏昌，张丽芳. 美国 STEM 教育变革中“变革方程”的作用及其启示［J］. 中国电化教育，2014（4）：18-24.

［8］丁杰，蔡苏，江丰光，等. 科学、技术、工程与数学教育创新与跨学科研究——第二届 STEM 国际教育大会述评［J］. 开放教育研究，2013，19（2）：41-48.

［9］Wikipedia. Science，technology，engineering，and mathematics.［EB/OL］. https：//en. wikipedia. org/wiki/Science，Technology，Engineering，and Mathematics.

［10］大拇哥. STEM 教育模式的多元呈现［J］. 中国信息技术教育，2014（19）：62-62.

［11］芥末堆. 看看一家半官方的 STEM 教育机构是怎么开展 STEM 教育的.［EB/OL］.［2015-11-11］. http：//jiemodui. baijia. baidu. com/article/226801.

［12］U. S. Immigration and Customs Enforcement. STEM-designated degree program list［EB/OL］. https：//www. ice. gov/doclib/sevis/pdf/stem-list. pdf.

[13] 杨晓哲，任友群. 数字化时代的 STEM 教育与创客教育[J]. 开放教育研究，2015（5）：35-40.

[14] 姜晓，马继刚，胡靖，等. 服务学习模式在高校图书馆的应用与发展——以四川大学图书馆为例[J]. 大学图书馆学报，2015，33（4）：19-23.

[15] 崔国富，朱美英. “从做中学”与教育的生存论解读——杜威实用主义生存论学习与教育思想探析[J]. 外国教育研究，2005（4）：15-19.

[16] 何克抗. 建构主义的教学模式、教学方法与教学设计[J]. 北京师范大学学报：社会科学版，1997（5）：74-81.

基于 CMS 系统 Drupal 的高校图书馆网站建设现状与反思

——以四川大学图书馆为例

朱兵清　李晓蔚*

摘　要：本文主要介绍了 CMS 系统 Drupal 在国内外高校图书馆主页建设中的应用情况，分析了它与其他 CMS 相比更被图书馆界所采用的原因，同时以四川大学图书馆为例，探讨应用 Drupal 平台进行新主页建设中实践经验进行探讨。

关键词：CMS　内容管理系统　Drupal　图书馆

随着信息技术的发展，网站作为内容展示和用户交互窗口从 20 世纪 90 年代初诞生到现在，经过数十年的发展，建设方式发生了巨大的变化。从最初的静态 HTML 页面，到加入动态脚本连接数据库后台，到现在的建站平台，系统越来越复杂，功能也越来越强大。然而，在越来越复杂的系统背后探究其数据逻辑，最本质的就是数据的写与读，内容的写入与呈现。于是，CMS（Content Management System，内容管理系统）应运而生。

一、CMS 与 Drupal

CMS，或曰内容管理系统，顾名思义，就是网站内容的组织和管理的系统。在某种意义上，可以把它比拟成一个超市，超市的库房是 CMS 的后端，超市的货架展示区就是 CMS 的前端。后端负责怎么有组织地保存货

*　朱兵清（1974—），男，硕士，四川大学图书馆馆员；李晓蔚（1989—），女，硕士，四川大学图书馆馆员。

物，前端负责怎么精美地摆放货物，勾起顾客的购买欲望。超市的货架展示区，顾客可以自由闲逛，库房则只有管理人员才能进入。同理，CMS 的前端，用户可以随意浏览，后端则只能让有管理权限的人员登录进入。

CMS 的产生解决了网站重复建设的问题，大大减少了技术人员的简单重复工作。假设没有 CMS，那么每建设一个网站，都需要从用户登录、数据呈现、后台管理、网站安全等方面从零开始建设，后期维护也会有很多诸如系统安全、管理维护等方面的问题，并且只有网站的制作者才清楚系统运行的逻辑关系和技术细节，这大大增加了网站建设的人力成本和技术壁垒。而 CMS 一般是按照一个统一的标准进行代码的编写和模块的开发，掌握了这个技术规范的人编写的模块和页面，其他人可以方便地理解和进行修改，极大地降低了网站开发的技术成本，节省了开发时间和开发劳动。

作为出现最早、功能最先进的免费开源 CMS 系统之一，Drupal 具有代码安全性和健壮性高、定制灵活性强、适应性广的特点。截至 2011 年底，共有 13802 位 Web 专家参加了 Drupal 的开发工作；228 个国家使用 181 种语言的 729791 位网站设计工作者使用 Drupal。Drupal 良好的性能和稳定的表现使其在全球有诸多实现案例，如美国白宫网站、世界银行网站、绿色和平组织网站、特斯拉网站等，都是基于 Drupal 开发的，可见其功能之强大、应用之广泛①。

二、图书馆应用 CMS 的前期研究

其实现在国内外的 CMS 系统很多，国内用户比较多的 CMS 有帝国（www. phome. net），织梦（www. desdev. cn），CMSeasy（www. cmseasy. cn），PHPCMS（www. phpcms. cn）等，国外应用最多的有 Joomla，Wrodpress，Drupal，这些 CMS 的共同点都是基于 PHP 语言编写的。

国内与国外 CMS 有一个明显的区别就是是否免费开源，是否遵循 GPL 协议。国内 CMS 一般有使用声明，只能个人学习使用，必须保留版权声明，需要购买商业许可，开源但不免费，国外 CMS 则完全免费开源。由于以上原因，虽然国内 CMS 更适合国人使用习惯，但国内高校图书馆很少采用国内 CMS，从 CNKI 进行检索也验证了这一点，只有帝国 CMS 检出了与

---

① 百度百科. drupal[EB/OL]. https：//baike. baidu. com/item/Drupal/2726203? fr=aladdin，2020-05-05。

图书馆相关的两篇论文。

表 1 是以 CMS 名称为检索词在三大期刊数据库中进行检索论文数量情况。从表 1 中可知，这三个 CMS 系统在国内的应用研究，WordPress 是最多的，Drupal 第二，Joomla 第三。在微信里面搜索公众号数量的情况也是这样，WordPress 有 38 个，Drupal 是 13 个，Joomla 是 11 个。这与其最初的功能定位有关，WordPress 发展初期主要是个人博客和小的网站，使用简单，开发也比较容易，所以吸引了大量用户。Drupal 和 Joomla 更专业，适合做大的企业或组织网站。

表 1　以 CMS 为题名检索论文数量

	Drupal	WordPress	Joomla
CNKI 网络库	899	2300	295
VIP	106	84	45
万方	368	479	160

但在图书馆领域，Drupal 就上升为第一了。表 2 分别以 CMS 名称加上图书馆为检索词在三大期刊数据库进行检索论文数量情况。应该说 Joomla 和 Drupal 是一样优秀的 CMS 系统，有人认为 Joomla 在某些方面比 Drupal 更加出色，但在国内图书馆界，Drupal 用户明显多于 Joomla 用户。

表 2　以 CMS+图书馆为题名检索论文数量

	Drupal	WordPress	Joomla
CNKI 网络库	70	10	11
VIP	60	18	8
万方	50	19	8

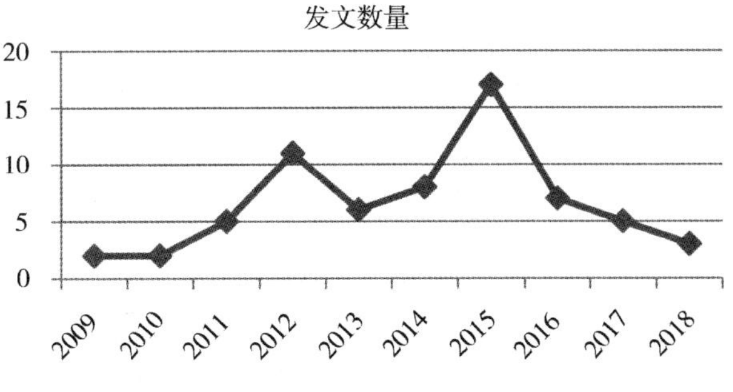

图 1　以 Drupal+图书馆为题名检索 CNKI 的发文数量

从图 1 可知，国内图书馆人早在 2009 年就开始应用研究 Drupal。从发文数量上来看，2012 年和 2015 年有两个研究高峰，最近几年有缓慢下降趋势。Drupal 在图书馆领域的广泛应用得益于 Drupal 的宣传推广工作。Drupal 官方每年会在世界各地举办国际研讨会，此类研讨会是开放的、由参与者相互分享的工作坊式会议，议程内容由参加者提供，讨论系统的网际应用程式、相关开放源代码技术、社交协定思维，以及开放资料格式。在国内图书馆界，以葛红儒为代表的 Drupal 推广人很早以前就在云南大学、西南交大、上海大学、北京大学等地举行 Drupal 培训班，让许多图书馆技术人员慢慢了解、学习和接受了这个优秀的系统。但是，Drupal 官网上有许多现成的与图书馆相关的功能模块，只是这些模块大部分都是 Drupal7 版本，如果需要应用到更高版本上，必须经过必要的定制和修改才能正常运行，一定程度上影响高版本在图书馆界的研究推广。

三、Drupal 在高校图书馆的应用与开发现状

为了解 Drupal 在国内外高校图书馆的使用现状，本文通过浏览国内外高校图书馆的主页，并查看分析其网页源码，对部分使用 Drupal 的高校图书馆进行了初步统计。统计情况如下表 3、表 4：

表 3　国外部分大学图书馆 Drupal 主页及其版本

图书馆名称	网　址	Drupal 版本
哈佛大学图书馆	http://lib.harvard.edu	Drupal7
耶鲁大学图书馆	http://web.library.yale.edu	Drupal7
普林斯顿大学图书馆	http://librarybeta.princeton.edu	Drupal7
康奈尔大学图书馆	http://www.library.cornell.edu	Drupal7
斯坦福大学图书馆	http://library.stanford.edu	Drupal7
密歇根大学图书馆	http://www.lib.umich.edu	Drupal7
杜克大学图书馆	http://library.duke.edu	Drupal7

表 4　国内部分大学图书馆 Drupal 主页及其版本

图书馆名称	网　址	Drupal 版本
北京大学图书馆	http://www.lib.pku.edu.cn	Drupal7
清华大学图书馆	http://lib.tsinghua.edu.cn	Drupal7

续表 4

图书馆名称	网　址	Drupal 版本
台湾大学图书馆	http://www.lib.ntu.edu.tw	Drupal7
澳门科技大学图书馆	http://lib.must.edu.mo	Drupal8
汕头大学图书馆	http://www.lib.stu.edu.cn	Drupal7
上海大学图书馆	http://www.lib.shu.edu.cn/	Drupal7
哈尔滨工业大学图书馆	http://www.lib.hit.edu.cn	Drupal8
云南大学图书馆	http://www.lib.ynu.edu.cn	Drupal7

目前这些高校图书馆网站绝大多数是 Drupal7 版本，尤其是国外高校图书馆在本次调研中未见使用更高版本的情况。一方面说明这些图书馆应用 Drupal 较早，在实际应用上 Drupal7 的经验比 Drupal8 更成熟；官方网站上 Drupal7 的贡献模块比较多，而许多模块还没有对应的 Drupal8 版本。另一方面，由于 Drupal8 与以往版本相比编程方式发生了巨大的改变，即从面向过程编程转到面向对象编程，Drupal8 的学习成本很高；因此，技术人员如果熟悉了 Drupal7，学习和掌握 Drupal8 也需要大量时间和精力。如果没有外部因素驱动，技术人员通常并不愿意冒险升级到 Drupal8。

一般而言，网站主要有两方面的功能，一个是信息展示，即按照用户的要求，把用户想要看到的信息经过设计好页面美化包装，返回给用户；另一个就是要与服务器进行交互的功能。前者一般不需要向服务器写入数据，只是向服务器读取数据，如查看新闻、查询书籍论文；后者则需要向服务器写入数据，如讲座预约、读者荐书，用户在网页表单中写入预约讲座或所推荐图书的相关信息，提交后写入到服务器数据库中，服务器再返回给用户一个处理结果信息。信息展示的功能一般比交互功能简单和容易。

表 5　国内大学图书馆 Drupal 网站交互功能开发情况

图书馆名称	校外访问自助开通/讲座或者研讨间预约/读者荐书等功能情况
北京大学图书馆	VPN 由学校管理/电话或者邮箱预约定制讲座/无读者荐书
清华大学图书馆	VPN 默认开通/研讨间预约非 Drupal 功能，报告厅预约是将申请表发送至邮箱预约/读者荐书非 Drupal 功能
台湾大学图书馆	VPN 默认开通/研讨室预约和讲座预约非 Drupal 功能

续表 5

图书馆名称	校外访问自助开通/讲座或者研讨间预约/读者荐书等功能情况
澳门科技大学图书馆	VPN 默认开通/房间研讨间预约/无荐书功能
汕头大学图书馆	VPN 学校管理/研讨室预约非 Drupal 功能/荐书非 Drupal 功能
上海大学图书馆	VPN 学校管理/讲座预约和房间预约非 Drupal 功能
哈尔滨工业大学图书馆	VPN 学校管理/有研讨间和座位预约菜单非 Drupal 功能，且目前无法打开
云南大学图书馆	没有校外访问功能，只能校内访问，无预约和荐书功能

从表 5 可知，国内高校图书馆很少用 Drupal 做交互功能方面的开发。可能的原因有两方面：一是以前在其他系统上已经完成了这些功能，不愿意花费人员和时间再来在 Drupal 上重新做一次，所以就沿用了旧系统；二是可能用 Drupal 做交互功能模块有一定的难度，Drupal 进入国内图书馆界虽然近十年，但图书馆技术人员对 Drupal 还不怎么精通，需要技术人员花费大量的时间和精力学习 Drupal 的编程知识，才能完成比较高级的功能模块开发。受限于使用惯性和开发技术，Drupal8 在国内高校图书馆的实际应用上尚未有更好的表现。

四、使用 Drupal8 进行交互功能模块建设的经验

在四川大学图书馆新版主页的改版工作中，运用了 Drupal8 来进行网站的建设，目前自建了三个要与读者进行交互的功能模块，分别是校外访问自助功能、讲座预约和读者荐书。在具体实施过程中，有以下的一些经验体会：

（一）多人协作的开发难度更大

在请公司开发过程中，由于开发人员的更换，每个人的开发水平、开发习惯和风格也各不相同。Drupal 功能非常强大和灵活，完成一个任务目标的方法很多，可以直接在图文操作界面中点点鼠标，也可以用 CSS 控制，或者用 TWIG 模板控制，这样多种方法的同时运用，无疑加深了对系统理解的难度。

（二）对前期规划要求更高

内容类型设置过多，加深了系统的复杂性和维护难度。由于在网站的

规划初期，对 Drupal 所知不多，不太清楚 Drupal 的架构，因此创建了大量的内容类型，例如仅仅一个图工委子站，就设计有基本页面、图工委活动、简讯、通知公告、重要文件、成员馆动态、工作计划和总结等内容类型。随着对 Drupal 了解加深，才知道完全没必要创建如此多的内容类型，应该利用分类术语对内容类型进行细分，可以显著精简系统的设置，降低系统的复杂性。

（三）简单数据记录数据表化

Drupal 的内容类型适合包含有大字段的管理，如有长文本字段，或图片、文件、多媒体等字段，而对于以前简单的数据表记录数据，完全可以继续沿用旧的设计方式来读写数据表。

（四）新版本升级需要更谨慎

比如主题的更换，按照官方文档说明，更换网站主题，应该象换衣服一样容易简单。但是实际情况并不是这样。Drupal8 还在不断升级完善中，现在也是每过几个月就有版本的升级，新版本的用户都会充当一个时期的小白鼠的角色。另一方面就是 Drupal 作为一个内容管理系统，要靠内容支撑才能正常运行。如果在自己的网站中创建设置了新的内容类型，但在主题中没有为它设置相应的显示风格，页面就可能不正常。

总之，利用 Drupal 这一优秀 CMS 进行高校图书馆网站建设，无论是对于提高图书馆网站水平，还是对于提升我们自身的业务水平都是非常有利的，虽然学习和掌握 Drupal 这个平台的难度比较高，但是随着对 Drupal 的熟悉和理解程度加深，会大幅提高高校图书馆网站建设的工作效率。事实上，在参与主页的开发之后这一年里，我们利用 Drupal 陆续开发了真人图书馆、学位论文全文库、江姐数据库、张澜数据库、美国宗教文献库，这一切都得益于前期在主页建设中的学习。

参考文献

［1］姚乐野，钟刚毅. 数字时代图书馆建设的理论与实践［M］. 成都：四川大学出版社，2010.

［2］国内外使用 DRUPAL 的图书馆站点［EB/OL］. http://blog.sina.com.cn/s/blog_ 50b312bf0101fe8r.html，2013-05-23.

［3］在国内使用 Drupal 的大学网站［EB/OL］. http://Drupalchina.cn/daxue，2014-11-03.

[4] Content Management System: The Past, Present and The Future [EB/OL]. https://www.valuebound.com/resources/blog/content-management-system-past-present-and-future, 2018-10-05.

[5] Top 40 Drupal Sites Showcase [EB/OL]. http://www.garmahis.com/top-40-Drupal-sites-showcase, 2010-06-16.

智库思维对图书馆发展的决策支撑作用研究*

李　禾　彭蕾蕾**

摘　要： 当前，针对高校图书馆智库建设的众多研究未能围绕其多维度服务职能展开进行充分的研究。而较多集中于通过资源优化配置及精准知识定位，来实现对策略研究主体的信息支撑的研究维度，而对自身发展中所遇到的策略研究涉及较少。本文从图书馆自身发展对智库元素的需求性以及发展性智库建设中所涉及的各种职能等方面进行了初步探索，尝试以新的思路对高校图书馆智库建设进行分析和研究，为相关的研究者提供一定的参考。

关键词： 高校图书馆　自身发展　智库

图书馆的发展植根于人类信息文明演进之中。每当新一波信息浪潮来临之际，它都不得不面对与之携来的机遇与挑战。随着大数据、AI、VR、AR、区块链及信息生态等技术理论汹涌而至，在赋予了图书馆更广阔发展空间的同时，又将其置身于更加激烈冲突、复杂多变的信息环境中。图书馆未来将去往何处？在信息全民化大生产背景下它又将怎样实现自身价值的回归？这些都给图书馆人提出了一系列亟待探究的方向和课题。

无疑在图书馆未来事业的探索中，更精细的理性研究和更科学的决策体系可以加速图书馆各项服务的发展。而当前，图书馆的决策体系中，信息收集、数据分析、目标预判等都依然难以摆脱传统 L+型决策模式的窠臼，其固有的离散性、局限性和粗放性往往使决策结果难如人意。本文作

---

* 本文为 2016 年度四川省文化厅“图书情报学与文献学规划项目”研究成果（项目编号 WHTTSXM（2016）26）

** 李禾（1976—），男，硕士，四川大学图书馆副研究馆员；彭蕾蕾（1979—），女，博士，四川大学图书馆馆员。

者通过对图书馆内外信息环境下多决策因素的综合分析，探索基于智库思维的图书馆发展决策支撑思路。

一、高校图书馆智库建设的研究现状

智库作为支撑政策决定的核心分析机构，在我国进入了要求更高、发展更迅速的“黄金时代”后，不仅其数量有了显著增加，而且技术手段也有了较大的提升，以大量数字化信息资源为基础，利用智能化的大数据算法，使其服务具有更精确的目标性和指导性。其中，高校智库作为三类重要智库之一，具有知识密集度高、专业性强、创新性突出等特征，在战略研究、政策建言、舆论引导①、协同创新等方面日益发挥着重要的作用。而在既往的高校图书馆智库研究中，它经常作为重要的资源建设和服务中心，发挥着重要的支撑作用。其智库的核心要素体现为：通过科学研究及其研究成果支撑或影响公共政策，支撑或参与战略规划制定，引导或影响公众对政策或战略的认知。② 因此，它被认为是以自身的信息资源、人力资源及服务模式为基础，由不同学科领域专家学者和教授组成的、为目标群体提供战略规划或策略支撑服务的机构。在近年的相关文献中，刘思妤从面临的挑战和创新策略方面分析了高校图书馆智库服务模式；杜叶龙等基于智库理念的用户服务角度分析了高校图书馆智库服务模式；毕长泉等从高校图书馆智库的信息资源服务优势、服务途径方面论述了高校图书馆智库信息服务模式。而黄长伟、张海涛等学者，则从新技术实现方面提出了通过大数据挖掘等方式，提升知识服务的水平，助力于高校的智库建设。美国高校图书馆在完善特色馆藏资源与提升增值服务的同时，也在强化与智库的主动联系。通过增强图书馆知识服务能力的途径来提升信息化水平和专业化水平，加强智库建设力度。

综上所述，既往的研究中更多是以图书馆知识或资源作为智库的信息基础，服务于外部对象的，其对于图书馆自身发展中决策的关注和支撑较少，如何通过图书馆自身资源的优化配置、服务转型、人员素质等因素的改善，来提升图书馆的行业竞争力、新的服务职能拓展，缺乏更系统化、

① 张东刚. 发挥高校优势 打造新型智库——专访教育部社会科学司司长张东刚[EB/OL]. https://cssrac.nju.edu.cn/a/xwdt/yndt/20151228/364.html，2014-03-24.

② 初景利，唐果媛. 图书馆与智库[J]. 图书情报工作，2018，62（1）：46-48.

规范化的研究和指导。

二、高校图书馆内外环境的动态嬗变对未来的影响

近10年，图书馆面临来自内外部环境的机遇与挑战。在外部因素中，随着经济迅猛发展，社会不断进步，国家文化软实力和中华文化影响力大幅提升。一系列与图书馆领域相关的政策与法规相继推出，“中华人民共和国网络安全法”“中华人民共和国公共图书馆法”进一步规范和促进了图书馆工作的开展。新兴的电商服务模式的产生，也给图书馆服务的拓展提供了新的思路和途径。而负面因素也不断影响图书馆生态，各种外部环境日趋复杂，新媒体、社交网络、学术引擎等各种信息生态种群不断挤压图书馆资源生态空间，从而造成馆藏信息资源的流动不断减少，图书馆的影响力不断降低，服务逐渐被边缘化。面对纷繁复杂的变化，各高校图书馆尝试拓展服务空间和业务范围，推出微信息服务、阅读推广服务，引入MOOC服务，借鉴电商的服务理念以及开展领域内与领域间合作等，试图通过更加多元的方式来拓展文献信息资源的生态位广度和宽度。

另一方面，内部环境的日趋多变，也对图书馆学、情报学本身造成冲击和影响。上述两者为多知识渗透和融合的交叉型学科，受多学科发展影响，随着学科研究不断深入，新思路、方法及技术相继提出，图书馆的服务业态也必然受到影响。如文本挖掘、大数据挖掘、语义解析、高维度聚合等算法的相继出现，使馆藏资源呈现及揭示方式发生了变化，从传统信息服务过渡到知识生成及获取服务。从显性信息需求、弱信息需求到显性知识的需求、隐性知识需求以及图书馆空间的多元利用需求和服务拓展性需求，用户对图书馆的功能性、服务性、协同性等方面都提出了更高的要求。同时，为适应不断变化中的内外环境，图书馆自身组织结构、业务架构以及规则制度也在发生持续调整和改变。

在这漫长变化过程中，内部各种因素间如何实现协同创新，如何提升服务职能，有大量可供分析、研究的问题。

三、智库思维下图书馆发展决策的研究方向

图书馆作为一个不断生长的有机体，其发展包含了资源、技术、服

务、馆员和用户等要素①，而要素间、要素与外部环境间又存在各种关联，它们共同构成了图书馆决策中以智库为基础的两个研究方向，即业务研究和政策研究。所谓智库思维是指在诸要素源重组的基础上，从上述两个研究方向出发，建立图书馆发展决策的智能化、引导性信息支撑理念及服务体系。

（一）对图书馆业务发展的研究

高校图书馆发展中针对业务方面的决策，其目标始终应该是从策略客体-用户需求的角度出发，通过大数据、文献计量学等手段，完成对整个服务架构、流程的深入分析，探索更优化的方案，来实现对资源的重构、聚合和增值，智能化信息服务。如图 1 所示，业务方面决策的支撑包括体验性、开放性、引导性、智能型以及知识性等因素。内容包括：常规业务的高效优化、既往工作经验的总结和提取、新技术的评估与移植、业界发展趋势的分析与预判等多方面的问题。

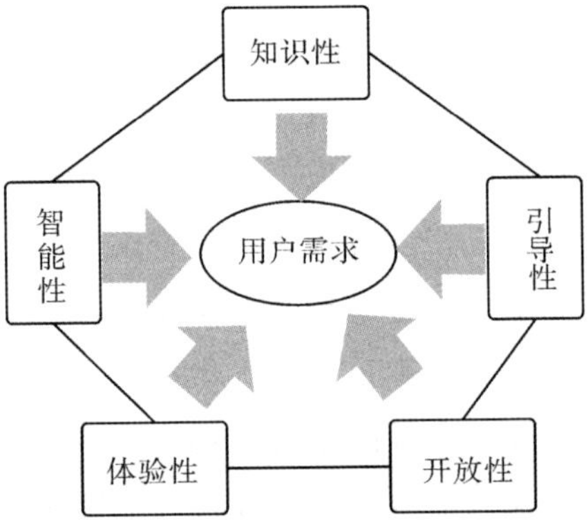

图 1　用户为核心的图书馆研究方向

对日常业务分析和挖掘，以四川大学图书馆的“科学再造图书馆物理空间和服务空间”的战略决策为例：其目的是进一步优化馆藏资源的分布、提升资源利用率，促进物理空间和服务空间的更合理配置。在此基础上，开展更多元化的服务，加强新时代图书馆的生存活力。为此，可通过馆藏情况（如复本量、分布情况等馆藏信息数据）、馆藏利用情况（如复本外借、相似版本外借情况、相同读者外借情况）、外部环境因素（如本

① 陈进，徐璟，董珏等. 大学图书馆创新与转型趋势预判[J]. 大学图书馆学报，2016（6）：21.

科、研究生的学科校区分布情况及用户的需求情况）等一系列基础信息的分析和挖掘，在全媒体信息服务环境下，针对广大师生的特色资源、知识服务、人文素养以及信息素养等多元需求，提供更广阔的服务和使用场景。

既往工作的思路对探索未来的工作办法也具有重要的借鉴意义，以四川大学图书馆曾经的读者荐书方法为例：经过本校身份认证的荐书师生可直接到与图书馆具有合作关系的书店直接获取需求图书，而该图书也同时完成采购、入藏的过程。早在20世纪末，这一用户参与资源共建的创新性思路已经被图书馆所采用。而在今天，在电子商务的核心理念和服务模式下，成就了彩云平台等类似服务，其以用户需求为核心，呈现出更具开放性、更加智能化的特征。由此可见，尽管既往的工作方法、政策制度因信息环境、技术手段、服务模式等变化，可能已不适合当前的形势和环境，但其用户需求的内核必然在一定程度与当前用户驱动的服务理念相契合。很多创意和思路往往来自于传统概念，只是采用了全新的实现方式来完成，这对智库服务具有一定的借鉴意义。

此外，智库思维也能对新技术进行利用，从而移植到图书馆的服务工作中，以西安电子工业大学图书馆为例：引入了电商的OTO服务模式，将师生预约图书的流程，转化成了网上预约、物流快递以及定点取件的过程。这种对新技术的移植，是从用户需求出发，深入优化了业务环节，提升了服务的引导性和用户体验。

综述所述，利用智库思维，通过对既往的、当前的图书馆业务工作的梳理，以及各种外部因素的分析，来探索并获取对图书馆发展有益的支撑信息。

（二）对图书馆政策的研究

政策研究是指通过对既往政策和现行政策的研究分析，进一步优化协调内部诸要素、开拓或强化与外部世界的关系。而图书馆的政策研究更多的内容是通过定性定量方式对图书馆内部的组织结构、人员配置以及领域内联合、跨领域合作提出更系统、更优化的管理方式。

如图2所示，以对馆内的意见反馈、既往政策内容以及执行情况等为资料，通过整理和分类，确立待解决问题的优先级队列。提供策略研究和分析，包含三个层次：确立目标、制定方案、评估方案。

根据图书馆已经出现的问题或即将出现的问题，以全局性、宏观性的视野、细致研究态度对政策主体、客体进行全面的调研，获取到双方的目标底线，并通过数据分析，提出一系列满足主、客体需求的备选政策方案，提供决策的支撑。其中，客体是指政策执行过程中受众的接受度、适应性及需求度等因素，而图书馆的外部信息生态环境的不断变化，导致内部架构和人员组成也需要不断调整适应其变化。同时，必须考虑到在未来策略执行过程中，可能出现的干涉的因素，人员素养及外部环境变化等，评估策略的可行性。最终，综合各方面的因素，向决策层提出最优化的方案支撑服务。

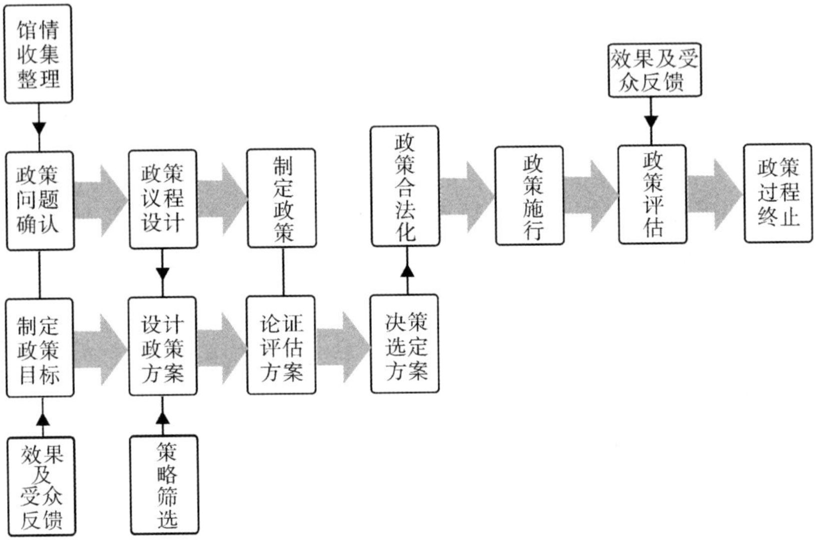

图 2　图书馆政策研究流程

而在对外交流和沟通方面，政策研究是通过收集、整理各层面的政策资料（包括法规、政策等），根据图书馆自身的情况、与业界的关系形态，提出图书馆中、远期发展的分析和预判。

四、智库思维下，图书馆建立决策支撑的基础和前提

（一）以馆藏为基础的知识服务

当前，无论是数字资源还是纸本资源，其组织形式都是以教学、科研工作为服务导向的，而缺乏围绕图书馆发展为核心主题的资源聚会和管理形式，现有馆藏资源组织形式还无法适应智库建设的需求。

为支撑智库活动，对于每一个研究客体与馆藏的内容都需要进行重

构，即根据目标主题抽取馆藏资源，并通过收集、整理、聚合的方式构成数据集，条件成熟时，还可以构成相应的决策服务本体。而对于纸本资源，数字化过程较漫长，很难适应实时的智库服务需求，可以采用内容摘取或将书目信息保存的方法，待需求时获取，而数字资源与纸本数目所构成的一个主题集合则是针对一个方向的研究资料。这样的资源管理形式更为灵活便捷，也能更好地满足智库服务的需求。

（二）建立具有智库理念的优质服务队伍

从长期来看，图书馆的发展研究和分析将面对日益严峻的挑战，这无疑需要建立图书馆自身的智库服务队伍，其相关人员必须具备深厚的图情学专业知识，能熟练地进行数据信息分析，具有开阔的视野，了解图书馆发展前沿信息。同时，对馆内的业务流程、资源配置、人员管理及各类制度都具有相当程度的了解。然而，以上几个条件通常很难同时满足。具备深厚图情知识及数据分析技术的专职技术人员，多数时间内缺乏对整个馆全面的情况进行深入了解的途径和机会。而对全馆业务情况具有清晰了解且具有相当的数据分析技能的馆员数量也同样较少。

同时，当前图书馆的管理架构中，着重突出日常的业务服务、馆务工作等，对发展的综合研究涉及较少，仅有的一些相关研究，被分散赋予多个业务部门，但由于业务部门囿于单一的业务形态，很难对图书馆的整体发展做出更系统性、更全局性的判断和分析。

对此，可通过建立专职智库专家团队与兼职智库服务人员辅助团队共同完成的思路来解决。所谓专职智库专家是指具备智库服务素养或具备该方面的图书馆工作人员，由他们组成基本智库服务团队。他们需要查找既往的政策文献，查找人员情况，综合分析各类情况，完成决策分析。而此过程中，他们也逐渐形成了宏观、独特、准确的视角，有利于更广泛、更深入地开展各类分析工作，对于图书馆品牌树立和外部形象的塑造也能起到积极的推动作用。

然而，在实际工作中，由于各类信息资料的采集工作量过大，专职人员不得不花费绝大多数时间进行收集整理，这样对于智库的运作和服务效率的提升都不利。为此，参考高校的兼职档案员制度，可以引入图书馆兼职智库服务人员团队，其成员可以来自不同的业务部门，深入了解本部门的业务情况，特别是业务流程中存在的痛点。由他们收集整理相应业务部门的资料，并协助专职智库团队，完成相关的分析和研究工作。

至于缺乏具有智库素养的专业人才，最好的方式是深入挖掘本单位的人才及加强技术人员的专门化。专业技术人员能快速熟悉馆内业务，也能同时积极拓展学术视野，为此，可实行定期轮岗制度，将专业技术人员派驻各业务部门，通过不断地参与到业务工作中，达到快速熟悉业务构成和思路的目的。

五、结语

高校图书馆智库建设的含义不仅限于对外部服务，成为高一级智库的辅助服务单位，对于图书馆自身的发展和成长也具有极为重要的意义。而目前，对高校图书馆的智库研究焦点多集中于前者，实际上两者之间具有相互促进的关系。从图书馆自身发展出发，能进一步促进图书馆自身的变更，开拓高校图书馆的服务空间，为高校智库的建设奠定基础，而高校智库的需求也会促进图书馆智库的建设。

参考文献

［1］刘思妤. 高校图书馆智库服务模式研究[J]. 图书馆学刊，2016（10）.

［2］杜叶龙. 高校图书馆智库服务模式探析[J]. 大学图书情报学刊，2016，34（6）.

［3］毕长泉，杜鑫，何小凤. 高校图书馆中智库的信息资源服务模式分析[J]. 农业网络信息，2016（6）.

基于优秀文化建设的新时代高校图书馆经典阅读推广
——以四川大学图书馆为例

于　姝　姜　晓*

摘　要： 文章以新时代高校图书馆经典阅读推广现状为背景，对四川大学图书馆通过经典阅读推广推动优秀文化建设方面的实践进行总结和分析，对新时代环境下高校图书馆如何结合自身资源优势开展经典阅读推广工作，提升大学生人文素养，坚定其社会主义核心价值观，弘扬中华优秀传统文化，推动优秀文化建设等方面提出了具体的思路和方法。

关键词： 新时代　经典阅读　优秀文化建设　高校图书馆

一、新时代环境下的经典阅读推广

文化作为民族的内在核心，关系到民族的发展和国家的发展。“进入新时代，习近平总书记把文化建设提到关系民族复兴的高度，他指出：没有高度的文化自信和文化的繁荣兴盛，就没有中华民族伟大复兴。”① 全民阅读是新时代环境下中国文化建设的基础工程，推广经典阅读是建设中华优秀文化传统的一个必要途径。但相关调查显示，新媒体环境下，快餐式阅读泛滥，作为推进中国文化建设主力军的当代大学生，相当一部分也疏于经典阅读，这种现象将造成大学生群体文化素养的降低，对优秀中华文

---

* 于姝（1987—），女，硕士，四川大学图书馆馆员；姜晓（1965—），女，四川大学图书馆研究馆员。

① 柳斌杰. 全民阅读是文化建设的基础工程[EB/OL]. 2018-05-07.

化的传承与发展带来不小的影响。①

对于高校图书馆而言，通过开展有效的经典阅读推广等方式培养大学生的阅读习惯和文化素养，树立文化自信，是图书馆发挥教育职能，帮助学校培养人才、推进优秀文化建设的重要途径之一。本文将以四川大学图书馆为例，对新时代环境下高校图书馆如何结合自身资源优势有效推广经典阅读，提升大学生人文素养，推动校园优秀文化建设，弘扬中华优秀传统文化等方面做出探讨。

二、四川大学图书馆基于优秀文化建设的经典阅读推广思路

进入新时代，四川大学图书馆结合中国特色社会主义先进文化的发展需求，以培养大学生阅读习惯，提升文化素养，坚定核心价值观，弘扬主流文化和中华优秀传统文化为目标，建立了一套创新性“经典阅读推广”体系。四川大学图书馆基于优秀文化建设的经典阅读推广思路可归纳为以下四点：

第一，健全的资源建设。四川大学图书馆通过软硬件环境建设保障读者对经典文献的阅读需求，营造良好的经典阅读氛围，让读者有条件阅读经典，同时整合、开发多种形式的阅读资源拓宽其视野，拓展其思维。

第二，多元化的阅读引领。数字阅读带来的冲击使经典阅读、深阅读陷入困境，大学生日常阅读趋于浮躁和离散化，无更多深度的阅读体验。② 尽管阅读是需要主动性和自觉性的个人行为，但高校图书馆有必要对大学生的阅读进行规划和引导。③ 四川大学图书馆根据经典阅读的内生要求，通过名师导读、知识互动、阅读沙龙等多元化的阅读体验活动唤起读者对深度阅读的兴趣，使其从被动参与变为主动阅读，加深对经典文献的理解。

第三，丰富的“阅读场”。四川大学图书馆搭建官方微博微信平台深度服务经典阅读工作，将新媒体设备和技术嵌入经典阅读推广，利用移动图书馆、社交网络、多媒体发布系统等打造丰富的“阅读场”，带给读者

---

① 王余光，郑丽芬. 图书馆社会教育职能的回归：以经典阅读推广为途径[J]. 图书情报研究，2014（2）：1-6.

② 方海燕. 立体阅读：图书馆经典阅读推广的有效模式[J]. 图书馆工作与研究，2014（12）：104-107.

③ 彭艳，屈南，李建秀. 试论大学图书馆的经典阅读推广[J]. 大学图书馆学报，2012（2）：91-94.

更优质的阅读体验。借助新媒体的影响实现经典阅读向大学生群体的文化辐射。①

第四，创新性的团队建设。组建专业的“阅读推广人”团队对于经典阅读深入推广十分重要。四川大学图书馆通过建设合理的阅读推广人才梯队，集聚学校优秀教师资源和学生团队的力量，使经典阅读推广以点代面，辐射全校，实现以“图书馆馆员+学生团队+专家教授”为主体、学生群体为主要对象的阅读推广模式。

三、四川大学图书馆经典阅读推广特色分析

四川大学图书馆结合自身资源优势搭建经典阅读推广平台，一方面主要展现了以主流文化、中华优秀文化、特色文化等为重点的特色阅读推广和资源建设，为大学生学习经典提供全方位引导，多元化传递优秀文化，推动校园文化氛围和优秀文化建设。另一方面，将经典阅读推广作为一项常规、系统的工作进行，建立相应的阅读资源保障体系，普及新媒体技术和设备的应用，加强阅读推广人力资源建设，立足于传统经典与现代数字阅读内容的融合，为大学生阅读经典创造便利条件和持续性保障。

（一）新时代特色阅读推广与主流文化建设

四川大学图书馆充分发挥教育和服务职能，深入挖掘馆藏资源，与时俱进地设计阅读推广主题，多样化推广新时代特色的经典阅读，积极引领大学生培育和践行社会主义核心价值观。

自2017年起，图书馆建设了“马克思主义理论研究和建设工程重点教材专区”，以方便师生学习了解当代中国马克思主义最新理论成果、学术研究与相关教材的最新进展。在馆内设立主题书架，如以习近平著作和主席办公室书架上陈列的经典书籍为来源设立“学习”书架，让大学生通过这些经典深刻体会高尚的人生志趣、精神境界和家国情怀。开展主题文献展活动，如“学思践悟十九大”主题文献展和以推动马克思主义进校园的“四川大学纪念马克思200周年诞辰主题文献展”，活动通过专家教授荐书、图片资料展览等多种形式，促进师生深入学习领会和贯彻执行党的十九大精神，了解马克思主义在中国的传播，备受师生瞩目。此外，还开展了“学思践悟十九大”真人图书馆活动，邀请学校“十九大”宣讲团专

---

① 王建疆. 文学经典的死去活来[J]. 文学评论，2008（4）：194-195.

家与大学生进行面对面的深度交流，推荐相关优秀书籍。图书馆以这种主动引导的形式在积极开展围绕社会主义核心价值观的主流文化建设的同时，也为大学生提供了阅读计划和正确思想引导，进一步推进大学生核心价值观培养，营造浓厚的主流文化氛围。

（二）打造品牌经典阅读推广，多元化传递优秀文化

四川大学图书馆致力于将优秀文化建设嵌入品牌化阅读推广中，根据经典阅读的内生要求，打造经典阅读盛会。目前，图书馆以“新年季的春之芽，毕业季的夏之花，入学季的秋之实，岁末季的冬之蕴”为主题，塑造了四季书香品牌经典阅读推广，通过一系列多元化，多感官体验的阅读活动，力求层层递进地实现阅读层次的深入，提升阅读经典的兴趣。

例如图书馆开展的“四川大学中华经典美文诵读大赛”为大学生搭建了中华经典文化品读、交流平台，让大学生以视听结合的方式展现经典，通过诵读感悟经典魅力，内化知识，陶冶情操。“青春之我”真人书屋以具有强大影响力的“大咖”“牛人”作为真人图书激发大学生参与兴趣，以分享优秀图书为媒介，通过知识互通互动让大学生在品读真人图书的同时也有机会深度品味不同经典。“悦读经典”书会、“读书与人生”座谈这类以名师导读、阅读体验分享为主的交流活动则让大学生通过与名师们面对面的交流了解各种阅读方法，认知经典阅读的重要性，在今后的读书与生活中也能长久受益。此外，像“经典重现”话剧表演、“书间影音”名著改编类电影展播，“识句寻踪”知识竞赛等系列主题活动主要通过舞台演绎、视听语言、现场游戏等活泼生动的形式多角度呈现、解读经典，全方位提升大学生对经典阅读的关注，多元化传递优秀文化。

（三）加强特色资源建设，打造精品人文阅读基地

四川大学图书馆通过优化资源结构，加强对特色文化资源与特色阅读的推广，通过建设精品人文阅读基地，为优秀文化建设提供保障。

1. 传统文化特色资源建设

“特色馆藏是高校图书馆资源建设一项重点，但相关研究表明，诸多图书馆的特色资源建设存在内容表现形式与载体单一，地域文化特色资源内容稀少等特点缺失的问题。”① 四川大学图书馆结合四川地域文化特色，

---

① 胡越慧. 地方高校图书馆特色馆藏资源建设研究［J］. 图书馆理论与实践，2012（6）：72-75.

挖掘整合各类文化资源，实施传统文化特色资源建设，例如再造出版《四川全图》等和数字化《新新新闻》等馆藏古籍特色资源，自建了如《学苑汲古——高校古文献资源库》等类古籍库。图书馆还优化中华传统文化资源配置，引进《永乐大典》等大型优秀中华文化典籍，引进中国基本古籍库、中国丛书库、中国方志库等各类中华文化典籍数据库。同时，还通过推出以“古小微”为名的馆藏特色资源文献推广的微博、微信平台推介馆藏特色资源文献，在实现推广载体多样化的同时，也更好地引导了学生亲近优秀传统文化，普及传统文化知识，在广大师生中广受好评。

2. 校训文化资源建设

校训是一所学校的文化核心，四川大学图书馆通过完善校训文化方面的资源建设加强校园文化和优秀文化建设，发挥大学生人文素养培养重要基地的作用。四川大学图书馆建立了反映川大学人成果的“明远文库”以推进校训文化建设，将四川大学历代学人的学术专著和研究成果，特别是朱德、吴玉章、张澜、郭沫若、巴金等具有影响力的著名川大校友的文献著作进行收藏和展示，为师生提供充足、系统的相关信息资源。这样的校训文化建设一方面有利于对大学生进行人文素养熏陶，另一方面可以弘扬学校的优良文化、传统和学风，坚定学子的文化自信。

3. 心理健康教育特色资源建设

相关研究表明，中国优秀传统文化对当代大学生的影响更多的只是及于表而未渗于里。四川大学图书馆以关注学生成长，实现心理育人为目的，开设了“沐心小屋”特色阅读空间。从 2014 年起，图书馆与学校心理健康教育中心、心理协会等相关部门合作，开设“沐心小屋”专属阅读区域，整合丰富馆藏资源推荐并陈列阅读保健相关的人文精品书籍、配套馆藏纸质及电子资源，系统性地开展“沐心小屋”系列主题阅读活动。以阅读疗愈心理的方式让经典原典和优秀文化浸入大学生内心，优化大学生心理建构，在促进大学生身心健康成长的同时，也推动优秀文化建设。

（四）新媒体技术丰富阅读平台

为激发大学生对经典阅读的兴趣，提升阅读体验，四川大学图书馆整合图书馆官方微博、微信、移动图书馆等平台，自主开发多项服务功能，形成个性化的多平台联合体系深度服务经典阅读工作，借助新媒体的技术和影响实现经典阅读的延伸。

图书馆通过微信公众平台搭建了与不同平台的连接界面，利用微信自定义菜单功能，开设个性化专栏，包括：馆藏资源、特色服务等。在馆藏资源板块嵌入移动图书馆平台，为读者获取移动阅读资源提供便利。在特色服务板块嵌入自主开发特色服务："摇一摇"电子书推介，让读者通过类似微信摇一摇的功能即可获取电子版经典读物，吸引读者阅读经典；开发"我是朗读者"语音阅读云平台，通过趣味朗读活动，积极调动读者阅读经典的兴趣，满足广大读者的个性化要求。此外，图书馆还通过以微博为主的社交媒体作为经典阅读活动的宣传渠道，围绕活动开展线上线下与读者互动，实现多元化推广。

（五）专业阅读推广团队建设

为更好地推广经典阅读，推进优秀文化建设，四川大学图书馆组建以"馆员+学生团队+专家教授"的阅读推广团队开展工作。首先，图书馆专门设立阅读推广专职、兼职岗位，以硕博士馆员为主力成员，形成图书馆宣传推广工作小组，在开展活动实践的基础上，注重理论总结，形成阅读推广经验。同时，图书馆注重对学生力量的挖掘与培养，加强与图书馆志愿者、学生社团的合作，组织学生团队参加"阅读推广"活动的策划、组织和具体实施，例如在 2018 年的"四川大学中华经典美文诵读大赛"就由图书馆与志愿者团队、"四川大学演讲与交际协会"社团共同合作，活动依托学生组织思维活跃、覆盖面广等特点，大大提升了活动的推广效率和影响力。此外，图书馆充分发挥专家教授的引领作用，如在"学思践悟十九大"真人图书馆、"阅读与人生"师生交流会等活动中，聘请校内有影响力的专家教授聘担任"四川大学阅读推广大使"，长期为大学生提供书目推荐、阅读指导，深化经典阅读层次和效果，使阅读推广的传播面和辐射面更为广泛。

四、关于深化高校经典阅读推广与优秀文化建设的思考

（一）巩固基础推广，提升经典推荐质量

目前，各高校图书馆每年推荐的经典书目种类繁多，但质量参差不齐，书目推荐工作未在高校图书馆中得到充分重视，缺乏整体的协调和规划。编制高质量经典书单是做好经典阅读推广的基础，对大学生经典阅读有明显的引领和指导作用。图书馆可以建立经典书单编制队伍，一方面调动专业馆员，充分挖掘馆藏资源，同时整合以网络为来源的多元化书目资源信息，明确认识经典的类别和具体内容，明辨别各种版本的优劣，积极

开展读者阅读需求和意愿等方面的调研，做好优质经典书目编制和推荐。另一方面应利用好学校专家教授和教师资源，与其密切合作，组建专业队伍为大学生编制经典推荐目录，使推荐的书目更具有说服力和指导意义。

（二）将经典阅读纳入学校人才培养体系

高校图书馆可通过配合学校与经典学习相关的公共课程提升对大学生的教育指导作用。因此，图书馆可配合学校与经典学习相关的公共课程，结合课程需要制定经典导读推广计划，提供纸质和电子版图书保障，把经典阅读推广与指导嵌入大学生的第一课堂，以此作为促进大学生经典阅读、推动优秀文化建设的重要途径。同时，还可面向全校开设信息素养、阅读素养教育的相关课程与讲座，培养大学生阅读意识，给予其阅读方法和技能方面的指导。

（三）凝聚多方力量，加强阅读推广人力资源建设

高校图书馆基于优秀文化建设的阅读推广工作要做到有成效、有影响力，需得到学校领导的高度重视和学校各部处、学院的配合支持，同时还应凝聚多方力量，加强与校内有影响力的人员、学生团队甚至校外资源的积极合作。除了调动校内的专家名师力量外，还应加强对大学生中“牛人大咖”的关注，以及对校外资源，特别是对社会中有一定影响力的精英校友资源的挖掘，邀请其加入阅读推广队伍，充分利用“名人”的权威性、说服力和影响力，吸引大学生关注经典阅读，促进高校优秀文化建设。

此外，高校图书馆要想使阅读推广真正深入大学生群体，需注意加强与学生社团的合作。在合作方面，图书馆应利用自身优势为其提供有利条件，形成优势互补、互利互惠。如学生社团人力充足、组织能力强、群众基础好，但活动物资、专业指导等方面的资源却有所欠缺，高校图书馆可为他们搭建更好的平台，使其依托图书馆顺利开展活动，在很好地推动图书馆阅读推广工作进行的同时，也助其提升综合素质。

（四）把握新时代环境下经典阅读推广重点

“建设社会主义文化强国，是新时期文化建设的总要求，也是我国开展全民阅读工作总的指导思想。”[①] 新时代环境下，高校图书馆有责任让大学生在经典阅读中坚定文化自信，学习、传承优秀文化。值得注意的是，图书馆应了解中华文化与中国特色社会主义文化的一脉相承，在推广经典

① 柳斌杰. 全民阅读是文化建设的基础工程[EB/OL]. 2018-05-07.

阅读时不应仅限于推广传统文化经典，还应充分把握新时代中国特色社会主义文化发展特点，积极推广各个时期、不同学派思潮和各种领域的文化大家创造的优秀作品和先进文化成果，以弘扬红色文化、社会主义先进文化。

五、结语

总之，高校图书馆以经典阅读推广推动优秀文化建设是一项具有重要意义的工作。图书馆应紧密结合新时代需求，及时开拓创新经典阅读推广思路，让大学生通过学习深入领会中华优秀文化中蕴含的思想精髓、人文精神，在为时代培育所需人才的同时，也让中华民族的优秀文化思想能够得以传承并发扬光大。

基于信息资源生命周期的智力资本对图书馆价值的影响*

罗　宏　蔡　濂　孙　波**

摘　要：在信息资源的生命周期各个阶段，智力资本各要素的价值创造作用是不一样的。文章根据图书馆信息资源生命周期的特性，对智力资本各要素价值创造行为进行分析，以期恰当评价智力资本在信息资源管理中的作用。图书馆的管理者可以根据信息资源的生命周期阶段制定相应的智力资本管理策略，以达到有效提升图书馆价值的目标。

关键词：信息资源　生命周期　智力资本　图书馆价值

智力资本在会计学上是指与土地、实物等有形资本相对应无形资本，存在于企业内部并能够为企业带来价值的资本。过去，对于智力资本的研究主要是面向经营类企业，在知识经济的发展中，研究者认识到有关智力资本的研究在非营利性社会组织和机构中也同样重要，因此有关智力资本的研究迅速拓展到包括图书馆在内的非营利性组织。

在这里我们将智力资本引入到图书馆领域，探讨智力资本对图书馆价值增长的机理，以便更有效地发挥图书馆智力资本的作用，这对于图书馆价值增长具有重要的意义，本文的研究也正是基于以上的原因。

一、图书馆价值及构成要素

图书馆的价值分为内在价值和外在价值，图书馆内在价值是指图书馆

---

*　本文系2016年度四川省文化厅图书情报学与文献学规划项目“基于知识流的公共图书馆社交媒体知识服务体系研究”WHTTSXM［2016］13成果之一。

**　罗宏（1973—），女，硕士，四川大学图书馆馆员；蔡濂（1969—），女，文理双学士，四川大学图书馆副研究馆员；孙波（1967—），女，理学学士，四川大学图书馆副研究馆员。

本身的价值，其构成要素包括信息资源价值、实体价值和无形资产价值。信息资源价值是图书馆内各种的信息资源，可能存在于各种载体上，如纸本的图书期刊、各类型数据库、古籍、光盘等价值，实体价值是图书馆硬件价值如实体建筑、各类设备与实物价值等，无形资产价值是人力资源价值、企业文化价值和社会形象等。

外在价值是指从社会的角度衡量图书馆价值，也就是图书馆作为一个整体在社会中具有的价值。图书馆的外在价值在研究中可以用经济价值和社会价值来衡量。图书馆经济价值：图书馆建筑实体、物质设备和各种信息资源能够以货币加以计量；图书馆社会价值：图书馆作为社会的公益性组织机构，为社会对外更多的是展示自己的社会价值。文献资料显示，对图书馆价值的研究有定性的描述也有定量的分析，比如有报道指出，在2004年有咨询公司对大英图书馆通过定量的手段对其服务的社会价值进行评估显示："多年来大英图书馆创造的价值是投入的4.4倍；大英图书馆创造的总价值是3.63亿英镑，其中直接用户服务创造了5900万英镑，社会效益产生了3.04亿英镑收益。"①

作为一个非营利性组织，图书馆价值的提升实质上就是图书馆作为一个社会机构，更好地服务于社会，为社会文明和文化的发展做出更多贡献的表现。

二、智力资本构成要素及其对图书馆价值增长的作用

（一）图书馆智力资本构成要素

现有研究将智力资本划分为人力资本、流程资本、创新资本和客户资本四个基本要素，我们对图书馆智力资本也按照以上的原则划分。同时定位于社会公共事业组织的图书馆，除了与图书馆用户进行联系以外，还需要与承办的社会机构、社区、公众，有业务来往的企事业组织有密切联系，因此这里将客户资本改为社会资本，图书馆智力资本划分为人力资本、流程资本、创新资本和社会资本四个基本要素。

（二）智力资本对图书馆价值增长的作用机理

1. 人力资本对图书馆价值的影响

从资本角度来看，图书馆在人力资源方面的投资，主要是单位聘任员

---

① 贾国柱，熊伟. 国外图书馆价值评估研究述评[J]. 图书情报工作，2011，55(1)：85-88.

工，在有关薪酬、福利等方面的投入，以及根据工作需要，在员工继续教育、培训方面的开支。在智力资本各个要素环节中，人力资本的形成是智力资本创造价值的开始，组织通过聘任员工得到了开展正常生产、经营和管理活动所必需的人力资源。图书馆员工的专业知识和工作技能就是图书馆的知识资本，并可以通过学习、培训等方式加以提升，这是图书馆实现价值增值的重要驱动力。在实践工作中，图书馆员工通过对信息资源的加工处理和创新活动，向用户呈现相应的信息产品及服务，能否发挥员工的主观能动性，是图书馆价值提升的关键所在。①

2. 流程资本对图书馆价值的影响

流程资本是指是组织机构运行的机制，图书馆流程资本包括图书馆管理制度、组织架构、规章规程、业务流程、和企业文化等方面，是图书馆正常运行和提高服务能力的保证，也是价值创造和价值增加的保障。在智力资本各构成要素中，流程资本将组织投入的人力资本和物质资本相结合，进而创造图书馆价值，这种价值创造能力独立于个人而存在，比如单位内部人事更换，也不影响组织业务工作正常开展。从知识管理的角度，知识流在组织内部的顺畅流动需要以合理的管理制度和高效业务流程为基础，反之，组织结构安排不合理、制度不健全会妨碍组织内部整体知识流的合理流动，最终导致工作效率低下。②

3. 创新资本对图书馆价值的影响

创新资本是价值增值的驱动力，目前许多实证研究表明，在创新资本方面的投入可以很好地提升组织价值。图书馆的创新资本就是可以进行创新活动的能力：包括创新的理念、机制、知识和服务等。图书馆创新资本具体可以描述为：自主研发产品（图书馆自主开发的数据库、平台以及其他服务和成果）、科研成果（申报的课题、发表的论文专著等）和新推出创新性的服务方式和内容。创新资本外在体现为一种与时俱进的服务方式和内容的改进，其具体内容可以随着时代和环境的改变而发展。创新资本的运用，使图书馆可以更好更快地适应外界技术环境和交流环境的变化，

---

① 陆康，王圣元，刘慧. 基于 DEA 的图书馆智力资本评价[J]. 现代情报，2012（10）：15-18，10.

② 迟秀丽. 论图书馆的智力资本管理[J]. 大学图书情报学刊，2006（06）：6，23-25.

不断提高用户满意度。①

4. 社会资本对图书馆价值的影响

社会资本，体现的是机构、企业的社会关系，作为组织整体与业务有关联的各个利益相关者之间、与社会公众之间的关系。图书馆社会资本包括社会影响力、社会地位、国内外交流与合作等方面以及各个利益相关者之间的关系。图书馆的利益相关者包括：用户、有业务往来关系的上机构部门、出版社、发行商、数据库商、其他一些硬软件提供商的关系。组织机构的价值创造成果，就是体现在对客户或用户的产品或服务上。读者与图书馆关系能够直接体现图书馆的社会价值，提高用户的体验和满意度是现代图书馆追求的目标，图书馆通过不断改进工作流程和服务模式，树立良好的社会组织形象，在为用户和社会服务中创造更多的社会价值。②

综上所述，智力资本各要素对图书馆价值增长的影响如图 1 所示：

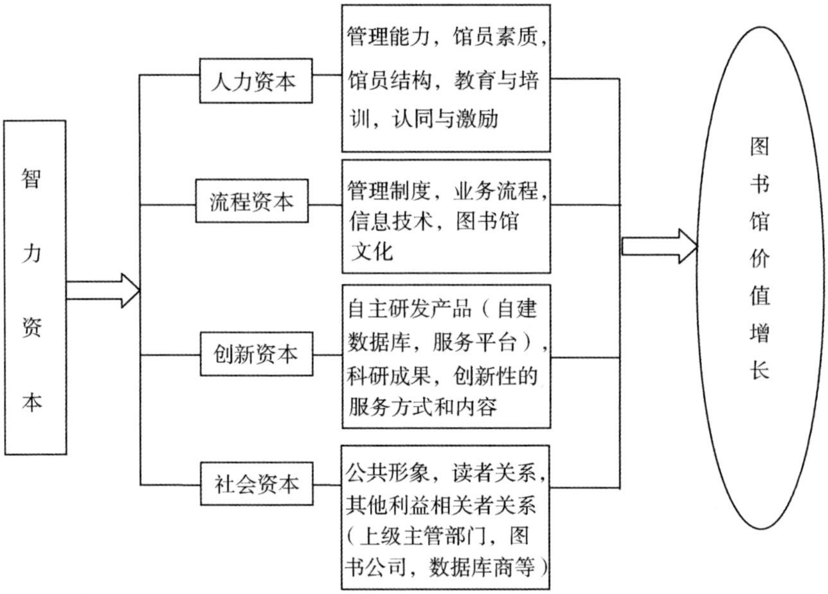

图 1　智力资本各要素对图书馆价值增长的影响

---

① 南星恒. 企业智力资本价值创造行为研究——兼论智力资本与企业价值的相关性[J]. 南京审计学院学报，2014（02）：79-86.

② 戴理达，齐义山. AHP 方法视角下智力资本对商圈成长质量的影响[J]. 企业经济，2014（02）：49-54.

三、信息生命周期不同阶段智力资本对图书馆价值增值的影响

（一）信息生命周期

信息生命周期管理（Information Life-cycle Management，简称 ILM）是一种信息资源管理理论，“其基本原理是信息资源有生命周期的特征，在周期的各个不同阶段信息资源的效用是有差异的，管理者根据周期不同阶段的不同特点制定相应的工作管理策略，目标是以最低的成本获得最大化的收益，从而实现对信息资源管理的最有效的管理模式”①。

（二）具体阶段

本文从图书馆信息资源的管理出发，结合已有的研究成果②，从利用和管理的角度将图书馆信息资源的生命周期分为：制定需求、收集、处理加工、保存、传播利用和再处理等 6 个阶段。在信息资源生命周期的各个阶段，都离不开人力资源的投入，但是在某些阶段，智力资本的其他要素也会对图书馆价值提升发挥显著的作用。

制定需求阶段是指图书馆根据自身的定位、使命和用户的需求确定需要信息资源内容类型，本阶段将决定图书馆将拥有哪些资源内容，这些资源是否是用户所需求的，能否满足用户需要将在本阶段得到基本体现。在制定需求阶段，图书馆需要与一定数量的用户保持密切联系，建立良好的读者关系，让用户乐意提供文献资源和知识服务方面的需求并积极参与馆藏资源建设，良好的社会资本有助于制定符合图书馆能力范围内的资源需求内容。

收集阶段是指图书馆工作人员根据制定需求的结果，选购印刷文献、声像资料和电子文献等文献信息资源，或者通过其他方式获取资源。在本阶段，采访馆员需要按照图书馆的管理制度和业务流程采购信息资源，并加强与资源的提供者的协作，流程资本和关系资本在本阶段有重要作用。

处理加工阶段是图书馆内部工作中很重要的一个环节，既包括对收集到的信息资源进行分类、编目、标引等，也包括对信息资源的深度加工如

---

① 索传军. 基于信息生命周期的数字馆藏管理研究[J]. 大学图书馆学报，2005(01)：26-29.

② 索传军. 试论信息生命周期的概念及研究内容[J]. 图书情报工作，2010(13)：5-9.

自建数据库、编译信息、向机构提供行业分析报告等。在本阶段，一方面，需要馆员按照业务流程进一步对信息资源分类编目等，另一方面，对于深加工信息，馆员需要具备较高的知识能力和创新能力，合作项目更是需要体现集体的协同和创新，因此，在本阶段加大对人力资本、流程资本和创新资本的投入会取得很好的效果。

分级储存是根据需要对收集文献信息资源分配至不同的阅览室、书库存放，对于数字资源来说就是存储到相应的存储设备中，流程资本的作用比较明显。

传播利用阶段就是利用图书馆为用户服务，这包括用户利用实体图书馆和网络图书馆的信息资源，也包括图书馆提供的多种服务方式，从传统的查新检索、待查待检到现代的与教学相结合的信息素养培训、创客空间建设、基于网络社交平台的服务体系等。传播利用是信息资源管理的最终目的，也是其中最活跃和积极的阶段，在这个阶段，通过图书馆人员的努力，积极创新，可以提供深化的服务内容，创新切合用户需要的服务模式，为图书馆树立良好的社会形象，深入的服务能力需要以较强的知识背景和创新能力为保障，因此，本阶段加大对人力资本和创新资本的投入，可以树立积极为社会服务的现代化的图书馆形象。

再处理阶段，有些信息资源在使用一段时间以后，其利用价值会发生变化，没有继续保留价值的，需要根据图书馆的规定进行剔除；对于使用率低，但有一定保持价值的信息资源，可以转移到其他的不常用的存储空间和介质上；对于还具有较高价值的资源，通过人力资源的投入，开发出新的价值。图书馆需要组织对文献信息资源进行评估，按照业务流程对各类文献信息资源再处理。

由此可以看出，信息资源的生命周期活动，是智力资本的不断投入、处理和传播利用的过程，人类的活动为信息资源注入了新的价值。①

四、图书馆应该保障智力资本投入

ILM 体现了对信息资源分级管理的理念，其目的是以最小的投入获得最大的收益。图书馆引入智力资本管理也是希望在资本投入较小的情况

---

① 万里鹏. 信息生命周期研究范式及理论缺失[J]. 中国图书馆学报，2009(5)：36-40.

下，能够有最大化的收益。

（一）智力资本的积累

图书馆管理层需要意识到图书馆的智力资本的积聚与发展是图书馆长远发展的重要驱动力，在图书馆管理活动中力图做到智力资本各要素人力资本、流程资本、创新资本和社会资本有机结合，合理配置各有效要素，以多种方式为图书馆的发展提供长远的动力。

在具体工作中，图书馆通过合理配置岗位，建立激励制度，积极调动员工的主观能动性，同时，图书馆也需要通过培训、组织学习、建立多种方式提升馆员的知识水平、个人素养和工作技能熟练度。在图书馆的运行过程中，要以用户需要为驱动，对组织结构和工作流程进行合理的调整，一方面可以在原来管理模式上引入矩阵式组织结构，在工作项目中灵活配置人力资源；另一方面，优化图书馆服务工作流程，提高工作效率。图书馆在对用户服务过程中，提供优质信息产品固然重要，图书馆和用户关系也同样需要积极维护，维护双方的信任和依赖关系，对于暂时不能满足的信息需求，尽量对用户做好解释和沟通工作。在社会资本其他方面，可以通过多种形式的宣传报道、参与积极社会活动，积极提升图书馆的社会影响力。总之，可以通过对智力资本的长期积累驱动图书馆机制的提升。①

（二）知识创新是提升图书馆智力资本水平的重要保障

图书馆营造良好的创新机制，可以积极支持员工或者图书馆自己组织的方式，鼓励馆员多渠道加强信息素养和专业技能的学习，一方面要引导员工与时俱进，能够适应社会在交流环境和技术环境等方面的变革；另一方面，在图书馆内部建立针对图书馆馆员继续学习制度，提升整个图书馆的知识服务能力。图书馆在工作流程上规范管理，将创新思想和技术引入图书馆管理和日常业务中，改进工作中效率低下的环节，同时，加大对创新的投入，图书馆对创新的投入在物质上可以购买一些创新服务的设备，提升用户的使用体验，鼓励馆员参与社会和学校的创新活动，以创新为切入点，根据实际情况尽量投入人力进行业务创新和服务工作创新。增加的创新投入，可以提高图书馆的服务效能，可以促进图书馆服务工作的转型升级和图书馆社会价值的增长。

---

① 洪碧月. 智力资本、双元创新与企业绩效关系研究[D]. 华东交通大学，2018.

（三）智力资本各构成要素之间协同创新

在信息资源合理配置的情况下，为了更好地发掘图书馆的社会价值，图书馆一方面需要进行资源揭示和开发，比如：通过导读平台、阅读推广计划、图书馆营销等多种方式向用户宣传推广信息资源，开发创新的信息产品提供给用户。另一方面是在优化服务上下功夫，结合现代化的服务手段，用户可以快捷方便地利用图书馆资源，并及时沟通联系。在图书馆内部，制定合理的管理运行机制，在工作需要时，图书馆各部门间能及时协作，协调能力，提高效益。信息资源生命周期的各个阶段，智力资本构成要素同时存在，相互作用，但是在每个阶段各要素发挥作用的效率有所不一样，图书馆就没有必要对智力资本的各要素作同样的投入，可以根据在信息资源生命周期的各个阶段，智力资本发挥作用的特点，比如在信息资源的收集阶段，采访馆员需要按照图书馆的管理制度和业务流程采购信息资源，流程资本在本阶段有非常重要作用。因此在本阶段图书馆需要制定严谨、高效率的采访业务流程，有助于完成本阶段工作任务。通过对各个阶段，关键的一种或者多种要素的重点投入，可以实现在有限的资源情况下，推动图书馆的社会价值的提升。

五、结语

提升图书馆价值是在当前信息环境下图书馆工作者和研究者努力的目标，以人力资本、流程资本、创新资本、社会资本为主要要素的智力资本是图书馆重要的无形资本，它们作用于物质资本，为图书馆服务的价值增值提供质的保证，只有保证智力资本的投入，图书馆才可能具有可持续发展的能力。本文从智力资本各主要要素出发，分析在信息资源管理的周期智力资本各要素发挥的不同作用，有针对性地在各个环节加强主要要素的管理和投入，可以在现有的资本投入的情况下，增加图书馆价值回报，树立图书馆品牌、提升图书馆服务，以及开展新的服务模式，从而达到增加图书馆价值的目的。

开放教育资源视域下的高校图书馆创新人才协同培养*

魏丽敏**

摘　要： 互联网时代，以微课、慕课和创客为代表的开放教育资源以其免费、开放、共享的精神为人们提供了高质量的学习资源和多样化的学习方式，促进了教育体系的公平和学习型社会的建立，成为培养跨学科、跨领域创新能力的新渠道。整合国内外优质开放教育资源和现有馆藏资源提供大数据环境下的知识服务、寻求出版商授权许可结合开放获取等替代资源实现面向社会的共享和推广、创建集教学资源、实践资源、交流平台和评价机制于一身的协作学习环境和共享学习平台是高校图书馆应对挑战、深化创新人才培养实践的必然之举。

关键词： 开放教育资源　慕课　创新　图书馆

党的十九大报告中，习近平总书记将创新放在新发展观的首位，居于国家整体发展的核心，报告中50余次提到创新，特别强调人才强国战略和创新驱动发展战略。《中华人民共和国高等教育法》和《美国国家教育技术计划》都将培人才培养目标聚焦在自主、创新、责任和道德上，并将创新精神放在学习目标的首要位置。[1]在互联网+时代，以免费、开放和共享为特征的开放教育资源不断推陈出新，微课、慕课和创客等多种形式的开放教育资源突破了学习的时空局限，高校图书馆的服务范畴逐渐外延，从工业时代的教育和文化机构转变为开放的非正式学习中心[2]，多种途径发

---

*　本文系2015年度四川大学图书馆、情报与文献学科研项目（项目编号：sktq201520）研究成果之一。

**　魏丽敏（1983—），女，硕士，四川大学图书馆馆员。

挥高校图书馆第二课堂的辅助教育功能，是图书馆参与创新人才培养的必然需要。

一、开放教育资源发展历程

从 20 世纪 90 年代中期的开放学习对象，21 世纪初期的开放课件与教材[3]，到开放课程视频等内容，逐渐延伸至开放学习管理、开放学习软件、开放学习过程、开放师生交流等的全域内容开放，符合联合国教科文组织的“开放教育资源”概念：在教学、科研中自由开放的使用基于互联网的数字化素材[4]，开放教育资源近年来在全球蓬勃发展，吸引各国的教育机构纷纷加入其中，直接促成了“第四次教育革命”的发生，以及微课、慕课、翻转课堂等新型教育模式的出现。

（一）微课

微课是指以简短视频为主要载体，记录教师在教育教学过程中围绕某个知识点或教学环节而开展的教学活动过程，其特征在于“微”，时长微（5~8 分钟）、内容微（某一个知识点）、存储微（几十兆）。其形式一般分为微视频、微讲座、微讲课、微课程，从微视频到微课程，是以微视频为基本素材，通过科学的内容组织和教学设计而构成微型化网络课程的过程，是一种基于微视频的交互式在线课程。[5]微课能够很好地满足学习者自制方案的个性化学习，是课堂学习外的重要补充。

微课在我国从 2011 年被首次提出，经过 2012 年早期探索、2013 年起步发展、2014 年快速发展、2015 年加速发展和 2016 年以来的内涵发展阶段，取得了群众基础好、领导重视高、技术普及广、优秀作品涌现等可喜进展，呈现出个性化、常态化和百花齐放的态势，作为碎片化学习方式之一广泛渗透到学习和工作、生活和娱乐等方方面面，成为建设“人人皆学、处处能学、时时可学”学习型社会的基石。

（二）慕课

慕课（Massive Open Online Course，简称 MOOC）是大规模在线开放课程的简称，是全球开放教育资源运动的最新动态。与传统的班级授课相比，慕课可以最大限度地实现名校名师优质课程资源的大规模共享，实现真正的没有围墙的大学。慕课整合片段化的微课思想形成了完整课程，具有完整的教学活动，并可在课程结束时通过在线考试获得学分或证书。

慕课于 2008 年在加拿大《联通主义与联通知识》（Connectivism &

Connective Knowledge）课程中被首次提出[6]，2012 年 Coursera、Udacity、edx 三大慕课平台在美国相继上线引发了全球教育领域的广泛关注，2013 年我国清华大学、北京大学、上海交通大学、复旦大学先后加入三大慕课平台，开启了国内慕课研究的先河，2014 年以来我国自主研发的好大学在线、中国大学 MOOC 等平台陆续发布，2015 年教育部出台《关于加强高等学校在线开放课程建设应用与管理的意见》全面推动和促进了高校参与慕课课程制作和平台建设[7]，2016 年教育部发布的《2016 年工作重点》中再次提出推进慕课等在线开放课程的发展[8]，至此国内以慕课为代表的开放教育资源研究达到高潮。

（三）创客

创客（maker）指乐于动手实践和交流分享并致力于将各种创意转变为现实的人群。创客教育基于学生的兴趣，以自主学习的方式，通过分享和数字化工具造物，培养跨学科解决问题能力和创新能力。[9]创客运动是以数字时代原住民为主体，将互联网文化与合作引入制造过程从而实现联合创造的时代潮流，蕴含了开放分享的精神、动手实践的能力和对自由的不懈追求。其特征在于学生根据项目需求利用互联网开放教育资源开展自主学习成为知识的创作者，学校则从知识传授中心转变为实践应用场所。

1998 年 MIT《如何能够创造任何东西》课程是创客的最初灵感，2001 年波士顿首个 Fab lab 成立并提供低成本制造实验条件，发展至 2008 年全球已经建立了 30 余家 Fab lab 实验室。2013 年我国首次出现的中国科学院“创意空间”[10]，拉开我国图书馆研究创客空间的帷幕，目前国内已建成的有广州图书馆创客空间、上海蘑菇云创客空间等，此外同济大学图书馆、清华大学图书馆等也陆续在高校图书馆里建立了创客空间和创客社团，发挥着图书馆作为高校第二课堂的辅助教育功能。

二、开放教育资源对传统图书馆服务的机遇

随着新技术和新设备的不断涌现，学习的资源和方式、教育的内涵和外延都发生了很大变化，以慕课为代表的开放教育资源突破了学习时间和空间的局限，让学生创新意识和解决问题能力的培养成为可能。

开放教育资源与图书馆服务的共同宗旨之一是资源共享，开放教育资源运动发展至今创建的数量众多、形式多样的学习资源为图书馆开展信息素养教学提供了优质素材和跨越时空、跨学科的学习机会，让不同地域文

化、不同专业背景的学习者共同学习和研讨，建立传统学科、交叉学科和边缘学科之间的非线性联系，有利于开拓学习者的思维和视野，激发学习者的创造性；开放教育资源与图书馆服务的共同宗旨之二为人人平等，开放教育资源面向社会免费开放促成了世界范围的无差别学习，例如哈佛大学的《版权法》（Copyright）课程除了哈佛大学校内学生的面对面课堂教学以外，还在互联网上供世界各地的学习者免费使用，让普通人有机会分享世界一流的教育资源，促进教育公平和全民创新。

三、开放教育资源对图书馆创新人才培养提出的挑战

图书馆高度重视开放教育资源环境下的服务创新，目前已有图书馆参与开放教育资源课程建设、图书馆提供开放教育资源版权服务、图书馆融合开放教育资源开展信息素养教育等研究，对于图书馆如何帮助读者提升数字化、移动化和社会化学习环境下的创新能力、创造能力，可从以下三个方面有所作为：

在服务内容方面，将开放教育资源使用国内外发布的优质教育资源、我国教育信息化20年来积累的海量多媒体教学素材、图书馆收藏的印刷型文献资源与数字型文献资源有效地融合配置。针对资源生产者的授权方式和知识产权要求，制定分层次和个性化的全文采集、元数据收割和质量控制，将现有馆藏文献和开放教育资源碎化为细粒度的知识元数据，辅以学习者利用馆藏的行为数据，实现知识元与知识元、知识元与行为数据之间的深度融合并重组为关联数据，进而实现大数据环境下的知识服务。

在服务范围方面，促进资源的合理使用和最大限度开放是图书馆的历史使命。开放包含着经济层面的免费使用和所有权层面的允许使用两层含义，开放教育资源虽免费提供课程视频，但在其教学中依赖的大量文献资源可能触犯版权保护。我国2005年《关于网络环境下著作权问题的声明》明确赋予图书馆取得教学资料的复制权与网络传播豁免权，为高校图书馆扩大服务范围提供了法律依据。[11]高校图书馆可行的途径包括积极寻求出版商授权许可、与数据库商制定互惠共赢的使用协议、广泛搜集开放获取等替代资源、梳理整合本馆自建资源，为开放教育资源面向社会的共享和推广提供保障。

在服务空间方面，支持学习者自带设备、可穿戴技术、创客空间等新兴教育技术，在满足空间安静的前提下，建立集开放教育资源和馆藏数据

资源等教学资源、智能工具和物联网等实践资源、云技术和区块链等交流平台、大数据分析和可视化等评价机制于一身的协作学习环境和共享学习平台，提供正式和非正式的混合学习场景，从查询、探讨到实验、创新的全程学习支持，构建立体、多维、协同、弹性的学习空间，联通学习者的已有知识和新知识、显性知识和隐性知识，打造整合学习、交流、创意、实践的智慧教育生态系统，促进知识创造的螺旋式上升。

四、结语

开放共享的互联网已经成为改变教育的重要力量，开放教育资源为高校创新人才培养带来了前所未有的机遇和挑战。高校图书馆在创新人才培养过程中应该以积极主动的姿态，把握时机、增强动力、与时俱进、拓展服务，打造成为高校创新教育的主战场，提升高校图书馆的地位和影响力。

参考文献

［1］陈松云，何高大. 新技术推动下的学习愿景和作用——2017《美国国家教育技术计划》及启示[J]. 远程教育杂志，2017（6）：21-30.

［2］罗尔夫·哈佩尔. 图书馆作为网络社会中开放的非正式学习中心[EB/OL]. http：// www. gzlib. gov. cn/societyzxxx/144113. jhtml，2016-11-30/2018-03-01.

［3］Hanley G L G E. A Message from the MERLOT Executive Director：MOOCs，MERLOT，and Open Educational Services[J]. Journal of Online Learning & Teaching，2013，9（2）：i-ii.

［4］焦建利，贾义敏. 国际开放教育资源典型案例：一个研究计划[J]. 现代教育技术，2011，21（1）：9-13.

［5］刘名卓，祝智庭. 微课程的设计分析与模型构建[J]. 中国电化教育，2013（12）：127-131.

［6］钟晓流，宋述强，胡敏，等. 第四次教育革命视域中的智慧教育生态构建[J]. 远程教育杂志，2015（4）：34-40.

［7］中国教育信息化网. 教育部关于加强高等学校在线开放课程建设应用与管理的意见[J]. 中华人民共和国国务院公报，2015（18）：48-50.

［8］中华人民共和国教育部. 教育部关于印发《教育部 2016 年工作

要点》的通知[EB/OL]. http://www.moe.edu.cn/srcsite/A02/s7049/201602/t20160205_229509.html, 2016-02-04/2018-03-01.

[9] 梁森山. 中国创客教育蓝皮书（基础教育版）[M]. 北京：人民邮电出版社，2016：2-6.

[10] 王安萌. 我国图书馆创客空间研究进展综述[J]. 图书馆研究与工作，2016（4）：15-18.

[11] 肖容梅. 网络环境下著作权的法定许可与集体管理——读《关于网络环境下著作权问题的声明》有感[J]. 国家图书馆学刊，2006（3）：65-68.

"双一流"建设背景下一流学科
——口腔医学资源的精准建设*

徐　平　赵　萍**

摘　要：以四川大学口腔医学2013年被SCIE所收录文章的参考文献为数据源，采用引文分析法，评估口腔医学资源建设是否合理及存在的问题。结果纳入188篇文献的6774篇引文，引文普赖斯指数为32.42%；引文中英文（98.54%）、期刊（98.36%）文献占据了绝对主导地位；AM J ORTHOD DENTOFAC、BIOMATERIALS、J DENT RES、P NATL ACAD SCI USA是华西口腔医学师生最常用的期刊；文献保障率为86.94%，基本符合最佳馆藏规模，其中77.90%为四川大学订购，7.78%通过OA方式获取；J Clin Dent、INT J ORAL MAX IMPL、INT J NANOMED是缺藏的主要期刊，在经费允许的情况下，优先考虑；生物材料、多学科科学、生物化学与分子生物学、内分泌和代谢等学科与口腔医学联系密切，与之关联的材料科学、基础医学也是我校的双一流学科，资源配置时应相互借鉴，综合考虑。

关键词：口腔医学　引文分析　一流学科　资源建设　精准化

一、引言

2017年9月20日，《关于公布世界一流大学和一流学科建设高校及建

---

* 本文系四川大学2015年度"图书馆、情报与文献学科研究项目"（项目编号sktq201516）研究成果之一。

** 徐平（1968—），女，硕士，四川大学图书馆副研究馆员；赵萍（1963—），女，博士，四川大学图书馆研究馆员。

设学科名单的通知》颁布①，我国“双一流”建设正式进入实施操作阶段。四川大学成为一流大学建设高校A类36所之一。四川大学“双一流”建设学科名单有：数学、化学、材料科学与工程、基础医学、口腔医学、护理学6个学科，2017年12月28日教育部学位与研究生教育发展中心公布全国第四轮学科评估结果显示四川大学口腔医学为A+②，是四川大学6个学科中唯一一个A+的学科。近日，QS全球教育集团发布了第八年度QS世界大学学科排名，四川大学有8个学科进入全球500强，其中口腔学表现强势，进入全球50强，位列全球33名。③ 华西口腔医院也连续3年名列“中国医院科技影响力排行榜”口腔医学第1。④《四川大学世界一流大学建设方案》指出，力争到2020年，建党100周年、学校建校125周年左右，口腔医学、化学、材料科学与工程等多个学科进入世界一流行列，学校接近世界一流大学水平，人才培养质量全国领先，科学研究、社会服务和文化传承创新水平国际先进。④人才培养、科学研究离不开图书馆资源的支持，图书馆如何基于此目标为学校双一流学科建设提供精准服务呢？肖希明等⑤指出，“双一流”建设背景下高校图书馆信息资源建设应当开展系统深入的学科信息需求的调研分析，以学科建设为目标实现精准采购，针对一流学科建设实施读者决策采购，以数字资源建设为重点实现数字资源与纸质文献协调发展。

在任何大学，师生都是重要的用户群体，他们需要足够的研究资料作为保障。引文分析，包括分析被引用资源的馆藏所有权，是一种馆藏评估

---

① 教育部、财政部、国家发展改革委.《关于公布世界一流大学和一流学科建设高校及建设学科名单的通知（教研函〔2017〕2号）》[EB/OL].[2018-5-18]. http://www.gov.cn/xinwen/2017-09/21/content_ 5226572.htm.

② 教育部学位与研究生教育发展中心（全国学位与研究生教育数据中心）. 全国第四轮学科评估结果公布[EB/OL].[2018-5-18]. http://www.cdgdc.edu.cn/xwyyjsjyxx/xkpgjg/.

③ 四川大学. QS排名：川大8个学科进入全球500强牙科学强势位列全球33名[EB/OL].[2018-5-18]. http://syl.scu.edu.cn/SCDX/detail/107/240.htm.

④ 四川大学. 四川大学世界一流大学建设方案[EB/OL].[2018-5-18]. http://syl.scu.edu.cn/SCDX/detail/104/200.htm.

⑤ 肖希明，尹彦力. 服务于“双一流”建设的高校图书馆信息资源建设[J]. 图书馆建设，2018（04）：79-84.

的方法①②③④⑤⑥。通过对特定用户群所发表论文的引文进行分析，可以精准了解特定用户群的文献需求及变化趋势、现有馆藏是否能满足其需要等。

本文以四川大学华西口腔医学院的师生为研究对象，对其发表论文的引文进行分析，观察四川大学图书馆馆藏资源是否能满足四川大学口腔医学院用户的需要，全面了解一流建设学科——口腔医学资源建设是否合理及存在的问题，并对缺藏情况进行深入分析，以指导四川大学图书馆重点学科研究级及以上资源建设的精准化、合理化。

二、方法

由于本研究的目的是指导四川大学一流学科——口腔医学研究级及以上馆藏资源的精准建设，在纳入样本时考虑到：样本应是近期具有代表性的科研产出；本地利用的满足情况一直以来被认为是馆藏质量评价的重要指标；样本数量需要足够大并具有一定连续性，且该时间段内期刊馆藏没有较大的变动。Science Citation Index Expanded（科学引文索引扩展版，SCIE）收录的论文数量、引文、被引频次等计量指标是评价某学科、机构研究水平的常用指标。故本文选用 SCIE 数据库，以"地址：（sichuan univ same stomatol）AND 出版年：（2013）"为检索策略，筛选出四川大学华西

① BHARTI N，BOSSART J. Peer-reviewed publications analysis of chemical engineering faculty at the University of Florida[J]. PERFORMANCE MEASUREMENT AND METRICS，2016，17（3）：263-272.

② CONDIC KS. Citation Analysis of Student Dissertations and Faculty Publications in Reading and Educational Leadership at Oakland University[J]. JOURNAL OF ACADEMIC LIBRARIANSHIP，2015，41（5）：548-557.

③ SHPILKO I. An Evaluation of the Neuroscience Journals in a Large Urban Public University[J]. LIBRARY COLLECTIONS ACQUISITIONS & TECHNICAL SERVICES，2015，39（1-2）：9-22.

④ TUCKER C. Analyzing faculty citations for effective collection management decisions[J]. LIBRARY COLLECTIONS ACQUISITIONS & TECHNICAL SERVICES，2013，37（1-2）：19-33.

⑤ HOFFMANN K. A Review of Citation Analysis Methodologies for Collection Management[J]. COLLEGE & RESEARCH LIBRARIES. 2012，73（4）：321-335.

⑥ 王新才，王海宁. 高校图书馆期刊文献保障实证研究——以武汉大学为例[J]. 中国图书馆学报，2015，41（219）：1-16

口腔医学院（华西口腔医院）为第一机构或通讯作者机构于 2013 年发表的论文，将获取的数据以“全记录与引用的参考文献”形式保存为制表符格式，导入 EXCEL，仅提取“CR”（参考文献）字段作为本文的样本既数据源进行统计分析，并与四川大学馆藏目录数据库和四川大学电子期刊导航系统［整合了 Directory of Open Access Journals（DOAJ）、Pub Med Central、Japan Science and Technology Information Aggregator-Electronic（J-STAGE）、Highwire Press、BioMed Central 等开放获取（Open Access，OA）期刊数据库］进行匹配，获取馆藏保障数据。对提取的参考文献数据进行分析统计时，由于参考文献均为缩写形式，有的期刊有两种缩写形式的，统一为 JCR（Journal Citation Reports）缩写形式，如 CLIN ORAL INVESTIG，统一为 JCR 缩写：CLIN ORAL INVEST。期刊刊名发生改变、合并的，保持原刊名不变，如 ORAL MICROBIOLOGY AND IMMUNOLOGY 2010 年变为 MOLECULAR ORAL MICROBIOLOGY，保持两种刊名 ORAL MICROBIOLOGY AND IMMUNOLOGY、MOLECULAR ORAL MICROBIOLOGY。对不能确定的数据，通过查找原文来确定文献类型、出版年代等。对馆藏保障情况进行统计时，根据用户习惯，馆藏资源同时有电子和纸本时，统计为电子；同时有馆藏和 OA 的，统计为馆藏。期刊类别采用 JCR 的期刊分类。

三、结果与发现

（一）引文的年代分布

2013 年四川大学华西口腔医学院（华西口腔医院）为第一机构或通讯作者机构的论文有 188 篇，共 6774 篇参考文献，经补全后，有 5 篇参考文献数据仍不完整。最早的参考文献可追溯至 1757 年，最晚参考文献发表于 2014 年，为 Li，Peng；Tang，Youchao；Li，Jia；et al. Establishment of sequential software processing for a biomechanical model of mandibular reconstruction with custom-made plate- COMPUTER METHODS AND PROGRAMS IN BIOMEDICINE. 2013；111（3）：642－649 一文中自引拟发表于 JOURNAL OF CRANIOFACIAL SURGERY. 2014；24（3）：1031－1037 的论文。2009 年以来的参考文献 2196 篇，普赖斯指数为 32. 42%。可见，四川大学华西口腔医学院（华西口腔医院）使用的论文 1/3 为近 5 年的。

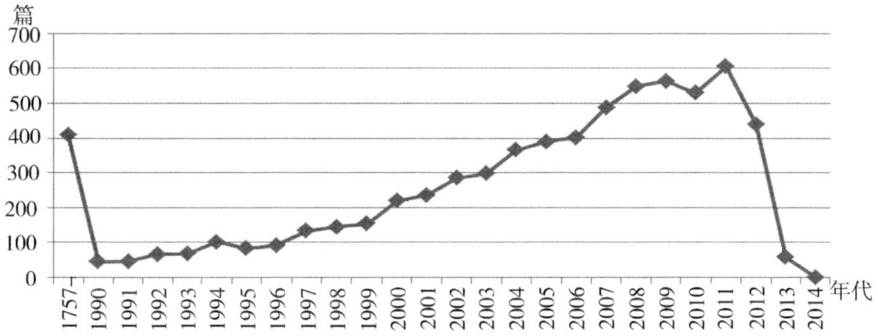

图 1　引文的年代分布

（二）引文的文献类型分布

从表 1 中观察到，6774 篇引文的文献类型多种多样，其中期刊占了绝大多数，为整个引文的 98.36%，只有 1.64% 为其他文献类型，如图书、学位论文、报告、量表、数据、会议、专利等。

表 1　参考文献的文献类型分布情况

文献类型	篇数	百分比
期刊	6663	98.36%
图书	83	1.24%
丛书	12	0.18%
学位论文	5	0.07%
报告	2	0.03%
文献类型不明	2	0.03%
量表	2	0.03%
数据	2	0.03%
会议录	1	0.01%
网页	1	0.01%
专利	1	0.01%
总计	6774	100.00%

（三）各种文献类型的馆藏满足情况

6774 篇参考文献中 5889 篇可获取原文，口腔医学类文献保障率为 86.94%，其中期刊类文献的保障率为 87.80%（表 2），略低于武汉大学期刊文献保障率 87%~97%，在期刊资源建设方面基本符合稳定状态理论对馆藏最佳规模的描述。① 可获取原文的5889篇文献中，5277篇（77.90%）为四川大学图书馆订购的文献，527篇文献（7.78%）可通过DOAD、HIGHWIRE、PUBMED CENTRAL等获取，85篇（1.25%）为国家科技图书文献中心（NSTL）订购。从四川大学图书馆订购资源中获取的5277篇文献，其中1030篇仅能从纸本馆藏中获取，占19.52%（1030/5277），从1990年到2013年占了纸本获取量的79.32（817/1030）。由于四川大学订购的电子期刊大部分为1996年以后，与之相比，并没有表现出1996年以前获得的文献以纸本为主的特征。

同时从表2中也看出，对于期刊文献，由于样本量足够大，基本可以反映口腔医学对期刊类文献的保障情况，而其他文献类型，如图书、丛书、学位论文、专利等，由于数量极少，不足以反映此类文献的保障情况。

表2　不同文献类型的保障率

文献类型	数量（篇）	获得原文数量（篇）	文献保障率
期刊	6663	5850	87.80%
图书	83	28	33.73%
丛书	12	9	75.00%
学位论文	5	0	0.00%
报告	2	0	0.00%
文献类型不明	2	0	0.00%
量表	2	0	0.00%
数据	2	1	50.00%
会议录	1	0	0.00%
网页	1	1	100.00%
专利	1	0	0.00%
总计	6774	5889	86.94%

（四）引用期刊排名（前30%）

6774篇引文中6663篇为期刊文献，涉及1477种期刊，其中39种期刊

---

① 王新才，王海宁. 高校图书馆期刊文献保障实证研究——以武汉大学为例[J]. 中国图书馆学报，2015，41（219）：1-16.

被引 2285 次，占总引文的 34.29%（2285/6663），即引用的 1/3 论文集中在 39 种期刊中（表 3）。引用最高的期刊为 AM J ORTHOD DENTOFAC，其后依次为 BIOMATERIALS、J DENT RES、P NATL ACAD SCI USA。这 39 中期刊中 53.85%（21/39）期刊为口医学，被引用 1266 次，占 39 种期刊被引量的 55.40%（1266/2285），其次为多学科科学（12.30%）、材料科学，生物材料（7.48%）、生物化学与分子生物学（7.22%）、内分泌和代谢（4.77%）、外科学（3.85%）、肿瘤学（2.71%）、风湿病学（1.75%）、细胞和组织工程（1.58%）、化学，跨学科（1.58%）、医学，研究和实验（1.36%）。可见，口腔医学研究除关注本学科外，多学科科学、生物材料、生物化学、内分泌和代谢是其关注度高的学科，同时与这些学科对应的材料科学、基础医学也是我校双一流建设学科之一，因此在图书馆这些学科的资源建设时可互相借鉴，综合考虑。

表 3　引用量占前 30%的期刊

刊　名	被引用次数	期刊类别	馆藏情况	JCR 学科中的排名及分区（2016 年）
AM J ORTHOD DENTOFAC	194	DENTISTRY，ORAL SURGERY & MEDICINE	纸本 1987—2008，电子 1995—	44/Q2
BIOMATERIALS	140	MATERIALS SCIENCE，BIOMATERIALS	纸本 1982—2009，电子 1995—	1/Q1
J DENT RES	112	DENTISTRY，ORAL SURGERY & MEDICINE	纸本 1926—1995，电子 1919—	2/Q1
P NATL ACAD SCI USA	88	MULTIDISCIPLINARY SCIENCES	纸本 1956—2008，电子 1915—，OA（滞后 6 个月）	4/Q1
ANGLE ORTHOD	86	DENTISTRY，ORAL SURGERY & MEDICINE	纸本 1939—1995，电子 1931—，OA	52/Q3
J BIOL CHEM	82	BIOCHEMISTRY & MOLECULAR BIOLOGY	纸本 1905—2011，电子 1905—，OA	74/Q2
J PERIODONTOL	76	DENTISTRY，ORAL SURGERY & MEDICINE	纸本 1931—，电子 1931—	10/Q1
SCIENCE	75	MULTIDISCIPLINARY SCIENCES	纸本 1910—2008，电子 1997—	2/Q1

续表 3

刊　名	被引用次数	期刊类别	馆藏情况	JCR 学科中的排名及分区（2016 年）
CLEFT PALATE-CRAN J	74	DENTISTRY，ORAL SURGERY & MEDICINE	纸本 1991—	64/Q3
OR SURG OR MED OR PA	72	DENTISTRY，ORAL SURGERY & MEDICINE	纸本 1989—2008，电子 1995—	47/Q3
NATURE	70	MULTIDISCIPLINARY SCIENCES	电子 1869—	1/Q1
BONE	65	ENDOCRINOLOGY & METABOLISM	电子 1995—	32/Q1
EUR J ORTHODONT	62	DENTISTRY，ORAL SURGERY & MEDICINE	纸本 1983—2009，电子 1996—	36/Q2
CANCER RES	62	ONCOLOGY	纸本 1950—2001，电子 1941—，OA（滞后 1 年）	15/Q1
J ORAL MAXIL SURG	61	DENTISTRY，ORAL SURGERY & MEDICINE	纸本 1982—2008	31/Q2
J CLIN PERIODONTOL	57	DENTISTRY，ORAL SURGERY & MEDICINE	纸本 1976—2009，电子 1997—	8/Q1
ARCH ORAL BIOL	57	DENTISTRY，ORAL SURGERY & MEDICINE	纸本 1964—2007，电子 1995—	33/Q2
INT J ORAL MAX SURG	53	DENTISTRY，ORAL SURGERY & MEDICINE	纸本 1986—2008，电子 1995—	30/Q2
PLAST RECONSTR SURG	51	SURGERY	纸本 1950—2008，电子 1962—	23/Q1
PLOS ONE	48	MULTIDISCIPLINARY SCIENCES	电子 2006—，OA	15/Q1
J ENDODONT	47	DENTISTRY，ORAL SURGERY & MEDICINE	纸本 1977—	15/Q1
J DENT	44	DENTISTRY，ORAL SURGERY & MEDICINE	纸本 1972—2008，电子 1995—	9/Q1
J BONE MINER RES	44	ENDOCRINOLOGY & METABOLISM	电子 1986—	14/Q1
DENT MATER	43	DENTISTRY，ORAL SURGERY & MEDICINE	纸本 1987—1995，电子 1995—	4/Q1

续表 3

刊　名	被引用次数	期刊类别	馆藏情况	JCR 学科中的排名及分区（2016 年）
CELL	42	BIOCHEMISTRY & MOLECULAR BIOLOGY	纸本 1980—，电子 1995—	2/Q1
BIOCHEM BIOPH RES CO	41	BIOCHEMISTRY & MOLECULAR BIOLOGY	纸本 1959—2001，电子 1995—	164/Q3
ARTHRITIS RHEUMATOL	40	RHEUMATOLOGY	纸本 1986—2009，电子 1950—	3/Q1
J CRANIOFAC SURG	37	Surgery	电子 1990—	167/Q4
STEM CELLS	36	CELL & TISSUE ENGINEERING	电子 1980—	4/Q1
J AM CHEM SOC	36	CHEMISTRY, MULTIDISCIPLINARY	纸本 1906—2008，电子 1879—	10/Q1
J ORAL PATHOL MED	35	DENTISTRY, ORAL SURGERY & MEDICINE	纸本 1989—2001，电子 1997—	26/Q2
INT J ORAL MAX IMPL	34	DENTISTRY, ORAL SURGERY & MEDICINE	缺藏	22/Q1
CLIN ORAL IMPLAN RES	33	DENTISTRY, ORAL SURGERY & MEDICINE	电子 1997—	6/Q1
J PERIODONTAL RES	32	DENTISTRY, ORAL SURGERY & MEDICINE	纸本 1971—1993，电子 1997—	17/Q1
J Clin Dent	32	DENTISTRY, ORAL SURGERY & MEDICINE	缺藏	无
INT ENDOD J	32	DENTISTRY, ORAL SURGERY & MEDICINE	电子 1997—	11/Q1
J CLIN INVEST	31	MEDICINE, RESEARCH & EXPERIMENTAL	纸本 1947—2003，电子 1924—，OA（滞后 3 个月）	4/Q1
J BIOMED MATER RES A	31	MATERIALS SCIENCE, BIOMATERIALS	电子 1996—	17/Q2
J CRANIO MAXILL SURG	30	DENTISTRY, ORAL SURGERY & MEDICINE	电子 1995—	39/Q2

从表 3 的 JCR 学科排名中看出，华西口腔医学院的师生对口腔医学类期刊的引用次数与 JCR 的学科排名关系不大，而更多的是与华西口腔医学

院在口腔医学领域本身研究的重点和方向有关，但其他学科引用的期刊，基本处于本学科的Q1区。

从馆藏情况来看，常用的39种期刊中仅有2种期刊缺藏（5.13%），说明四川大学图书馆订购的期刊很好地满足了华西口腔医学院师生的通常需求。同时，有种现象应值得高度关注，在最常用的39种期刊中，有6种（15.38%）397篇文献（17.37%）是通过OA方式获取的，且6种期刊基本处于本学科的Q1区，说明OA期刊在用户利用中已占有一席之地，并日渐成为学术信息交流系统中重要的高质量知识源。需注意的是，OA期刊常常伴有时滞，有滞后3个月、半年或一年的，因此需重点关注这类期刊的时滞对用户使用的影响。

（五）缺藏情况

813篇缺藏文献为期刊，占整个缺藏部分的91.86%（813/885），其次为图书，占6.21%（55/885）；缺藏期刊中1996年以来的文献有641篇，占整个缺藏期刊的78.84%，故重点分析1996年以来期刊的缺藏情况（见表4）。

表4　1996年以来缺藏8次及以上的期刊

刊　名	出版社	篇数
J Clin Dent	PROFESSIONAL AUDIENCE COMMUNICATIONS，INC	32
INT J ORAL MAX IMPL	QUINTESSENCE PUBLISHING CO INC	29
INT J NANOMED	DOVE MEDICAL PRESS LTD	22
J ORAL MAXIL SURG	W B SAUNDERS CO-ELSEVIER INC	22
AM J DENT	MOSHER & LINDER，INC	20
J CLIN INVEST	AMER SOC CLINICAL INVESTIGATION INC	14
J NANOSCI NANOTECHNO	INFORMA HEALTHCARE	14
OPER DENT	OPERATIVE DENTISTRY INC	10
QUINTESSENCE INT	QUINTESSENCE PUBLISHING CO INC	10
INT J PERIODONT REST	QUINTESSENCE PUBLISHING CO INC	9
J ClinOrthod	Boulder，Co	9
GASTROENTEROLOGY	W B SAUNDERS CO-ELSEVIER INC	8
J Can Dent Assoc	CANADIAN DENTAL ASSOC	8

从表4看到，缺藏的期刊以口腔医学类期刊为主，但也有非口腔医学类期刊上榜，如纳米科学 & 纳米技术（NANOSCIENCE & NANOTECHNOLOGY）、内分泌 & 代谢（ENDOCRINOLOGY & METABOLISM）以及胃肠病学 & 肝脏病学（GASTROENTEROLOGY & HEPATOLOGY），分析表中纳入的论文发现，发表在 INT J NANOMED、J NANOSCI NANOTECHNOLOGY 中的论文是与牙科纳米材料有关，如骨缺损修复材料——纳米生物活性玻璃、根管充填材料——纳米氢氧化钙、牙种植材料——纳米羟基磷灰石、钛种植体表面的纳米改性方法等。口腔作为消化道的第一个器官，与胃肠道的关系密切，引用 GASTROENTEROLOGY 的论文显得顺理成章。

表4缺藏的期刊中，有三种为 QUINTESSENCE PUBLISHING CO INC（精萃出版集团）出版。精萃出版集团于1949年在德国柏林成立，目前是全球最大的口腔专业出版集团①，出版物已经涵盖了15种语言的1500多种图书、16种期刊，以及300多种录像带、DVD 和其他形式的多媒体。华西口腔医学院的专家也强烈建议购买 Quintessence Publishing 的期刊和图书，特别是一些期刊如 The International Journal of Esthetic Dentistry，虽没有被 SCIE 收录，因越来越多的人注重自己的相貌，也是近年来口腔医学研究的一个热点和方面，该刊是颌面美学类期刊中最重要的期刊之一。在经费允许情况下，可优先考虑。

四、结论与建议

第一，口腔医学的普赖斯指数为32.42%，说明口腔医学类文献半衰期长，对口腔医学文献的考虑文献收藏应从较长的时间周期来考虑。

第二，口腔医学的师生对期刊文献的使用占据了绝大部分。由于纳入图书的数据样本量不够大，因而采用引文分析法评估图书类型文献的馆藏策略是不合适的，可能引文分析+图书借阅率能更好地评估图书类文献的馆藏策略。

第三，口腔医学期刊类文献的保障率为87.80%，期刊资源建设方面基本符合稳定状态理论对馆藏最佳规模的描述，作为四川大学"双一流"建设学科，是否应具有更高的保障率，或保障率应到达多少更合适，需要

---

① QUINTESSENCE PUBLISHING CO INC. about us[EB/OL]. [2018-5-18]. http://www.quintpub.com/aboutus.php3.

进一步的探讨。

第四，OA 期刊作为学术信息交流系统中重要的高质量知识源，图书馆在文献资源建设中应对 OA 期刊资源建设给予特别重视；同时也需定期分析 OA 期刊时滞对用户的影响，以便制定更为合理的馆藏建设策略。

第五，AM J ORTHOD DENTOFAC、BIOMATERIALS、J DENT RES、P NATL ACAD SCI USA 为华西口腔医学院师生使用频率最高的期刊；常用 39 种期刊中，口腔医学类期刊仅占 53.85%，其他重点关注的期刊为多学科科学、生物材料、生物化学、内分泌和代谢类期刊，与之关联的材料科学、基础医学也是我校的双一流学科，因而在资源建设应相互借鉴，综合考虑。

第六，用户对口腔医学类期刊的利用情况与 JCR 中口腔医学类期刊的排名并无相关性，而更多的是与华西口腔医学院在口腔医学领域的研究方向及重点有关。因而在口腔医学类资源建设时更应密切关注学科领头人的研究方向，而不是 JCR 排名。

第七，QUINTESSENCE PUBLISHING CO INC 是口腔专业出版集团，也是口腔医学院专家重点推荐的，在以后的口腔医学类资源建设中应予以重点关注。

总之，引文分析法可精准定位用户对期刊的需求，对于高校图书馆重点学科的资源建设策略的制定，定期对相应学科进行引文分析是有必要的。

“双创”背景下图书馆创新创业服务研究的可视化分析

——基于 CiteSpace 和 Vosviewer 的综合应用

张　宇　孙璐薇　余平静　鲍永庆　徐　平　赵　萍*

摘　要：本研究以“双创”背景下图书馆创新创业服务研究为对象，选取 CNKI 数据库为数据来源，利用 CiteSpace 和 Vosviewer 对国内图书馆创新创业服务研究的现状进行可视化分析，通过绘制作者合著网络对本领域的主要研究群体进行了识别，并通过高被引文献分析和关键词分析识别出了目前本领域的研究热点：“创客空间”“创新创业教育”“信息服务”，以期为国内该领域研究者提供参考和借鉴。

关键词：双创　创新创业　图书馆　CiteSpace　Vosviewer

自 2015 年《政府工作报告》提出要推动“大众创业、万众创新”、打造我国经济发展的新引擎以来，鼓励创业创新已成为推动国民经济持续稳定增长的重要抓手，“大众创业、万众创新”持续向更大范围、更高层次和更深程度推进。创新创业是由多个不同环节构成的复杂流程，每一环节都存在大量差异化的信息服务需求。创新创业者在相关信息咨询服务的深度和广度上都提出了更高的需求，图书馆尤其是高校图书馆作为信息资源中心，其服务受到了前所未有的冲击，同时也迎来了创新改变的契机。越来越多的学者开始了“双创”环境下图书馆创新创业服务的探索和研究。

* 张宇（1982—），女，硕士，四川大学图书馆馆员；孙璐薇（1973—），女，博士，四川大学图书馆馆员；余平静（1982—），女，硕士，四川大学图书馆馆员；鲍永庆（1974—），男，硕士，四川大学图书馆馆员；徐平（1968—），女，硕士，四川大学图书馆副研究馆员；赵萍（1963—），女，博士，四川大学图书馆研究馆员。

本研究以此为对象，选取 CNKI 数据库为数据来源，利用 CiteSpace 和 Vosviewer 对图书馆创新创业服务研究现状进行可视化分析，并对该领域的研究热点及主题进行了探寻。

一、数据来源和研究方法

本研究选取 CNKI 数据库为数据来源，选择主题为检索字段，以“双创”“创新创业”“创业”“图书馆”为检索词进行检索，检索年限不限，共检出 602 条记录，剔除征稿启事、会议通知等非学术性文献，共得有效文献 559 篇。

Citespace 和 Vosviewer 均为科学知识图谱分析工具，CiteSpace 为美国德雷塞尔大学陈超美博士研发的通过树形图及连线粗细来展现不同时间段内知识的演化及趋势的引文信息可视化软件；VOSviewer 则是由荷兰莱顿大学 Van Eck 等人基于 VOS 可视化技术开发的针对文献知识单元的可视化工具，主要通过距离、密度强弱等来绘制图谱。两款软件的功能强大，可视化效果好，在展示知识元静态关系的同时还能动态的揭示知识发展演进的规律，是目前国内学者选用较多的软件。

二、数据分析

（一）作者及作者合作群分析

图 1 为 VOSviewer 绘制的图书馆创新创业服务研究领域的作者合著网络，VOSviewer 共识别出 732 个作者，但由于本领域较新，相关研究开展较晚，单名作者的发文量最多的仅为 5，因此在绘图时选取 2 为最小阈值，共得到 72 名作者的合著网络图。图中每个节点代表一位作者，节点的大小代表每位作者的权重大小，节点之间的连线代表了作者间的合作关系，同一颜色的簇代表了一个有合著关系的作者群。通过分析可以发现，目前我国进行图书馆创新创业服务研究的学者较为分散，最大的合作群的人数仅为 5 人。在排除同名同姓的作者后，共识别出两个合作人数为 5 人的作者合作群，分别为来自电子科技大学图书馆的由邓腾彬、曹学艳、李雪梅、邹洁、何坚组成的合作群，和来自华北理工大学图书馆的由杨红、关朝明、赵繁菲、刘蕾、王崇皓组成的合作群，前者的合作紧密度较后者高。同时，我们也可以很明显发现目前我国图书馆创新创业服务研究领域缺乏跨机构的合作研究，机构合作需加强。

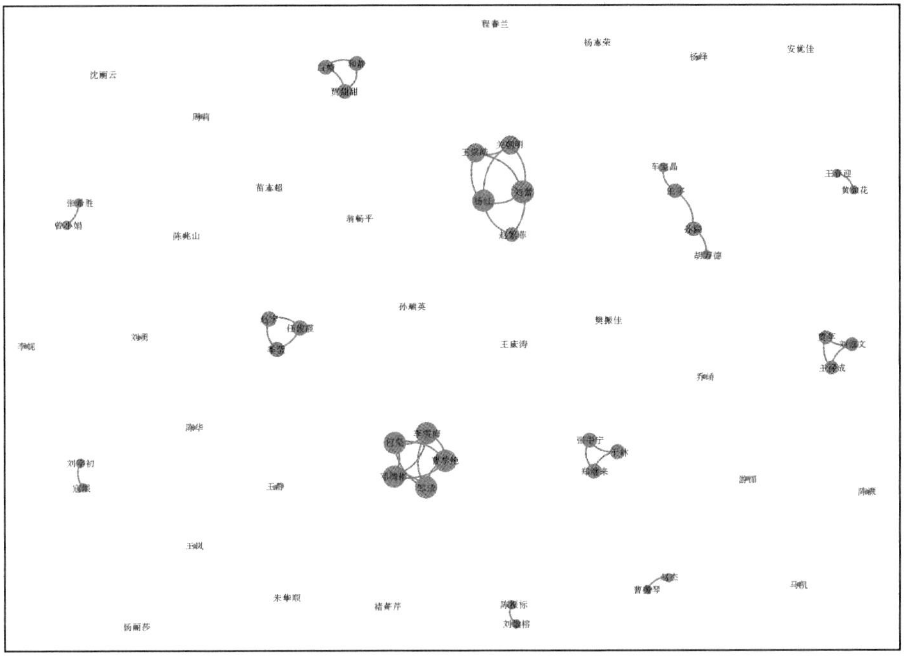

图 1　图书馆创新创业服务研究领域的作者合著网络

（二）高被引文献分析

高被引文献通常具有更高的影响力，能够有效地帮助我们辨别各研究领域中的重点内容。表 1 列出了目前图书馆创新创业服务研究领域中被引排名前十的文献，同样的，由于图书馆创新创业服务相关研究开展时间不长，引用最多的文献的引用次数并未超过 100 次。这 10 篇文献中有 2 篇文献发表在 2010 年之前，其内容为高校图书馆实施开展创业教育的相关研究。其余文献则分布在 2012—2017 年，除文献 9 为图书馆信息服务相关研究外，剩下的 7 篇文献均为图书馆创客空间相关的研究，由此可见“创客空间”虽然是近年来才兴起的研究方向，但研究的热度很高。目前图书馆创新创业服务研究领域中被引次数排名第一的文献为温州大学创业人才培养学院王佑镁等人于 2016 年发表的文章，该文着重分析了美国高校创客空间建设的基本类型及发展现状，并对我国高校创客空间发展提出了一些启示，由此可见，“创客空间”相关研究是目前图书馆创新创业服务研究领域中的重点研究方向之一，且热度很高。

表 1　图书馆创新创业服务研究领域被引排名前十的论文

序号	作　者	题　　名	期　刊	出版年
1	王佑镁，陈赞安	从创新到创业：美国高校创客空间建设模式及启示	中国电化教育	2016
2	包文亚	发挥高校图书馆优势　为大学生创业教育服务	图书情报工作	2009
3	孙建辉，魏靖，孙娇梅	我国高校图书馆“创客空间”构建研究及实践探索	图书馆理论与实践	2016
4	金淑娟，蒋合领	创新驱动的图书馆创客空间生态系统研究	图书馆工作与研究	2016
5	叶洪信	万众创新创业与高校图书馆服务	图书与情报	2015
6	黎晓	我国高校图书馆创客空间构建模式研究	图书情报工作	2016
7	刘细文，贾苹，王保成	中国科学院国家科学图书馆阵地服务的转型探索	图书情报工作	2013
8	刘兹恒，涂志芳	图书馆“创客空间”热中的冷思考	图书馆建设	2017
9	周长强，白万英	运用跨界服务理念，促进高校图书馆资源的活化与转化——以大学生就业创业信息服务为例	图书馆工作与研究	2012
10	兰孝慈	高校图书馆在创业教育中的角色定位	图书馆学刊	2005

（三）关键词分析

为了进一步的识别本研究领域的热点研究方向，本研究利用 VOSviewer 和 CiteSpace 分别绘制了图书馆创新创业服务研究领域时间映射的关键词叠加网络和关键词共现网络。关键词浓缩和提炼了学术论文的精髓，其出现的频率与某一领域范围内的研究热点密切相关，因此通过关键词共现分析能够有效揭示出特定研究领域内的研究演变情况，发现研究热点和研究前沿。为了显示效果，在图谱绘制的时候去掉了“高校图书馆”“图书馆”“公共图书馆”“创新创业”“双创”“大学生”“创新”“创业”“服务”“图书馆服务”“作用”等分析意义不大的高频关键词。

图 2 为 VOSviewer 绘制的叠加视图（1203 个关键词，最小阈值 3，共得到 93 个关键词的共现网络），在叠加视图中，每个节点都带有时间信息，节点颜色的深浅由所属时间对应的颜色决定，颜色越浅（黄色）代表

年代越新。通过时间映射的叠加视图我们可以清楚地看到该领域研究关键词的演变，“创客空间”作为出现较新且节点较大的关键词，无疑是图书馆创新创业服务研究领域较为前沿的研究热点之一，除此，创新创业教育和信息服务的节点也较大，说明这两个研究方向的相关研究也较多，热度较高。

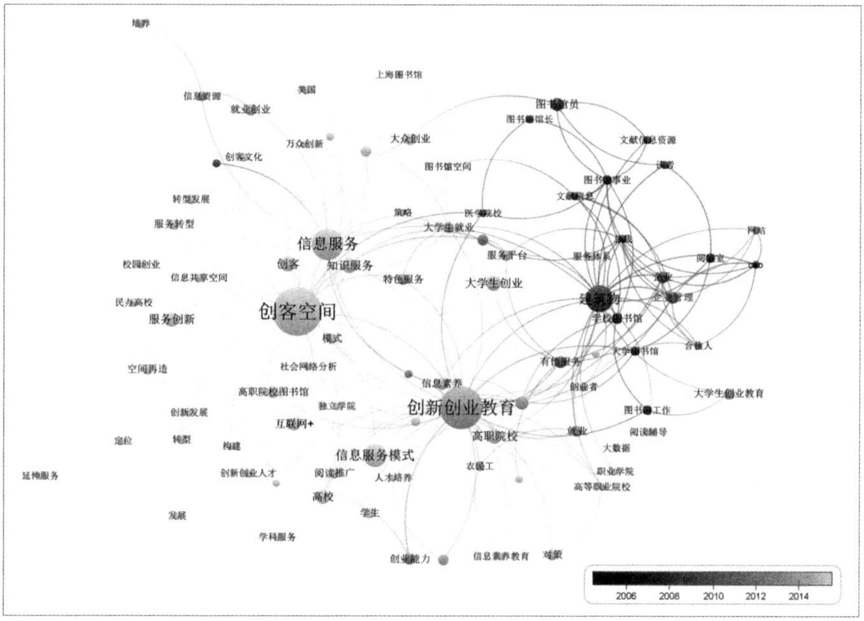

图 2　关键词叠加视图

图 3 为 CiteSpace 构建的关键词共现网络，该网络包括了 87 个节点和 92 条连线，图谱中圆圈的大小表示某一关键词出现的频次，圆圈越大则频次越高。从该网络中我们可以看出目前图书馆创新创业服务研究领域中的研究较多的内容主要集中在创客空间、创新创业教育、信息服务等相关方向，这与 VOSviewer 绘制的关键词叠加视图得出的结果一致。

随后，我们对图书馆创新创业服务研究领域的高频关键词（表 2）进行了分析，发现创客空间、创新创业教育、信息服务等关键词不仅出现的频次高，还都具有较高的中介中心性，同时这些词还具有较高的突现性。由此可见，创客空间的构建、创新创业教育的开展、图书馆信息服务模式的探讨等方面的研究内容是目前图书馆创新创业服务研究领域中的前沿及热点内容。但另一方面，也反映出目前我国关于图书馆创新创业服务的相关研究热点较为集中，缺乏研究的子方向，这可能与我国图书馆创新创业服务研究领域尚处于起步阶段有关。

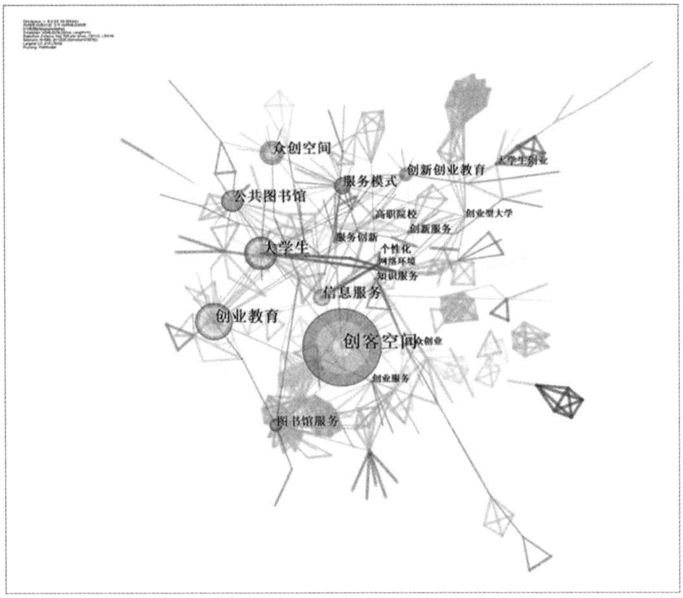

图 3　关键词共现网络

表 2　前 15 位高频关键词

频次	突现性	中介中心性	关键词
96	5. 19	0. 42	创客空间
89	4. 55	0. 4	创新创业教育
34	7. 31	0. 12	信息服务
25		0. 14	信息服务模式
21		0. 27	创新创业服务
19		0. 1	建筑物
11		0. 01	创客
10		0. 09	服务创新
8		0. 19	知识服务
8		0. 12	高职院校
8		0. 1	互联网+
7		0. 08	大众创业
7		0. 06	高校
6		0	创业型大学
5		0. 04	空间再造

三、研究热点及启示

通过高被引文献分析和关键词分析识别发现目前图书馆创新创业服务研究领域研究较多且热度较高的研究方向分别为：“创客空间”“创新创业教育”和“信息服务”，现分述如下：

（一）创客空间

创客空间出自 Make Magazine，是一个社区化运营的工作空间，具有相同想法及爱好的人们可以在这里聚会、交流、分享、合作、实践创新。图书馆作为公共基础设施之一，具有完善的硬件设施和良好的环境空间，且我国绝大部分的图书馆都具有内容丰富的馆藏资源，是实现创客空间的理想平台；同时，对于急需服务转型的图书馆来讲，创客空间的出现无疑是一次良好的机会。

目前国内图书馆创客空间的研究开展较晚，尚处于起步阶段，理论研究和实体建设同国外相比相对落后，大多研究集中在基础理论性质的研究上面，实践探索较少。至今，国内图书馆创客空间的数量还未破百，仍缺乏成熟系统的图书馆创客空间构建方案，怎么样结合图书馆自身的实际情况，合理且有效地规划图书馆创客空间、满足创客需求、实现创客空间的多样功能是目前图书馆界迫切需要深入研究和实践的热点问题。

（二）创新创业教育

高校是培养创新创业人才的重要渠道，高校图书馆作为人才培养和科研服务的学术性机构，实施着教育和信息服务的双重职能。创新创业教育是一门多学科融合的教育，高校的创新创业教育应该是面向全体学生，培养学生创新精神、创新能力、创业意识和创业能力的一种教育形式①，在这个过程中，信息素养的教育和培养必不可少。

目前，越来越多的高校图书馆将信息素养教育与创新创业教育结合起来，参与到创新创业型人才的培养当中来，如开展嵌入式的信息素养教育课程、构建创新创业训练基地、举办创新创业讲座、开展专题培训等。但目前对高校图书馆如何有效参与大学生创新创业教育的研究与实践仍旧缺乏，亟待进一步深入研究和解决。

---

① 陈希. 将创新创业教育贯穿于高校人才培养全过程[J]. 中国高等教育，2010(12)：4-6.

（三）信息服务

高校图书馆作为高校的信息服务部门，是大学生创新创业活动中信息获取的来源渠道之一，其丰富的信息资源能够帮助大学生们开阔视野、提升素质、更全面地认识创业市场、获取创业相关信息，从而提高创业的成功率。

但随着大数据时代的到来，单纯的数据检索与获取已经远远不能满足用户的需求，怎么样围绕高校创新创业活动，创新图书馆信息服务模式，满足用户个性化需求实现知识服务无疑是图书馆创新创业服务研究领域研究者们值得关注和深入研究的热点问题。

参考文献

[1] Chen CM. Searching for intellectual turning points：Progressive knowledge domain visualization [J]. PROCEEDINGS OF THE NATIONAL ACADEMY OF SCIENCES OF THE UNITED STATES OF AMERICA. 2004；101（suppl. 1）：5303-5310.

[2] Chen CM. Citespace Ⅴ Ⅱ：Detecting and visualizing emerging trends and transient patterns in scientific literature[J]. JOURNAL OF THE AMERICAN SOCIETY FOR INFORMATION SCIENCE AND TECHNOLOGY. 2006（57）：359-377.

[3] Chen C. Visual Analytics. In Mapping Scientific Frontiers [M]. Springer：London，UK，2013：321-325.

[4] Perianes-Rodriguez，A.，Waltman，L.，Van Eck，N. J. Constructing bibliometric networks：A comparison between full and fractional counting. Journal of Informetrics，2016，10（4）：1178-1195.

[5] Waltman，L.，Van Eck，N. J. A smart local moving algorithm for large-scale modularity-based community detection. European Physical Journal B，2013，86（11）：471.

[6] Van Eck，N. J.，Waltman，L.，Dekker，R.，Van den Berg，J. A comparison of two techniques for bibliometric mapping：Multidimensional scaling and VOS. Journal of the American Society for Information Science and Technology，2010，61（12）：2405-2416.

[7] Waltman，L.，Van Eck，N. J.，Noyons，E. C. M. A unified

approach to mapping and clustering of bibliometric networks. Journal of Informetrics, 2010, 4 (4): 629-635.

[8] Van Eck, N. J., Waltman, L. Software survey: VOSviewer, a computer program for bibliometric mapping. Scientometrics, 2010, 84 (2): 523-538.

[9] Van Eck, N. J., Waltman, L. How to normalize cooccurrence data? An analysis of some well-known similarity measures. Journal of the American Society for Information Science and Technology, 2009, 60 (8): 1635-1651.

[10] Van Eck, N. J., Waltman, L. (2007). VOS: a new method for visualizing similarities between objects. In H. -J. Lenz, & R. Decker (Eds.), Advances in Data Analysis: Proceedings of the 30th Annual Conference of the German Classification Society (pp. 299-306). Springer.

[11] 华翊. 面向“双创”人才培养的高校图书馆嵌入式信息素养教育模式研究[J]. 农业图书情报学刊, 2018, 30 (07): 129-132.

[12] 王庆涛. 大学生创新创业训练基地建设方案与实践[J]. 现代企业, 2016 (09): 54-55.

国外一流综合性大学与四川大学电子资源建设之比较研究

赵 萍 孙璐薇 张 宇 余平静 党喃燕*

摘 要： 图书馆文献资源建设是一项长期、基础性的工作，了解国外一流综合性大学数据库建设水平和发展趋势、清楚世界一流大学电子资源状况，对国内一流大学图书馆今后的电子资源建设具有重要的参考意义。本文依据2017年全球大学排行榜，选取排名前十的国外综合性大学5所，包括哈佛大学、斯坦福大学、加州大学伯克利分校、牛津大学和剑桥大学，国内选取四川大学，调研并分析这六所大学图书馆主页揭示的电子资源。

关键词： 大学图书馆 电子资源 数据库 对比分析 比较研究

一、现状

随着互联网的迅猛发展，以内容为主体的数据库技术也得到了广泛的发展与应用，特别是在学术研究领域，全球最主要的出版社纷纷将其出版的内容电子化。《大学图书馆学报》报道的数据显示，自1997年北京大学图书馆引进《Nature》电子期刊资源至今，高校图书馆电子资源的引进和建设工作得到了飞速发展，电子资源建设已然成为高校资源建设的重头戏，电子资源成了文献资源的主流，为高等院校的教学和科研提供了强有

---

* 赵萍（1963—），女，博士，四川大学图书馆研究馆员；孙璐薇（1973—），女，博士，四川大学图书馆馆员；张宇（1982—），女，硕士，四川大学图书馆馆员；余平静（1982—），女，硕士，四川大学图书馆馆员；党喃燕（1978—），女，博士，四川大学图书馆馆员。

力的支持和保障。高校图工委和中国高校图书馆数字资源采购联盟近年的统计发现，2012年高校图书馆电子资源采购费用平均占文献资源经费的37.4%，并呈现逐年上升趋势。其中最典型的清华大学图书馆，数字资源费几乎占了图书馆整体文献费的66.7%①，四川大学图书馆近十年来引进数据库的数量和费用数据也显示，我馆引进电子资源的费用和数量也呈逐年上升趋势。

二、思考

伴随高校图书馆引进数据库涵盖范围越来越广、涉及内容逐步深入，高校图书馆引进数据库的工作变得日趋复杂化、精细化、理性化，需要就资源的引进和发展进行深入研究，为今后更多更好地开展这方面工作奠定基础。近年有文献报道电子资源引进和数据库对比分析，如肖珑与章琳②分析了1997年至2013年间高校图书馆集团引进国外数据库的情况，包括途径、成本和价格模式等；也有学者依据国际公认的教育机构QS排名，调研和分析国外大学国际法学专业排名前20的学校图书馆订购的法律数据库资源，并与中国排名前20的大学图书馆订购法律相关电子资源的数据作对比②、亦有学者报道关于中间品贸易隐含碳排放流向追溯及多区域投入产出数据库的对比分析③、基于WOS和Scopus数据库的国际期刊评价指标的实证分析④等等，研究报道多局限于一馆或某一学科领域的专业数据库对比分析或者几个功能近似的数字资源对比分析，如熊水斌等⑤对科技期刊引证指标数据库（CSCD-JCR）、《中国科技期刊引证报告（核心版）》（CJCR）、万方数据的期刊统计分析与评价、维普资讯的中文科技期刊评价

---

① 肖珑，章琳. 引进数据库的发展趋势与价格成本策略[J]. 大学图书馆学报，2015（1）：5-13.

② 徐洁. 国内外高校引进法律数据库的比较及分析——基于法学专业排名前20的高校数据库资源数据[J]. 图书馆学研究，2014（15）：29-35.

③ 乔小勇，李泽怡，相楠. 中间品贸易隐含碳排放流向追溯及多区域投入产出数据库对比——基于WIOD、Eora、EXIOBASE数据的研究[J]. 财贸经济，2018，39（1）：84-100.

④ 付中静. 国际期刊评价指标的实证分析——基于WOS和Scopus数据库对比视角[J]. 现代情报，2015，35（4）：112-117.

⑤ 熊水斌，彭桃英，骆超，周红梅. 我国科技期刊引证指标数据库的对比分析与评价[J]. 中国科技期刊研究，2015，26（2）：198-204.

报告、中国知网个刊影响力统计分析数据库这 5 个科技期刊引证指标数据库进行对比分析，详细分析比较了其引证指标组成及用于评价科技期刊的功能。目前尚未查见世界一流大学图书馆与国内双一流大学图书馆引进数据库或者电子资源对比分析的文献报道。

三、目的

图书馆文献资源建设是一项长期、基础性的工作，即便是电子资源已经成为文献资源主流的今天，也需要长期的积累和建设才能逐步规模化、优质化并产生效果，因此了解国际一流大学数据库建设水平和发展趋势、清楚世界一流大学电子资源状况，对国内一流大学图书馆今后的电子资源建设具有重要的参考和指导意义。

本文通过调研和比较国外一流大学图书馆及四川大学图书馆引进各类电子资源的品种、数量等，了解国际一流大学电子资源建设水平和发展趋势，发现我们与国外知名大学图书馆在文献保障上的差距，对国内大学图书馆数字资源的引进和建设具有参考价值。

四、方法及内容

依据 2017 年全球大学排行榜①，选取排名前十的国外五所综合性大学作为对称学校，包括哈佛大学（Harvard University）、斯坦福大学（Stanford University）、加州大学伯克利分校（University of California，Berkeley）、牛津大学（University of Oxford）和剑桥大学（University of Cambridge），调研并分析这五所大学图书馆②③④⑤⑥主页揭示的电子资源，并与四川大学图书馆⑦进行比较研究，统计电子资源数据截至 2017 年末。

通过访问以上大学图书馆主页获取其电子资源的原始数据，经过核对、合并、排序并进行分类和分工整理，逐条剔重、核对、统计并重新排

---

① https://baike.baidu.com/item/2017 年全球大学排名

② https://library.harvard.edu/

③ http://www.lib.berkeley.edu/

④ http://library.stanford.edu/

⑤ https://www.ox.ac.uk/research/libraries? wssl=1

⑥ http://www.lib.cam.ac.uk/

⑦ http://lib.scu.edu.cn/sculib/

序，从而获得世界一流大学图书馆与四川大学图书馆引进电子资源的品种和数量等数据，并比较相同与差异。

五、结果

以2017年末和2015年末获取的国外五所综合性大学和四川大学图书馆主页揭示的电子资源为依据，通过剔重、核对并统计分析发现，参与调研的六所综合性大学2017年末电子资源数量的总和为7527种，通过人工去重及整合后的资源数量是5108种；而2015年12月末统计得到的6所高校电子资源数量的总和为7064种，通过人工去重及整合后的资源数量是5108种，六所大学电子资源统计分析结果如下表1和图1所示。

表1　国外五所综合性大学和四川大学图书馆主页揭示的电子资源数量（种）统计

学校	哈佛大学	加州大学伯克利分校	斯坦福大学	牛津大学	剑桥大学	四川大学
2015年	1678	1258	1859	1348	653	278
2017年	1146	1301	2455	1432	906	287
增长率%	-31.2	3.4	32.1	6.2	38.7	3.2

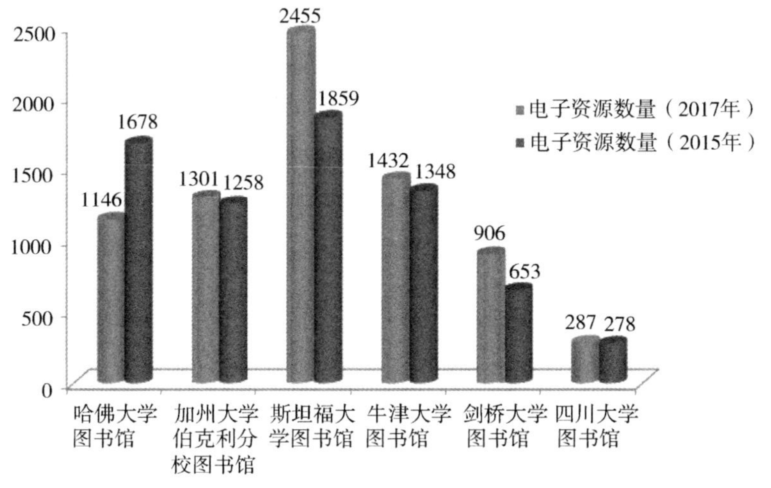

图1　六所大学电子资源对比分析

经人工统计、去重及计算机和人工排序及分析，国外五所综合性大学与四川大学图书馆共有的电子资源有14种，分别是ACM Digital Library、Arts & Humanities Citation Index、Cochrane Library、DOAJ：Directory of Open

Access Journals、Hein Online、IEEE Xplore、Journal Citation Reports、JSTOR、Oxford English Dictionary、PubMed、SciFinder、Springer Protocols、Web of Science 和 WorldCat（其中 A&HCI—Arts & Humanities Citation Index、JCR、Web of Scicence 属于同一平台，各个学校表述不统一），五所大学均订购和使用的电子资源共计 75 种（以字母顺序排序，具体分析结果详见表 2）；四所大学均订购或使用的电子资源有 118 种，三所大学主页都揭示的电子资源有 233 种，两所大学共有的电子资源为 2419 种。

表 2　五所综合性大学共有的电子资源

Acta Sanctorum
American National Biography
Anthropology Plus
ARTbibliographies Modern
ARTstor
arXiv
Avery Index to Architectural Periodicals
Bible In English，The
Bibliographie der deutschen Sprach-und Literaturwissenschaft（BDSL）
Bibliography of American Literature
Bibliography of Asian Studies
Bibliography of British and Irish History
Bibliography of the History of Art（BHA）
BibliothecaTeubneriana Latina
Brill′s New Pauly
British Periodicals
Brockelmann online
Business Source Complete
Cambridge Histories Online
CHANT（CHinese ANcient Texts）= Han da wen ku. ［1998－］CHANT（CHinese ANcient Texts）= 漢達文庫.
China Academic Journals 中国期刊全文数据库
Database of Latin Dictionaries
Digital National Security Archive

续表 2

DigiZeitschriften: das deutsche digitale Zeitschriftenarchiv [2000-]
Duxiu Knowledge Search Database 读秀学术搜索
Early English Books Online
Econlit
Eighteenth Century Collections Online
Eighteenth Century Journals
Electronic Enlightenment
EMBASE
English Drama
ERIC
Faber Poetry Library
Factiva
GeoRef
Historical Statistics of the United States
House of Commons Parliamentary Papers
IndexIslamicus
International Medieval Bibliography
Loeb Classical Library
MathSciNet
MEDLINE
MLA International Bibliography
Oceanic Abstracts
OECDiLibrary
Oxford Art Online
Oxford History of Western Music
Parker Library on the Web
Patrologia Latina Database
PsycINFO
Reaxys
Regional Business News
RILM Abstracts of Music Literature

续表 2

ScienceDirect
SCIPIO
Social Sciences Citation Index（Web of Knowledge）
Social Services Abstracts
Sociological Abstracts
Stanford Encyclopedia of Philosophy
State papers online
Taiwandian zi qi kan fu wu wang=Taiwan electronic periodical services［2007-］台灣電子期刊服務網=Taiwan electronic periodical services
Thesaurus LinguaeLatinae
Times Digital Archive
Times Literary Supplement-SEE：TLS historical archive，1902-2005
TOXLINE：Toxicology Bibliographic Information
UNData
United Nations Treaty Collection
Water Resources Abstracts
Wiley Online Library
World Shakespeare Bibliography Online
Worldwide Political Science Abstracts
Yearbook of international organizations
Yomidasu Rekishikan ヨミダス歴史館
Zoological Record

六、结论和讨论

分析国外五所综合性大学图书馆 2015 年和 2017 年的数字资源数据并与同期四川大学图书馆的电子资源作对比，发现除了哈佛大学图书馆数字资源品种有一定减少外，其他被调研的高校图书馆电子资源品种都呈上升趋势，变化最大的是剑桥大学图书馆，二年间数据库数量增加了 253 种，上升了 38.7%，反映出国内外高校对电子资源的投入和重视度也呈上升趋势。

对比分析国外五所高校与四川大学图书馆共有的电子资源发现，六所高校共有的资源以二次文献数据库居多，内容涉及文、理、工、医，如A&HCI、JSTOR、SciFinder、IEEE Xplore、PubMed等；也有工具类的资源，如字典、JCR报告和WorldCat。

对比分析六所综合性大学的电子资源，发现英文数据库占了绝大多数。例如分析五所大学都订购和使用的75种电子资源，发现英文资源为71种，占了95%，仅有一种日文数据库和三种中文电子资源，各占1%和4%。当然也从一个侧面反映了国外一流综合性大学对亚洲文献特别是中文文献的需求和重视度。

通过人工去重及整合分析，发现截至2017年末，国外五所综合性大学与四川大学图书馆主页揭示的电子资源数量总数为5108种，对比分析六所大学、其中五所大学、四所大学、三所和二所大学共同订购和使用的数字资源数据，发现差异最大的是专业性的全文电子资源品种和数量。对比分析加州大学和斯坦福大学2016年和2017年新增加的电子资源，发现近二年新增加的数字资源全为全文数字资源，我们四川大学图书馆新增加的电子资源也多为全文资源，这提示大学图书馆的资源采购策略、读者对全文数字资源的需求和依赖已经发生了根本变化。

从图1可以看出，国外综合性大学采购的数字资源品种和数量远远超过四川大学，分析国外五所综合性大学订购的电子资源品种，发现电子期刊覆盖了各自学校的每个学科，而我们目前对学校各学科专业文献的满足率与国外差距较大，以四川大学6个双一流学科中唯一一个A+的学科——口腔医学为例，口腔医学类文献保障率为87%，其中期刊类文献的保障率为88%，这是我们订购资源努力保障的一流学科，目前对于其他学科的资源支持远远不及该学科。

另外需要说明：由于参与调研的国外高校图书馆把诸如DOAJ、Google Books、Google Scholar、Pubmed等免费资源也作为数据库列入了电子资源中，这些可能是它们资源数量和品种远远高于国内高校图书馆的原因之一。

七、结果补充说明

由于工具、时间、人力等原因，其中仍可能包括在同一平台的不同数据库、同一数据库可能分在不同的平台及不同学校同一个数据库名称不同的情况。如国外大学图书馆主页显示的Inspec数据库，四川大学图书馆主页显示为 ISI（WOK）—Inspec；IEEE 有三个学校称为 IEEE Xplore，另二个大学也称为 IEE Electronic Library（IEL），一个称为 IEEE；国外学校通常以数据库名称为主标识排列，四川大学通常以平台为主标识排列，统计时这些情况都需要人工标识和手动修改。由于时间、能力、工具、权限等的限制，无法完全和准确识别及判断所有数据库，个别数据不排除人工无法确认的不准确情况。

新时代大学图书馆移动阅读整合策略分析

曾英姿　张　海　程丽敏*

摘　要： 伴随移动阅读的迅猛扩张，信息爆发的新时代正在改变着人们信息获取和交流策略的方式。移动阅读作为全新的信息获取渠道，正在丰富与完善大学师生的阅读途径。本文概述了移动阅读对新时代大学图书馆带来的挑战与机遇。认为新时代大学图书馆应当认真研究移动阅读等信息化大潮的优缺点，充分整合传统图书馆与当今移动阅读的长处，通过重塑环大学图书馆知识生态圈、打造信息整合与知识创新中心、组建多维高效的教学中心、创建与全社会互联互通的链接中心、搭建文化传承与发展中心等途径，为移动阅读用户创造高效便捷、多元发展的知识生态核心功能区。

关键词： 移动阅读　新时代　大学图书馆　知识生态圈　整合策略

计算机与互联网的出现与日益广泛应用，标志着信息时代的正式来临。信息时代改变了人们信息获取和交流方式，也改变了人类的思维模式。在全球网络资源共享的新时代，以手机、iPad、电子阅读器为代表的移动阅读产品，不断改变着人们的阅读习惯和生活方式，也在不断冲击传统大学图书馆的定位与核心功能。高校图书馆所服务的大学师生群体，是我国主要的阅读行为主体。移动阅读作为全新的信息获取渠道，正在丰富与完善大学师生的阅读途径与信息获取方式。面对移动阅读对传统图书馆强烈而持久的冲击，抱残守缺只能被快速边缘化。新时代大学图书馆应当认真研究移动阅读的缺点，充分整合传统图书馆与移动阅读的优点，高效发挥大学图书馆保存人类遗产、开展社会教育、传递科技情报、开发智力

* 曾英姿（1967—），女，硕士，四川大学图书馆研究馆员；张海（1966—），男，四川大学图书馆馆员；程丽敏（1980—），女，硕士，四川大学图书馆馆员。

资源等社会职能。为此，本文分析了移动阅读的优缺点及其对大学图书馆的挑战与机遇，并探讨了新时代大学图书馆整合移动阅读的基本策略。

一、移动阅读发展迅猛

（一）移动阅读普及率迅速提升

中国移动阅读发展可以追溯到2003年。智能手机的普及，使得移动阅读成为当今中国的主要阅读渠道之一。伴随着网络通讯的迅速普及，移动互联网正在深刻地改变着大众的信息获取方式和交流模式。我国各文化层次的人群，基于移动终端的阅读率正在迅速增长。手机、iPad等移动阅读比率，明显超过对阅读环境要求较高的纸质书籍和电脑阅读率。2016年中国互联网络信息中心（CNNIC）第37次《中国互联网络发展状况统计报告》显示，“截至2015年12月，中国网民规模达到6.88亿，手机网民规模达6.20亿，有90.1%网民通过手机上网”①。知名研究机构比达咨询发布的《2017年中国移动阅读市场研究报告》显示，2017年中国移动阅读用户规模达7.1亿人。以阅读App、新闻App、微信、微博为代表的新型社交媒体，呈现爆发性扩张，极大地丰富了移动阅读的内容与获取途径。与此同时，国内外网络巨头推出的多种阅读器，不断掀起阅读革命浪潮。腾讯QQ阅读，亚马逊Kindle，掌阅iReader，91熊猫看书等众多的阅读器，均具有内容丰富、更新及时、界面友好、使用方便特点，日益获得广大移动阅读者的青睐②。

但是，近年来高校图书阅读率徘徊不前并部分呈下降趋势，传统图书馆阅读与移动阅读率呈现此消彼长的鲜明特征。移动阅读拥有传统大学图书馆阅读所缺失的跨区域、去中心化、实时互动等功能。移动阅读方式具有“轻度”化、碎片化、即时性、娱乐性等特征，在争夺有限的注意力资源方面呈现出不容小觑的实力。③ 同时，由于移动阅读所独具的个性化、社交性、主动性和便宜性，满足了广大高校师生用户群在新信息环境下的

---

① 杜羽，刘彬. 第十三次全国国民阅读调查结果公布[N]. 光明日报，2016-4-19（9）.

② 卢玉红，赵冬湘. 碎片化阅读时代的高校图书馆阅读服务优化研究[J]. 四川图书馆学报，2015（6）：84-87.

③ 黄张活. 碎片化阅读趋势下传统图书馆面临的机遇与挑战[J]. 图书馆学刊，2016（02）：33-35.

大多数学习消费与交流需求，预示着移动阅读这种新兴阅读方式强大的生命力。

（二）移动阅读利弊鲜明

目前，国内外移动阅读发展十分迅猛，但亦颇具争议。究其根本原因，在于其优势与劣势同样鲜明①。具体而言，移动阅读具有如表 1 所示的主要优缺点。

表 1　移动阅读的主要优缺点

优　点	缺　点
便携性：手机等已经成为随身携带物	定位不明：移动阅读的功能定位较含混
经济性：移动通讯资费十分低廉	原创不够：移动阅读内容多源于纸质文献
易操作性：乃移动阅读迅速普及的重要原因	质量不高：多数仍作为附加功能呈现
互动性：实时互动是移动阅读的重要优势	专业不足：随意性强，专业内容不多
隐私性：明显高于 PC 机或传统阅读用户	环保不佳：耗电、辐射、视力损伤等较严重
碎片化：随时随地利用碎片时间快捷地阅读	随意性强：阅读缺乏规划性和系统性
社交化：易于分享情感、价值观、感悟等	良莠不齐：手游、色情、暴力等泛滥
个性化：根据读者个体需求，推荐阅读材料	
可视化：VR、AR 等技术提升直观形象效果	

整体而言，移动阅读是一类与传统阅读具有明显比较优势的新阅读模式。移动阅读也被称为“读屏时代”，虽然让纸质书逐渐失宠，但实际阅读人群却迅速扩张，让阅读成为大众生活不可缺少的一部分。针对移动阅读内容良莠不齐的诟病，实际上在纸质书也同样存在。从卷帙浩繁的纸质书中去寻找感兴趣的书籍，其效率与成本均显著高于移动阅读。至于有人怀疑移动阅读缺乏深度或学术品质，也并非评判纸质阅读与移动阅读的重

① 刘权. 移动互联环境下高校图书馆读者教育的微策略[J]. 中国商贸，2013(32)：173-175.

要指标。事实上，随着移动阅读的快速推进，高校师生阅读方式与阅读习惯的不断变革，具有深度的学术阅读与实时辩论平台，将会实质上推进学术传承与创新发展。尤为重要的是，几乎无限的网络空间拓展性与即刻互动性，将促使移动阅读用户从阅读者变成创作者，并可灵活地在这两种身份之间转换。阅读与创作的融合，越来越多地成为普罗大众的精神需求，客观上促进了大众知识水平与思想修为的不断提高。因此，我们不应歧视和限制移动阅读，而应思考如何充分利用这类新的阅读形式，促进人类文化的再次启蒙，激发不同层次的社群文化与个体智慧。

二、移动阅读带给大学图书馆的挑战与机遇

大学图书馆起源于一些有识之士的书籍捐赠。传统的大学图书馆以藏书为中心，以书籍流通为核心工作内容。20 世纪末互联网的出现，使得大学图书馆拥有了多样化的功能。美国伊萨卡战略与研究部在 2010 年和 2014 年发布了两次有关大学教师对图书馆认知度的调查，发现大学图书馆的信息素养培训、教学等功能，超过了书籍购买、收藏、门户等功能。[①]换言之，移动阅读对传统大学图书馆的角色定位、功能扩展等都带来了较大的冲击。

（一）移动阅读对大学图书馆的挑战

1. 存储能力挑战

传统图书馆大多收藏纸质书籍，存储能力有限，且携带不便。移动阅读在存储能力与可携带性方面明显占优势，对传统图书馆形成重大挑战。

2. 可扩展性挑战

移动阅读依靠于网络信息资源，可以基于一个节点搜索全球网络，有助于人们深入理解相关阅读内容。而纸质书籍则缺乏这种扩展性。

3. 互动性挑战

移动阅读内容实时更新，作者与读者角色随时互换。而即便有高速运转的物联网，也无法消除传统图书馆及时性、互动性等方面的弱点。

4. 空间性挑战

传统大学图书馆均具有固定而醒目的建筑空间结构。但是，移动阅读

---

① 王卫军. 移动互联网络时代高校图书馆的服务业务变革[J]. 图书与情报，2014（04）：17-21.

几乎是不受任何空间或场景的限制，最适合在多场景下切换与使用。

5. 效率性挑战

移动阅读的内容，往往将声音、文字、图像和视频融汇在一起，并具有智能搜索、个性化推荐、实时更新等功能，大大提高阅读效率。

6. 环保性挑战

传统图书馆的建筑及纸质书籍印刷、储运、流通等，都消耗大量宝贵的自然资源，浪费过多的能量。移动阅读则环保高效地传承知识。

（二）移动阅读带给大学图书馆的机遇

作为一种全新的阅读方式，移动阅读也为新时代大学图书馆带来了重要的发展机遇。物质、能量和信息一直是人类不可或缺的生存元素。互联网天然具有传播信息的优势。移动阅读就是利用移动互联终端获取信息，传播信息，进而创造出新的信息，推动整个社会的加速前进。因此，移动阅读对于人类社会的影响难以估量，对传统大学图书馆发展带来重大机遇。

1. 引导大学图书馆走向以知识为中心的时代

移动阅读客观上倒逼着传统的大学图书馆向数字化、网络化和实时共享转型，逐渐推动无纸化图书馆的出现。

2. 促使图书馆资源应用更加自由便捷

移动图书馆环境将图书馆服务搬上移动空间。图书馆为移动用户提供的数字媒体资源称为移动馆藏。对于支持移动设备的移动馆藏，用户可随时随地自由快捷按照规定阅读、浏览和使用。

3. 提升用户对图书馆的忠诚度

利用高校图书馆的专业资源优势，通过移动客户端，满足广大师生随时随地利用碎片时间享受到更方便、快捷、直接服务的需求，还能增强用户与图书馆的互动，从而提升用户对图书馆的忠诚度。

4. 提供移动化、自助式的全新阅读体验

随着移动互联网的发展，图书馆服务移动阅读将成为必然。实际上，大多数移动平台支持移动设备对图书馆馆藏等信息查询，并支持移动设备实现图书预约、续借等服务。

5. 拓宽知识服务范围

用户的碎片化阅读需求促使图书馆延伸服务领域。例如，目前高校师生能够下载移动图书馆到移动终端，通过登录账户能够随时查阅自己的学习历程，记录学习心得，并通过关联社交媒体软件在碎片时间与老师同学分享。就这一变化而言，已经超越传统图书馆的服务领域。当前，高校图书馆已经能够引导更多的读者通过浅显愉悦的阅读方式喜欢上阅读，从而使进行深层知识需求挖掘具有可能性。

6. 精准图书馆之角色定位

碎片化阅读的载体多样化、场所多样化，使得高校图书馆这一长期处于过于“谦逊”角色定位的知识服务机构有了新的被认知渠道，也促使图书馆在采用新的传播媒介、提供个性化的用户服务平台方面做出更多尝试。[①] 因此，图书馆充当高校师生学习、生活的“资源库”的地位得到更深程度的认可。

7. 提升馆员专业化素养

为适应大学师生对移动阅读、碎片化阅读需求，高校图书馆必然要通过开发新技术、提供新服务。而要实现这些知识整合与服务功能，客观上对图书馆馆员的专业化素养要求愈发提高。因此，移动阅读将倒逼传统的大学图书馆工作人员提高图书情报领域的信息化、专业化水平。

三、主动融合移动阅读的新时代大学图书馆发展策略分析

（一）立足移动阅读重塑环大学图书馆知识生态圈

针对移动阅读的基本特征，新时代高校应当以大学图书馆为核心，打造全新的环图书馆知识生态圈。其具体建设内容，主要包括三个方面。其一是知识生态微环境的打造。主要源于移动阅读的推进、学术生态的进化及与社会信息交融需求的增加，新时代的大学图书馆不仅推动着科学数据开放、合作和共享，同时将吸引大量企业向以图书馆为知识生态核心区的大学校园靠拢，形成大学高新技术极（technopole）。如斯坦福大学、剑桥大学周边与大量企业一起，形成了强大的高新技术极化区，汇集了大量科技企业。在技术极之内，大学图书馆不再是传统图书的储藏与流通空间，而是传承与激活知识交流的知识生态微环境。其二，为顺应不断增长的移动阅读读者群的需求，大学图书馆应当构建层次丰富、关联密切、自我进化的动态知识库。这就要求充分整合馆内外资源，尤其要重视馆外移动阅

① 雷萍. 移动互联网环境下高校图书馆服务策略分析[J]. 成都理工大学学报（社会科学版），2014（05）：111-114.

读资源的筛选、汇集与分类，将移动阅读用户所喜闻乐见的趣味性、科普性、生活化的碎片信息，贯穿到实体馆与数字图书馆的各个角落，使高校图书馆成为用户愿意去、喜欢去、经常去的场所。尤为重要的是，新时代大学图书馆应当重视各参与人员的信息培训、信息整合与知识分享等能力的共同提升，形成馆员对用户、馆员对馆员、用户对用户、用户对馆员之间（移动）信息的高效协同交流，产生用户黏性，升华环大学图书馆知识生态圈的智力资源。

（二）基于移动阅读构建信息整合与知识创新中心

传统大学图书馆依靠其汗牛充栋的藏书满足个体阅读和研究，新时代大学图书馆则以应当依靠包括移动阅读在内的知识交流、信息共享、集体学习与合作的知识生态圈。因此，新时代大学图书馆将成为激发创新活力的重要平台。以移动阅读为重要服务内容的现代图书馆，将成为知识传承中心、知识创造中心、出版和交流中心、知识整合中心。针对移动阅读需求，高校图书馆必须从以阅览室为主体的传统文献中心，向以片段式学习和碎片化交流为特征的知识中心转变，将完整的大部头文献转化为短小精炼的微信或微课。为师生提供形式多样的知识交流场所，供其答疑解惑、实时互动、整合提高。同时，在大学图书馆适当纳入文化赏析、娱乐休闲、社会服务等内容。温馨而和谐的文化氛围，将提升高校图书馆知识创新的效率与趣味。

（三）基于移动阅读组建多维而高效的学习中心

面对移动阅读所带来的挑战与机遇，新时代大学图书馆应当更加强化信息培训、技能习得、知识传授等培训与自学职能，构建与完善以高校师生为主要服务对象的移动互联网学习平台站。该平台不仅包括馆藏查询、借阅信息、新书通报、资源推荐、文献检索等传统的大学图书馆服务功能，同时应当尽可能纳入移动阅读与学习培训等内容，如微信群语音讲座、视频直播、RSS 订阅、公开课视频、图书在线阅读等。[①] 通过强化大学图书馆的移动阅读功能，可以将线下与线上教学活动结合起来，满足不同深度和广度的用户学习需求，推动高效、跨学科、整合、协作的新型学

---

① 王森，王洪禄，牛国强，刘阔. 移动阅读环境下高校图书馆阅读推广策略研究[J]. 中国中医药图书情报杂志，2016（06）：36-40.

习模式的兴起。① 移动阅读将作为一种新型的大学图书馆服务模式，其便携性、可移动性、信息多样性等优势不言而喻，可望实质性提升新时代大学图书馆教学功能的融合性、实用性、智能化和个性化水平。

（四）立足移动阅读创建与全社会互联互通的链接中心

在移动阅读飞速发展的新时代，流通依然是确保大学图书馆活力的基本要素。但是，这种流通不仅是纸质书籍的流通，也不仅发生在大学内部，而必须包括移动阅读材料的流通、与校外信息的紧密关联。网络化是移动阅读的天然传播途径，并对高校图书馆电子资源要求更快、更新、更全。为满足高校移动阅读群体的需求，可从如下几个方面着手，提升大学图书馆的信息链接中心地位。第一，基于高校图书馆学术资源，开发特定学科专业的 APP，并嵌入移动阅读用户端，为广大高校师生通过权威的学术信息源。第二，优化导读资讯台、答疑中心、历史浏览类目等，完成阅读前主动引导、阅读中及时答疑及阅读后完整记录，强化针对移动阅读用户的主动服务措施。第三，与维基百科、百度百科等权威知识库建立柔性链接，嵌入第三方信息平台，为高校移动阅读提供更新更快捷、范围更广泛的信息服务。第四，不断引入迭代更新的移动互联技术，如大数据、云计算、云共享，提供个性化用户情景敏感服务，增强参与性、互动性、趣味性和社交性，提升针对移动阅读的高校图书馆信息服务水平。第五，以知识服务为核心，不断智慧化服务移动应用平台。如应用 RFID 图书定位系统提供更精准的资源定位服务，移动阅读也为高校图书馆服务带来新契机；持续进行移动阅读用户跟踪，及时掌握用户阅读行为变化的趋势，给移动阅读用户“画像”，不断调整并拓宽服务范围；应用物联网等技术，高度集成图书馆集成管理系统、数字图书馆资源系统、一站式搜索系统、文献传递系统等等，实现书书相连、书人相连、人人相连。

（五）依靠移动阅读搭建文化传承与发展中心

阿尔文·托夫勒在《第三次浪潮》指出，人类社会正在进入不同于农业文明、工业文明的第三次浪潮时代，即知识文明时代。移动阅读以其传播快捷、读取方便、存储容易、实时交流、成本低廉等优势，迅速发展成为当今社会新的文化象征，成为知识文明时代的重要标志。它不仅改变了

---

① 刘金玲. 基于移动互联网的图书馆移动服务体系构想[J]. 现代情报，2012(8)：12-15.

我们文化的思维方式和学习方式，而且逐渐改变了经济运作、文化产业等诸多方式。文化传承是民族发展的命脉，移动阅读作为全民阅读的一种重要形式，为新时代文化传承提供了有利条件。优秀传统文化是中国繁荣发展的深厚人文底蕴，大学图书馆应当为继承和弘扬优秀传统文化作出更多努力。针对移动阅读与移动互联思维模式，大学图书馆应当紧紧抓住碎片化、粉丝化、聚焦化、快速化等移动互联特征，依靠图书馆丰富的传统文化馆藏与核心情报技术，积极构建有利于传承文化基因、彰显文化魅力的知识生态系统，更好地传承与创新传统文化精粹。另一方面，新时代大学图书馆应当旗帜鲜明地弘扬文化主旋律，传播社会发展正能量。目前，许多移动阅读端都存在建立在人性弱点基础上的“个性化推荐”，积极推介低俗、消遣、灰暗乃至附带经济或政治目的的阅读材料，对移动阅读用户的稀缺注意力资源进行无形掠夺，对移动阅读文化生态造成恶劣影响。为此，新时代大学图书馆应当主动帮助移动阅读师生群体更好地发现、表达、甄别、获取和管理真正有价值的文化科学知识。通过整合移动阅读用户主动搜索和人工智能被动推荐，提升文化产品的有效、有益供给质量，减少同质化文化产品供给，为用户带来长尾化的移动阅读材料。

四、结语

移动阅读业已成为当今社会新的文化象征，对新时代大学图书馆既造成强烈冲击，又带来重要发展机遇。在社会信息化、网络智能化的大背景之下，高校图书馆应当积极拥抱移动阅读，主动服务广大移动阅读师生群体，通过重塑环大学图书馆知识生态圈、打造信息整合与知识创新中心、组建多维高效的教学中心、创建与全社会互联互通的链接中心、搭建文化传承与发展中心等途径，为移动阅读用户创造高效便捷、多元发展的知识生态核心功能区。

参考文献

[1] 乔京洲. 网络时代图书馆文献资源的共建共享策略[J]. 科技情报开发与经济，2008（26）：23-24.

[2] 李胜文. 浅论网络环境下高校图书馆资源建设[J]. 科技信息，2006（3）：156.

[3] 李双双. 移动技术的变革给高校图书馆读者服务带来的机遇和挑

战[J]. 科教导刊（下旬），2015（5）：186-187.

［4］陈添源. 移动图书馆用户市场细分实证研究[J]. 图书情报工作，2016（1）：37-44.

［5］夏晓玲. 基于用户阅读需求调查的图书馆服务方式转变研究[J]. 情报探索，2015（9）：51-55.

北大法意和北大法宝数据库的比较分析*

杨　莹　李久平**

摘　要：北大法意和北大法宝数据库是在我国市场占有率较高的法律专业数据库。本文从这两个数据库的资源建设、数据对比、检索功能、数据库特点等方面进行对比分析，以方便不同层次的用户使用这两大法律专业数据库。

关键词：法律数据库　北大法意　北大法宝

北大法意提供中文法律信息服务，拥有36个数据库，以法规、案例、合同、特色专题四大基础数据库群组为核心，依托互动检索、聚类检索等技术实现法规、案例、文献、司法考试试题等各类法律信息体系的互动互联，便于用户拓展阅读。

北大法宝是由北京大学法制信息中心与北大英华科技有限公司联合推出的法律信息一站式检索平台。北大法宝收录自1949年起至今的全部法律法规，包括中央法规司法解释、地方法规规章、合同与文书范本、港澳台法律法规、中外条约、法律动态等，帮助用户及时了解最新的法律法规动态。

* 本文为2017年度四川大学“图书馆、情报与文献学科研项目”研究成果（项目编号sktq201711）。

** 杨莹（1975—），女，硕士，四川大学图书馆副研究馆员；李久平（1969—），女，博士，四川大学图书馆研究馆员。

一、北大法意和北大法宝的数据库资源对比

（一）北大法意

1. 主题板块

法院案例、法律法规、法学论著、合同文本、法律文书、法律咨询、法学辞典、统计数据、金融法库、法意论坛法意周刊、政报文告、审判参考、立法资料、行政执法、法务流程、司法考试、法律人、WTO 法律。

2. 特色板块

最新法规、最新案例、法意周刊、法律界动态、法治聚焦、法规数据库高端专业版、中国司法案例数据库律师合同业务支持系统、企业合同事务支持系统。

3. 具体板块

（1）分类案例库

包括仲裁案例、行政执法案例、司法考试案例、教学参考案例。

（2）审判指导与参考

包括审判参考案例、最高法院司法解释、各地法院审判政策、法院案例精品（刑事、民事经济、行政、知识产权、海事海商）。

（3）各地区案例

包括台湾地区案例、香港特区案例、澳门特区案例、外国法院案例、国际法院案例。

（4）WTO 研究

包括中国入世文件、WTO 规则、国际贸易经济条约中国对外贸易法规、WTO 动态、中国发起的贸易救济案例、针对中国的贸易救济案例、其他国家间贸易救济案例、WTO 争端解决案例、WTO 基本知识。

（二）北大法宝

北大法宝包括法律法规数据库、司法案例数据库、法学期刊数据库、法规案例英文译本数据库。

1. 法律法规数据库

法律、行政法规、部门规章、司法解释、地方法规、地方规章、裁判文书精选、最高人民法院公报案例、经典案例评析、仲裁裁决与案例、法律条文释义、法律实务指南、法学教程、法学文献、合同范本、法律文书

样式、立法背景资料、香港法规库、台湾法规库、中外条约、外国与国际法律。

2. 司法案例数据库

全面精选我国大陆法院各类民事案例、刑事案例、行政案例。全面精选收录我国大陆法院的各类案例，根据用户需求提供全方位检索、导航功能，并独家推出个案系统呈现、案例帮助系统及刑事比对功能。同时在“北大法宝”法条联想功能的基础上，进一步实现法规与案例的全方位的联想功能，使用户在最短时间内了解与本案相关的理论、实务方面的知识。

3. 法学期刊数据库

全面收录《中国法学》《中外法学》《法学杂志》《政法论坛》《现代法学》《比较法研究》《法学评论》《河北法学》《当代法学》《知识产权》《法制与社会发展》《行政法学研究》《政治与法律》《法学论坛》《犯罪研究》《清华法学》《互联网法律通讯》《西南政法大学学报》《网络法律评论》《中国法律年鉴》等法学核心期刊全文文献。《法学研究》《法学》《法商研究》《人民检察》《环球法律评论》《法律科学》《人民司法》《华东政法大学学报》《电子知识产权》等法学核心期刊目录。

4. 法规案例英文译本数据库

法律、行政法规、部门规章、司法解释、地方法规、地方规章和最高人民法院公报案例的英文译本。

二、北大法意和北大法宝的数据对比

（一）北大法意和北大法宝的法规模块对比

1. 法规模块数据分类及数据量对比

北大法意数据库和北大法宝数据库的法规模块数据分类方法不相同，北大法意基于法规和案例的属地分别分类：大陆，国际，香港，澳门，台湾，外国；另外按照文献的类型分类：会议，报纸，期刊，著作，学位论文等。北大法宝基于法律法规的效力级别、发布部门、时效性以及法规类别分类。法规模块具体数据分类及数据量见表 1。

表 1　北大法意和北大法宝数据库的法规模块数据分类及数据量（2018 年 10 月）

北大法意		北大法宝		
大陆法规（中文）	1630192	效力级别	法律	2227
大陆法规（英译本）	3858		行政法规	8118
国际条约库	5976		部门规章	230705
香港法规库	2709		司法解释	6508
澳门法规库	32394		团体规定	5031
台湾法规库	10550		行业规定	28050
外国法规库	1048		军事法律法规	463
立法资料	8344	发布部门	全国人民代表大会	588
会议论文	4433		全国人大常委会	1625
报纸	236658		国务院	5175
期刊论文	357339		最高人民法院	5755
法学著作	33929		最高人民检察院	1370
学位论文索引库	32647		国务院各机构	199393
			中央其他机构	77311
		时效性	现行有效	526476
			失效	29923
			已被修订	2659
			尚未生效	216
			部分失效	724

2. 法规模块检索功能对比

（1）北大法意

大陆法规分库方式上北大法意分为中央法规、地方法规、政府文件三库，既可分库查询，又可并库查询，便于查询某一法律的中央及地方立法进程。

检索方式分为快速检索、高级检索、二次检索、引导检索和列表显示。

快速检索：关键词检索，检索位置：名称、名称或全文，检索范围：中央法规、地方法规、政府文件三库。

高级检索：检索范围：分中央法规、地方法规、政府文件三库；检索字段包括：法规名称；法规全文；颁布机构（中央机关、地方机关）：上下级层级关系一目了然，可多选；法规文号；颁布时间；实施时间；法规层级；效力属性；列表显示（列表显示模式设置、信息项、结果排序）；逻辑关系：并且、或者、不包含。

二次检索：不限次结果中再检索功能，可点击右侧分类栏，进入具体各分类记录中，在某字段输入关键词再次进行结果中检索。

引导检索：分类引导：层级（机构）引导：宪法法律、行政法规、司法解释、部委规章、政策纪律、军事法规、行业规范、地方法规、政府文件；主题引导：宪法国家法、民商法、经济法、行政法、刑法、劳动社会法、军事法、国际法、诉讼仲裁法；共9个一级分类，446个二级分类；专题引导：银行、财税、公司企业、新闻传媒、医疗卫生、互联网、证券、公安、海关贸易、知识产权、婚姻家庭、房地产、保险、工商、环境保护、国有资产、交通运输、劳动法、教育、农业、贸易投资、涉外；数据库引导：中央法规库、地方法规库、政府文件库；集成引导：可查询某一宪法法律相关聚类信息；可通过分类引导、数据库引导、集成引导方式满足不同检索习惯。

列表显示：法规要素：显示中文法规标题+效力、英文法规标题+效力、颁布机构、颁布时间、法规相关资料等要素；模式：简明模式、分层模式两种；排序方式：先按效力层级再按时间逆序、先按时间逆序再按效力层级两种；左侧引导：层级、主题、专题、效力；右侧检索统计：层级、主题、专题、效力，点击右侧分类统计，可进一步筛选检索结果。

（2）北大法宝

大陆法规分库方式上北大法宝将中央法规与地方法规库查询分开。

检索方式与北大法宝同样分为快速检索、高级检索、二次检索、引导检索和列表显示，但是在检索字段和逻辑关系选择上不同。

快速检索：关键词检索，检索位置：标题、全文。

高级检索：检索范围：中央法规、地方法规的查询分开；检索字段：标题；全文；发布部门；批准部门；发文字号；法规分类；发布日期；实施日期；时效性；效力级别（同法意的法规层级）；查询排序；逻辑关系：仅、并且。

二次检索：仅限于在标题或全文文本框输入关键词在原记录中进行结果中检索。

引导检索：按照法规类别分类，是高级检索字段之一，按学科知识点进行分类。

列表显示：法规要素：显示标题、颁布时间要素；模式：与北大法意类似的分层模式；排序方式：先按效力层级再按时间逆序。

（二）北大法意和北大法宝的案例模块对比

1. 案例模块数据分类及数据量对比

北大法意数据库案例模块按照案由引导、法院地域引导分类。北大法宝数据库按照案由分类、参照级别、审理程序、案件情节和审理法院对案例进行分类。案例模块具体数据分类及数据量见表 2。

表 2　北大法意和北大法宝数据库的案例模块数据分类及数据量（2018 年 10 月）

北大法意		北大法宝		
中国大陆案例库	47237645	案由分类	刑事	713358
中国台湾法院案例库	610827		民事	4082384
中国香港案例库（中英文）	89656		知识产权	443041
中国澳门案例库（中葡文）	17736		行政	334745
精品案例	195297		执行	214879
民事案件	17112937		国家赔偿	22168
执行案例	5512672	参照级别	指导性案例	130
刑事案例	4583095		公报案例	1620
行政案例	939618		典型案例	3153
赔偿案例	18008		参阅案例	605
			经典案例	45098
			法宝推荐	5578476
		审理程序	一审	982848
			二审	3871463
			再审	469888

2. 案例模块检索功能对比

（1）北大法意

检索方式分为快速检索、高级检索、二次检索、引导检索和列表显示。

快速检索：支持关键词检索，检索位置：名称、名称或全文。

高级检索：检索范围：裁判文书库、媒体案例库；案例类型：全选、刑事、民经、行政、知产、海商；检索字段：全文关键字；案号；案由；学理词；当事人；专题；权威出处；审理法院；法院级别；文书类型；审理法官；判决时间；审级；法律点；代理律所；代理律师。

二次检索：不限次结果中再检索功能，另提供权威出处、精品案例的检索条件。

引导检索：分类引导：案由引导：刑事、民事经济、行政、知识产权、海事海商；专题引导：银行、证券、保险、土地房产、公司企业、信息、商标、著作权、专利、教育、腐败、交通运输、环境保护、婚姻家庭、劳动保障、医疗卫生、再审、金融担保、金融犯罪、上市公司、国际贸易、消费者权益、人身权、抗诉、执行、涉外、投资共计27个专题；法律点体系引导：北大法意独创，从实务性、关联性和常用性角度引导用户，实现理论体系与实践资料的充分结合；法院地域引导：最高院、全国31个省市自治区；智能检索：通过专业的筛选，将刑事裁判文书所涵盖的犯罪、罪犯、刑罚、案件等各项信息组成引导树结构，可实现对裁判文书信息深度检索，可检索字段多达100多项。

列表显示：案例要素：显示案例名称、案由、案号、判决时间、审理法院、法律点等要素；排序方式：按判决时间逆序由新到旧进行排序；检索统计：按照案例类型、文书级别、权威出处分别统计，点击右侧检索统计，可进一步筛选检索结果。

（2）北大法宝

检索方式分为快速检索、高级检索、二次检索、引导检索和列表显示。

快速检索：支持关键词检索，检索位置：标题、全文。

高级检索：案例类型：刑事、民事、行政。检索字段：标题、全文关键词；案由；审理法院；来源；精选案例来源；审理法官；当事人；仲裁委；代理律师；代理律所；审结日期；法院级别；文书性质；审理程序。

二次检索：仅限于在标题或全文文本框输入关键词在原记录中进行结果中检索。

引导检索：仅提供案由分类引导：刑事、民事、行政。

列表显示：显示标题、案由、审理法院、审结日期、审理程序；排序方式：按照判决时间逆序；不提供检索统计。

（三）北大法意和北大法宝的合同模块对比

1. 合同模块数据分类及数据量对比

北大法意数据库合同模块按照中文合同范本、英文合同范本、法律文书、行业合同分类。北大法宝数据库合同模块按照分类合同、官方合同及行业合同分类。合同模块具体数据分类及数据量见表3。

表3　北大法意和北大法宝数据库的合同模块数据分类及数据量（2018年10月）

北大法意		北大法宝	
中文合同范本库	6024	分类合同	6321
英文合同范本	2402	官方合同	720
法律文书库	1868	行业合同	4708
行业合同	5359		

2. 合同模块检索功能对比

（1）北大法意

合同库的分库方式：设置单独的合同模块。合同模块又分为合同首页、合同起草、中文范本、英文范本、官方文本、行业合同、专题合同库，用户可以在所需要库中检索。

列表页：检索区分为快速检索和引导区选择检索。快速检索支持关键词检索，检索字段包括名称、名称或全文、同条检索。检索范围：可选择在合同全库检索或中文范本、英文范本、官方文本库中检索。引导区选择检索：点击引导项，依据引导项选择合同。检索范围：合同起草、官方文本（细分为：类型引导、行业引导、地域引导）、行业合同、专题合同。引导区：以合同类型、合同行业、合同地域为一级引导，点击展开二级引导，选择末级引导时列表页的合同数据随之变化。列表区：统计列表区数据总量。数据显示：显示合同名称和文本级别。官方文本显示：合同名称、发布机构、发布时间、发文号。搜索热词：显示搜索次数最多的五个热词，显示形式：关键词+次数。历史搜索：记录用户历史搜索的最近的10个关键词记录。相关搜索：根据用户搜索的词自动分词在词库中搜索相近的词而显示出来。

其他功能：有下载、打印、页内检索、字体、关闭当前页面功能，可显示合同正文，可对合同范本进行人工编辑，编辑区编辑完毕后，可对范本内编辑的内容进行预览查看，可下载合同全文并存为Word格式文件，可进行全文阅览。

（2）北大法宝

合同库的分库方式：合同范本包括分类合同、官方合同、行业合同。

列表页：检索区只提供快速检索，支持标题、全文检索。在法律法规库、合同与文书范本库检索。引导区以合同分类、官方合同、行业类别为一级引导，点击展开二级引导，选择末级引导时列表页的合同数据随之变化。列表区显示合同名称、合同分类、行业类别。

三、北大法宝和北大法意数据库特点对比

北大法意数据库包括 WTO 的相关文件、条约规则、司法案例权威而且全面（包括港澳台地区及部分国外）；具有广泛的友情链接，但是也存在个别链接网速很慢甚至无法实现链接的现象；北大法意数据库提供国家司法考试模拟系统，包括司法考试案例和教学参考案例；北大法意数据库包括法律人（实务界、学术界）、法学辞典查询功能和法学论著（目录摘要索引）；北大法意数据库海提供法学文献检索，文献类型包括丛刊论文、网络论文、法学专著和学位论文。

北大法宝数据库的法规信息选用政府公报和政府网站作为数据来源，所有数据都要通过校对程序，实现法律的严肃性和文本可靠性。北大法宝中含有未在其他网站发布的法律信息，涵盖刊载法规信息的各类介质，包括各机关公报、政报和各种法规规章汇编，包括各部门和地方全国人大和国务院的备案法规。北大法宝是围绕成文法法律适用提供多种关联信息功能的法规系统。北大法宝数据库具有以下特定开发的功能：一是法条联想，不仅能直接链接所查文件中引用的法律法规和司法解释及其条款，还可链接与本文件相关的所有法律、法规、司法解释、案例、裁判文书、法学论文、修订沿革、条文释义、实务指南等全方位的法律信息。在法条联想基础上，新增法律逐条释义、法律实务指南及主要部门法学理论学习教程。同时，对法条历史修订情况和互动关联信息进行深入挖掘，在丰富数据库内容的同时，将法律信息立体化，使命中法条与各种实务和学术信息融会贯通。二是以法“查法查条”，以法查案，以案“查法查条”，法案相通的双向超文本链接，拓宽法律从业人士的参考领域。三是修订沿革，通过对我国法律、法规的历次修订及相关法条异动情况的梳理，用户可回溯某条款的历史变动及相关法规、案例、论文等资料。四是英文法条，北大

法宝拥有专门的法规案例英文译本数据库。英文法条是法条的中英文对照体系，建立条款式的中英文对照的功能，具有逐条翻译功能，实现中英文法条同步浏览，为涉外法律事务提供工具，包括最高人民法院公报案例的英文译本。

参考文献

[1] 蒋隽. 中国社科院法学所数据库使用分析[J]. 法律文献信息与研究，2011（1）：21-25.

[2] 张涛. 法律案例档案数据库调查分析[J]. 兰台世界，2009（6）：37-38.

[3] 苏建华，邹育理. 国内外法学数据库的比较研究——透视我国专业数据库建设存在的问题[J]. 现代情报，2008（5）：79-81.

[4] 程雪艳. 两大法律数据库专业文献内容与检索方式的比较[J]. 情报探索，2008（5）：45-46.

[5] 程雪艳. 国内两大中文法律数据库比较研究[J]. 河南图书馆学刊，2007（4）：10-12.

编目实例分析在主题业务学习中的实践初探*

黄　英**

摘　要： 本文在实践工作的基础上，以四川大学图书馆馆藏图书为例，分析目前在著录书目数据中存在的问题，并运用实例分析在开展主题业务学习中探讨如何有效提高编目馆员利用相关知识和技能著录完善的书目数据的能力，让馆藏资源为读者充分利用。

关键词： 主题学习　实例分析　业务学习　编目

图书馆的编目工作是以要收入馆藏的文献作品为对象，记录书目数据形成的整个流程。虽说是基础业务工作，但在完成其流程进行的各个环节中，著录规则、分类标引、对分析款目的详细揭示等都需要编目馆员对著录规则、各种图书文献的形式特征、如何将平时工作中所积累到的知识准确用在所需使用的分类法体系中、主题标引如何才能做到用准确的规范的语词来详细表达等方面知识的熟练掌握。在著录原编文献时对文摘关键点的编写让读者能根据作品的内容提要就能准确地选择文献。通过开展基于编目案例分析的主题业务学习，让实践与理论相结合，能够满足馆员学习专业知识的需求，并能让学习者将其所学应用于实践工作中，注重实际问题的解决，为读者提供有效率地信息资源服务。①

---

* 本文为2020年度CALIS全国医学文献信息中心科研课题研究成果（项目编号CALIS-2020-03-014）。

** 黄英（1968—），女，本科，四川大学图书馆副研究馆员。

① 杨在宝，黄杰. 主题式学习在《现代教育技术》公共课教学中的应用[J]. 大众科技，2006（5）：162-164.

一、开展基于编目案例分析的主题业务学习实践的意义与方法

作为实践性学科的图书馆学，其基础编目业务工作对相关理论性和实践性知识都要求很高。只有经过长期的实际工作和相关理论知识的学习才能很好地掌握编目所使用的各种工具书和繁复的著录规则。因此，实践经验是编目馆员的重要财富资源。而且，作为有权限上传编目数据的编目馆员首先要取得资格认证考试证书。在图书馆的工作进程中起着关键的承上启下作用的就是编目，同时影响着读者使用馆藏图书及检索资料信息的需要，也体现出图书馆资源建设工作的效率及有效性。工作实践，是提高编目馆员业务水平最有效的途径。要对书目数据进行有效管理，相关编目业务理论知识及从事编目工作过程中的经验积累相结合就因此而显得非常重要。主题式学习（Theme Based Learning）是对案例进行分析，根据以问题为导向的教学方法（Problem-BasedLearning，PBL）原理设计而成的。① 以案例为基础，问题为先导，分析、讨论为核心。将主题学习的方式引入编目业务学习中，融合典型案例在主题中，对实际工作中遇到的疑点、难点等实际问题展开讨论以达成共识，有效提升编目质量。

二、目前在著录书目数据中存在的问题

（一）编目数据来源多样，导致书目数据质量难以控制

订购图书时随书配送的书商数据提供的采访记录可作为简单的编目参考；图书馆编目外包完成了一些相对简单的编目工作；图书馆与院系资料室的共建共享让院系资料室能有效地利用图书馆充足的馆藏文献资源。院系资料室在完成新到图书的编目时一般都是先在图书馆的馆藏中进行查询。如是相同的书目记录则只需添加单册就完成了，但遇到原始编目，则是利用图书在版编目（CIP）来完成编目记录；从中国高等教育文献保障系统（CALIS）客户端套录下载书目数据。为保障馆藏书目数据质量，编目馆员就得制定出相对应的编目规范著录细则，对不同来源的编目数据进行修改和审校。

---

① 谢琴芳. CALIS 联机合作编目手册. 上[M]. 北京：北京大学出版社，2000.

（二）编目工作标准化与著录数据过程中出现问题的矛盾

书目数据的规范是做到编目资源共享的首要条件，其著录格式及著录标准就必须要统一和规范。但在实际工作中会遇到众多的出版机构，其出版物信息复杂，编目馆员在选择著录信息源时难以判定；书目记录中包含的字段、子字段众多，其指示符、标点符号、论题复分、著录层次等较繁杂；对同一本书的认识不同也可能出现重复书目记录的产生；如何挖掘文献的内部信息，将其隐藏的知识信息表达出来，而不是仅对外部特征进行描述，为读者提供多种检索途径；有多个分类号、多个主题词、多种题名的图书，如何完整地进行著录；对丛书或多卷书的判定、题名页上信息不全时如何选择正确规范的信息源；对著录规则的理解不同也会导致不同的编目数据记录的出现；著录提要或文摘附注字段时对文献作品内容摘要的编写更需要编目馆员能深入了解作品，根据其内容编写出能让读者准确选择所需文献信息的提要；随着编目工作标准化进程的发展，其著录规则也在不断地发生着相应的变化等。为此，进行以提高编目馆员业务水准为目的的相关知识与技能的业务学习就成为重要举措。

三、开展基于编目案例分析的主题业务学习实践

为充分调动学习的积极性，编目部利用双周五下午的时间开展业务学习。参加学习的对象为编目部门的编目馆员，学习的内容与日常实际工作的需求紧密结合，侧重于编目工作中复杂、疑难问题以及新技术、新近变化的著录规则要求等等。例如：围绕编目理论与技能的结合这一主题，让平时只专注完成实际工作的编目馆员首先对没太在意的常识性编目术语清楚了解等。并对每一次业务学习中需进行讲解的主题内容进行安排：主题规范；有关分类中仿分、复分及总论复分表的学习；团体责任者标目规范；学科主题；MARC 字段的著录；外国人名的规范信息；外国团体责任者规范；国外图书馆发展趋势；RDA 培训要点等并确定各主题的主讲人员等。主讲人需要通过查阅相关参考书、网上资源的搜集、请教编目专家来准备其主讲的内容，并根据自己整理的相关文献资料以及实际编目工作中的特点进行分析，确认其主讲内容的正确与可行。主讲人以主题内容为基础，结合日常工作实际问题并针对选定的编目实例分析、讲解该案例所描述的主要问题，涉及哪些重要的知识点等。参加学习的编目馆员则应对学习时所列举的实例存在的问题是否与自己平时著录时遇到的疑惑相似并进

行思考。以明确的主题结合实际案例的主题业务学习贴近实际，具有针对性。而且，这种开放式的学习方法，也能让编目馆员更易于掌握。

（一）对馆员主观能动性的充分调动

在实例分析的基础上开展主题业务学习，易于知识的理解和运用，发挥馆员主动学习积极性。以四川大学图书馆馆藏图书为例：题名与责任说明字段，包含 ISBD 著录项目中的题名与责任说明项。[④]本字段是著录难度较大的字段，也是一条书目记录中重要的检索点。在著录过程中往往一不小心就将其层次排错或漏掉，影响书目数据质量。实例 1：《旅客萍踪》，本例在对题名与责任说明字段进行著录时需注意先分析题名页上的题名信息再分层排列。因其中涉及副题名、并列题名，还有分辑题名：2001# $ a 旅客萍踪 $ e 李长华回忆录 $ h 上 $ i 从铭贤到华西 $ d = A trander's… $ hI $ i = My… from Mingxian to Huaxi。这样，读者可通过自己知晓的其中任一作品题名进行查询。实例 2：《昆虫记》/（法）亨利·法布尔著。《国际标准书目著录》（ISBD）著录项目中规定题名与责任说明字段著录的信息只能来源于题名页。此例在作品封面出现的“全译本”就应作为丛书项的副题名著录在丛编项字段中。其著者的规范汉译姓不能在《世界人名大辞典》中查到，只能从《简明不列颠百科全书》中查到此作者（本书作者系法国著名的生物学家），所以此例知识责任附注字段的责任者规范汉译姓著录为：法布尔。

（二）围绕实际案例进行思考和分析问题

在分析解决具体问题的过程中，带着疑问查阅相关信息资料，扩展了知识面，让问题得到了解决。进行编目时，文献作品的序言是重要的著录信息来源，是为说明文献著述或出版旨意、编次体例或作者相关情况、对作者的评论和对有关问题的研究等内容的文章。实例 1：《制度创新伦理》，书中主讲制度建设的信息源来自序言中。《中国图书馆图书分类法》中提到作品在讲到某种制度应用在某个方面时，应归入被应用、被影响的那方面，故类号为 D63。实例 2：《儿童的春》/鲍尔逊，书中英文原名就取自书中序言，著录在相关题名附注字段。实例 3：《左权小花戏》/李明珍等著，编码数据字段中的个人传记代码的信息来源序言部分，个人名称字段著录李明珍的生卒年信息还是来源于序言部分。实例 4：《走向世界历史之路》，通过对作品的前言后序的了解，编目员清楚其内容讲述的是交叉学科，主题标引时可将交叉的两个学科著录在同一个论题主题。实例 5：《文心雕龙》属古典文学作品，但是，文心雕龙一词不能作论题主题标目，需著录在名称与题名主题字段。名称与题名主题字段是记录名称与题名主题的字段。著作题名一般为记录在＄1嵌套的500统一题名字段。[④]著者名称记录在＄1嵌套的7XX知识责任字段：604##17011#0＄a刘勰，＄f约465-532＄150010＄a文心雕龙＄x古典文学研究，故论题主题应是古典文学研究。实例6：在对作品《楚简〈老子〉柬釋》进行著录时，编目馆员如果不仔细分析作品中的著录要点，会习惯性地加上记录中作为主题的个人名称标目的个人名称主题。但实际作品中并没有对老子生平的研究；记录编目文献的题名主题，则需著录为道德经。而中图分类号因作品中收录了不止老子一篇文献，类号则为：B223.02。实例7：《北京市2010年人口普查资料》作为统计资料，在分析著录时要特别注意主标目与团体名称字段的第二指示符的给予。实例8：《嘉绒地区历史》中的著者阿坝州藏族历史文化古籍研究协会并没有行政从属关系，故不需要进行分级著录。实例9：《审美阅读》中需要根据学科内容来进行主题分析款目的标引：论题主题为中国文学＄x文学评论＄j文集。实例10：《坛经 心经 金刚经》则要对合订题名著录的明确及同一责任者的多种责任方式著录一个子字段，个人名称字段选择重要方式来反映。本条记录的个人名称字段是由同一作者进行的导读、注译，则选择重要的方式反映：丁小平注译。

（三）编目技能的学习与掌握

通过对细节的注重并仔细观察、认真总结以达到对编目技能的掌握。实例1：《法国名剧四种》，在著录原文题名时特别注意：法文字母别于其他语种字母的方面：＄aPhédre and……。实例2：《竹石》-华西医学精英的成长/原著文佳兰。本例在进行分类时，编目馆员了解到本书作者不是此书中记录的人物，只是对华西协合大学的校史、发展及对相关当年传教士及医学生进行采访来完成的本部作品，其类号应归入“校史”。而团体名称主题则以规范化的检索点形式并附上已经过选择的主题附加信息出现。本例记录的团体名称主题分类：＄a华西协合大学＄x校史；CALIS联合目录规定，因《汉语主题词表》中专指主题词有专指度更深的主题词时，不能用上位词进行组配标引。实例3：《山城故事》/袁俊。此例的论题主题字段著录为：话剧剧本，而不能用：＄a话剧＄x剧本。实例4：《福利服務與社會救助現況分析暨其法制整合之研究》，本例在题名页和版权页均出现了多个版权信息，据CALIS联合目录规定则以版权页的信息为准；对港台书籍进行原始编目时需要特别注意对团体责任者主标目的选择。

（四）分析实例让知识点得到拓展

来源于工作实践中真实的书目数据记录看似简单，却包含着众多的知识点。在学习的进程中，编目馆员如果只是被动接收编目专家对理论知识的讲解，而对编目实践参与少，则就会让自身的业务成长速度变慢，所学到的知识也容易忘记。并且，在实际工作中，专门针对编目进行的外出培训机会少之又少。因此，部门组织的通过分析实际案例进行的主题业务学习必然成为提高编目业务水平的主要途径。

四、结语

实践表明，业务学习让编目馆员相关编目专业知识都能得到提高。这样的学习方法可帮助编目馆员运用科学的方法进行相关理论知识的学习，在学习过程中均结合与主题相关的编目实例，从日常实际工作的典型案例中发现细节问题，遇到概念不清、不能理解的也能通过编目馆员们相互间的讨论与交流或请教相关专家的方式解决问题来完成知识点的拓展。用较短时间获得更加充分的经验指导。学到的不仅是明确的知识，更重要的是对工作方法的掌握，学习的同时也在积极地反思。著录规范的书目数据，让读者能从自己熟悉的或不熟悉的各个角度都能检索到需要的信息，图书馆丰富的馆藏文献资源能得到充分地利用，编目馆员实现有效率的资源建设工作。在实践上可指导图书馆的服务水平，为变化发展中的学科知识的更新提供支持。著录完善的以用于共享的书目数据，做好为学校培养人才的服务工作，为我国图书编目标准化的发展拓宽思路，提供参考建议。

参考文献

［1］《中国文献编目规则》编撰小组. 中国文献编目规则［M］. 广州：广东人民出版社，1996.

［2］国际图书馆协会联合会. 专著出版物国际标准书目著录［M］. 北京：书目文献出版社，1989.

［3］赵英智. 高校图书馆利用 CALIS 加强文献编目实践分析［J］. 科技视界，2016：335 下转 259.

［4］刘语涵. 网络环境下图书编目培训工作探讨［J］. 农业图书情报学

刊，2014（26）：135-138.

［5］《中国文献编目规则》编撰小组. 中国文献编目规则［M］. 广州：广东人民出版社，1996.

［6］国际图书馆协会联合会. 专著出版物国际标准书目著录［M］. 北京：书目文献出版社，1989.

书目数据关联发布研究

——以日本国立教育政策研究所 LOD 项目为例*

范馨元　陈利华　黄毕惠**

摘　要：LOD，Linked Open Data，是指向语义的关联开放数据。现已成为图书馆等文化机构研究和采用比较多的数据开放技术。日本国立教育政策研究所教育图书馆将本馆的教科书资源 LOD 化，极大地增进了教科书书目数据在互联网上的可见性，其关联开放的过程也大大增进了搜索引擎对资源定位的精准度。

关键词：教科书　LOD　关联数据　开放共享

近几年，语义万维网技术的飞速发展，为图书馆的规范数据的关联发布提供了很好的平台。越来越多的学者开始注目数据开放和普遍链接的潜力，将图书馆的书目控制方法延伸至互联网应用中，作为用于共享结构化数据的平台，LOD（Linked Open Data）备受关注。LOD 是指向语义的关联开放数据，无论是哪一领域和怎样的记述粒度，都可以将之自由灵活取用，现已成为图书馆等文化机构、情报机构研究和采用比较多的数据开放技术。

图书馆具有丰富的馆藏资源，是人类文明发展的智慧宝库，但是长久以来，这些“瑰宝”一直被图书馆“雪藏”，尚未以关联开放的姿态展现在世人面前。随着互联网的发展，为了将这些书目数据从封闭的信息孤岛

---

* 本文是 2018 年度国家社科基金年度项目“开放共享背景下图书馆书目元数据组织模式的演变与发展研究”（批准号：18BTQ026）的阶段性研究成果之一。

** 范馨元（1988—），女，硕士，四川大学图书馆中级馆员；陈利华（1974—），女，四川大学图书馆副研究馆员；黄毕惠（1966—），女，四川大学图书馆研究馆员。

里解放出来，将信息资源以知识内容的形态为用户提供精准的服务，世界上很多情报机构开始致力于将本馆的数据系统化、结构化，以形成一定的数据集合，比如分类和主题数据群，著者出版者数据群，并将这些信息群进行LOD化，形成人人可利用的共享数据，以期待通过互联网等渠道，对各领域的信息进行多样化的利用。

日本国立教育政策研究所教育图书馆和教科书研究中心附属教科书图书馆的“教科书LOD”项目，是经过数年时间将教科书的书目信息进行系统组织，再将其LOD化的项目。其对象为日本现行审核制度下规定的教科书的书目数据，以及教学和指导要领等教科书相关的情报信息，该项目于2017年1月在Web上正式上线。截至2018年，已经有7000余条书目信息，150000余条RDF（Resource Description Framework）三元组数据被公开。

一、教科书LOD的HTTP URI标识

在教科书LOD数据中，以教科书信息为中心，把学习指导纲要、学科类别、科目信息、教科书目录的信息群赋予各自的URI，作为关联数据资源，将这些资源的数据和元数据进行建模。URI设计中使用的LOD数据的基本URI为“https://w3id.org/jp-textbook/”，这个地址采用了W3C永久标识符工作组提供的固定URI服务。即使公开的域名或地址变更，URI仍不会改变。教科书LOD利用Github的Web公开服务进行托管，实际上就是“https://jp-textbook.github.io/”，在该网页进行搜索时，就会把Github上的实体LOD数据传送过来。

（一）教科书数据URI的设计

科书数据的URI以该文献资源的题名为单元。日本的文部科学省有一套成熟的教科书审定制度，每年都会按照学校类别发行教科书目录，上面刊载了次年度各类学校所有可能用到的教科书书目信息。在这个教科书目录中，各个教科书都有相应的书号和教科书番号两个识别符。笔者以文部科学省官方网站于2018年4月公布的“『高等学校用教科書目録（平成31度使用）』”[1]（日文书名）为例，截取了高中教育阶段的世界史相关教科书限定信息。

表 1　日本 2018 年高中阶段世界史教材部分目录

地理歴史　世界史 A

發行者の番號・略称	教科書の記号・番號	書　　名	判型 ページ数	予定定価（円）	検定濟年	著　作　者
2 東書	世 A 310	世界史 A	B5 246	680	平 28	加藤 晴康 ほか11 名
7 実教	世 A 311	世界史 A 新訂版	B5 246	680	平 28	平田 雅博 飯島 涉 ほか11 名
7 実教	世 A 312	新版世界史 A 新訂版	B5 206	680	平 28	木畑 洋一 ほか7 名
35 清水	世 A 313	高等学校 世界史 A 新訂版	B5 230	680	平 28	上田 信 大久保 桂子 設樂 國廣 原田 智仁 山口 昭彦 ほか8 名
46 帝国	世 A 314	明解 世界史 A	AB 238	680	平 28	岡崎 勝世 ほか7 名
81 山川	世 A 318	要說世界史 改訂版	B5 230	680	平 29	木村 靖二 岸本 美緒 小松 久男 ほか6 名
81 山川	世 A 315	現代の世界史 改訂版	B5 234	680	平 28	近藤 和彦 岸本 美緒 中野 隆生 林 佳世子 ほか3 名
81 山川	世 A 316	世界の歴史 改訂版	B5 202	680	平 28	近藤 和彦 羽田 正 ほか9 名
183 第一	世 A 317	高等学校 改訂版 世界史 A	B5 248	680	平 28	曽田 三郎 ほか11 名

可见在第一列和第二列中，详细表示了该书目的发行者番号、书目记号和书目番号，同为“世 A”，被赋予的番号从 310 至 317 不等。文部科学省为了整理和提供这些教科书信息，给它们分别赋予了这两种号码，而这两个号码也被印在了书目的封面和版权页上。但是由于教科书的审定制度，这两种号码只有两年的有效期，为了保证数据识别符的永久性，就加上了学校类别和检定年（同样被记录在书目的封面和版权页上）两个限制条件。以上合计四个限定信息，就保证了以题名识别的精准度。教科书数据的题名 URI 就由此构筑起来：“textbook：学校类别/审定年度/教科书记号/教科书番号”。

例如，学校类别为高中，审定年度为 2016 年，科目为世界史 A，教科书番号为 313，该书目的教科书标题 URI 即为“textbook：高等学校/2016/世 A/313”（日文 URI，以下皆同），由图可见，该题名 URI 指向为第五行

『高等学校世界史 A 新訂版』一书。

（二）学习指导纲要 URI 的设计

日本文部科学省根据教学内容制定了课程和指导方针，出台了『学習指導要領』（笔者译为《学习指导纲要》），每十年修订一次，教科书就是根据《学习指导纲要》制定的。教科书 LOD 也囊括了与教科书数据相对应的学习纲要，学习纲要也有其对应的 URI。

学习指导纲要是根据学校类别制定的，每个学习指导纲要都有其使用起始日期，故 URI 的设计就采用这两个数据："textbook：curriculum/学校类别/指导纲要施行年"。例如 2013 年施行的高中教学指导纲要的 URI 为 "textbook：curriculum/高等学校/2013"。

（三）学科相关 URI 的设计

1. 学科类别

因为要体现教科书所在的学科类别，这决定了课程信息 URI 的设计思路。课程也是根据《学习指导纲要》制定的，所以该 URI 设计为学习指导纲要 URI 加上学科类别，具体为："textbook：curriculum/学校类别/指导纲要施行年/学科类别名称。"课程名称同样要遵循纲要的规定。例如，2013 年施行的、高中阶段的、学科类别为"地理历史"的 URI 设计为："textbook：curriculum/高等学校/2013/地理歴史"。

2. 科目

学科是教科书制定者在教科书审定时申请的，一般与学习指导纲要的科目类似。上图中，表格左上角即为学科设置，一个类别可以对应一个科目，也可以对应多个科目。例如科目中存在的"地図""書写"等（如下图）在学科类别中是不存在的，也有像"地理歴史"那样，可以对应很多科目的学科类别。

表 2

地理歴史	世界史 A
	世界史 B
	日本史 A
	日本史 B
	地理 A
	地理 B
	地図

科目 URI 是为了确定是哪一类别的教科书，其 URI 设计为：

“textbook：curriculum/学校类别/指导纲要施行年/学科类别/科目名称”例如，在 2013 年实施的面向高中指导要领的科目“世界史”，其 URI 设计为：“textbook：curriculum/高等学校/2013/地理歴史/世界史”。科目名称以文部科学省审定的“『教科用図書検定申請受理種目』”为基准。

（四）教科书目录的 URI 设计

教科书目录如前文所说的那样，是日本文部科学省每年公布的次年度使用的教科书列表。这个目录是教科书数据的重要留存方式，所以教科书 LOD 也给教科书目录赋予了唯一性 URI。

教科书目录是按照学校类别发行的，并且每年发行，所以 URI 设计也使用了这两个元素：“textbook：catalogue/学校类别/发行年”。例如 2016 年发行的高中阶段教科书目录 URI 为：“textbook：catalogue/高等学校/2016”。

二、教科书 LOD 数据模型

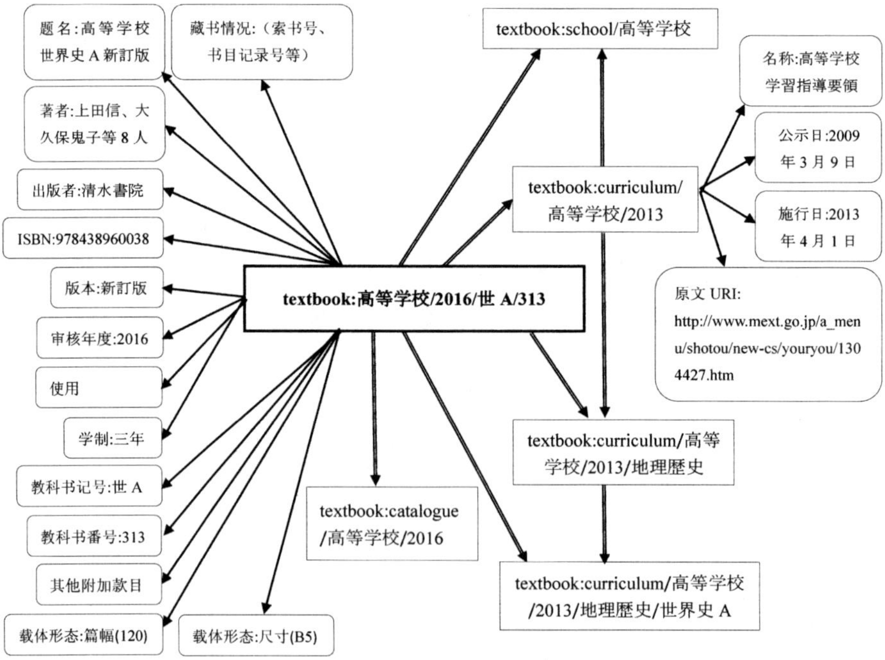

图 1　教科书 LOD 项目的模型图

如图 1，笔者以『高等学校世界史 A 新訂版』一书为例，制作了 LOD

数据模型图。其中圆角长方体代表 LOD 资源，直角长方体代表字面值。正中间的“textbook：高等学校/2016/世 A/313”包括了题名、出版者、ISBN、载体形态等书目信息的字面值，也包括了审核年、使用年等教科书特有的信息，并且链接了课程类别的 URI 和科目信息的 URI。

以教科书资源作为单位时，同一 HTTP URI 指向同一种资源，也就是一种资源由唯一 URI 来标识。在这个数据库里，同样的教科书有几个复本分布在其他馆，或者教育图书馆以外的其他图书馆馆藏教科书资源也被收纳其中。个别的收藏单位的资源有一定的专业意义，把这些资源作为空节点，与教科书资源相关联。通过各个馆的馆藏资料请求号，把这些资料记录下来。

（一）属性词的选择

教科书属性词的选择，尽量应用被广泛使用的词汇。教科书 LOD 项目组一直致力于寻找更合适的词汇，并在历次修订版中予以更新。虽然有些词汇目前还不是最为规范，但是公开的过程中可以被很多专业人士看到并提出建议，也可以为书目数据的 LOD 化积累很多经验，使之在过往道路上不断规范。

1. Schema 词表的使用

书目信息的属性词原则上使用了“Schema. org”。因为截至目前，Schema 标记是被各种搜索平台广为认可的，包括 Bing、Google、Yahoo！和 Yandex 在内的搜索引擎都会依据 Schema 标记来优化搜索结果，一份标准且公开的 Schema 词汇表能够使信息组织者更便利地为网页添加标记。除了日本国立教育政策研究所的教科书 LOD 项目外，笔者注意到早在 2012 年 6 月，OCLC 通过将 Schema. org 描述性标记附加到 WorldCat. org 页面，OCLC 迈出了向 WorldCat 添加链接数据的第一步。WorldCat. org 现在提供 Web 上最大的链接书目数据集。通过在 WorldCat. org 中添加 Schema. org 标记到所有书籍、期刊和其他书目资源，WorldCat 的整个公开版本现在可供智能网络爬虫（如 Google 和 Bing）使用，可以使用在搜索引擎和其他应用程序中。由此可见“Schema. org”在关联数据中的广泛应用。教科书 LOD 项目使用 Schema 标记属性的包括题名、著者名、出版者等。

2. Bibframe 2. 0 词表及其他特有属性词表

另一方面，在“Schema. org”中尚未找到的书目信息属性，例如篇幅和尺寸等，项目组采用的是“Bibframe 2. 0 词表”。像《学习指导要领》和

《教科书目录》需要参考文部科学省官方网站上的公开信息的文本，使用“rdfs：seeAlso”来表达。像类别和科目这种按照顺序列表展示的，使用的是“RDF Data Cube Vocabulary”（数据立方词汇表），为“dp：order”。

除此之外，教科书有自己特有的属性，例如“审核年度”“使用年限”“学年”“学科类别”“科目”等，将这些独立词汇设定在“http：//w3id. org/jp-textbook”的命名空间下进行叙述。国立教育政策研究所教育图书馆的馆藏信息也被作为独立词汇放在“http：//dl. nier. go. jp/library/vocab”命名空间下。

（二）LOD 数据交换

LOD 数据模型是图形模型，与现有的数据库管理形式不同，需要进行统一转换。教科书信息以图书馆制作的书目数据为基础。首先，把图书馆的书目数据转换成 TSV（Tab Separated Values）形式，接着把 TSV 格式的文件写入 Excel，最后通过 Ruby 开发的程序，将该 Excel 文件转换为 Turtle 形式。

虽然把这些 Turtle 形式的文件予以公开即可公开 LOD 数据集，但是 LOD 更需要公开与资源相对应的网页。该过程使用了独自开发的 Ruby 程序，把各种信息情报转换为静态 HTML 文件，再把这些 HTML 文件群利用“GitHub Pages”的静态站点托管服务，和“Github”的云端网页公开服务予以公开。对于“GitHub Pages”的实体地址，通过在上述的固定 URI 服务进行重定向到指定页面，故即使是在非“GitHub Pages”服务下的公开场所的移动端使用，也是不成问题的。

三、教科书 LOD 项目的成效

日本国立教育政策研究所教育图书馆和教科书研究中心将教科书书目数据发布为关联书目数据，完成数据剖析、数据建模、数据转换、系统的设计与开发，将 7000 余本书目数据转换为基于 Schema 词表、Bibframe 2. 0 词表、数据立方词汇表的 RDF 数据，重新定义传统书目数据并予以公开发布。虽然很多属性词还尚待完善，但自从 2017 年 1 月公布以来，项目历经 1 年零 10 个月（截至 2018 年 11 月）已经完成 23 次修订，教科书 LOD 项目在实践的步伐中逐步完善。目前已经初步实现以 Trutle 方式提供开放数据服务，以促进日本教科书资源在全域网范围的精准提取、普遍链接和开放利用，扩大了书目元数据的应用范围，更好地在互联网时代发挥应有的作用。

四、研究启示

目前在国内学界，对图书馆关联数据的研究已经有了一定的进展，但是多为对关联发布技术的研究，对于如何将图书馆的书目元数据发布为“Linked Open Data”的研究较少。书目元数据是图书馆学对知识组织的独有贡献，如何把这种共享在互联网时代得到最大发挥，实现书目数据在全域网范围的应用，应是现代图书馆学从业者加以思考的课题。日本国立教育政策研究所教育图书馆的 LOD 项目，就是该课题的一次成功实践。

教科书一般是对某学科现有知识和成果进行综合归纳和系统阐述，较少提出一家之言，具有权威、全面、系统、准确的特征。把教科书资源进行 LOD 化能极大增进教科书书目数据在互联网上的可见性，其关联开放的过程也大大增进了搜索引擎对资源定位的精准度。

教科书 LOD 项目不但对资源中涉及的题名、著者、出版者信息、版本信息等均有揭示，也对发表年度、使用年限、教科书目录等用特定词语作为元数据元素的值，这些都能够深入揭示文献资源的知识单元。将馆藏机构代码、书目文献信息、书目文献使用范围和规定来源（文部科学省的《教科书目录》）均当作对象，赋予特定的 HTTP URI。这种聚类模式能够形成高度结构化的数据，每一个类都有多个属性（每一个元素都可以定义这个类的属性），这就使得教科书资源的各种特征都能得以展现。在数据转换阶段通过开放的 schema 词表等来提供全域网范围的 RDF 数据查询和获取。RDF 数据被赋予了语义，可被机器读取和处理，经过机器的聚类、计算、统计、分析、推理后变成可理解的知识。[2] 开放共享的教科书 LOD 项目为研究机构提供很好的研究材料，也便于机器的解读。

虽然日本教科书 LOD 项目还处于发展阶段，但是已为国内图书馆界发布 LOD 数据提供了一定的借鉴经验。图书馆行业数百年积累起来的书目控制经验，如果能充分利用好现代信息技术所提供的强大工具，能在更大范围内发扬光大。[3]

参考文献

［1］ 日本文部科学省. 教科書目録（平成 30 年 4 月）[Z]. http://www.mext.go.jp/a_menu/shotou/kyoukasho/1404281.htm. 2009.

［2］夏翠娟，张磊，贺晨芝．面向知识服务的图书馆数字人文项目建设：方法、流程与技术[J]．图书馆论坛，2018（1）：5.

［3］刘炜．万维网时代的规范控制[J]．中国图书馆学报，2015（3）：32.

关联数据词表探究*

陈利华　范馨元　黄毕惠**

摘　要：任何领域关联数据的成功取决于专业人员识别、重用或链接已有词表的能力，所以本文就关联数据词表进行了一些探究。首先分析探讨了关联数据词表的作用、分类和图情领域常用词表，着重描述一个词表管理网站，便于熟悉并快速查找所需词表来发布关联数据，最后指出关联词表研究的重点和重心。

关键词：关联数据　元数据管理　关联开放词表　LOV

前言

自 2006 年 Tim Berners-Lee 提出关联数据来，其发展迅猛，势如破竹。截至 2018 年 6 月，关联开放数据（Linked Open Data，LOD）云图显示已发布的关联数据集共有 1224 个，其中包含 16113 个链接，涉及媒体类、政府类、出版类、生命科学类、地理类、社交网络类、用户自创内容及跨领域等主题①。LOD 重新建构了许多语义网的支撑技术，是语义网的一种轻量级实践。它使用 Web 友好的标识符（HTTP URI）、显式的领域模型和相关的本体来设计基于图形的元数据。这对于网络环境下图书馆书目数据的开放、共享和融合至关重要。书目数据关联化就是把 MARC 格式的书目数据转换为 RDF 格式，而其所描述的文献被作为对象化的“实体-属性”赋

* 本文是 2018 年度国家社科基金年度项目“开放共享背景下图书馆书目元数据组织模式的演变与发展研究”（批准号：18BTQ026）的阶段性研究成果之一。

** 陈利华（1974—），女，四川大学图书馆副研究馆员；范馨元（1988—），女，硕士，四川大学图书馆中级馆员；黄毕惠（1966—），女，学士，四川大学图书馆研究馆员。

① The Linked Open Data Cloud [EB/OL]. [2018-09-30]. https://lod-cloud.net/.

予 HTTP URI，即可在 Web 上被唯一标识和定位。当访问文献的 HTTP URI 时，就会返回 RDF 格式的书目数据，为在网络环境下跨平台和跨领域书目数据的开放共享奠定基础。因而随着关联数据的技术发展，越来越多的图书馆将其馆藏书目数据发布为关联书目数据。图书馆关联数据的出现始于国会图书馆使用 SKOS 词表将 LCSH 关联化和瑞典国家图书馆将 LIBRIS 联盟目录发布为关联数据。随后德法英及芬兰、匈牙利、日韩等国的国家图书馆也将书目数据在 Web 上以关联数据方式发布。

目前，以美英法德为代表的发达国家的国家图书馆及一些重要图书情报机构基本已完成了主要馆藏资源的关联数据化，而我国图情界馆藏资源关联化的研究大多还处于实证阶段，仅上海图书馆将上海联合编目中心部分书目数据发布为关联书目数据[1]。吸取前辈的经验，能使我们少走弯路，实现我国数据关联化的跨越式发展。W3C 图书馆关联孵化小组最终报告（以下简称“报告”）表示，任何领域关联数据的成功取决于专业人员识别、重用或链接已有词表的能力。① 就我国来说，图书馆界技术与服务的突破，大部分要依靠图书馆系统功能的更新升级完善。这意味着图书馆想要发布关联数据时必须依赖那些开发图书馆管理系统或软件的少数供应商，而不是自主研发。图书馆关联数据的成功不是取决于技术，而是取决于图书馆馆员识别、重复使用或链接到其他可用关联词表的能力。而当前许多图书馆馆员都不太熟悉图情领域中使用的词表，因此本文就这方面进行一些探究，首先从关联数据词表的作用和分类入手，介绍图情领域常用词表，着重描述一个词表管理网站来帮助大家熟悉各种词表，方便大家快速查找所需关联词表来发布关联数据，最后指出关联词表研究的重点和重心。

一、关联词表的作用和分类

（一）关联数据词表的作用

本文中，“词表”（Vocabulary）指的是元数据元素集词汇表（本体），即用于描述特定领域资源的类和属性的集合②。关联数据一个重要的最佳

---

① Baker T，Bermès E，Coyle K，et al. Library Linked Data Incubator Group Final Report [EB/OL]. [2018-09-10]. http://www.w3.org/2005/Incubator/lld/XGR-lld-20111025/.

② Dunsire，Gordon，Corey Harper，Diane Hillmann，and Jon Phipps. Linked Data Vocabulary Management：Infrastructure Support，Data Integration，and Interoperability[J]. Information Standards Quarterly，2012 Spring/Summer，24（2/3）：4-13.

实践就是重用已有词表。通过关联词表的重用将网络精简为一个单一的互联化的数据空间，实现数据的开放、共享和融合，这样就将各类数据从封闭的领域中释放，超越领域、平台和系统的限制，在 Web 上为机器提供开放、规范的数据，为第三方程序提供供应开发接口，鼓励其他领域应用，最终实现各领域的创新性服务。

（二）关联数据词表的分类

报告根据关联数据词表描述的对象和作用分为三类：数据集（Dataset）、属性值词汇表（Value vocabularies）和元数据元素集（Metadata element sets or element sets）。[①]

数据集，结构化元数据的集合，即事物的描述。例如描述与图书馆有关的资源：英国国家书目、匈牙利国家图书馆目录、开放图书馆和 Europeana。

属性值词汇表，用作元数据记录中元素的值的资源。属性值表示元素允许值的受控列表。包括：叙词表、代码列表、术语列表、分类系统、主题词表、分类法、数字地名索引、概念方案和其他类型的知识组织系统，如 LCSH。

元数据元素集，用于描述感兴趣的实体的类和属性。一般元数据元素集不描述书目实体，而是提供其他用来描述这些实体的元素。如 DCMI 元数据术语、RDA 的元素、SKOS 和 FOAF。

通常同类数据的集合也称作一个数据集，目前 Web 上的关联数据大多以数据集的形式发布。特定数据集可以重用来自各种属性值词汇表的元素，并且根据元数据元素集的规范进行结构化。例如英国国家书目数据集重新使用美国国会图书馆标题词汇和 DCMI 元数据术语（都柏林核心）中的术语。

二、图书馆领域常用的关联数据词表

（一）数据集

1. 英国国家书目（BNB）

BNB 已发布关联数据，重用的关联词表包括 VIAF、LCSH、Lexvo、

① Isaac A，Waites W，Young J. et al. Library Linked Data Incubator Group：Datasets，Value Vocabularies，and Metadata Element Sets［EB/OL］.［2018-09-10］. http：//www. w3. org/2005/Incubator/lld/XGR-lld-vocabdataset-20111025/.

GeoNames、MARC 国家和语言、Dewey. info、RDF Book Mashup 等。

2. Europeana 关联开放数据

data. europeana. eu 试点是 Europeana 将其元数据作为 Web 上的关联开放数据的一部分。它目前提供 350 万件物品的元数据。

3. 匈牙利国家图书馆（NSZL）目录

OPAC 和数字图书馆以及相应的权威数据都发布关联开放数据。

4. 开放图书馆

每本书出版一个网页。目前，从各种大型目录和个人书目中收集了超过 2000 万条记录。

（二）属性值词汇表

1. 杜威分类法（Dewey Decimal Classification，DDC）

Dewey Summaries 是一个不大的数据集，包含杜威十进制分类（DDC）22 大类。它提供了 11 种语言的 DDC 前三级类目访问。

2. 美国国会图书馆主题词（LCSH）

可以通过 Library of Congress Authorities and Vocabularies（LCAV）来访问规范主题词。

3. 虚拟国际规范文档（VIAF）

VIAF 是由 OCLC 主办并且实施的国际联合项目。它将世界各国国家图书馆以及机构的规范文档合并为一个虚拟规范文档。VIAF 为图书馆和图书馆用户提供了对世界主要名称权威文件的便捷访问。

4. 地理名称（GeoNames）

GeoNames 地理数据库涵盖所有国家/地区，包含超过 2500 万个地名，包含超过 1100 万个独特的功能，其中有 480 万个人口稠密的地方和 1300 万个备用名称。①

5. DCMI 词表

都柏林核心元数据启动计划（DCMI）批准的通用跨领域术语列表，可作为资源类型元素的值，以确定资源类型。

6. DBpedia

DBpedia 从维基百科中提取结构化信息。DBpedia 数据集包含超过四百

---

① About GeoName[EB/OL].［2018-10-20］shttps://www. geonames. org/about. html.

万件事物的标签和摘要，其中大多属于本体，包含数百万个图像链接，外部网页和其他 RDF 数据集的外部链接。DBpedia 可以被视为一般数据集，但它描述的一些实体、地点、人员和类别在某些情况下可以用作参考值词汇表。①

（三）元数据元素集

包括一些最相关的 RDF 词汇表，供想要重用可用语义 Web 技术的从业者用于图书馆领域创建或转换数据。

1. 都柏林核心和 DCMI 元数据术语

都柏林核心元数据元素集的原始属性：用于描述信息资源的十五个通用属性元素在 2000 年被宣告为 RDF 属性。更大的 DCMI 元数据术语集中在第二个命名空间包含“无限制”属性并行的 15 个属性，以及几十个额外的属性。

2. 简单知识组织系统（Simple Knowledge Organization System，SKOS）

SKOS 提供了一种模型来表达概念方案的基本结构和内容，如叙词表、分类系统、主题词表、分类法以及其他相似类型的受控词汇，这种表达方式能够让机器理解，从而方便人们能够为任何类型的资源重用它们。

3. FRBR 和相关本体

FRBR 是由国际图联 IFLA 开发的概念参考模型，用于将书目记录中记录的数据与用户需求相关联以及评估其实际相关性。

4. RDA

RDA 是一个编目标准，旨在取代 AACR2，基于 FRBR 模型。RDA 采用 RDF 数据模型将 RDA 所涉及的实体、元素、子元素以及取值等发布为关联数据。

5. 朋友的朋友（Friend of a Friend，FOAF）

FOAF 是一种广泛使用的本体，用来描述人，以及与其他人和网络资源的关系。

6. 互连数据集词汇表（Vocabulary of Interlinked Dataset，VoID）

VoID 是一种基于 RDF 模式，用于描述关联数据集。使用 VoID，可以有效且高效地执行关联数据集的发现和使用。

7. 书目本体论（Bibliographic Ontology，BIBO）

BIBO 可以作为引用本体或文档分类本体，或者用于描述 RDF 中任何

---

① DBpedia[EB/OL]. [2018-10-20]. https://en.wikipedia.org/wiki/DBpedia.

类型的书目事物，成为转换其他书目数据源时的共同基础。

8. Europeana 数据模型（Europeana Data Model，EDM）

Europeana 数据模型是一个词汇表，是表示文化对象的元数据，并提供对这些对象的数字访问。EDM 重新使用，扩展其他元素集或受其启发，尤其是 OAI-ORE、Dublin Core、SKOS 和 CIDOC CRM 这些元素集。

9. MARC21

MARC 在图书馆元数据的创建和交换中发挥了至关重要的作用。完整的 MARC21 元素的 RDF 版本已经通过开放元数据注册表发布，作为“将 MARC 21 数据转换为 RDF 的基本无损方法”。

三、关联数据词表管理

寻找可用词表或术语是关联数据项目设计中很重要的一个环节。关联开放词表（Linked Open Vocabularies，LOV）就是专为此目的的词表与本体查找网站。

关联开放词表（LOV）由 Pierre Yves Vandenbussche 和 Bernard Vatant 创始于 2011 年 3 月，截至 2018 年 10 月 21 日，LOV 收入词表 651 个，见图 1①，与 2 年前相比增加了 100 个，是关联数据词表和本体查询工具。由于 LOV 存档了所有词表的各种版本，可以不访问词表网站直接使用，是个相当方便的一站式工具。

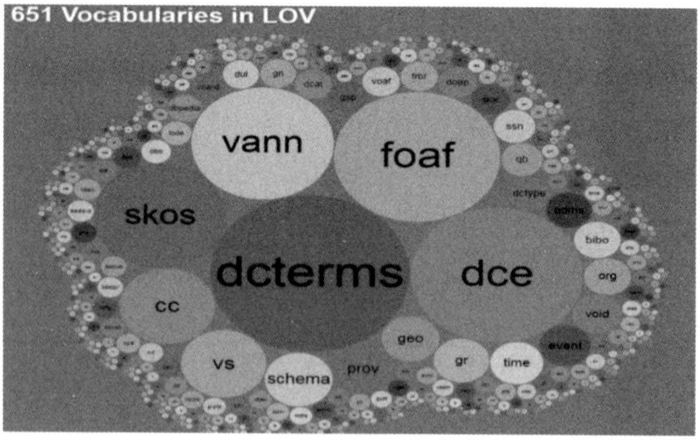

图 1

① ［EB/OL］.［2018-10-20］. https://lov.linkeddata.es/dataset/lov/.

（一）LOV 内容

网站分四个主要部分，即 VOCABS（词表）、TERMS（术语）、AGENTS（贡献者）、SPARQL/DUMP（词表查询及下载），提供不同角度的查询与使用。比如知道词表名，可在 VOCABS（词表）查询，了解详情；想知道某个术语在哪些词表中有使用，可在 TERMS（术语）查询。对每种词表，均提供基本元数据：URI、命名空间、主页、描述、语种、创建者，评论部分为 LOV 的维护日志。此外，还以可视化方式提供词表间的关联关系（链入与链出）、版本历史，以及统计（类、属性、数据类型、实例）、表达方式、标签、使用该词表的数据集数量。

以前面提到的 SKOS 为例，点击访问相应 SKOS 词表页面，除基本元数据以外的信息如下：词表关系见图 2①：236 个链入（复用 SKOS 的词表）；4 个链出（SKOS 复用的词表）：rdfs 扩展、专门化、rdf、dcterms。无词表版本历史。统计（4 个类，28 个属性，0 个数据类型，0 个实例）；表达方式：RDF、RDFS；标签：W3C Rec；LOD：152 个数据集使用词表。另外该页底文档链接中有 LOV 提供的 API，通过简单的调用就可以远程、动态查询词表的类、属性等信息或者将这些信息取回到本地。在评估一个数据集所使用的类、属性是否正确使用时可以参照。

（二）LOV 四大特色

1. 文档：发布有关词表信息的最佳方法是正式在词表中声明其元数据。文档帮助用户理解每个词表术语的语义及使用数据。例如，有关创建者与发布者的信息，在需要得到作者帮助或澄清，或者评估其稳定性时，对词表用户是关键指标。约 55%的词表指明至少一个创建者、贡献者或编者。我们采用非正式定义和人工收集信息来增强此信息，使 LOV 中词表创建者的数据超过 85%。

2. 版本：LOV 数据库存储各词表自首次发布以来的每个不同版本。对每个版本，用户可访问文档（即使原始联机文档不再存在），以及自前一版本以来的修订日志。

3. 依赖关系：Web 的本质是分布式与不受控。由于词表生态系统的复杂性，为评估修改的影响，需要了解特定词表术语参引了哪些词表与数据

---

① Simple Knowledge Organization System（skos）[EB/OL].［2018-10-20］. https://lov.linkeddata.es/dataset/lov/vocabs/skos.

集，LOV 首次提供了这样的视角。通俗地讲就是揭示词表术语间的引用关系，链入及链出。

4. 搜索：LOV 搜索特色在于查询存储库，该库包括整个词表生态系统，配以 LOV 元数据和关联开放数据云所用的词表术语计量。为帮助用户选择词表术语，结果按照 LOD 数据集和 LOV 生态系统中的术语流行度的排名算法排序。

四、关联数据词表研究重点

随着开放关联数据环境概念的扩展，重用关联数据词表面临的情况将更为复杂。为此 DC 专门成立了 DCMI 词汇管理社区，指出词表发展的三个重点领域是围绕词汇评估、选择和重用规划最佳实践指南；研究词汇可持续性和保存开发以及管理多种语言的词汇表。① 词表间复杂的语义关系，导致重用的不确定性，因此词表匹配、同参引（co-referencing）和互操作是关联词表的研究重心。对“匹配”的关注在某种程度上类似于已有的，在基于记录的元数据结构间开发对照表（crosswalk）。词表匹配，识别个别元数据元素间的对应及其他关系类型，帮助这些属性应用于来源词表环境之外。目前由国际 DOI 基金会（International DOI Foundation，IDF）主持和管理的“词表映射框架项目”（Vocabulary mapping framework，VMF）正致力于词表匹配关系的建立。VAF 通过提供来自内容元数据标准和专有方案的词表广泛和权威的映射，为跨社区的语义互操作性提供支持。

参考文献

[1] 夏翠娟，许磊. 中文关联书目数据发布方案研究[J]. 数字图书馆论坛，2018（01）：8-16.

[2] [EB/OL]. [2018-10-20]. https://www.oclc.org/en/viaf.html.

[3] Isaac A，Waites W，Young J. et al. Library Linked Data Incubator Group：Datasets，Value Vocabularies，and Metadata Element Sets [EB/OL]. [2018 - 09 - 10]. http：//www.w3.org/2005/Incubator/lld/XGR - lld - vocabdataset-20111025/.

---

① VocDay 2013：Managing Vocabularies [EB/OL]. [2018-10-21]. http://dcevents.dublincore.org/IntConf/index/pages/view/vocDay.

[4] 编目精灵 III LOV 关联开放词表：词表 & 本体查询工具 [EB/OL]. [2018-10-20]. http://catwizard.net/posts/20160501221330.html.

[5] Pierre-Yves Vandenbussche, Bernard Vatant. Linked Open Vocabularies [EB/OL]. [2018-10-20]. https://ercim-news.ercim.eu/en96/special/linked-open-vocabularies.

[6] International DOI Foundation. Vocabulary mapping framework [EB/OL]. [2018-10-21]. http://www.doi.org/VMF/index.html.

基于学生成功的高校图书馆读者服务工作研究
——以四川大学图书馆为例

赵兰蓉　范晓燕*

摘　要：高校图书馆关注学生获得终身学习的能力和获取幸福的能力，探索针对性强、有效的读者服务工作以满足学生多元化需求，以帮助学生成功。

关键词：学生成功　高校图书馆　读者服务

学生是高校图书馆的重要服务对象，学生的成功是高校图书馆关注的重点，学生的成功不仅指学业的优秀，更重要的标志是获得终身学习的能力和获取幸福感的能力。学生阅读习惯、阅读能力的养成，卓越学习能力和工作能力的提升是图书馆工作成效的重要标志之一。

如何帮助学生获得上述能力，图书馆界为此进行了较深入的研究。其中，美国大学与研究图书馆协会（ACRL）近年来不断推进“研究图书馆价值倡议”（Value of Academic Libraries Initiative），先后发表了《研究图书馆的价值：综合研究报告》（Value of Academic Libraries：A Comprehensive Research Review and Report）、《连接、合作、交流：有关研究图书馆的价值高峰论坛的报告》（Connect，Collaborate，and Communicate：A Report

* 赵兰蓉（1969—），女，硕士，四川大学图书馆馆员；范晓燕（1974—），女，硕士，四川大学图书馆馆员。

from the Value of Academic Libraries Summits)①。最近他们通过研究，归纳出图书馆可以从五个方面着手开展工作，帮助学生获得“成功”：“图书馆利用教育提高学生的保有率，面谈咨询促进学生的学习进取心，信息素养教育为大学生活奠定基础，图书馆利用辅导有助于激励学生学习进步，图书馆空间利用是对学生学习成功的有力支持。”② 面向广大学生的针对性强、影响面大的读者服务工作是关键。

一、目前高校图书馆读者服务工作存在的不足和目标

首先，随着数字图书馆功能的日益完善，实体图书馆纸本资源的利用率逐步降低，学生到实体图书馆借阅纸本资源日渐减少，面对面的服务和指导逐渐淡出学生的图书馆学习生活，到实体图书馆上自习日益成为学生利用图书馆的单一目的，导致学生到馆率降低。其次，部分硕士研究生新生查阅文献的工具主要以百度搜索引擎为主，能熟练使用文件检索、知识元搜索的不多，能把信息搜索上升到学术检索层面的硕研新生更加稀少。对各自学科的中外文数据库了解不多，掌握数据库使用方法和技巧不深入，提高文献查全率、查准率对绝大多数学生来讲都是难题。

为解决以上问题，当下图书馆读者服务工作的目标主要是：第一，提高高校图书馆学生保有率、到馆率，提供多样化、针对性强和人性化的服务项目，提高学生学习的能力和热情，使这种能力和热情尽可能地持续伴随他们终身。第二，构建学生价值体系，使学生在未来面对各种不确定的情况下，获得自我认同和自我认可能力的提升，提高学生肯定自我价值的自信，从而获取社会成就感和成功。

二、提升读者服务工作的措施

（一）探索各具特色的读者服务工作，提高图书馆学生保有率

大学本科教育的本质是通识教育“liberal education”，目的是充分发挥

① ACRL Value of Academic Libraries：A Comprehensive Research Review and Report [EB /0L]. Chicago：Association of College and Research Libraries，2010.（2010-09-10）[2016-04-28]. http：//www. acrl. alaorg/value.

② Karen Brown，Kara J. Malenfant. Connect，Collaborate，and Communicate：A Report from the Value of Academic Libraries Summits[EB/OL]. [2018-02-13]. http：//www. ala. org/acrl/sites/ala. org. acrl/files/content/issues/value/val_ summit. pdf.

学生个体的主观能动性，教会学生用探究、讨论等各种方法在头脑中主动建构价值体系、知识体系，在有意识的建构过程中，培养学生分析问题、解决问题和创造性思维的能力，以及沟通能力、正确判断能力和对多种价值观的识别选择能力。图书馆是学校素质教育的重要基地，开展多种形式的读者服务工作以影响学生、吸引学生到图书馆来是图书馆的责任。例如，涉足职业生涯规划、人生规划和获取幸福能力的培训，明确学生学习目标，激励他们不断进步。

第一，充分依靠学校各级部门和各类学生社团组织，将读者服务工作开展得更有声色，提高读者服务工作的影响力。传统的图书馆读者服务活动相对比较基层，影响层面不够广泛。当图书馆联合宣传部、学工部、校团委等单位，就比较容易提高活动项目的影响力。如我馆联合以上部门举办的“四川大学第十三届大学生阅读文化节暨首届四川大学经典守护者中华文化经典美文诵读大赛”，吸引了全校 187 个团队参赛，使经典阅读进入到更广泛的学生视野，使引领阅读的读者服务工作达到新高度。通过这些活动的举办，拉近了学生与图书馆的距离，有利于提升图书馆读者服务的针对性，帮助学生提高综合素养和文化品位。探索与学校招生就业处合作，开展就业指导讲座；与院系学科带头人合作，开展新生入学选题专家讲座或问答等形式的活动，引导学生的科研兴趣，促进科研思维形成，明确职业生涯规划。

第二，举办各类专题展览、专题讲座或座谈，弘扬正能量。著名专家、学者是所有人的精神引领者，以“大家”为楷模，以“大家”为榜样，以他们独有的人格魅力、坚韧品质，给年轻学子以精神引领，给年轻学子“一种关于人类兴趣的所有学科的准确的、一般性的知识”。知识和经验是薪火相传，让思想碰撞的火花燎原是正确舆论导向的保障。我馆积极开展许多主题展、专题讲座等活动。如四川大学“77 级 78 级学人文献展”，四川大学杰出教授、欧洲科学与艺术院院士、博士生导师、文学与新闻学院学术院长、国家级教学名师、国家重点学科比较文学与世界文学学科带头人曹顺庆教授“我的学术之路”，四川大学教育部特聘教授霍巍先生《吉隆唐碑与“高原丝路”》专题讲座等，向莘莘学子分享他们的人生经历、展示他们“学术与人生的相互交融和彼此照见”，引领学生“闻其言，瞻其行，读其书，悟其道，提高文化素养和文化品位”。通过与大师对话，照见小我与大我的差距，照见明月与虫明的区别。进一步明确高尚情操、高尚价值观对美好未来的引领。

第三，充分发挥信息素养教育课程的作用。我馆开设“信息检索与利用”课程已有三十余年，在培养学生利用图书馆、高效利用各类信息资源等方面做出了积极的探索和贡献。为提高课程教学和图书馆读者服务工作的结合度，指导高年级学生利用信息资源进一步深入获得学习专业知识的能力和方法，进一步提升信息教学水平，目前，我馆为要求承担信息教育课程的馆员深入学生中间，了解新技术环境下学生多元化需求，结合学生需求点，丰富教学内容。要求他们充分利用教学设备和软件，活跃课堂气氛，调动学生参与教学的积极性，吸引他们主动将课堂学习内容实践到利用图书馆文献资源中来，扎实掌握获取、选择、分析和利用信息资源的能力。

（二）面对面的读者服务工作促进提升学生的学习进取心

图书馆开展学科馆员服务，提升学科服务的针对性和有效性，帮助高年级和研究生层次的学生明确科研方向、培养科研方法、提高科研能力。图书馆开设心理健康咨询室，可以关注学生的心灵成长，培养学生沟通能力，完善学生的人格塑造。通过面谈咨询，向学生提供社会学、政治学、心理学、行为科学等方面的帮助，教会学生人与人之间融洽相处，懂得用历史的、辩证的眼光去看待学习工作生活中的事物，激发他们学习的主动性、面对困难的坚韧性。我馆在低年级学生较多的江安图书馆开设了“沐心小屋”，从心理健康方面给予学生帮助，获得学生和学校的认可和好评。

（三）快速准确的读者服务工作是学生学习生活的基础

在保证馆藏提供的基础上，加强“馆际互借”和“文献传递”服务，力争满足每一位学生的借阅需求。快速便捷的读者服务是图书馆读者服务工作的立身之本，我馆积极向学生推送各类文献资源。移动数字图书馆免费为学生提供手机 24 小时电子文献服务，通过手机等移动终端设备随时随地进行馆藏查询、续借、预约、到期提醒、热门书排行榜、虚拟咨询等自助式移动服务。可以随时在各种移动终端上对我馆的各种学术资源进行整合检索，实现资源的一站式搜索，获取文献全文等服务。目前，我校校友也可通过学号免费注册移动图书馆，激活手机阅读器，获取正版电子图书。

（四）精准的资源推送和深度阅读推广有助于学生构建积极的价值体系

利用各种推送手段，如双微、“明远驿站”等服务平台，开展资源推送、阅读推广工作，这两项工作齐头并进，有机结合，更加人性化地宣传推广丰富的文献资源，加强图书馆数字人文建设。这需要我们更深入地研究学生的多元化需求，更人性化地服务学生，更敏锐地引导学生。

1. 精准的资源推送工作是读者服务工作的有力支撑

我馆利用双微等平台定期开展定题资源推送工作，如结合四川大学77、78级杰出人才著作展，我们推送了杰出人才生平、学术生涯、学术成就主题资源推送工作，用视频等方式向学生展示校友的不凡经历和卓越成果，激励后学进取开拓。

资源推送工作应该是全图书馆的工作，集合采访编目人员在实际工作中的见解和经验，采纳资源建设专家的智慧，集合读者服务一线工作人员对学生需求的敏锐收集和客观分析，集各出版商的广泛信息，与时事紧密结合，与学校各项建设紧密结合，关注前沿学科和交叉学科的发展进程，开展具有前瞻性的资源推送服务。

资源推送服务不局限于文献资源范围，可以系统地推介各学科的发展阶段、重要发展节点的重要文献、重要人物及其重要思想。如我馆推送的诺贝尔奖学者系列等。

2. 阅读推广活动为学生提供最好的读物，为学生提供厚重的历史成果，培养学生深厚的人文素养

麦维尔·杜威认为优秀的图书馆馆员是思想积极的人，必须在工作中投入精力研究大众需求，激发大众阅读愿望并提高其阅读品位。“以最小的花费为最大多数人提供最好的读物”，这是杜威的座右铭，以图书馆馆员最大的努力换取读者最大的方便，也是广大图书馆馆员的使命，是图书馆阅读推广工作的宗旨。“提升阅读指导，促进阅读研究，养成阅读习惯”是图书馆阅读推广工作的目标。

（1）探索开展阅读推广名师专项活动。数学家丘成桐认为“博览群书很重要，天才不一定能成才”。成才一定需要多方面文化的滋养，成人才能成才，做好人才能做好事。四川大学高分子科学与工程学院杨鸣波课题组在2005年左右就要求每个新生入学伊始，必须阅读人文社科类的书籍，之后在李忠明课题组得以推广。该学院的不少成果堪称国际一流，与这个

学院浓厚的阅读风气有关。我们可以选取一些有基础或有共识的课题组开展专项活动，与导师沟通，聘请导师作为阅读推广名师，凭借他们在学术界和学生中的影响扩大阅读推广工作的影响面和影响力。名师本人热爱阅读，乐于分享自己的阅读体验、善于推荐优秀书籍，可以极大地推动这项工作的开展。

（2）探索建设阅读推广专用文库。在四个分馆，根据读者群体的区别，针对性地挑选各具特色的出版物，集结成特色馆藏库，向学生提供借阅服务。比如，工学馆特色库可以分工科“双一流”学科专业文献区、科研素养文献区、人文社科优秀作品文献区等。文理馆特色库可分为文理科“双一流”学科专业文献区、科研素养文献区、科普优秀作品文献区等。向学生读者推荐跨专业跨学科优秀的作品，包含文学、文化、人物、历史、科技发展、基础科学等方向。

（五）图书馆空间利用是对知识流通和团队交流的有力支持

学生沟通能力的培养可以在学习交流过程中加以强化。传统的自习室要求学生保持安静，进行各自封闭式学习，学生间鲜有讨论交流。但是，第三代图书馆是以知识中心、学习中心和交流中心为特色。今后图书馆的工作重心是促进知识流通，创新交流环境，注重学生多元素养培养和激发学生活力。改善图书馆交流环境，把图书馆从封闭转向开放，从个体自习转向团体交流互助，让知识和资源在图书馆与学生之间流动起来。

高校图书馆在学习空间的构建上要努力保证符合学生素质教育的整体要求，关注学生的兴趣爱好、特长、个人成长发展等各方面的需求。国外许多高校图书馆在学习空间建设时充分考虑到了这些因素，开辟了适用于团队协作发展和个人技能培养的空间，比如各类“创客空间”、拓展训练教室、学生课外活动教室等，同时尽可能为学生提供高新技术设备，比如多媒体制作和播放设备、3D 打印机等。这些技术设备不仅能够吸引学生的注意力，使更多学生走进图书馆，充分利用图书馆的资源，激活图书馆的潜在活力，同时也能激发学生的学习兴趣和内在潜能，为学生的全面发展提供最大的保障和支持。① 我馆在建设学生研讨室的基础上，重点打造以“一馆二室一课”为主要内容的“圕学新工坊”，一馆是与公共管理学院共

---

① 张黎，代根兴，郭敏. 国外高校图书馆学习空间现状、特点及启示[J]. 图书馆论坛，2016（3）：112-120.

建学生数字实验图书馆，二室是数字人文实验室和用户研究实验室，一课是创客素养课程。探索“创客空间”等服务新模式，为学生提供团队交流、研究、学习和展示成果的空间。

三、结论

综上所述，高校图书馆发挥教育功能需要研究学生，服务学生，引导学生，需要提高图书馆读者服务工作的针对性、可操作性、持续性和时效性，需要我们继续依靠学校的各级单位的支持，持续探索培养学生成功的新思路、新方法，使高校图书馆成为学生成功强有力的保障。

大学图书馆开放时间调研分析与探讨

刘柳 韩夏*

摘 要： 随着电子资源的出现和持续增长，24×7 图书馆开放模式已受到越来越多的国内外大学图书馆的关注。在过去 10 多年中，大学图书馆的开放时间有明显的延长趋势。通过对国内外相关文献的分析、国内 42 所“世界一流大学建设高校”图书馆开放服务时间的调研和校内大样本师生问卷调查，探讨影响大学图书馆开放时间决策的各种因素，以期为图书馆相关决策提供参考。

关键词： 大学图书馆　图书馆空间　图书馆服务　开放时间

电子资源的出现和持续增长，使用户对图书馆提供 24×7 服务的期待越来越明显。服务行业 24 小时永不歇业的运行体系和文化氛围，特别是“任何时间、任何地点”获取电子资源的用户体验，使图书馆物理资源被纳入 24×7 管理与服务的期待越来越高。图书馆开始更多地强调以用户为中心、注重用户体验、尊重用户习惯、提供“物有所值”甚至“物超所值”的服务。尽管大学图书馆在为学生提供“非正常”开放时间服务的具体实施中面临着许多复杂的矛盾和压力，但他们纷纷提出相应的解决方案，一方面或多或少地延长图书馆的开放时间，例如在考试期间延长服务时间；另一方面积极改造现有的物理空间，例如设置相对独立的学生自主学习中心或区域等，以减缓与此相关的管理压力。

目前大学图书馆在决策开放时间中所面临的主要压力来自学生的需求，他们要求学校提供 24×7 的图书馆服务。在对国内外大学图书馆的相

* 刘柳（1968—），女，四川大学图书馆副研究馆员；韩夏（1968—），女，四川大学图书馆研究馆员，通讯作者。

关调研中，欧美国家实行24×7开放的大学图书馆相对较多，美国的学术图书馆尤为普遍。不少图书馆通过馆舍改造，创建24小时学习区域。目前暂缓实行24小时开放是国内大学图书馆的主流，其缘由主要是出于对用户和员工安全的担忧、图书馆财产安保隐患和公共资源不合理消费、缺少资金、人员短缺，以及学生在对物理资源的实际需求并不高等实际因素。

一、文献综述

开放时间直接关系着图书馆的管理与服务。24×7的服务模式在图书馆界并非新鲜事物，但随着20世纪末互联网的发展、电子资源的出现、信息环境和研究环境的演变，大学图书馆开始越来越多地关注、尝试并实施这种服务模式。在过去10年中，24小时访问学术图书馆空间的趋势有所增长。在2001年对美国研究图书馆协会（ARL）121家图书馆的早期评估和调研中，仅有5所大学实行图书馆建筑常态化的24小时开放服务。但83%的学术图书馆以一定的形式延长了开放时间，在相关决策权衡中，学生的需求占94%。在2011年ARL被调研的66个机构中已有91%实行每周5天或7天或考试期间的24小时开放。根据2015年《泰晤士高等教育世界大学排名》的相关数据，全球400多所高等教育机构中实行24×7图书馆开放服务的占比为8.5%，其中英国大学占比为24%。澳大利亚24小时图书馆服务有两个模式：一是24小时可访问图书馆指定区域而不访问其印本馆藏，二是可访问图书馆或部分图书馆及其馆藏。而美国大学图书馆的24×7服务往往是指在每学年的特定时间段提供24小时开放的某个阅览区或学习区，而并没有开放其所有的馆藏和设施。事实上，在上述接受调研的大学图书馆中仅有两个提供了全年的书库和流通服务。换言之，提供24小时物理图书馆、物理馆藏的传统借阅、流通和咨询服务与提供24小时学习区域是两个不同的概念。

当今国内外大学图书馆实行24×7开放面临着许多压力。其中最大的压力是“以用户为中心”的管理和服务宗旨，主要体现在学生以个人和集体的方式表达他们的需求和愿望，尤其在考试期间，这种矛盾尤为突出。国内外有很多学者用案例分析的形式，通过线上线下调查问卷的定量分析，来研究用户，特别是学生、教师和研究者的用户体验、使用习惯和满意度等，以科学合理地调整图书馆的开放时间，尤其是夜间服务时间。

随着用户对电子资源使用量的不断增加，一方面大学图书馆作为一个物理空间更多地趋于向用户提供虚拟的图书馆服务，另一方面图书馆开始密切关注并结合用户习惯和用户体验来改造图书馆建筑，以便更加合理有效地利用其馆舍空间，尤其是为学生提供安全、安静和有序的学习环境。但其开放时间的长短是一个影响面较宽的复杂决策。加上全球范围内不断上涨的大学学费，使学生的角色开始演变为“消费者”或“顾客”，他们越来越多地将方方面面的大学服务与收费标准相等同和关联。学生希望大学提供有性价比的适宜学习的基础设施和服务，其中包括图书馆的空间和资源。此外，高等教育方式的改变，越来越强调相互协作和集体研讨的学习方式，从而使学生更多地从“正式的”学习趋向于“非正式的”的学习中。所谓非正式的学习是指不在教室里、没有教师直接参与、由学生自主引导的学习。同时，互联网和社交媒介的迅猛发展，整个信息环境、学术环境和研究环境都在逐渐演变，教学活动特别是学生的功课和作业融入了更多的在线互动和社交活动。因此，一方面，图书馆馆舍空间的社交性逐渐增强，图书馆建筑开始关注并发展其用于非正式学习、小组研讨和社交活动的空间设计；另一方面，图书馆延长开放时间的压力日趋突出，作为非正式却又安全和安静的被称为“第三地”概念的社会空间，图书馆越来越受到学生的青睐。然而，大量的数据表明，大多数学生在夜间使用图书馆是把它当成一个良好的学习场所，并非专注其物理的馆藏资源。在 ARL 的相关报告中，安保问题是 24×7 图书馆开放服务重中之重的评估因素。而夜间至清晨用户使用图书馆的情况也一直是各个机构决策的重要参考。2016 年美国一项关于深夜和清晨访问图书馆的用户范围及其使用原因的调查发现，最大的用户群是本科生，占 80%以上，然后是非全日制学生，占 10%。访问人数最多的时段是 22:00~23:00，随着时间推移人数会逐渐减少，早上 7:00~8:00 期间人数又会增加。而 90%的用户表示他们深夜和清晨使用图书馆是为了学习。2015 年在考试期间使用图书馆的用户调查显示，许多学生认为夜间是最理想的学习时间。但从深夜 2:00 开始学生人数明显减少。而图书馆的最低访问量出现在大多数学生已结束考试的最后一周。这表明学生在考试期间要求图书馆延长开放时间的主要动机是为了复习考试。因为在考试期间图书外借流通等物理图书馆的传统服务统计量非常低。学生们实际上需要的是有利于学习的 24 小时开放的学习空间而并非物理图书馆。因此，图书馆纷纷启动馆舍设计和改造工作，对物理空间进行合理切割和划分，有效地创建良好的个人学习区域、研讨区域、休息或休闲区域，以适应多种多样的活动，满足不同的用户需求，并从空间大小、噪音水平、拥挤程度、家具陈设的舒适和清洁程度等因素进行综合考虑和科学规划。

大学图书馆的24×7服务为学生提供了学习和研究的灵活性和便利性。他们可以根据自己的日程安排来选择学习时间。尤其是便于学生选修晚上的课程，以及那些非全日制的、半工半读的学生。此外，学生可以使用图书馆的无线互联网、计算机、打印机、复印机等设备，以及丰富的在线数据库和电子资源。

大学图书馆在开放时间的决策上，一方面要考虑用户的体验、满足学生的需求，另一方面要平衡包括安全、人力、物力、财力等方面的制约因素。尽管存在着用户和人员安全、图书馆财产、人力配置、预算控制、环境保护等一系列的担忧和隐患，图书馆延长开放时间是目前难以逆转的发展趋势。大学图书馆在进行相关决策时正面临着越来越多的现实的压力与矛盾以及理性的思考与挑战。

二、研究方法

本文以2017年四川大学图书馆拟延长放服务时间的决策为例，通过对国内42所“世界一流大学建设高校”图书馆开放时间的现状调研，结合校内用户问卷调查结果，用定性和定量相结合的方式来分析影响图书馆开放时间的重要因素，并为图书馆开放时间的决策提供参考依据。

四川大学是中国西部重点建设的研究型综合大学，2017年入选世界一流大学建设A类高校。有望江、华西和江安三个校区，占地面积7050亩。现有专任教师约4527人，全日制普通本科生3.7万余人，硕博士研究生2.8万余人，留学生及港澳台近4500人[①]，构成了文理图书馆、工学图书馆、医学图书馆和江安图书馆四个图书馆的主要用户群，他们可凭校园一卡通刷卡进入图书馆，图书馆的主要入口由物业公司安保人员监管并定期进行馆舍巡视。四个分馆分别设有阅览、流通、咨询、自习、研讨、培训和自主服务等区域。目前，望江校区和华西校区三个图书馆（文理图书

---

① 四川大学学校概况[EB/OL]. http://www.scu.edu.cn/xxgknew/xxjj.htm，2020-05-14.

馆、工学图书馆和医学图书馆）的开放时间为7:00~22:30，江安图书馆的开放时间为8:00~22:00[①]，寒暑假期间周末未开放。供电接点和Wi-Fi互联网接入遍布图书馆各个楼层。各分馆均设有供学生自主学习的阅览室，自主学习区的开放时间为每周108.5小时。面对学生需求和学校管理层的压力，2017年10月至2018年5月四川大学图书馆就延长开放服务时间对国内42所“世界一流大学建设高校”图书馆开放时间和24×7开放服务的现状进行了调研。通过访问官网、电话访谈等方式寻查其图书馆开放时间、是否全面或局部实行24小时开放服务、已开放情况及未开放原因。同时，对上海交通大学世界大学学术排名前10位高校进行相关的网络调研，比对分析国内外已经实施24小时开放服务的高校图书馆的基本情况。此外，就图书馆开放时间和线上线下用户需求分别对本校学生和教师进行了大样本问卷调查。学生的调查问卷主要包括以下内容：考试期间和非考试期间图书馆每日开馆时间、考试期间和非考试期间图书馆每日闭馆时间、深夜到馆的主要目的等。教师的调查问卷主要包括以下内容：对图书馆现行服务时间的满意度、图书馆24小时开放的必要性、图书馆24小时开放的主要问题、建议的开放时间等。

三、研究结论

国内42所被调研机构的日开放时间从16.5小时到13小时不等。其中，20%已实施24小时开放，共有复旦大学、南开大学、武汉大学等8个图书馆，均为图书馆建筑局部开放，空间相对独立，类似开放通宵自习室。22.5%准备实施24小时开放，共有上海交通大学、华东师范大学、浙江大学等9个图书馆，计划小范围空间局部开放，主要为学生提供自习场所。这些图书馆的开放原因是为了满足师生的需求和学校的要求，其实施方式也大致相似：在相关部门的支持和配合下，创建仅有自习功用的相对独立的空间，配置必要的监控和安保措施，多由物业管理。在接受调研的42所大学中有57.5%的图书馆未实行24小时开放且暂无计划实行24小时开放。其主要原因包括：学校和师生无要求；相关部门不配合；馆舍条件不允许；管理条件不成熟；考虑学生的人身安全和健康；管理难度大；没

① 四川大学图书馆开馆时间[EB/OL]. http://lib.scu.edu.cn/open_time，2018-08-23.

必要在图书馆设立等。

表 1　国内 42 所“世界一流大学建设高校”图书馆开放时间统计

日开放时间	图书馆数量	图书馆名称
16.5 小时	1	哈尔滨工业大学图书馆
16 小时	6	北京大学、复旦大学、上海交通大学、中国科学技术大学、北京理工大学、湖南大学图书馆
15.5 小时	5	清华大学、四川大学、电子科技大学、西安交通大学和郑州大学图书馆
15 小时	6	中国人民大学、中山大学、同济大学、厦门大学、中国海洋大学和西北工业大学图书馆
15 小时以下	24	南京大学、浙江大学、武汉大学、山东大学图书馆等

对上海交通大学世界大学学术排名前 10 位高校的网络调研表明，大多设有相对独立的 24 小时学习区域，与国内已经实施 24 小时开放服务的高校情况基本相同。

在四川大学校内调研中，共收到学生调查问卷 8644 份，其中文科学生 2573 份（29.77%），理科学生 1474 份（17.05%），工科学生 2754 份（31.86%）、医科学生 1843 份（21.32%）。结果显示，非考试期间每日开馆时间 7:00 可满足 93%的学生需求，考试期间每日开馆时间 7:00 可满足 73%的学生需求。其中，文理工科学生的需求较为接近，而医科学生对尽量早些开馆的需求更为明显。非考试期间每日闭馆时间 23:00 可满足 84%以上的学生需求，考试期间每日闭馆时间 23:30 仅满足 70%的学生需求。其中，文理科学生的需要较为接近，工科学生的需求相对较弱，而医科学生对尽量晚些闭馆的需求更为明显。87%以上的学生表示深夜到馆的主要目的是自习。如果图书馆延长服务时间，文科学生使用图书馆的期望频率最高，而工科学生使用图书馆的期望频率最低，医科学生在考试期间使用图书馆的需求最为明显。

在对 1064 名教师的需求调查中，93.23%的教师认为现行的图书馆开放时间可以满足他们的需求，70.3%的教师认为图书馆没有必要实行 24 小时开放，主要原因包括：影响身体健康（68.33%），存在深夜安保隐患（65.79%）和浪费公共资源（65.79%）等。其中 748 名教师提出了夜间闭馆时间的建议，近一半的教师认为 22:30 是比较合理的闭馆时间。建议 23:30 闭馆的教师仅占调查人数的 15.37%。

四、问题与探讨

在研究型大学就图书馆开放时间的决策中，尽管每个机构对诸多影响因素的权重不尽相同，但用户需求是决定性的，而本科生因其数量占比的绝对优势，其需求和用户体验最具影响力。因此，图书馆应与学生会建立密切联系，一方面便于及时了解学生的真正需求，另一方面利于学生理解图书馆在运行和管理中面临的复杂问题和挑战。此外，如何平衡本科生、研究生、教学与研究人员的需求，协调和促进与他们的交流并提高其用户体验和服务满意度，如何兼顾常规开放时间和考试期间延长服务时间的服务质量，如何在达到学校管理层要求的同时做到成本约束与预算控制，如何与其他部门协作既关注学生学业压力、学术成绩又能确保他们身心健康和人身安全，如何在运行成本和经费有限的情况下科学合理地配置图书馆专业人员、安保人员和相关基础设施，如何防范和规避公共资源浪费与环境污染问题以及使用不当等潜在的安全隐患，如何发掘图书馆建筑的物理特点并发挥其优势等等，这些都是值得业界深入思考和探讨的重要问题。

参考文献

［1］EAScarletto，KJ Burhanna，E Richardson. Wide Awake at 4am：A Study of Late Night User Behavior，Perceptions and Performance at an Academic Library［J］. Journal of Academic Librarianship，2013，39（5）：371-377.

［2］Patricia Ann Steele，Carolyn Walters. Extended Library Hours［J］. SPEC Kit 624，2001：9-20.

［3］SarahLaaker. Keeping the Doors Open：Exploring 24-Hour Library Access at Washington University in St. Louis［J］. Research Library Issues，2011，（277）：15-25.

［4］Roxanne Missingham. 24 Hour Access ANU Library：Chifley Branch Library［EB/OL］.［2018-08-23］. http://library-admin.anu.edu.au/intranet/_resources/documents-for-consultation/briefing-paper-24-7.pdf.

［5］Clare Ravenwood，Derek Stephens，Graham Walton. Establishing Influential Decision Making Factors for University Library Opening Hours：An Exploratory UK Regional Study［J］. New Review of Academic Librarianship，2015，21（1）：52-67.

[6] SusanGardner, Susanna Eng. What Students Want: Generation Y and the Changing Function of the Academic Library [J]. Libraries and the Academy, 2005, 5 (3): 405-420.

[7] Peter Jamieson. Reimagining Space for Learning in the University Library. In: Graham Matthews, Graham Walton. University Libraries and Space in the Digital World[M]. Farnham: Ashgate, 2013: 141-154.

[8] Joan K. Lippincott. Information Commons: Meeting Millennials' Needs[J]. Journal of Library Administration, 2012, 52: 538-548.

[9] Peg Lawrence, Lynne Weber. Midnight-2. 00 am: What Goes on at the Library? [J]. New Library World, 2012, 113 (11/12): 528-548.

[10] Maureen Richards. 24/7 Library Hours at an Urban Commuter College [EB/OL]. Urban Library Journal, 2016, 22 (1). https://academicworks. cuny. edu/cgi/viewcontent. cgi? referer = http: // xueshu. baidu. com/s? wd = paperuri: (4a0ea12de1aa7d1d918bb7c0a28e1eb8) &filter = sc_ long_ sign&sc_ ks_ para = q% 3D24% 2F7 + Library + Hours + at + an + Urban + Commuter + College&tn = SE_ baiduxueshu_ c1gjeupa&ie = utf-8&sc_ us = 10803749127283870633&httpsredir = 1&article = 1035&context = ulj.

[11] Lei, Simon A. Variation in Study Patterns among College Students: A Review of Literature [J]. College Student Journal, 2015, 49 (2): 195-200.

[12] Seung Hyun Cha, Tae Wan Kim. What Matters for Students' Use of Physical Library Space? [J]. Journal of Academic Librarianship, 2015, 41 (3): 274-279.

[13] WillColdwell. Late Night Libraries Offer Busy Students More Flexibility: But Do They Create an Unhealthy Attitude to Work? [EB/OL]. [2018-08-23]. https: // www. theguardian. com/education/2013/mar/12/24-hour-library-people.

RDA 研究探略*

马梦灵　潘　莉　黄毕惠**

摘　要： 本文论述了 RDA 产生的背景和基础，介绍了中国国内对 RDA 的研究现状，并探讨了国内对 RDA 研究的不足和实施难点。

关键词： RDA　资源描述与检索

一、前言

21 世纪，随着互联网的光速发展，时代在进步，我们周遭的世界也日新月异。这种变化已经渗入各个领域，同样，对图书馆、情报机构、博物馆、出版社以及其他文化传承机构的影响也是巨大的。早在 20 世纪 70 年代，F. W. Lancaster 就提出了“图书馆正在被解散”，“未来的图书馆就是电子信息系统”的观点，所以，未来究竟还有多远？21 世纪初，随着图书馆编目业务的逐步外包，“编目消亡论”“图书馆衰败论”甚嚣尘上。十年、几十年过去了，回望整个图书馆乃至信息服务机构的发展，这些实体和业务并没有消亡，而是要紧随时代的脚步，调整服务内容。人类庞大的信息资源始终需要一批人在各自的机构中有序地组织、精准地揭示，才能提供快速的抓取和高效的应用。网络时代，资源类型多样化的特征愈发凸显，电子资源爆炸式增长，非书资源（包括非文本型、非印刷型等）日益增多，不同格式的书目数据层出不穷，语义网、关联数据的迅速发展，对图书馆业界提出了新的挑战，同时，也提供了更新发展的契机。

---

* 本文是 2018 年度国家社科基金年度项目“开放共享背景下图书馆书目元数据组织模式的演变与发展研究”（批准号：18BTQ026）的阶段性研究成果之一。

** 马梦灵（1972—），女，四川大学图书馆馆员；潘莉（1965—），女，四川大学图书馆副研究馆员；黄毕惠（1966—），女，四川大学图书馆研究馆员。

二、RDA 的产生

（一）FRBR

20 世纪 90 年代，信息资源的海量增长，以及用户日益提高的服务需求，让图书馆界面临巨大的挑战。一方面要简化编目流程、拓展合作编目范围，另一方面要更为详尽地揭示相关信息、精准检索。在此背景下，1990 年 IFLA 召开了书目记录专题研讨会，成立了专门的研究小组，于 1998 年发布了最终报告——书目记录的功能需求（Functional Requirements for Bibliographic Records），简称 FRBR。FRBR 的出现，颠覆了传统的编目理念，彻底打破了传统书目数据的单一性和平面性，建立了一个以“作品”为基础的立体的有层次的书目概念模型。FRBR 将书目记录涉及的实体分成三组，如图 1 所示：

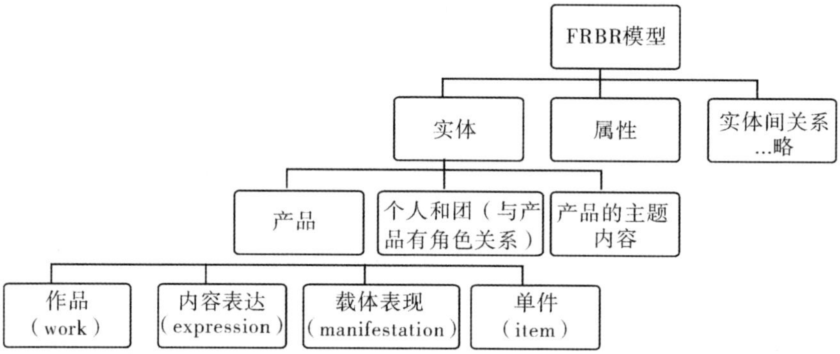

图 1　FRBR 书目概念模型

产品是智慧和艺术创作的知识结晶，包括作品（work）、内容表达（expression）、载体表现（manifestation）和单件（item）；个人和团体对智慧和艺术创作产品负责任，与其存在各种角色关系；产品的主题内容，包括概念、实物、事件、地点、第一组和第二组实体本身等。以往以载体表现层面作为描述基础的书目记录，在新的理念模型下要求以作品和内容表达为核心，并以揭示各组实体之间的关系为要。

（二）ICP

2003 年国际图联在德国法兰克福召开了编目规则制定者和专家会议，通过了《国际编目原则声明（草案）》（简称 ICP），从 2009 年在国际图联网站正式发布至今，几经修订，2016 最新版本提出了 13 个总原则，所有用词“数据单元”均改为“数据元素”。ICP 将作品对象从只涉及文字内容扩展到了各种表达类型和媒介类型，兼顾文献资源的多样并存。而新增的互操作性、开放性、可访问性则致力于确保书目和规范数据在图书馆界内外的共享和重复利用，对数据的限制降到最小，符合可访问的国际标准，充分适应当下互联网资源的开放性和共享性。

（三）AACR2

《英美编目条例》第二版（Anglo-American Cataloguing Rules 2，简称 AACR2）于 1978 年在美国、加拿大和英国同时出版。这是一部主要面向英美国家的编目条例，从创建伊始就明确宗旨：随着编目需要的变化而变化。历经几次修订，AACR2 仍旧难以适应网络背景下的信息资源的多样性、兼容性和共享性需求，原本拟出版的 AACR3 终止，并在这个基础上发展出了新的内容描述标准——RDA。

（四）RDA

《资源描述与检索》（Resource Description and Access，简称 RDA），其目的在于满足数字环境下资源著录与检索的新要求，成为数字世界的全球通行标准。从 2005 年更名，到 2009 年编制完成，2010 年 RDA 工具套件（RDA Toolkit）正式发布，时至今日，RDA 一直在不停地更新，以求更好地适应日新月异的数字环境。

RDA 以 FRBR 概念模型为架构，放弃了按文献类型、著录事项来组织编写编目规则的传统格局，完全依据实体—属性—关系来构建体系，采用 FRBR 中作品、内容表达、载体表现、单件、实体、属性、关系等元素和术语，为所有类型的内容和媒体的资源描述和检索提供全面的指南和用法说明。

RDA 以 ICP 精神为指导，提供了关于构建代表作品、内容表达、个人、家族和团体的规范检索点及其变异形式的规则和以各种实体间关系为规范检索点的规则。ICP 最重要的用户便利性原则贯穿于 RDA 整体，以满足用户需求作为组织书目系统的出发点，发现与用户请求相同的资源，识别资源的载体表现形式，帮助用户选择所需要的资源。编目员在做出决策的过程中需要不断考虑这种做法是否有助于用户查找、识别、选择和获取资源。

RDA 以 AACR2 为基础，作为 AACR2 的替代品，去除了以英美习惯为出发点的规则，译成多国语言（包括英语、法语、阿拉伯语、日语、韩语、德语、西班牙语、汉语等）说明了其国际化的野心；RDA 不同于 AACR2，仅仅作为内容标准，不包含显示标准，也不属于编码标准，独立于应用框架，适用各种元数据格式，有利于语义网获取、关联数据发布、跨行业和跨流程使用；RDA 相比于 AACR2，从逻辑结构的 FRBR 化始，就立足于更广泛的资源类型、更深刻的关系揭示和更有效的资源获取；RDA 的工具包是一个综合的并基于浏览器的在线产品，充分体现了互联网实时、互动、便捷的特点。

综上，RDA 不应简单被划分为某一资源类型的某种编目规则的修订，而是指引图书馆以及其他文献传承机构适应多样化数据框架和数据标准的未来蓝图。

三、RDA 在中国的研究现状

国际上，美国、英国、加拿大、澳大利亚和德国的国家图书馆从 2013 年开始实施 RDA 编目。2016 年 3 月，美国国会图书馆所有数据全面切换成 RDA，OCLC 也在同一时间节点使用 RDA 新标准。欧洲、日韩包括中国台湾，都在积极跟进，成立相关兴趣小组或者领导小组，召开会议研讨实行 RDA 的进程，制定相关策略。

本文下面将主要分析中国大陆的研究现状。

（一）RDA 研究现状

在 CNKI 用“RDA”或“资源描述与检索”关键词检索近十年的文献，结果如图 2 和表 1 所示。

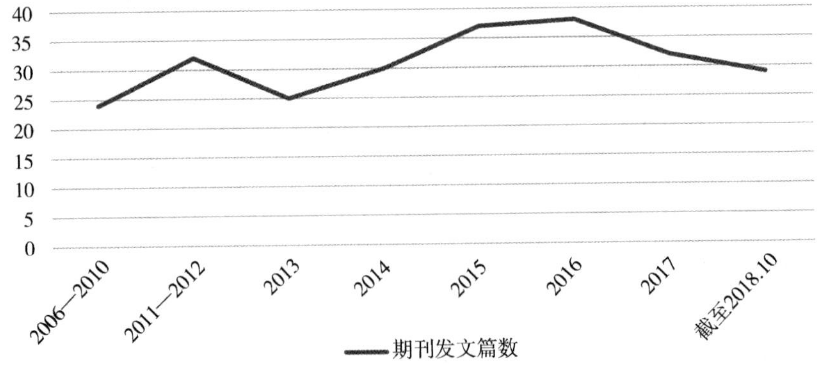

图 2　2006—2018 年我国 RDA 期刊论文发文量分布

表 1　我国图书馆学情报学期刊 RDA 研究论文分布

年度 / 论文篇数 / 期刊类别	2018 年上半年	2017	2016	2015	2014	2013	2011—2012	2006—2010
核心期刊	8	14	18	18	19	16	20	13
非核心期刊	21	18	20	19	11	9	12	11
论文总篇数	29	32	38	37	30	25	32	24

由图 2 可见，2006—2010 年间，是我国 RDA 研究的起步阶段，2005 年 AACR2 正式由 AACR3 更名为 RDA（资源描述与检索），我国学界一直密切关注但也谨慎观望。2009 年 RDA 正式出台直到 2010 年发布工具包，2013 年 RDA 入主美国国会图书馆和 OCLC，RDA 不可抗的国际化趋势，掀起了我国图书馆界上下对 RDA 的研究热潮，直接体现为论文发表数量增多，论文质量提高。

通过表 1 可以得知，从 2006 年开始，每年中国大陆公开发表的关于 RDA 的学术论文，呈稳步上升趋势，其中核心期刊的占比在 51%左右，说明国内关于 RDA 的研究在一系列专家学者的引领下，稳扎稳打，持续深入，研究已经达到一定的深度。

（二）RDA 研究内容

1. 早期研究

2006—2010 年，是我国 RDA 研究的初期时段，研究内容主要基于产生背景和演变历程。最早一篇发表于 2006 年第三期的《图书情报工作》，张秀兰教授关于 RDA 的综述性介绍拉开了中国大陆 RDA 研究的序幕。这一阶段的文章旨在给业界普及 RDA 基础知识，包括其从 AACR2 发展的过程、FRBR 理论对 RDA 的影响、RDA 的结构和特色等，RDA 颠覆性的编目理念要一下子让从业人员接受需要相对漫长的时间，加上这一阶段国际图书馆界都还在持观望态度，RDA 研究进展是缓慢的。

2. 理论研究

2010 年 RDA Toolkit 在互联网发布，2011 年 RDA 基本组成的词汇部分正式发布，这一系列举动充分表明了 RDA 势必替代 AACR2，成为新的国际编目标准、元数据标准和资源揭示内容标准。我国图书馆界紧随世界范围的研究进展，论文也大量涌出。这一阶段的研究更为深入，主要集中在基于 RDA 的 AACR、ISBD、MARC 的对比研究，RDA 背景下中国文献编目规则的具体文献类型和编目实践，国内外 RDA 的研究现状，RDA 在中国的实施设想，国家图书馆和 CALIS 对 RDA 的应对思路等。在这一阶段的研究中，对 RDA 的理性认识已经初步成型，研究人员开始结合实际进行初步的探索。

3. 实证研究

2013 年，随着美英澳加德宣布全面 RDA 实施，RDA 的世界化脚步加快。2012 年 5 月，国家图书馆与 CALIS 联机联合编目中心正式启动 RDA 全文的中文翻译工作，终于在 2014 年，RDA 中译本《资源描述与检索（RDA）》出版，标志着我国的 RDA 实施正式提上日程。国图和 CALIS 在各个时期不同范围举办研讨会和培训班，语义网和关联数据的概念被引入 RDA，该阶段的研究更重视实践。论文主题主要集中在英美澳德、海峡两岸、日本韩国的 RDA 本地化政策比较研究，RDA 与关联数据的相关研究、基于 RDA 的 BIBFRME 框架研究、作品和内容表达等实体以及规范检索点的属性研究、本地数据的 RDA 化实证研究，至此，我国对 RDA 的研究，已经由理论的高度落地致力于编目理念、编目规则、编目标准和编目实践的全面 RDA 化。

四、我国 RDA 研究的不足和实施难点

RDA 的野心，在去掉“英美”、去掉“编目”的标签时候已经表露无遗，致力于国际化、跨行业和适应各种元数据的标准，在未来的互联网环境会继续发力。国内针对 RDA 的研究，还处在单一表面和理论层面向深层次多角度、实证研究转化的过程，尚有许多不足之处。

（一）实证研究缺乏

目前研究方向虽然在逐步向深层次、实证化转移，关于 RDA 在我国具体编目实践中的应用以及 RDA 针对具体著录标准的研究总体偏少。RDA Toolkit 网站上关于和 MARC21 的映射表已经发布，关于两者的对比研究已初见端倪，但在理论基础上对于具体应用和实例的研究偏少，在实践领域里方向还比较模糊。关于 CNMARC 和 RDA 的对照映射，目前还没人涉猎，这个跟中文的 RDA 实施政策还在制定相关。

（二）认知度不高

国内编目员及相关的图书馆馆员对 RDA 的总体认知度较低。2010 年正式发布，到今天已经十年，相关人员对于 RDA 很多依旧是一知半解。虽

然由国图和 CALIS 组织的研讨会和培训班陆续召开，但对于庞大的编目员队伍依旧杯水车薪。亟须在专家学者的学术带领下，核心机构有序地开展组织工作，各级图书馆领导给予足够的重视，让更多的相关人员投入到认知和研究中来。

（三）理解到应用有距离

FRBR 的概念革命对于扁平化直观化的过往编目理念用颠覆来描绘毫不夸张，立体的内在结构和抽象的逻辑理念对编目人员是一个不小的挑战。FRBR 的第三组关系和 FRAD 还在研究之中尚未成型，对于 FRBR 错综复杂关系的理解以及关系说明语的正确使用、正确识别作品和内容表达的属性，都是难点。还有 BIBFRAME 等新的数据框架的出现，关联数据等语义技术的发展和结合，RDA 从理解到应用有一段并不平坦的路需要走。

（四）本土化难度不小

我国西文 RDA 已经开启，中文 RDA 是否应该在指导思想一致的基础上，努力实现跟外文编目规则的同步；如何在国际原则或国际标准中体现我们的民族性，在这一部致力于国际化的内容标准中完美地体现我们的民族性；面对本地目录 RDA 化的庞大工作量，如何制定选取原则和标准：整体还是部分？本地特色如何体现？如何高质量完成历史数据与 RDA 元素的映射？如何准确深入地揭示模型中错综复杂的关系？这些都是摆在每一个编目人员面前的难题。

（五）行业上下游的融入

RDA 并不局限于图书馆界使用，出版界、档案馆、博物馆等信息组织和传承机构，都需要投入进来，协同合作，完善行业生态链，合理构建信息建设和获取的环节，节约成本提高效率，调动这些行业的人员投入 RDA 的研究，在理论探讨、实践运用等方面进行纵深实证扩展研究，才是推动 RDA 不断发展的正确途径。

综上，RDA 在我国的研究历经十几年的发展，已经有了一定的高度和深度，期待图书馆界联合其他信息机构，进一步将理论和实践相结合，继续深入开展 RDA 的实证研究，在数字时代，推进我国信息组织的国际化和关联化。

参考文献

[1] 刘素清. IFLA 书目记录功能需求（FRBR）初探[J]. 大学图书馆学报，2004（6）：65-69.

[2] 熊健敏. 我国 RDA 研究现状综述[J]. 图书情报工作，2013（21）：138-143.

[3] 李芳. 国内 RDA 理论研究现状分析与对策[J]. 图书馆杂志，2014（10）：20-26.

[4] CALIS 联机合作编目中心. CALIS 外文书刊编目培训教材[M]. 北京：CALIS 联机合作编目中心，2016.

[5] FRBR，百度百科[EB/OL].［2018-10-22］. https://baike.baidu.com/item/FRBR/9869156.

[6] 资源描述与检索（RDA），百度百科[EB/OL].［2018-10-22］. https://baike.baidu.com/item/RDA/969155？fr=aladdin.

新时代高校资源共建共享模式探讨

——以四川大学为例

马梦灵　郑　军*

摘　要： 本书以四川大学图书馆和院（系）资料室资源共建共享模式为例，介绍了新时代高校文献资源保障体系的建设，并对其中遇到的问题进行了探讨。

关键词： 高校　共建共享　图书馆　院（系）资料室

一、概况

四川大学图书馆馆藏纸质文献丰富，门类齐全，藏书覆盖文史理工医学等学科领域，其中以中国古代史、中国古代文学、中国古文字学、汉语史、宗教学、四川地方文献、南亚研究、数学、生物学、经济学、高分子材料科学、皮革科学与工程、口腔医学文献方面的收藏优势尤为突出。

四川大学共有 35 个院（系）资料室，藏有纸质文献 98 万余册。院（系）资料室自身具有的藏书专业性强、服务对口度高、使用便利、服务直观的特点决定了它应该是图书馆在文献资源建设方面的补充阵地。由于历史遗留、学校政策、管理制度等各方面原因，图书馆和资料室在处理图书采编借阅等工作环节中大多还是各自为政，不利于文献资源保障体系的统一建设。

本文将就四川大学图书馆与院（系）资料室资源共建共享的模式进行总结和探讨，以期未来两者之间优势互补，优化资源配置结构，合理建设

* 马梦灵（1972—），女，学士，四川大学图书馆馆员；郑军（1971—），女，学士，四川大学图书馆馆员。

高校文献资源保障体系。

二、资源共建

（一）政策制定

要在全校范围内开展资源共建共享，离不开领导层面的高屋建瓴、统一规划。最理想的模式是在主管校长的领导下召开院系主管领导和图书馆相关领导的协调会议，就资源保障模式提供思路制定制度，以保证资源建设的长期有效性和发展性。步骤如下：

1. 概况摸底

四川大学35个院（系）资料室，有大有小，馆藏规模各不相同。有些院（系）资料室形同虚设常年无人光顾，有些院系已经彻底撤销资料室归入办公室监管，有些院（系）资料室有专人管理、师生使用情况良好，有些院（系）资料室资金充足、资源建设特色鲜明、规模和管理都上了一个台阶。在制定政策前，首先要对这些基本情况进行调研统计，包括资料室场地大小、资料种类与数量、硬件配置情况、人员配置情况等。

2. 院系和图书馆的协调

双方领导经过初步磋商，就本院系资料的实际收藏和购置情况，确定共建共享的内容，提出适合自己的模式，签署共建协议，由图书馆提供技术支持和业务指导。

3. 图书馆提供支撑

协议签署之后，技术人员会对硬件配置和集成管理系统进行指导，安装相关软件，分配账号和权限，以及后续相关资源的网上发布；编目人员对院（系）资料室的相关人员进行业务培训，把控现有资源书目数据的质量；如需进一步深化文献资源采购合作、调配馆藏布局资源，则需和采访人员合作，梳理采访需求开展代采代购；有全校范围流通需求的会根据服务内容进行相关协商。

（二）共建模式

目前四川大学图书馆已与法学院、马克思主义学院、公共管理学院、灾后重建与管理学院、海外教育学院、社会发展与西部开发研究所、南亚研究所等院（系）资料室开展了资源共建，模式有以下几种：

1. 法学分馆

2017年底成立的四川大学图书馆法学分馆是在法学院原有院（系）资

料室的基础上扩建而成，馆舍建筑满足藏借阅的服务要求，管理模式与图书馆一致，由图书馆根据学院提出的采访需求、按照资源配置的特色统一购置，其中中文图书一万余册，西文图书一千多册，剩余金额购置港台法学类图书。这一批上万册图书由图书馆文献资源建设中心的老师统一编目、加工、典藏，进入流通。对于旧藏纸本资源也会按照图书馆的业务规范统一回溯建库，进行资源揭示，以期未来更深入地在全校范围资源共享。

2. 院系自建

马克思主义学院聘请外包公司将本院的 2 万多种中文图书全部按照 CALIS 标准录入，一共建立书目数据 2 万余条，其中近 5000 条导入了图书馆的集成管理系统。西文图书和期刊数据在建中。

3. 统一培训

这是学院采用得最多的模式，包括海外教育学院、灾后重建与管理学院、公共管理学院、南亚研究所、社会发展与西部开发研究所。由图书馆派专业老师深入院（系）资料室对相关人员进行系统培训之后，学院专职或兼职人员将本资料室的文献资源录入，进入图书馆集成管理系统。

南亚研究所目前有中外文图书近两万种，期刊 6 千余种。图书采购经费来源主要是教育部社科基地和国别区域基地中心资金，最近两年采购重点在电子资源数据库。采购方式包括师生荐购、教师自购、数据库商推荐和书商提供书单勾选等。截至 2017 年底，已建中西文书目数据共约 3000 余条。新购入的图书数据还待建。

公共管理学院目前有中文图书 3 万余册，截至 2017 年底，已建中文书目数据 1 万余条，期刊和外文数据待建。

社会发展与西部开发研究所中文数据已经回溯建库的有数百条，外文和剩余的中文数据待建。灾后重建与管理学院已建中文书目数据数百条。海外教育学院已建中文书目数据近百条。

以上所有数据分为三种情况：直接在四川大学图书馆书目数据下添加分馆馆藏、在 CALIS 联机编目客户端套录之后在图书馆集成管理系统中新建数据、原编数据。

三、资源共享

（一）资源推送

通过对合作共建的院（系）资料室的回访，得知大多数资料室没有开展持续、专业的资源推送活动。而作为教育部人文重点研究基地以及我国高校中唯一专门研究南亚的学术机构——南亚研究所，因其学术的领先地位和收藏资料的完整度，十分重视资源推送。目前已经与超星合作，开发应用程序，可以通过手机 App 和电脑端，及时获取本所购买的纸本资源和数据库资源。

（二）共享情况

法学分馆的管理和服务方式与四川大学图书馆江安分馆基本一致，实行藏借阅咨一体化，图书全校范围通借通还。公共管理学院也面对全校师生开放借阅。南亚所因为资料的特殊性只对本所人员开放，其余的校内读者如果想借阅复印需走相关程序。

四、资源共建共享进程中的困难和对策

（一）空间限制

据了解，大部分院（系）资料室都有空间紧张的问题。资料存放空间不够，这里一处那里一堆，资料无法统计，导致无法提供给读者使用，更不要说全校范围的共享。物理空间的问题，只能靠院系领导的重视和统筹规划解决。

（二）购书经费不足

大多数院（系）资料室购书经费都是学院自行筹集，经费宽裕的院系不多，导致很多教学科研必需的、具有较高学术价值的文献因为高昂的价格无法收藏，也有很多具有连续性的文献因为经费原因中断，同时又存在院系和图书馆重复购入相同资料的浪费。这种情况，必须和图书馆协同规划，保障全校文献资源的系统性、学术性和连续性。

（三）数据质量不可控

院（系）资料室由专人管理的情况很少，很多数据录入员是请的流动学生或者外包公司人员，一是培训难度增大，二是数据质量不可控。马克思主义学院请外包公司做的数据就因为质量的原因只允许一小部分导入了我馆的集成管理系统。这一点，需要院系重视资料管理人员的稳定和业务能力的提高。同时，图书馆对于院系资料文献数据的管理也应该形成统一持续的准则，涉及系统安装和使用培训、著录规则的一致、相关人员的专业培训等。

（四）特殊数据的处理

外文文献的语言的特殊性，导致大部分院（系）资料室都没有开启外文书目数据的共建共享；原编数据要求的专业性，这一部分也处在待建状态。以后的工作开展亟需各方面考察衡量之后，制定对策。

（五）特色数据的挖掘

院（系）资料室通常会收藏特色鲜明、专业性强、年代久远的文献，或者珍贵的内部资料，这一部分数据都值得深入挖掘，揭示出来以供更多的读者共享。这方面的工作需要更专业的人员来从事，比如南亚所的电子资源就有同图书馆合作揭示的意愿。这项工作需要图书馆工作人员和院（系）资料室人员合作，先摸清各院系的收藏状况，投入人力物力建设“专精尖”的高质量特色数据库，更好地发挥对教学科研的支撑作用。

五、新时代下高校资源共建共享模式

笔者总结适合高校文献资源共建共享的模式如下：

（一）分馆模式

适应对象：馆舍建筑满足藏借阅的基本要求，管理模式与校图书馆统一，每年有大量采购经费，资源对全校师生开放。

实施模式：分馆就资源采购与分编同校图书馆达成协议，由分馆提出采购需求，校图书馆统一查重后产生订单，新购图书的分编工作列入校图书馆编目的业务范围，藏借阅咨一体化，文献面向全校师生提供借阅。

（二）外包模式

适应对象：馆舍建筑部分满足藏借阅的基本要求，管理模式与校图书馆基本一致，每年有大量采购经费和外包经费，资源对全校师生开放。

实施模式：院（系）资料室自行采购文献资源，使用同一套集成系统，分编规则同校图书馆达成协议，分编业务外包给数据公司，数据和校图书馆共享，流通模式由院（系）资料室自行规定。

（三）培训模式

适应对象：馆舍条件有限，采购经费有限，文献总量有限，相关人员有限，借阅规则有历史沿革的院（系）资料室。

实施模式：由校图书馆指派专人安装集成系统，培训编目业务，由院（系）资料室管理人员自行著录书目数据（出于数据质量考虑，暂时只开放套录权限)，数据和校图书馆共享，流通模式由院（系）资料室自行规定。

综上，建设双一流研究型大学，离不开配套的文献资源保障体系。在全校范围开展资源共建共享，建设齐全完整的文献数据库，搭建校内用户文献资源共享平台，这项工作必须长期、持久、深入地开展下去，需要各相关单位协同合作、逐步探索、求同存异、优化管理，让高校图书馆和院（系）资料室互为补充齐头并进，真正意义上为高校的教学科研保驾护航。

参考文献

[1] 韩子静. 浙江大学图书馆与院（系）资料室的共建模式[J]. 图书馆杂志，2011（5）：59-62.

[2] 四川大学图书馆. 法学分馆的建设方案及建议（草稿）[Z]. 2017-10.

现代信息技术环境下 ISBD 的变革与发展*

潘 莉 吴诺曼 黄毕惠**

摘 要：ISBD 是现行的文献著录国际标准，它的产生和发展对世界和中国文献信息标准著录有着深远的影响。本文就其发展历史、影响、局限作了阐述，通过分析 ISBD 与 FRBR 概念模型、新的编目规则 RDA 的关系，以及 ISBD 近年工作动态，对 ISBD 的变革发展方向作了分析。

关键词：ISBD 编目标准 编目原则

ISBD《国际标准书目著录》（International Standard Bibliographic Description），是现行国际文献资源描述著录规则。自 20 世纪 70 年代问世以来被各国图书馆、信息服务机构采纳应用，为文献信息编目的国际标准化做出了巨大贡献，具有划时代的意义。

一、ISBD 的产生

ISBD 出现之前，文献信息编目的两个不统一是普遍存在的：一是各个国家的目录格式不统一，甚至一个国家的不同图书馆目录格式也不尽相同；二是目录所取的信息源不统一，这给广泛文献信息交流带来很大的障碍。特别是随着机读目录的大量涌现和书目数据在全球交换的现实需要，使世界图书情报界对建立一套国际文献著录标准提出了迫切要求。由此国际图联 IFLA 据 1969 年国际编目专家会议的建议拟定了《国际标准书目著

---

* 本文是 2018 年度国家社科基金年度项目“开放共享背景下图书馆书目元数据组织模式的演变与发展研究”（批准号：18BTQ026）的阶段性研究成果之一。

** 潘莉（1965—），女，学士，四川大学图书馆副研究馆员；吴诺曼（1978—），女，硕士，四川大学图书馆馆员；黄毕惠（1966—），女，学士，四川大学图书馆研究馆员。

录》，对文献书目记录所含著录单元、著录单元的序位，以及分隔著录单元的特定符号作出统一规定。在当时起到规范世界范围内图书描述性编目的作用，促进了各国家图书馆、信息机构之间书目记录交换。

ISBD从拟定到发布经过五年多时间的酝酿，于1974年3月，《ISBD（M）》（专著）的标准第一版正式出版。此后1977—1997年间，ISBD相继编制出版了“总则”“连续出版物”“地图资料”“非书资料”“古籍”“乐谱”“析出文献”“电子资料”一系列标准文本。ISBD在使用时总的遵从“总则”的原则指导，对不同类型的文献按所适用的文献标准特点处理，是一完整的编目标准体系，但由于各分则和总则编制存在一些偏差，时常给文献著录造成一些困扰。2007年8月，ISBD将不同文献类型分则汇集成一册文本，出版了《ISBD（统一版）》预备本，2011年《ISBD（统一版）》正式本出版。

二、ISBD对国际编目的作用

（一）ISBD促进了世界书目著录的标准化

ISBD一经问世就受到国际编目界广泛认可，法国等国家直接采用ISBD作为国家书目著录标准，大多数国家则是以ISBD为基础制定具有本国文化特色的编目规则。ISBD经过四十多年的发展和利用，规则文本已经被翻译成西班牙语、汉语等近30种文字，迄今为止都是世界范围内认可度最高和使用度最广的国际编目规则。

（二）ISBD对《英美编目条例》（AACR）的影响

AACR是以英国、美国为首的英语国家通用的国际编目规则。在ISBD出版后，AACR2采用了ISBD的编目原则，在选择著录单元、著录单元的序位，以及分隔著录单元的符号和ISBD保持一致。至此，AACR和ISBD有了第一次的相互合作、借鉴。2010年AACR2进行了全面调整，修改后的AACR3更名为《资源描述和检索》（RDA），同样在对文献描述著录部分与ISBD保持对应关系。

（三）ISBD对MARC的影响

MARC（机读目录）的产生，得益于电子计算机工业的迅速发展并引入图书馆编目工作，它大大地提高了编目人员的工作效率，也方便用户直观快速地检索文献。MARC的发展适合大规模的目录组织，客观上也催生目录标准化和 ISBD。ISBD 和 MARC 虽然表现的形式不同，但内核都是目录。MARC 录入书目数据同样遵从 ISBD 的编目原则。

三、ISBD 对我国编目工作的作用

（一）ISBD 促进了中国书目著录的标准化

我国的文献目录学有着悠久的历史，已形成我国固有文化特色，但在编制体例与内容设置上与国际标准存在不小的差距。ISBD 出版对我国的文献编目工作组织管理产生了深远的影响。1983—2001 年间为了与国际标准接轨，缩小与国际标准之间存在的差距，我国文献工作标准化技术委员会依据 ISBD 主持制定了系列国家标准，含“文献著录总则”“普通图书著录规则”“连续出版物著录规则”“非书资料著录规则”“档案著录规则”“地图资料著录规则”“古籍著录规则”七个著录标准。在编制标准的过程中吸取 ISBD 经验教训，首先制定总则，其次再制定分则，以保证规则的统一性。在著录项目设置、著录格式、标识符号方面都和 ISBD 基本一致。

（二）ISBD 对《中国文献编目规则》的影响

1996 年适用于汉语文献的著录标准《中国文献编目规则》出版，《中国文献编目规则》以 ISBD 和中国文献著录的国家标准为依据，并参考 AACR2 编制而成，在著录项目与著录格式的九个大项中有八个与 ISBD 相同，最后一个大项保留中国传统著录的特点。著录顺序、著录符号与 ISBD 一致。《中国文献编目规则》随 ISBD 修订而不断完善。ISBD 促进了我国中文文献著录的标准化、国际化，使中外的书目信息的交流和利用得以实现。

（三）ISBD 对 CNMARC 的影响

由于 ISBD 是因 MARC 而生，编制的体例和格式都是采用同样的规则，所以转换为机读目录相当于是著录项对应 MARC 的字段，各小项对应子字段。CNMARC 是中国的机读目录，是直接采用了国际图联 UNIMARC 的编制方法，并按照中国文献特色和 ISBD 编制原则编制的。

四、ISBD 的局限

（一）编目理念落后

ISBD 作为文献信息著录的国际标准，它是以规范、系统管理文献资源

的出发点制定国际通用的编目条例，强调“藏”和“管理”，由这种传统的编目规则建立起来的目录系统仅涉及文献类型的资源外部特征的描述，缺乏对文献内容的分析和描述、检索点的设置，很难适应已发展变迁的信息环境。在已建立规范、统一的书目数据的今天，强调“利用”，应该以“用户的便利性”作为制定和修改编目规则的新的指导思想。

（二）缺少内容特征的分析和描述

ISBD 属于传统文献描述型的著录规则，缺少内容特征的分析和描述。面对同一作品的多种载体形式或增改等情况只能分别著录书目记录，而这些分别的书目记录又无法完全通过著录规则在作品的内容和逻辑关系上有连接；另外在信息资源呈几何级数增长的今天，大量非印刷型文献不断涌现，ISBD 难以对多媒体资源、电子资源等进行规范处理。

（三）难以适应用户对信息资源查全需求

互联网时代信息量大、时效性更强，网络资源已成为用户获取各种信息的重要来源，同时也在改变用户获得信息的方式。搜索引擎式的一次性查询多种类型信息资源，并按相关性和层次化的检索结果进行显示，是用户发现、识别、查找和获取信息的理想方式，它能保证一定程度上的信息查全和查准。而传统 ISBD 编制的书目数据无法在内容和结构上给予用户对于信息资源查全的支持。

五、信息时代 ISBD 的发展方向

（一）FRBR 的概念模型对 ISBD 启示

20 世纪末，信息资源增长迅猛、电子出版物以及网络存取方式的兴起给传统的编目工作带来巨大考验。海量的资源信息需要图书馆、信息机构开展合作编目实现书目控制；另一方面用户基于对网络搜索信息的良好体验，对图书馆查找资源要求越来越高。针对信息环境的变化，国际图联 IFLA 在 1998 年发表了 FRBR 书目记录的功能需求（Functional Requirements for Bibliographic Records）研究报告书，意在用新的角度和思维改进编目的方式，改进向用户传递书目信息的方式。FRBR 实质是实体-关系概念模型，它的基本原理是通过“作品”这个的概念将与之相关的“内容表达”“载体表现”“单件”按照层次结构，将书目记录聚合，以书目记录的立体结构取代传统编目编制的扁平单一化的目录结构体系。FRBR 的四大用户任务强

调了目录的功能，让用户利用立体目录结构直观地发现、识别、选择和获取所需的资料，最大限度地满足用户跨越载体障碍对信息资源查全准的要求。FRBR 为现代信息目录组织提出了全新的理论模型，ISBD 作为传统编目规则的代表势必受到 FRBR 概念模型的挑战，另一方面也可以说 FRBR 为 ISBD 的修订、完善提供了蓝图。

自 FRBR 发表后，ISBD 一直致力于对 FRBR 的研究，也积极地围绕 FRBR 开展了一系列工作，为逐步实行 FRBR 化做前期准备：对照 FRBR 做了全面评估，确保 ISBD 规则内容与 FRBR “国家书目记录基本要求” 相一致；2004 年 ISBD 发表《ISBD 著录单元与 FRBR 实体属性和关系之间的映射》研究报告；2011 年 ISBD 统一版，增加第 0 项数据单元。第 0 项单元贯彻了 FRBR 的内容表达和载体表现的理念。

（二）ISBD 和 RDA 的关系

ISBD 和 RDA 同是目前最具有国际影响力的编目标准。ISBD 统一版和 RDA 相距一年出版。RDA 在描述元素部分严格按照 ISBD 编制原则，对著录项目的设置、顺序及标识符号与 ISBD 保持了一致。由于 RDA 是基于 FRBR 概念模型，并以 IFLA 制定的 ICP（国际编目原则声明）为指导原则编制的，RDA 除了文献著录部分，还涉及检索点的选取和规范控制等方面的内容，其结构具有逻辑性和层次感，更强调书目记录的聚类和关联，更有助于用户查找、标识、选择和获取资源。而反观 ISBD 的编制是以文献载体形式为基础的，内容仅包含文献外部描述著录规则，而缺少检索点设置规则和规范控制，并不完整。RDA 继承了 ISBD 对资源的描述著录，发展了对资源内容、书目间关系和书目数据检索做出分析揭示。RDA 建立起来的目录结构具有很大的灵活性和延展性，可容纳各种类型的信息资源甚至跨行业的信息资源，并且提供著录和检索统一编目标准，所以更适应现代新的信息资源环境和用户的需求。

（三）ISBD 元素集注册

2011 年国际图联 IFLA 确定了 RDF 命名空间，并在其开放元数据注册网站对 ISBD 元数据进行了注册，使 ISBD 元素成为 RDF 词表的一部分，为 ISBD 元数据的关联应用打下基础。2015 年，IFLA 发布 “ISBD 在 RDF 中的命名空间的翻译指南”，更是为非英语文献的词表翻译制定规则。ISBD 元素集注册为关联数据项目利用 ISBD 元数据提供了可能。

（四）ISBD 元数据的关联数据化

2016 年，IFLA 的《ISBD 用作关联数据指南》发布，为应用开发人员如何在关联数据环境中使用 ISBD 命名空间提供了规则和依据，此项工作的开展，将突破 ISBD 元数据扁平、单一、无层次的局限，促进图书馆 ISBD 元数据在语义网的发布。传统的 ISBD 元数据在互联网环境中的关联发布和广泛利用将迎来新的曙光。

六、结语

ISBD 作为第一个国际编目标准的著录规则，有着辉煌的过去，为世界文献著录的标准化做出了巨大贡献，但面临信息资源的内容、形式、载体等日益多元的今天，ISBD 作为单一的描述信息资源的著录规则，应寻求自身规则的全面发展，积极探索对作品内容的分析和检索规范控制等，以增强书目功能需求。FRBR 为 ISBD 的修订提供了理论支持，RDA 作为全面贯彻 FRBR 核心理念制定的编目规则已经为 ISBD 做出了榜样，这次 ISBD 需要向 RDA 借鉴和合作，完善自身的内容和结构，以保持国际著录标准的地位，否则会被功能更强大、更完善的 RDA 所替代。

参考文献

[1] 杨起全. 国际标准书目著录（ISBD）的发展过程及其历史背景[J]. 图书馆学研究，1984（6）.

[2] 顾犇.《国际标准书目著录》及其最新发展[J]. 国家图书馆学刊，2006（3）.

[3] 张秀兰，王瑀. 我国文献著录规则国际化的回顾与展望[J]. 图书馆学研究，2017（24）.

[4] 刘素清. IFLA 书目记录功能需求（FRBR）初探[J]. 大学图书馆学报，2004（6）.

[5] 柯平，曾伟忠 .21 世纪国际图联（IFLA）文献信息编目创新的研究[J]. 图书馆，2007（6）.

[6] 孙更新，张燕飞.《国际标准书目著录（2011 统一版）》的新变化——纪念 ISBD 发表 40 周年[J]. 图书情报知识，2013（6）.

[7] 胡小菁. 国际编目标准现状与进展（2015—2017）[J]. 图书馆论坛，2018（6）.

“双一流”背景下大学图书馆文献资源建设策略思考

唐李杏*

摘　要：在“双一流”建设背景下，大学图书馆文献资源建设政策需要作出相应调整。本文分析了“双一流”战略对大学图书馆文献资源建设的新要求，围绕“双一流”建设目标任务提出了文献资源建设的原则，讨论了建设过程中文献资源建设需要注意避免的发展误区。

关键词：双一流　大学图书馆　文献资源建设

一、“双一流”建设背景下大学图书馆文献资源建设的总体要求

“建设一流大学和一流学科”是新的历史时期，我国增强核心竞争力、提升教育发展水平的一项重要国家战略决策。①“双一流”建设是新的历史时期我国高等教育发展的战略目标。大学图书馆如何为“双一流”建设做出自己的贡献？大学图书馆在“双一流”建设中的价值如何体现？这些是新时代背景挑战下，大学图书馆工作评估中无法回避的问题。大学图书馆作为高等学校的重要学术服务机构，为教学科研和人才培养提供高质量的文献资源服务是其重要职能之一。图书馆对“双一流建设”的服务作用很大程度上是通过文献保障和利用来体现的。文献资源建设则是文献资源服

---

*　唐李杏（1978—），女，硕士，四川大学图书馆副研究馆员。

①　国务院. 统筹推进世界一流大学和一流学科建设总体方案[EB/OL]. https://baike.baidu.com/item/%E7%BB%9F%E7%AD%B9%E6%8E%A8%E8%BF%9B%E4%B8%96%E7%95%8C%E4%B8%80%E6%B5%81%E5%A4%A7%E5%AD%A6%E5%92%8C%E4%B8%80%E6%B5%81%E5%AD%A6%E7%A7%91%E5%BB%BA%E8%AE%BE%E6%80%BB%E4%BD%93%E6%96%B9%E6%A1%88，2015-10-24/2019-05-18.

务的基础。图书馆的资源建设应该紧紧围绕“一流大学和一流学科建设”这个中心任务来开展工作。大学图书馆资源建设工作的目标、思路和业务流程都应该作出相应的调整。

2017 年 1 月，教育部、财政部和国家发展改革委员会联合印发了《统筹推进世界一流大学和一流学科建设实施办法（暂行）》，同年 9 月，三部委联合公布了 42 所一流大学建设高校和 95 所一流学科建设高校及建设学科名单。[①] 承担建设任务的大学结合自身实际，陆续制定和公开了各自的双一流建设方案。对于大学图书馆而言，必须认真学习和研究《统筹推进世界一流大学和一流学科建设实施办法》，深刻领悟双一流建设的战略思想。这是指导我们做好文献资源建设工作，落实和完成学校双一流建设方案目标任务的重要保障。在“双一流”建设的背景下，文献资源建设也必须充分适应和调整，从各个方面响应“双一流”的总体要求，以适应时代的要求。

（一）文献资源建设必须响应“中国特色，世界一流”的核心要求

双一流建设是中国高校教育实施改革，实现内涵式发展的重要战略思路，“中国特色，世界一流”是其落实发展的核心要求。什么是世界一流高校？这是一个有着广泛共识但没有绝对标准的问题。从各种评价排行中，我们可以发现不同的排行榜有不同的指标和评选规则，同一所大学在不同的排行榜单中的排名可能大相径庭。因此，实现世界一流的目标，必须面向国家需求、社会服务需求和世界科技前沿发展需求，积极探索差别化发展。

大学图书馆文献资源建设围绕这个核心要求，要充分借鉴国际一流大学图书馆在资源建设中的思路和办法，参考已有的文献建设评价指标，尽快弥补文献保障对学科建设的缺失，提高学科服务质量。同时也要充分认识到，在双一流建设背景下，文献资源建设工作并没有完全可照搬的模式和标准，需要根据国情需要和学科特色积极探索，避免只重规模数量、单纯追求指标和忽略文献建设对学科发展支撑服务的误区，实行建设与改革并重的任务规划，踏踏实实地通过文献资源建设工作支持和服务于双一流

---

① 教育部 财政部 国家发展改革委. 关于印发《统筹推进世界一流大学和一流学科建设实施办法（暂行）》的通知[EB/OL]. http://www.moe.gov.cn/srcsite/A22/moe_843/201701/t20170125_295701.html，2017-01-25/2019-05-18.

建设规划。

（二）文献资源建设应该围绕“双一流”目标加强学科服务

以学科为基础是双一流建设的四个基本原则之一。文献资源建设工作是图书馆重要的传统业务之一，《普通高等学校图书馆规程》指出：“图书馆应根据学校人才培养、科学研究和学科建设的需要，以及馆藏基础和资源共建共享的要求，制订文献信息资源发展规划和实施方案。”① 在双一流建设背景下，文献资源建设工作不仅要重视覆盖学科范围，强调资源的藏用关系，而且更加体现资源的服务效果，强调资源建设的学科服务质量。图书馆文献资源建设要促进学科建设的优化，促进学校学科组织创新，敏锐配合学校学科发展方向，充分保障学校学科发展的重点。总体来说，双一流背景下，图书馆的文献资源建设应该体现学校的学科优势和特色。

（三）“双一流”大学的文献资源建设要突出“人才培养”的核心地位

具有被广泛社会认同的大学精神是一流大学的重要特征，大学精神必须通过一流人才来传承。中共中央总书记习近平指出：“只有培养出一流人才的高校，才能够成为世界一流大学。立德树人是一流高校建设中的核心问题。”

大学图书馆文献资源建设不能简单理解为购买和堆砌资源，要主动与高质量的本科生教育和研究生教育紧密结合，通过文献资源建设落实和推动立德树人的根本任务。对文献资源建设工作的评价，要充分考量人才培养的效果，促进高校人才培养工作并有实质性的转变和大幅度提升。

（四）文献资源建设工作是双一流建设规划的有机组成部分

根据《统筹推进世界一流大学和一流学科建设实施办法（暂行）》的要求，大学应根据自身实际科学编制建设方案。方案针对学校学科特点制定，以学科建设带动学校整体发展。图书馆文献资源建设作为学术研究和人才培养的重要服务基础，必然是大学双一流建设方案的重要组成。例如四川大学双一流建设方案中，明确提出建设“一流环境保障”专项——建设“引领知识服务和创新服务的智慧图书馆”。浙江大学双一流建设方案

---

① 中华人民共和国教育部. 关于印发《普通高等学校图书馆规程》的通知[EB/OL]. http://www.moe.gov.cn/srcsite/A08/moe_736/s3886/201601/t20160120_228487.html，2016-01-04/2019-05-18.

提出“完善以图书馆……以及各类师生文化活动场地为主的大学公共文化服务载体建设”。

双一流建设的新时代，是图书馆文献资源建设工作发展的新机遇和新征程。双一流建设动态评估的原则，使得图书馆文献资源建设面临更为直接的评估压力，需要更加严苛的科学规划，更多不断创新发展的动力。作为学校整体发展的一个业务方面，图书馆文献资源建设在不断完善的过程中，也成为学校双一流建设各项工作中不可或缺的拼图。

二、“双一流”背景下大学图书馆文献资源建设的原则

2015 年 10 月，国务院印发的《统筹推进世界一流大学和一流学科建设总体方案》中，针对双一流建设实施办法提出了“以一流为目标、以学科为基础、以绩效为杠杆和以改革为动力”的四个基本原则。[①] 与之相适应，图书馆文献资源建设也应该围绕学科建设确定以下原则。

（一）一流原则

图书馆文献资源建设需要，同时也必然要与一流大学和一流学科相适应。也就是说，双一流大学图书馆的文献资源建设应该也必须是一流的。什么是一流的图书馆文献资源建设，是图书馆资源建设工作必须面对和思考的问题。

一流的图书馆文献资源建设包括以下几个方面。第一，一流的文献资源收藏。文献资源的规模、质量和形态都应该与学校的学科建设相适应，师生在科研和教学中可以获得足够充足、学术水平顶级的文献资源。第二，一流的文献资源服务方式。文献资源应该通过优质的服务平台组织、揭示和推荐给师生，提升文献查找和获取体验。第三，一流的文献资源学科服务。文献资源不是简单的堆砌、被动地等待服务，而是通过优质的学科服务来推广，让文献资源建设体现重要的支撑价值。

（二）绩效原则

和双一流建设要求一样，图书馆文献资源建设也必须以绩效为杠杆，

---

① 国务院. 统筹推进世界一流大学和一流学科建设总体方案[EB/OL]. https://baike.baidu.com/item/%E7%BB%9F%E7%AD%B9%E6%8E%A8%E8%BF%9B%E4%B8%96%E7%95%8C%E4%B8%80%E6%B5%81%E5%A4%A7%E5%AD%A6%E5%92%8C%E4%B8%80%E6%B5%81%E5%AD%A6%E7%A7%91%E5%BB%BA%E8%AE%BE%E6%80%BB%E4%BD%93%E6%96%B9%E6%A1%88，2015-10-24/2019-05-18.

完善评估评价机制和评价指标体系，保障文献资源建设的效果，从而实现文献资源的特色化发展。

文献资源建设的绩效包括资源购买引进的质量评估和资源使用效果评估。目前，大学图书馆在长期的工作中，已经制定了一些具有较好评估效果的评价指标体系，例如在双一流建设过程中更应该关注和学科建设相关的重要指标。具体体现在文献资源所涉及的重要平台收录情况、国内外顶尖科研基金学术研究成果、国内外学术奖项相关科研成果、重要学术专家的文献成果等方面。同时，对于各学科尤其是双一流学科对资源的利用情况也应该及时跟踪和调研，对于师生利用与学术产出进行分析，帮助学科发展获得更好的学术交流环境。正如刘万国在《"双一流"建设视角下高校图书馆信息资源建设热点扫描》一文中提到："近年来随着大数据、可视化等技术的迅速发展，基于数据分析的学科资源需求与保障率研究逐渐成为资源评估研究的热点。"①

（三）动态原则

双一流建设要求大学打破身份固化，根据建设目标的完成情况动态调整建设高校和任务范围。对于大学图书馆而言，文献资源建设的动态原则是指必须充分理解提供优质文献保障不可能一劳永逸，支撑学科发展必须重点关注优势学科、特色学科，新兴交叉学科，时刻关注文献资源建设和服务的质量。同时，对于文献资源建设的标准也要与时俱进，密切关注和跟踪学科发展，不能刻舟求剑，仅仅局限于学科当前的需求，而忽视了长期发展和整体发展。

（四）创新原则

双一流建设要求加大改革力度，创新实施方式，是大学解决自身在建设中存在问题的重要途径。大学图书馆文献资源建设也面临各种问题，包括技术环境更新加快、数据商涨价导致的经费紧张、数字资源长期保存、数据资源建设缺失等。这些问题在一定程度上影响了学科的发展，在双一流背景下，对这些问题的有效解决愈发显得重要和迫切。

三、"双一流"背景下大学图书馆文献资源建设应避免的误区

"双一流"建设主要针对我国高等教育建设发展中存在的身份固化、

① 刘万国，周秀霞，孙波. "双一流"建设视角下高校图书馆信息资源建设热点扫描[J]. 大学图书馆学报，2018，36（5）：33-38.

竞争缺失、重复交叉的问题，力求通过开放竞争、动态调整、资源整合，引导大学合理定位，办出特色，差别化发展。图书馆文献资源建设也应该在积极探索、改革创新的过程中，避免出现以下问题。

（一）避免放弃馆藏长期建设框架，学科文献服务出现马太效应

双一流建设要求以学科为基础。但是，图书馆文献资源建设不能狭隘地将这种要求理解成只为纳入建设范围的学科提供文献保障，而忽视了馆藏长期建设的需要，放弃了对文献资源建设框架的规划，从而导致馆藏学科范围过于狭隘，学科服务也出现穷者愈穷富者愈富的马太效应，对文献资源建设工作的长期良性发展必然造成巨大的损害。

双一流建设要求中也明确提出以一流学科建设带动大学整体建设，大学图书馆文献资源建设也应该着眼于学校发展的整体。优势学科固然需要加强服务，但对于国家急需的学科、支撑产业转型升级或区域发展的学科、特色学科、新兴学科、交叉学科更需要主动关注，积极布局，通过文献建设和服务支持保障学科发展。

（二）避免将文献资源建设工作搞成“军备竞赛”，忽视特色化差别化发展

通过双一流建设实施办法遴选出的一流大学和一流学科会获得相应的政策和资金支持，文献资源建设经费也会得到有效的保障或提升。在评价杠杆的刺激下，文献资源建设容易走入“军备竞赛”的误区，盲目的买买买有可能大行其道，值得图书馆文献建设工作者警惕。针对以往“211 工程”“985 工程”以及“优势学科创新平台”和“特色重点学科项目”等重点建设中存在的重复交叉等问题，双一流建设实施办法倡导特色化、差别化发展，这也是文献资源建设避免“军备竞赛”的思路和途径。在 Web2.0 技术框架下，通过用户驱动采购等新兴模式，文献资源建设有更大的空间实现更为精准的学科服务。

（三）避免完全依赖学科团队，忽视采访馆员主观能动性

由于学科发展任务在双一流建设的核心位置，文献资源建设必须与学科相关团队进行良好的互动。获取学科团队的支持，的确可以使文献资源建设获得事半功倍的效果。但是，文献资源建设工作本身是图书馆一项繁复的常规工作，也具有很强的专业性。从业务、精力和时间的角度来说，

学科团队不可能也没有必要代替图书馆采访馆员完成这项工作。

同时，图书馆作为学术传播机构，文献资源建设工作体现了学术把关人的重要价值。无论是近代图书馆开始的纸质图书采访，还是随着互联网发展起来的数字资源引进，文献资源建设工作凝聚了图书馆馆员的智慧。采访馆员的主观能动性才是完成双一流文献资源建设工作的保障。

（四）避免过分重视评价杠杆，否定文献资源建设科学规律

双一流建设打破身份固化，动态管理和调整大学和学科建设名单，使得评价杠杆的作用和地位愈发突出。这是大学建设开放竞争的需要，客观上也给大学建设带来了一定的压力。图书馆文献资源建设虽然不是评价杠杆的核心指标，但作为双一流的有机组成部分，也同样面临各方评价，这是对文献资源建设工作的正面促进。但我们同时不能否定文献资源建设的自身规律，文献资源对学科的促进作用不可能立竿见影，文献资源建设本身也不可能一劳永逸。只有我们认识、掌握并熟练应用文献资源建设的规律，才能保证在双一流背景下文献资源建设工作的科学性，才经得住双一流长期建设的考验。

四、结语

文献资源建设一直都是图书馆“安身立命”的基础。对文献资源建设工作的重视永远都是图书馆珍视自身价值的重要手段。在双一流背景下，高校图书馆需要从文献资源建设这个“基础”破题，从战略的高度思考如何完成自身的内涵式发展，理清思路，达成共识，为制定具体的措施方案奠定基础。

参考文献

［1］张雪，张静，雍会. 世界一流高校排名特征与我国“双一流”高校建设分析[J]. 兵团教育学院学报，2018，28（4）：42-46.

［2］肖竹青. 高校图书馆文献资源建设新议[J]. 闽南师范大学学报（哲学社会科学版），2019，33（2）：147-151.

数字环境下书目元数据构建相关国际标准的演变及分析*

王瑞荣　马梦灵　黄毕惠**

摘　要：本文简要梳理书目元数据构建过程中的各项国际标准的发展演变和创新之处，并对各项国际标准演变特点和趋势进行分析，以期理清编目领域研究和实践工作的发展脉络，把握未来编目发展和变革的方向。

关键词：编目标准　编目原则　FRBR　RDA　ISBD　BIBFRAME

随着计算机技术和互联网的迅猛发展，数字时代已然来临。首先，出版业态的变化，资源类型日益丰富多样，印本时代逐渐向数字时代转型，图书馆的馆藏结构从传统印本文献为主向多载体多媒介资源并存发展。其次，网络技术环境的变化，特别是语义网和关联数据的发展日新月异，无疑给图书馆的资源组织带来巨大挑战和机遇。资源的丰富和网络化数字化检索环境下，如何满足用户新的需求？作为图书馆服务的基础和核心，书目元数据组织的发展和变革总是与特定时期的用户需求特点相伴。以“巴黎原则”、AACR2、MARC 格式为代表的面向传统文献的各项文献编目标准，因其产生的时代局限性，越来越凸显其不足和缺陷，成为网络环境下资源组织和用户资源获取的障碍。为了应对数字环境的变化，书目元数据组织的相关国际标准（下称为国际编目标准）——新的资源编目体系处于

---

* 本文是 2018 年度国家社科基金年度项目“开放共享背景下图书馆书目元数据组织模式的演变与发展研究”（批准号：18BTQ026）的阶段性研究成果之一。

** 王瑞荣（1972—），女，硕士，四川大学图书馆馆员；马梦灵（1972—），女，学士，四川大学图书馆馆员；黄毕惠（1966—），女，学士，四川大学图书馆研究馆员。

不断完善和形成，逐步取代传统的文献编目体系。

按照书目元数据构建从理论层面到实践层面的顺序，目前相关国际编目标准主要包括五个层面：编目原则、概念模型、著录标准、编目规则、书目格式。这五个层面构成了编目标准的完整体系。本文对各项国际编目标准的发展与演变进行梳理和分析，以期理清编目领域研究和编目实践工作的发展脉络，把握未来编目发展、变革的方向。

一、书目元数据构建相关国际标准的演变

（一）编目原则——从“巴黎原则”到《国际编目原则申明》（ICP）2016版

编目原则是编目工作的指导思想和顶层设计，是编目界必须遵循的纲领性、指南性文件，用于指导编目规则的制定。1961年产生的“巴黎原则”作为编目国际标准化的基础，半个世纪以来被全世界大多数国家所遵循。然而，“巴黎原则”与生俱来的局限性在于：诞生于卡片时代手工编目时期，只涉及文献编目的局部，且无法在全球范围内适用。21世纪伊始，国际图联（IFLA）开始对“巴黎原则”进行修订，致力于制定一部适用于联机图书馆目录且在其他领域也可使用的新原则申明。《国际编目原则申明》（以下简称ICP）研制历时6年，于2009年正式发布。因2010年正式发布的RDA明确提出以ICP和FRBR功能需求系列模型为基础，ICP开始做出修订和更新，出台了ICP 2016版。

ICP 2016版的创新之处：对ICP进行调整和拓展，成为数字时代的全新编目原则。以FRBR、FRAD的实体、属性和关系模型为基础，更适合于资源类型多样化和网络联机检索的需要。

（二）概念模型——从FRBR家族到IFLA-LRM

概念模型是制定编目规则的思想基础，属于抽象层面的编目标准，用来规定书目元数据构建的模型架构问题。

IFLA发布的《书目记录的功能需求》（FRBR）、《规范数据的功能需求》（FRAD）和《主题规范数据的功能需求》（FRSAD）统称为FRBR家族，构建了书目世界的完整模型体系。FRBR提出的三组实体关系模型，将书目世界的事物抽象成各种实体、属性、关系，一切立足于实现对资源的“查找”“识别”“选择”“获取”四项用户任务。FRBR采用实体-关

系概念模型为书目世界全新建模，使得建立在该概念模型基础上的编目规则，改变传统资源描述的单一扁平化，实现对资源的立体、网状、关联化揭示，更有包容性、扩展性和灵活性。FRAD 和 FRSAD 采用与 FRBR 相同的建模方法，将书目控制延伸到规范控制领域。

由于 FRBR 家族原有的三个概念模型存在不一致，比如对同一范畴概念理解上的差异，模型结构本身的不足，编目实践中存在困难等，FRBR 团队开始研制 FRBR 统一版，并于 2016 年完成，取名《FRBR 图书馆参考模型》（FRBR-LRM），同年更名为 IFLA-LRM。

IFLA-LRM 的创新之处：从实质上对 FRBR 家族这三个模型的实体、属性和关系进行深度整合，更加注重揭示和表达关系，成为更具普遍性与概括性的高层次概念参考模型。IFLA-LRM 模型的构建，体现了未来资源组织的发展趋势和重点，强调只面向最终用户，除“查找”“识别”“选择”“获取”外，新增“探索”这一用户任务，支持用户在关联数据环境中使用书目数据，并发现新的资源。

（三）著录标准——从 ISBD 到 ISBD 统一版

著录标准是关于信息资源描述著录的层面，属于著录型元数据标准，通俗而言，就是解决著录项的问题。ISBD 作为 IFLA 制定的国际著录标准，旨在实现世界范围的书目控制。ISBD 包括总则和 7 个专门分则，体例的原因以及各分则在条款上存在的不一致，让 ISBD 在后续修订中问题频频。1998 年 FRBR 的正式出版，推动了 ISBD 统一版的产生。IFLA 要求 ISBD 与 FRBR 保持一致并进行更新，2011 年 ISBD 统一版出台。

ISBD 统一版创新之处：进行体例调整，最创新之处就是 0 项（内容形式和媒介类型）的采用，体现出与 FRBR 的对应，表明 ISBD 统一版正不断向 FRBR 靠拢。

（四）编目规则——从 AACR2 到 RDA

编目规则是编目工作依据的编目型元数据标准，用以指导编目实际工作，解决著录内容的问题。AACR（英美编目条例）从英美标准发展到编目领域普遍使用的国际标准，已使用多年。随着信息技术的迅猛发展和资源类型的多样化，AACR2 的缺陷和不适应性不断显现，资源描述与检索（RDA）作为全新的编目规则应运而生。RDA 旨在取代 AACR2，成为全球性编目规则，同时力图突破图书馆领域的藩篱。

RDA 的创新之处：RDA 对 AACR2 编目规则的覆性改变：不按文献类

型排列，也不按ISBD的著录项目区分，而是按照FRBR的实体、属性、关系来安排其内容架构和著录数据元素，走出了传统编目规则的结构性缺陷。RDA专为数字环境而设计，适合所有类型和媒介的资源组织，具有开放性和灵活性，RDA编制的书目记录可以在语义网和关联数据环境下共享。

（五）书目格式——从MARC走向BIBFRAME

书目格式是计算机编目所需要的编码型元数据标准，解决著录格式的问题，与编目员日常工作最为密切。

长期以来，MARC格式在图书馆编目领域占据主导地位。然而随着数字时代的来临，语义网和关联数据的迅速发展，用户对数据描述的扩展性和共享性需求不断增加，而MARC格式的封闭性，对书目的一维线性组织等局限，无疑成为数据共享和重用的严重阻碍，书目格式不得不另寻出路。美国国会图书馆（LC）推出旨在取代MARC的“书目框架计划”，开发了以RDA为基础的书目框架模型（Bibliographic Framework，简称BIBFRAME），BIBFRAME格式正式出台。

BIBFRAME创新之处是以关联数据为基础，以网络为基础构架的通用描述框架，对FRBR模型进行提炼和简化，目标是创建新的书目环境，整合现有书目资源，并融入网络世界实现书目数据的共享，同时提升用户检索体验，支持获取更为丰富的相关资源。

二、书目元数据国际标准的演变分析

编目大环境的变化，使得书目元数据组织面临来自资源环境、技术环境和读者需求的挑战，国际编目标准必须与时俱进，应对挑战。目前，编目相关国际标准，无论是理论、抽象层面的编目原则、概念模型，还是操作层面的著录标准、编目规则和书目格式，其演变过程以及未来发展趋势具有以下特点。

（一）面向用户

随着数字网络时代的来临，国际著录标准ISBD统一版、RDA编目规则以及全新BIBFRAME书目框架正面临不断更新，以便适应编目环境的变化。但无论怎么变革，纵观各项编目标准的发展演变，都无一另外、始终如一地秉承着《国际编目原则申明》（ICP）这一编目指导思想和基本遵循，始终紧紧围绕满足用户需求这一根本出发点，充分体现了ICP的最高目标——“用户的便利性”原则。以 RDA 为例，它将 ICP 的用户便利原则贯穿始终，在许多选择性规定上，RDA 给编目员留有决策余地，方便在基于用户便利的原则基础上，做出有利于用户查找、识别、选择或获取资源的判断。

此外，ICP 也积极应对因概念模型及其他相关标准的修订所带来的冲击，适时调整，保持编目标准体系的上下一致性和协调性。比如，为了适应数字化环境，ICP 及时应对不断更新，出台的 ICP 2016 版以实体-关系模型为基础，并对总原则进行拓展，新增了“互操作性”“开放性”“可访问性”等原则，使得 ICP 能够顺应开放获取环境，更加有利于数字资源组织以及数据关联化，有利于实现数据的共享和重用。在 ICP 2016 版指导思想的统领下，各项编目国际标准都围绕并遵守 ICP 的用户至上的原则要求而展开。

（二）面向实体

1998 年，面向实体的全新概念模型 FRBR 正式出版，为面向文献的书目世界带来了洗脑式的变革。FRBR 对 ISBD 的修订起到推波助澜的作用，为了使 ISBD 条款与 FRBR 的相关要求保持对应和一致，ISBD 一直处于不断修订中，直至 ISBD 统一版的出台，FRBR 可谓功不可没。同时，编目国际标准体系中陆续出台的 RDA 和书目框架 BIBFRAME，其概念模型均是以 FRBR 和 FRAD 为模型基础而构建：RDA 是 FRBR 的忠实实践者，BIBFRAME 采用 FRBR 模型，并在此基础上进行提炼和简化。FRBR 概念模型作为书目著录、编目规则以及书目格式的模型基础，对 ICP、《ISBD 统一版》、RDA 及 BIBFRAME 的诞生影响是深远的。国际编目标准体系中，面向实体的 FRBR 概念模型被统一遵从，并通过不断研究和探索，FRBR 模型已发展到深度融合统一版IFLA—LRM，成为更具普遍性与概括性的高层次概念参考模型。

（三）面向未来

为了应对书目世界环境的变化以及未来领域拓展的发展需要，更好地组织和揭示各类型资源，提升用户体验，国际编目标准体系中，无论是抽象层面的 ICP、FRBR 或者 IFLA-LRM，还是依据上述指导思想和概念模型建立的具体操作性标准，比如著录标准 ISBD 统一版、编目规则 RDA、书目格式 BIBFRAME，一直处于动态完善和调整更新中。而且，这种完善和调整不是孤立的，而是呈现出彼此呼应和共同发展之势。比如，ISBD 统一版和RDA之间的元素集校准和对应一直在保持联动。又如，RDA基于FRBR模型，在FRBR深度融合为IFLA-LRM之后，RDA决定根据IFLA-LRM进行修订。同理，伴随RDA的不断修订，以RDA为基础的书目框架BIBFRAME也做出了联动反应。各项国际标准在其演变过程中，有扬弃，有借鉴，相依共荣。

综上，对国际编目标准体系变革的特点分析可见，《国际编目原则申明》（ICP）在今后乃至未来，依然会在整个国际编目标准体系中发挥更加重要的至尊统领作用，其地位不可撼动。采用面向实体模型框架的各项国际编目标准因其在概念模型上的一脉相承，更加有助于未来朝着书目世界以外的广阔领域取得拓展和突破。各项国际编目标准之间的相互促进、联动响应和协同发展的态势，有利于促进彼此不断完善和成熟，推动相关理论和实践跃上新的高度，在全新实体-关系模型构建下，实现书目元数据描述和检索的优化，突破书目世界，与外部世界实现数据交互和关联。

三、结语

进入21世纪以来，资源的形态变化，信息传播方式的变化，语义网技术和关联数据的应用都给编目领域提出严峻挑战，同时也指明了未来发展的机遇和方向。传统的文献编目元数据标准不断被更新或取代，编目领域的相关研究和实践也不断涌现新的热点。近两年，编目领域的国际标准更新变化更是呈活跃之势，不断推陈出新。仅在2017年，IFLA宣布的7项新标准中，就有5项与编目有关，可见，编目标准在IFLA标准体系中占有重要地位。

我们正在进入关联数据时代，编目大有可为，未来可期。诚然，国际编目标准仍在不断完善之中，相关标准的实施仍需等待时日。国际编目标准的发展演变和动态更新，体现着编目理论研究和实践探索的主脉和方向。只有密切关注编目领域的动态发展，跟上编目标准更新的步伐，思考编目从MARC相对封闭的模式走向新型开放关联BIBFRAME模式的应对措施，同时做好编目前沿业务发展的知识储备，才能从容应对编目未来的变革和挑战。

参考文献

[1] 胡小菁. 国际编目标准现状与进展（2015—2017）[J]. 图书馆论

坛，2018（6）：124-131.

［2］王景侠. 21世纪图书馆资源编目体系研究[J]. 数字图书馆论坛，2018（1）：17-23.

［3］宋丹辉. 新型书目框架BIBFRAME发展及演化研究——兼论对MARC及RDA的改进[J]. 现代情报，2017（1）：51-56.

［4］兰艳花. 论国际编目理论体系的衍变及未来编目的特征[M]. 北京：国家图书馆出版社，2015.

［5］CALIS联机合作编目中心. CALIS外文书刊RDA编目培训教材[M]. 2016.

［6］国际图联2017新标准[EB/OL]. https：// www. ifla. org/node/11720？og=8708，2017-08-22/2018-09-06.

［7］Statement of International Cataloguing Principles（ICP）2016[EB/OL]. https：// www. ifla. org/publications/node/11015，2019-08-30/2019-09-10.

FRBR 的理论框架及其价值分析*

吴诺曼　王瑞荣　黄毕惠**

摘　要： FRBR 因互联网时代多种类型资源的增长与读者对目录更高的要求而产生，它运用“E-R”模型，从方法论上彻底重组了编目的理论框架，为揭示新的信息环境下书目的结构和关系提供了巨大探索空间，不仅带来编目工作划时代的变革，其价值和影响延伸到图书馆工作的采访、馆藏组织方式、阅读推广等各个方面，并将促进跨行业的整合。

关键词： FRBR　书目记录功能需求　图书馆

一、FRBR 产生的背景

没有互联网且物流不发达的时代，目录共享、文献远程获取都属稀有，各个文献机构是“信息孤岛”，目录能够反映一时一地的馆藏，已经基本满足了读者对目录的功能需求。互联网时代来到，资源类型和资源数量均呈现爆发式增长，用户对于目录的需求也随之升级，一方面希望就某一知识目标尽可能不遗漏地查全各种类型的相关文献，另一方面需要将海量的文献资源有序化组织，以获得清晰、简洁的知识导航地图。反观传统的编目思想，拘泥于纸质文献框架而无力容纳多种载体的文献出版物，基于手头的文献单元建立书目记录，对于文献之间内容的联系揭示不足，导致书目记录单一、分散、扁平、冗杂，若无变革，则会逐渐丧失书目的导

* 本文为 2018 年度国家社科基金年度项目“开放共享背景下图书馆书目元数据组织模式的演变与发展研究”（批准号：18BTQ026）的阶段性研究成果之一。

** 吴诺曼（1978—），女，硕士，四川大学图书馆馆员；王瑞荣（1972—），女，硕士，四川大学图书馆馆员；黄毕惠（1966—），女，学士，四川大学图书馆研究馆员。

航功能。

FRBR 问世于 1998 年，全称 Functional Requirements for Bibliographic Records，中文译为“书目记录功能需求”，是国际图联在 20 世纪末新的信息资源环境和发展趋势下，为兼容不同资源类型、满足多样化的用户需求而发布的一种全新的编目模型，是编目历史上继《巴黎原则》之后又一份划时代的文件，为全球编目工作的变革指明了方向。自 FRBR 发布以来，AACR2 的修订、RDA 的正式出炉、取代 MARC 的 BIBFRAME 的完整发布以及关联数据的出现，一系列重大变革，皆指向 FRBR 这一思想源头。

二、FRBR 的基本理念

FRBR 何以带来如此深刻的影响？它的精髓何在？概括地说，FRBR 运用“E-R”的思维方式，从实体与关系的角度重新为编目理论建模，从方法论上革新了编目员看待书目世界的观念，从而为揭示书目的结构和关系提供了巨大探索空间。

FRBR 模型包括实体、属性、实体间关系、用户任务及国家级书目记录的基本需求。①

（一）实体和属性

所谓实体，即书目中对用户有意义或用户感兴趣的一些基本事物，例如用户通常会用以检索的题名、作者、主题等，在 FRBR 模型中被称为“实体”；用以描述每一种“实体”区别于其他同类事物的特征，被称为“属性”。FRBR 涉及的实体分为三组，其中第二组和第三组的所指是比较明显的①，与传统的编目理念重合，第一组实体相对复杂，是理解 FRBR 思想变革性的关键。

1. 第一组实体

（1）作品。作品是一个抽象的而非物化的概念，例如吴承恩的《西游记》这部“作品”，并非指某个版本的《西游记》这本书的物理形态，而是指其创作内容。对一部作品特征的描述，例如题名、形式等，就是它的属性。

---

① 刘素清. IFLA 书目记录功能需求（FRBR）初探[J]. 大学图书馆学报，2004(6)：65-69.

（2）内容表达。内容表达指作品得以实现的方式，例如《西游记》的英译本是一种内容表达，《西游记》的京剧演出也是一种内容表达，内容表达比作品所处的层次更具体，但仍属抽象概念，尚未物化到字体、版式、光盘尺寸等物理特征。内容表达的属性包括形式、语言、演出媒体等。①

（3）载体表现。载体表现指作品的某一种内容表达的具体物化形式。例如人民文学出版社 1990 年出版的精装本《西游记》。传统意义上的编目通常正是指向载体表现这个层次。载体表现的属性如题名、责任说明、出版者等，是编目员熟悉的编目对象。

（4）单件。单件指具体的物质实体，从属于载体表现，如单卷本的一个复本、单件的录音带，也可以是多个物理对象组成的一套文献，如由上中下册组成的一部专著、由两张光盘组成的一部电影视频。单件的属性包括：单件标识符、展览历史、单件的状况、处理历史等。

2. 第二、三组实体

第二组实体包括个人、团体、家族，第三组实体包括概念、地点、事件、实物，并加上第一组和第二组的所有实体。

（二）实体间关系

FRBR 模型将编目的关注点由“一本书”转向“一本书”中蕴含的层级式的实体，目的是实现相关资源的连接。FRBR 的各个实体之间呈现出复杂交错的关系，形成立体结构，图 1 描述了三组实体间的关系。

不同于传统编目的扁平思维，FRBR 的立体结构以作品为中心，着重体现知识的关系。按照这样的模型所体现的逻辑关系，书目世界就不仅是若干条零散孤立的目录而已，而是蕴含着若干可提取、可重组、可量化分析的实体数据，为绘制详尽的知识地图提供了可能性，同时，这个复杂的网状数据结构又是被 FRBR 的术语概念清晰描述的，排除了模糊和冗余，力图实现最大化的简洁和准确。可以想见，FRBR 模型的思想一旦在编目中彻底贯彻，相比各类互联网搜索引擎将具有不可替代的专业性和优越性，原本从图书馆流向互联网的用户将会被吸引回来。

① CALIS 联机合作编目中心. CALIS 外文书刊 RDA 编目培训教材[Z]. 2016.

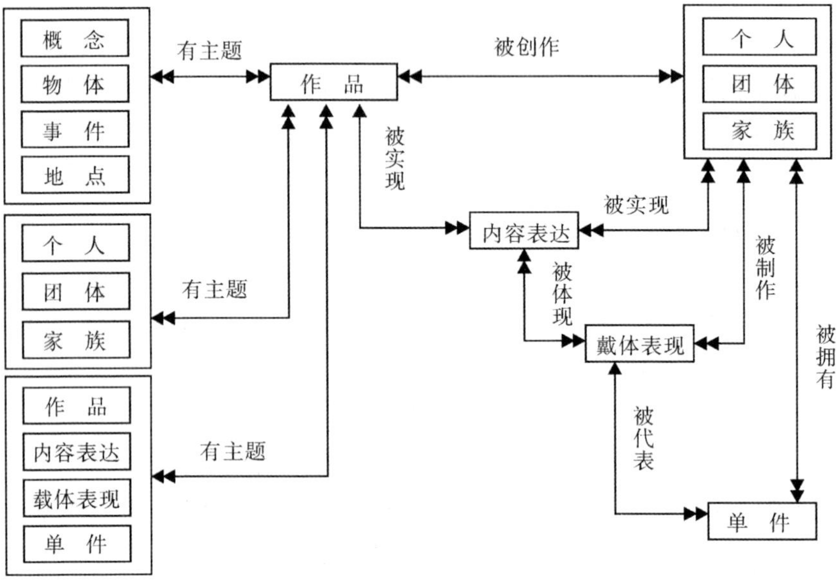

图 1　FRBR 模型的实体关系图①

（三）用户任务与国家级书目记录需求

FRBR 把用户使用目录的目的归纳为四项用户任务：查找、识别、选择、获取②，并立足于用户任务，为书目世界建模，将 E-R 模型中的实体属性和实体关系与之映射。

按照实现各项用户任务的相关性，FRBR 中的属性和关系所具有的重要值各不相同，对于完成用户任务不可或缺的那些属性和关系就是国家级书目所应包含的基本要素。

三、FRBR 的价值及影响

（一）FRBR 对编目工作的价值及影响

FRBR 的诞生给编目带来一场深刻的思想变革，编目的意图从知识的描述进化到知识的聚类，编目的对象由手头的文献物理形式上升成抽象的“作品”及其相互关系，因此传统的编目规则从逻辑上、原则上已经不适

① 王微. 基于书目记录功能需求（FRBR）的图书馆编目理论与实践研究[D]. 长春：东北师范大学，2008：7.

② 王绍平. 编目工作的新观念、新方法——从《巴黎原则》到《书目记录的功能需求》[J]. 图书馆杂志，2001（9）：2-5.

于指导编目工作，新的编目规则在 FRBR 思想的召唤下应运而生，2010 年，RDA（Resource Description and Access，资源描述与检索）的联机版本和英文印刷版先后问世，取代了原有的编目规则 AACR2。

一条典型的 FRBR 化目录，兼有简洁和逻辑之美。以作家 Max Weber 为例，在 LC 与 OhioLINK 中查找作者名为 Max Weber 的作品，分别得到 188 和 429 条记录，包含大量同一作品的不同版本，而用户关心的主要是作品的内容，这个检索结果足以令用户望而生畏。而在美国的 FRBR 化试验项目 RedLight Green 中，结果是 20 条，用户只需要在这 20 条当中进行甄别即可。① 由此可见，FRBR 模型运用于编目当中，可以大大优化目录组织，方便用户利用。同时，由于 FRBR 着眼于作品层次，统领“作品家族”，对于编目员来说，可以大大减少重复工作，提高编目效率。

（二）FRBR 对采访工作的价值及影响

FRBR 书目以层次结构展示相关记录，而不是缺少逻辑次序的简单罗列，这将十分有利于作品家族的聚合，因此对于采访工作的查重与馆藏结构分析具有重要价值。对于同一作品，FRBR 化书目只显示一条记录，在这个树形结构中，同一作品包含了多少种内容表达（如文字、舞台剧等不同艺术形式）、每一种内容表达包含了多少载体表现（如同一译本由不同出版社出版的不同版本）、同一载体表现有多少单件（如同一版本在本馆拥有多少复本），都在一条记录当中一目了然，将大大降低查重环节的难度和工作量，有利于合理配置馆藏，提高采访质量；同时，由于 FRBR 书目将最大可能地把相关资源进行聚合，揭示了资源之间的内容关联性，对于统计馆藏的宏观结构、了解文献机构的特色以及优劣势分析都能起到良好的参考作用。

（三）FRBR 对馆藏组织方式的价值及影响

FRBR 使编目理念从注重文献的物理形式转向注重创作内容和创作过程，使不同表达形式和载体形态都统领在作品内容的处理之下②，使书目数据产生了有机关联，具有极好的互操作性，因此也为馆藏组织方式及馆舍设计提供了新的思路。在 FRBR 化的思维下，馆藏将不再以载体类型为

① 编目精灵. 编目的未来[M]. 北京：国家图书馆出版社，2010.5：97.

② 刘玉仙，郑钟芳，徐文一. FRBR 与图书馆工作的重新组织[J]. 大学图书馆学报，2006（5）：73-75，85.

划分标准，纸质图书、期刊、电子资源不必各自为政，而是以内容为标准得到集中与整合，为用户提供更具实用性与参考性的信息环境。在馆舍设计上，可以大胆突破载体类型的限制，就某一项目或课题建立新型的学习空间、流动馆藏，从而以用户需求为本，充分调动资源，建设智慧型的现代图书馆。

（四）FRBR 对阅读推广的价值及影响

FRBR 的突出特点是便于揭示实体之间的相互关系，因此为读者感兴趣的各类聚合提供了良好支持。例如同一作品的不同形式和版本，同一作者的所有作品，同一主题的各种作品，相关联作者各自的作品集合，相关联主题的作品集合等等，各种在传统编目时代难以实现的整合与梳理，在 FRBR 时代都将以低成本的人力物力实现，由此将为各种创意的阅读推广活动提供强大的数据支持。与此同时，各种专题的特色数据库也将作为阅读推广活动的副产品迅速形成，一方面成为各个文献机构富有个性的专题目录，一方面有利于阅读推广长效、深入地进行。

四、结语

FRBR 自问世至今已有二十年，从一个抽象的概念模型，已逐渐被落实到各个国家的书目实践工作中，如澳大利亚、丹麦、美国等国家率先进行开发，国内有国家图书馆、香港大学、台北故宫博物院等机构进行了一系列 FRBR 化研究与试验。

随着新的国际编目规则 RDA 的正式确立，BIBFRAME 新模型的完整发布，关联数据的出现与发展，FRBR 的思想将得到越来越彻底的贯彻，FRBR 的价值将得到越来越明显的体现，不但带来图书馆界的数据组织模式变革，而且与整个图书馆行业的工作思维变革互为影响，并促进跨行业的突破。可以预见，因着 FRBR 化实践的深入进展，跨行业的整合、书目元数据组织协同合作联盟体系及其一体化平台的建立，都将指日可待。

论传统艺术中的“意境”美及其在当代图书馆设计中的意义

程丽敏　刘裴裴　曾英姿*

摘　要： 中国传统艺术与设计思想中都强调意境之美，意境之美能够引发人们丰富的联想，这种思维在当代图书馆的设计中有着重要的引导作用。

关键词： 传统艺术　设计　意境　当代图书馆

中国传统艺术中的意境之美，主要体现在山水、花鸟画及诗歌中，无论是唐末五代的荆浩、关仝，还是董源、巨然都以山水画的“诗中有画，画中有诗”之味美为旨归，这也是我们通常所说的“意境”之美，在这种境界中，观者能够畅神、抒情、快适，其根源就在于创造者很善于把有限的自然景物与无限的宇宙之美联系起来，从而使观者能够通过眼前之物产生丰富的想象，进入一种“忘我”的生命境界，获得一种赏心悦目的审美情感。

一、画论与设计论中的“意境”观

这种绘画中的“意境”之美，中国画论多有论述。比如，宋代的郭熙在《林泉高致》中曰：“真山水之川谷，远望之，以取其势；近看之，以取其质。真山水之云气，四时不同。春融怡，夏蓊郁，秋疏薄，冬黯淡，尽见其大象，而不为斩刻之行，则云气之态度活矣。真山水之烟岚，四时

* 程丽敏（1980—），女，硕士，四川大学图书馆馆员；刘裴裴（1980—），女，硕士，四川大学图书馆馆员；曾英姿（1967—），女，硕士，四川大学图书馆研究馆员。

不同。春山澹冶而如笑，夏山苍翠而如滴，秋山明净而如妆，冬山惨淡而如睡。画见其大意，而不为刻画之迹，则烟岚之景象正矣。……山，春夏看如此，秋冬看又如此，所谓四时之景不同也。山，朝看如此，暮看又如此，阴晴看又如此，所谓朝暮之变态不同也。如此是一山而兼数十百山之意态，可得不乎？”①

在上述文字中，郭熙实质上指明了创造“山水”意境的方法，那就是以“一山”呈现出作者平时对多种山体的感受，从而构建起多重联想空间。明代唐志契在《绘事微言》中也说：“山性即我性，山情即我情。”只有通过创作者审美情思的浸润，外在山水物象才能变成真正的审美意象，然后才能重构一种丰富的视觉景观。这种创作方法，同样也被众多优秀的园林设计家所吸收与运用。比如，明代计成在《园冶》中曰：“园林巧于‘因’、‘借’，精在‘体’、‘宜’，愈非匠作可为，亦非主人所能自主者，须求得人，当要节用。”“虽由人作，宛自天开。”计成强调了“天开”之美，强调了“因”“借”手法的合法则性，实质上园林创构同样遵循的是“意境”美学原理。反过来，“意境”美的最高法则，即是自然，宛如鬼斧神工，巧妙神逸。

事实上，这一“意境”之美，在当代设计中仍然值得我们充分的尊重与发扬，因为“意境”之美绝非停留在纸面上的一种“观念”，它实质上正是人类生命赖以提升的精神阶梯，设计作品除了经济、实用之外，也应被这一思想所贯通。

二、“意境”论对当代图书馆设计的价值

图书馆作为人类文化精粹的集聚场所，除了为人们提供阅读的场地外，也毋庸置疑应具备启发人们想象的功能，而这种功能的实现，除了藏书的丰富性、经典性与代表性之外，建筑设计本身的“意境之美”也是最重要的因素。

事实上，古今中外的许多藏书阁与图书馆都非常注重功能美与艺术美的巧妙统一，比如“法国国家图书馆，全馆由四幢高达 100 米，外观像张

---

① 李来源，林木编. 中国古代画论发展史实［M］. 上海：上海人民美术出版社，1997：110-111.

开的书本似的建筑构成，环绕着一个巨大的‘下沉花园’”①。再比如“荷兰代而夫特理工大学图书馆建筑被誉为目前世界上最具有未来派艺术特征、最现代化的图书馆之一。它的整个大楼造型极其别致，似从天而降，建筑三面为巨大的玻璃幕墙，另一则倾斜成为大楼的屋顶，并继续延伸使整个屋顶与地面合而为一，造型简洁明快，美观大方”②。这些建筑都十分注重建筑本身外在形态的趣味性与审美性，也十分注重把图书馆建筑与周围的自然景观融为一体，形成一种具有浓郁文化氛围的景观。

实验心理学证明：良好的生态美景有助于人消除各种不正常的情绪，有助于人进入一种安宁、愉悦与沉静的状态。因此，在当代环境生态遭到破坏的时候，在当代各种心理问题层出不穷的时候，图书馆的建筑及内部微观景观设计，在某种意义上，担负着对人们心性重新陶冶的功能，这更需要我们好好领悟中国传统的天人一体思维，同时，也应该把这种审美精神融会贯通地运用到实际的图书馆设计理念中。

计成《园冶》中的“因、借”理论很值得借鉴。他说：“因者，随基势高下，体形之端正，碍木删椏，泉注石注，互相借资，宜亭斯亭，宜榭斯榭，不妨偏径，顿置婉转，斯谓精而合宜者也。”“借者，园虽别内外，得景则无拘远近。晴峦耸秀，绀宇凌空，极目所至，俗则屏之，嘉则收之，不分町畽，尽为烟景，斯所谓‘巧而得体’者也。”③“因”，就是顺应地形地势的特征，从而构造出符合自然美质的亭、台、楼、榭；“借”，计成认为应该不要拘泥于远近之景分，而应根据需要与否为己任，用自己的审美境界，随性自然地让景物与景物融合起来，让景生情，情生景，情景共生共构，成为造园之通途。从上分析可以发现：当代图书馆审美功能的建构完全可以通过外借与内拓得到实现。外借，通过外部环境山、水、建筑以及不同植物的搭配，从而营构不同季节不同的景观，不同角度产生不同观感，常青树与落叶树的搭配、乔木、丛林、各种不同色彩的配置，在城市与校园中形成一种类似园林花园式的建筑，让人感受到这一场域乃是心灵栖居的神圣之境，是人们可以重新点燃生命激情的活水源头。这样

① 陈苑琼. 走进美学视域的图书馆环境[J]. 广西教育学院学报，2004（02）：110-112.

② 赵会平. 天堂就是图书馆的模样——谈图书馆的美学价值[J]. 贵图学刊，2008（03）：27-28.

③ 金学智. 园冶多维探析[M]. 北京：中国建筑工业出版社，2015：462.

的话，图书馆就深具有了除了文化内涵之外的多元化能量，它自身就在这种久久地屹立中传播历史使命，对读者的教育可谓“潜移默化”，而且来得更加直接、更有力量。建筑物，作为一种标志，尤其是像图书馆这种文化象征物，更应具备丰碑一样的雄伟特征，但是，若脱离了周围的自然风光的衬托，将会显得没有生机与活力。

《JGJ38-99 图书馆建筑设计规范》规定：“图书馆的基地宜选择环境安静并符合当地城镇规划及文化建筑的网点布局”，上海图书馆、国家图书馆就符合这样的要求，深圳图书馆位于风景优美的莲花山前，旁边还有音乐厅与深圳书城，整个构成了自然、人文和谐统一的文化景观。

当代图书馆的内部优美意境的营构，假如善于因借，融入自然装饰，也是十分有价值的。当热爱读书的人们，踏进图书馆的一刹那，映入眼帘是宽敞的空间，葱郁的绿植，良好的灯光布置，及墙面上美好的色彩、图案、书画作品等，心情是何等的愉悦、振奋！同时，亦能唤起读书的欲望，那么，这种图书馆就达到了内美与外美的统一，而这恰恰需要当代设计师本身也是深具传统文化内涵、紧跟时代步伐、通晓各种设计材料性能、涉猎相关交叉学科的“杂家”。只有这样，才能设计出优秀的图书馆建筑。

综上所述：传统艺术美学中的“意境”思想，不仅在中国书画哲思中有着重大的文化价值，而且对于当代图书馆建筑设计审美仍然有着重要的指导作用，“意境”美的巧妙运用，将有助于文化空间功能的扩充与发展，将有利于人类知识、道德、学术、美德的继承与传播。

参考文献

[1] 李来源，林木编. 中国古代画论发展史实[M]. 上海：上海人民美术出版社，1997.

[2] 王受之. 世界现代设计史[M]. 北京：中国青年出版社，2002.

[3] 赵会平. 天堂就是图书馆的模样[J]，贵图学刊，2008（03）.

[4] （明）计成著，李世葵，刘金鹏编. 园冶[M]. 北京：中华书局，2011.

[5] 祁志祥. 中国美学通史[M]. 北京：人民出版社，2008.

移动社交媒体倦怠对高校图书馆用户服务的启示

刘裴裴　程丽敏　吴建社*

摘　要：本文着眼于移动社交媒体倦怠，力图客观审视这种倦怠对高校图书馆用户服务的影响，从中探索应对措施，以期带来有益的启示。

关键词：移动社交媒体倦怠　高校图书馆　用户服务

一、引言

Web2.0时代的来临深刻影响了高校图书馆的服务理念和方式，服务的时间与空间不断拓展，以用户为中心的服务模式成为业界关注的热点。高校图书馆如何挖掘并满足读者的个性化需求成为普遍关注的问题。移动社交媒体以其出色的受众亲和力成为高校图书馆拓展用户服务的优选。其中，又以微信和微博的应用最为广泛。仅在2015年，开通微信公众号的高校图书馆就高达406个。① 与此同时，移动社交媒体还在高速发展，根据艾瑞数据监测产品mUserTracker数据显示，2017年5月，移动社交应用用户规模近5.9亿。②

移动社交媒体高速发展的背后，有研究者关注到其背后的倦怠现象，

* 刘裴裴（1980—），女，硕士，四川大学图书馆馆员；程丽敏（1980—），女，硕士，四川大学图书馆馆员；吴建社（1960—），男，学士，四川大学图书馆副研究馆员。

① 曾润喜，杨喜喜. 移动互联情境知识传播平台管理效果研究——基于全国406个大学图书馆微信公众号的调查[J]. 图书馆，2016（7）：79-84，105.

② 艾瑞咨询. 2017年中国移动社交用户洞察报告[EB/OL]. http://www.199it.com/archives/609904.html，2017-07-7/2018-10-11.

即越来越多的用户表示正在逐渐减少、甚至放弃社交媒体的使用。① 尽管移动社交应用发展的广阔前景进一步推动了相关研究，高校图书馆移动社交媒体应用研究日益增多。但对高校图书馆移动社交媒体倦怠相关的直接研究很少。仅有部分研究者在进行社交媒体用户持续使用意愿的探索中有间接涉及。

本文基于危机理念的视角，着眼于高校图书馆移动社交媒体应用中的社交媒体倦怠，力图客观审视这种倦怠对高校图书馆用户服务的影响，从中探索应对措施，以期带来有益的启示。

二、移动社交媒体倦怠

（一）移动社交媒体倦怠的概念

2011 年 1 月，Gartner 对 6295 名年龄在 13 至 74 岁间的社交媒体使用者进行了调查。调查结果显示，24%的受访者表示对社交媒体的使用减少并产生厌倦感。② 这项调查从客观上对社交媒体倦怠的存在进行了验证。社交媒体倦怠概念的早期研究集中产生原因层面的阐述。研究者通过描述社交媒体给用户带来的困扰，如信息过载、社交过载、隐私考虑等原因来对其加以定义。随着研究的深入，研究者开始关注用户在社交媒体倦怠中的体验，并用以阐释社交媒体倦怠。在心理层面上，社交媒体倦怠用户呈现出沮丧感与疲倦感；应用行为方面，表达为参与意愿降低甚至停止使用。实际上，社交媒体倦怠产生的原因和随之带来的体验与行为都应是其概念的一部分。

随着智能手机的广泛应用，社交媒体的主要使用场景逐渐由 PC 端转向手机端。第 40 次中国互联网络发展状况统计报告显示，截至 2017 年 6 月，中国手机网民规模达 7.24 亿，较 2016 年底增加 2830 万人。③ 移动社交媒体倦怠成为新的关注点。基于上述对于社交媒体倦怠概念的探讨，移

① 张艳丰，李贺，彭丽徽．移动社交媒体倦怠行为的影响因素模型及实证研究［J］．现代情报，2017（10）：36-41.

② Team YS. Gartner Survey Highlights Consumer Fatigue with Social Media[EB/OL]. https://yourstory.com/2011/08/gartner-survey-highlights-consumer-fatigue-with-social-media/, 2011-08-16/2018-10-09.

③ CNNIC 发布第 40 次《中国互联网络发展状况统计报告》［EB/OL］. http://www.cac.gov.cn/2017-08/04/c_1121427672.htm，2017-08-04/2018-10-12.

动社交媒体倦怠即在移动互联网的环境下，使用智能手机、平板电脑等移动终端进行社交媒体应用中，由于平台、用户及社会等多重原因影响，使用者出现的厌倦感；以及随之导致的社交媒体使用频率降低、应用推送关闭甚至删除应用本身。与 PC 端社交媒体倦怠不同的是，移动社交媒体倦怠与用户的连接更加紧密。因为智能手机几乎已经贯穿用户日常生活中除睡眠外的所有场景。

（二）移动社交媒体倦怠的成因

移动社交媒体倦怠源于平台、用户及社会多重因素的相互作用，是移动互联网时代的必然产物。

1. 平台

移动社交媒体的红利使越来越多的公司投身其中，其运作模式为基于利润获取的商业模式。为获取更多的用户并从中挖掘利润空间，移动社交媒体平台以各种方式吸引用户，并鼓励在他们在注册中留下真实的个人信息。2018 年 3 月，据美国纽约时报和英国观察者报联合曝光，Facebook 上超过 5000 万用户信息数据被一家名为“剑桥分析”（Cambridge Analytica）的公司泄露，用于在 2016 年美国总统大选中针对目标受众推送广告，从而影响大选结果。① 同时，移动社交媒体购物平台的出现及可能出现的移动支付安全问题可能会使用户蒙受经济损失。出于安全隐患的考虑，用户对移动社交媒体的回避态度会直接导致移动社交媒体倦怠的出现。

2. 用户

2017 年度凯度中国媒体影响报告明确指出，在享受便利的同时，社交媒体也给用户带来了许多困扰。最主要的影响体现在减少了深度阅读的时间，对睡眠、视力等健康方面的影响，以及个人隐私安全。虚拟社交所带来的浮躁感、注意力不集中、网络负面价值观对年轻用户的影响更大。感知到消极面的用户中，接近九成会有意识地降低查看社交媒体的次数和总时长，在固定的场合和固定的时间内不接触社交媒体。在具体的方法上，采用关闭社交 App 消息推送提醒、卸载对自己有干扰的社交应用等方法。上述过程正是移动社交媒体倦怠的典型描述。

---

① 5000 万用户信息泄露，Facebook 面临倒闭危机？［EB/OL］. https://www.sohu.com/a/226048946_ 354877，2018-03-21/2018-10-21.

3. 社会

从社会层面上来看，个体从主观上认同自己持有、从客观上现实持有某种社会身份认知，两者之间并不完全统一。出于各方面的原因，个人会倾向于“扮演”某种社会角色。与之相契合的是，虚实相间的移动社交媒体场景同时满足了用户自觉展现期待自我和不自觉呈现真实自我的双重目的。如果这两者发生冲突，个体就会趋向于避免该场景。如 1995 年至 2010 年出生的人被称作 Z 世代，由于受到互联网的影响很大，他们与父辈间存在认知与交流上的代沟。在使用移动社交媒体时，他们的期待自我的呈现与社会普遍认同（父辈期待）存在差距。这导致部分 Z 世代产生了移动社交媒体倦怠。具体表现为屏蔽父母或删除相关应用。

三、移动社交媒体倦怠对高校图书馆用户服务的影响

目前，移动社交媒体已经在资源揭示与利用、服务推介、阅读推广、社会化服务、读者互动等高校图书馆用户服务领域广泛应用。特别是微信、微博的相关应用尤为突出。移动社交媒体倦怠对高校图书馆用户服务的影响还处于隐性阶段，并未出现大范围、普遍性和实质性的影响。主要表现在以下几个方面。

（一）对高校图书馆移动媒体应用用户发展的影响

随着移动社交媒体的广泛应用，各高校图书馆在用户服务工作中也加大了投入并取得了不错的效果，其中，体现用户忠诚度如微博、微信粉丝数量的增加可作为有力的证据。但其用户关注数量的增加并未与社交媒体的高速发展相匹配。根据第 42 次《中国互联网络发展状况统计报告》统计，2018 上半年中国微博用户规模为 3.37 亿人。而据跟踪调查，清华大学图书馆的微博粉丝数量从 2017 年 1 月的 50823 人增加到 2018 年 10 月的 52324 人，涨幅仅为 2.9%。同时，随着用户基数的增加，图书馆微信公众号还出现了“掉粉”的现象。湖南图书馆单月取消关注的读者数量就达 1500 人。[①] 有研究者还发现用户取消关注与微信公众号图文推送有关，几

---

① 张钰梅. 新媒体时代图书馆微信公众平台的服务实践与思考图书馆研究[J]. 图书馆研究，2016（06）：78-81.

乎每次微信推送都导致取消关注人数的异常增加，并且是可重复、可预测的。[①] 以上是从移动社交媒体倦怠角度观察到的用户行为。

从整体上来讲，这种对移动社交媒体特定信息的自主回避行为并非普通性，对高校图书馆相关工作也没有产生明显、关键性的负面影响。但值得注意的是，从心理学角度来看，外在刺激会引起机体内在心理的变化，进而影响其行为模式。作为一种负面情感体验，社交媒体倦怠有可能引起用户的其他消极情感[②]，同时降低用户服务体验中的满意度，最终引发暂停使用或转移行为。校内师生是高校图书馆移动社交媒体主要用户群体，在科研与学习行为中，他们的线上、线下社交都联系较为紧密。即使是个别用户的倦怠反应，对高校图书馆移动社交媒体用户数量的拓展也有潜在的影响。

（二）传播的有效度降低

传播的有效度一方面指传播者对受播者态度变化的影响程度。正向状态下，受播者对传播者产生兴趣、认同等正面态度。其可能的心理过程包括知晓、兴趣、认同、好感，最终指向合作行为。负面状态包括无知、漠视、偏见、反感，可能指向敌对行为。[③] 另一方面，传播的有效度还指受播者对传播者传递信息的接受程度，接受的完整性越高，传播的有效度越好。

移动社交媒体被高校图书馆用户服务所关注，正是由于其广泛的高黏度受众基础。绝大多数高校图书馆用户都是主流移动社交媒体的用户。通过他们熟悉的应用推送，可以更有效地传递信息，从而达到推动资源与服务揭示的目的。用户产生社交媒体倦怠的场景下，可能对推送内容选择性或整体漠视，主观上抗拒信息的有效接收，从而降低信息传播的有效度。移动社交媒体的应用中，为扩大图书馆推介信息，如资源推介、服务公告的传播范围和有效性，口碑式的传播是高校图书馆所期待的，但用户的社交媒体倦怠阻碍了这一点的实现。

---

① 李晓蔚. 高校图书馆微信公众号传播效果实证研究——以四川大学图书馆为例[J]. 图书馆论坛，2016（06）：84-91.

② 代宝，罗蕊，续杨晓雪. 社交媒体倦怠：含义、前因及后果[J]. 现代情报，2019（08）：142-150.

③ 刘惠敏. 公共关系学新论[M]. 北京：中国政法大学出版社，1999：121-123.

（三）降低用户进行知识分享的意图与成效

高校图书馆承担着用户信息素养培育的责任。从技术层面来说，信息素养是人们利用信息的方法与能力。从人文层面来说，信息素养还反映了人们面对信息时的心理状态。后者要求人们在面对各种情境时，都能有效地利用信息，充分表达个人思想和观点，并乐于与他人分享不同的见解与信息，从而达到信息互通的目的。移动社交媒体使维系较多的人与人的联系成为可能，打破了知识传递的时间与空间限制，鼓励用户对知识进行个性化的解读与技术层面的再编码，为知识共享构建支持与促进性平台，从而有利于使用者进行信息与知识的分享。

移动社交媒体利用中，用户基于个人意愿对高校图书馆发布的信息进行转发，是理想的知识与信息共享行为；也可作为用户信息素养培育中的场景式呈现。而社交媒体倦怠则阻碍了分享机制的顺利运行。张勃钧在结合社会资本理论的研究中发现，社交媒体倦怠现象的产生，导致使用者热衷程度降低，减少分享意愿与使用频率，将会影响使用者的知识分享意图与成效。①

四、对高校图书馆用户服务的启示

移动社交媒体倦怠无论从成因还是表现形式来看，都对高校图书馆用户服务呈现存在潜在的负面影响。这是移动社交媒体产业发展过程中出现的正常现象，不能完全避免，需辩证应对。实际上，通过对移动社交媒体倦怠的研究，可为高校图书馆用户服务的发展提供新思路，从而起到促进作用。

（一）保持移动社交媒体行业敏锐度与触觉，向新的应用拓展。

移动社交媒体正在经历一个高速发展的时期，各种应用不断涌现，更替频繁。众多的移动社交媒体应用分割了用户的使用时间，过多的信息涌入及随之而来的线上社交维系也占用了用户的精力。这也是社交媒体倦怠的主要原因。从整体上来看，特定移动社交媒体的发展有其规律。根据实际情况，向新的应用拓展，可以从一定程度上将移动社交媒体倦怠的负面

---

① 张勃钧. 社交媒体倦怠对知识分享成效影响之研究［D］. 高雄：国立高雄第一科技大学，2013：1-3.

影响降低。

在高校图书馆移动社交媒体应用中，微信和微博占据了绝大多数。这也是同上述二者的用户占有度相适应的。在移动社交媒体的高速发展期，除明显具有通讯社交功能的应用外，通过评论、弹幕等形式，具有社交功能的移动应用都应从广义上属于社交媒体的范围。各种交友类（如陌陌）、论坛类（如天涯、豆瓣）、生活类（如大众点评）、带有社交评论功能的电商类（如淘宝、小红书）及视频或直播平台（如优酷、哔哩哔哩）都发展迅速，值得关注。移动社交媒体倦怠中，用户一方面对某些应用产生倦怠，另一方面又可能被新的应用所吸引。同时，特定移动社交媒体应用自身的发展也是不可预测的。新兴移动社交媒体应用与用户多样化的互动与连接也十分值得关注。这都要求高校图书馆保持移动社交媒体行业敏锐度与触觉，挖掘用户新触点，利用新应用拓展服务。英国文化教育协会（中国）就借助网易直播平台，利用直播方式介绍英国当地大学环境及课程，通过弹幕实时互动来了解、解答学生关注的问题，帮助学校吸引更多留学生。直播浏览量达 600 万人次，共有 7969 条弹幕或评论。① 网络直播也可以在高校图书馆真人图书馆、数据库资源讲座等活动中开展，突破时间与空间的限制，扩大用户参与度，有利于阅读推广、资源与服务推介等工作。

（二）注重移动社交媒体应用用户分析

高校图书馆在开展移动社交媒体应用服务时，不应只关注用户数量的增加，更应该定期分析用户行为数据，才能从策略上加以调整，用以对抗移动社交媒体倦怠带来的影响。从整体上区分并分析活跃用户与静止用户，从行为上分析用户反应的时间、事件节点及典型模式。如高校图书馆移动社交媒体用户中，每年都有毕业离校的读者。这部分读者一旦离校，其需求与活跃度都会出现变化。从信息传播者的角度来看，用户的移动社交媒体倦怠无法完全避免，但可以通过分析用户数据，挖掘用户需求，采取更有针对性的措施，选择恰当的应用平台，在适当的时间节点，以适当的信息对接适当的用户。目前，Z 世代已成为高校图书馆学生读者主体，他们的用户特点与需求值得关注，这也是拓展高校图书馆移动社交媒体服

① 凯度中国观察．2017 凯度中国社交媒体影响报告［EB/OL］．https：//www. sohu. com/a/147589678_ 291947，2017-06-06/2018-10-20.

务可能的关键点。

（三）从内容和呈现方式上提升用户体验

移动社交媒体倦怠是用户主观感知所带来的连锁反应。因此，提升用户体验可以从源头上减少移动社交媒体倦怠产生的可能性或降低其发生的程度。推送内容和呈现方式是其中的关键因素。从内容上看，首先要控制内容推送的频率。过于频繁，可能会打扰用户的教学科研、学习所需的专注状态，从而使其产生抵触情绪。频率太低，难以在用户中形成稳定的品牌形象，从而使其产生冷漠的情绪。

其次，要精选推送内容。移动社交媒体环境下，只有内容是用户真正需要的，才能获取他们的关注。一旦出现无用信息的次数累积至某个节点，用户就可能拒绝接受推送信息。从呈现方式上看，要选取用户易于接受的方式，如四川大学图书馆微信公众号就以“有趣，有用，有爱”为原则和基本定位，推送信息选题跟随热点，在“有趣”（读者感兴趣）与“有用”（图书馆资源与服务推介）中加以平衡。同时，还要注重图文编辑的质感，提升用户信息接收过程中的体验，这可以放大信息推送的个体影响力。

参考文献

［1］刘鲁川，李旭，张冰倩. 社交媒体用户的负面情绪与消极使用行为研究评述[J]. 情报杂志，2018（01）：105-113，121.

［2］李宏，李微. 社交媒体倦怠研究述评与展望[J]. 情报科学，2017（09）：172-176.

［3］徐春雨. 感知过载对社交媒体倦怠的影响机制研究[D]. 杭州：浙江工商大学，2018：12-20.

［4］刘鲁川，李旭，张冰倩. 基于扎根理论的社交媒体用户倦怠与消极使用研究[J]. 情报理论与实践，2017（12）：100-106，51.

［5］成吉. 社交媒体倦怠及其成因分析[D]. 南京：南京大学，2018：3-16.

对四川大学馆际互借与文献传递工作的几点思考

陈红莹　李　静　唐筱岚*

摘　要：近年来，高校文献提供服务不断创新发展并伴随着相当程度的服务转型，评估内容更加多元化，评估标准增加至资源建设、文献传递与下载、馆际互借、知识服务、宣传服务与效果等五大方面，这实际上是对高校文献提供服务工作在服务理念、服务能力、服务质量、推广宣传等各个方面的全面提升。在此发展背景下，本文着眼于四川大学馆际互借与文献传递工作实务中的一些具体方面，力图以小见大于细微之处显质量现提升，为我校文献提供服务工作特别是馆际互借与文献传递工作试探性地提出一些问题、思考与建议。

关键词：文献提供服务　工作实践　问题　思考　建议

高校图书馆的文献服务工作包括两个大的方面：一是传统型文献支持服务，包括图书借阅、报刊阅览等；二是拓展型文献提供服务，主要包括馆际互借与文献传递服务和其他知识服务，它们是补充图书馆馆藏资源、满足读者多样化信息需求以及实现资源共享的一种重要的文献服务手段。具体而言，馆际互借是指基于本馆馆藏实体文献而开展的返还型文献服务；文献传递是指以提供复制（复印、扫描、传真等）或传输数字化文献的非返还型的文献服务；其他知识服务包括名师讲堂、特藏文献深度服务等。我校图书馆本着全方位服务的价值理念，馆际互借与文献传递服务在经历了快速建立、蓬勃发展之后，目前进入深化与提升并向多元化服务转

* 陈红莹，女，四川大学图书馆副教授；李静，女，四川大学图书馆馆员；唐筱岚，女，四川大学图书馆副研究馆员。

型的稳健发展阶段。由于笔者直接参与了四川大学图书馆馆际互借与文献传递的部分实际工作，通过对工作中遇到的实际问题解决方案的讨论、探索与思考，逐步在细化服务标准、扩大服务范围、挖掘服务能力、加强文献版权保护等能切实提升文献提供服务质量等方面形成一些粗浅的看法和认识，本文拟就从以下几个方面陈述自己的观点并提出几点建议。

一、关于图书馆馆藏资源建设方面的思考与建议

四川大学图书馆历来十分重视资源建设，在馆际互借与文献传递服务工作开展之前和之初都大规模建立了一系列数字资源数据库并自建了一定数量的特色资源数据库。从四川大学图书馆资源门户进去，可以按数据库的中外文名称、按类型、按学科非常方便地检索所需文献资料，而且通过明远搜索引擎，可以快捷地查找所需的图书、期刊、文章、学位论文、多媒体等各种文献。但由于各种原因，学校所购买的数据库有一小部分只是文献的文摘部分，并未购买全文文献。这对于提交文献提供服务申请的校内外读者而言无疑是一个很大的遗憾，不难理解他们的实际需求当然是全文获取而绝非仅仅是介绍性的文摘和关键词。这样的数据库还有一个弊端，就是容易给人造成“面子资源”的不良印象。因此，我们的资源建设应特别注重实用、好用，对于文摘型的数据库能升级的应尽快完成升级，不能升级的在底层数据呈现时尽量加以标注，而且这样的文摘型数据库可以少买或者不买，把资金用在刀刃上。如此这样，既能确保我们文献提供服务在资源建设新评估体系中的“规定动作”（完成率和完成时间）方面的完美无缺，也可以保证我们在此基础上展示性的“附加动作”和“自选动作”（特色资源建设等）的优势能得以完美体现。①

此外，关于资源建设，一是在今天的网络时代和数字环境下，不必盲目追求资源建设数量上的优势与完备，可以通过加强合作与交流，变人家的资源为自己的资源。第二，资源建设工作重点转向对已有资源的维护、揭示和充分利用上。例如，四川大学图书馆与美国亚利桑那州立大学和匹兹堡大学图书馆已经建立了密切的交流与合作关系，双方互相长期提供国际文献传递服务。亚利桑那州立大学图书馆可以提供亚利桑那州立大学图

---

① 党跃武. 四川大学图书馆馆长党跃武在四川大学图书馆 2018 年 11 月 CASHL 工作专项会议上的讲话[Z]. 2018.

书馆馆藏文献，匹兹堡大学图书馆可以提供匹兹堡大学图书馆、匹兹堡大学法学院和医学院图书馆以及三十余所与匹兹堡大学有合作协议的大学图书馆所收藏之文献，并可通过其馆际互借部提供全美范围内的文献。这些文献无疑大大扩充了我们的资源容量，但是在具体文献传递工作中发现，几乎没有读者提交这类文献传递申请，不是我们的读者不需要，极大的可能是他们不知道。资源建设转向为对现有馆藏资源的维护与揭示，加大力度进行宣传和展示，应该是我们今后资源建设工作的一个重要方面。

二、关于细化与提升馆际互借与文献传递服务内容与服务规范方面的思考与建议

文献提供服务的服务内容通常包括馆际互借原版中外文图书和为校内外读者从国内外的图书情报机构复印、传递期刊论文、会议文献、学位论文、标准、专利、技术报告、微缩胶片等文献资料。众所周知，文献服务的内容范围直接影响文献传递服务工作的满足率和完成时间。而服务内容的界定对于高校图书馆而言是一个两难的抉择，一方面服务内容过于宽泛，例如将特色资源无条件纳入会造成特色资源尤其是珍稀资源的加速损耗而不利于珍贵文献的特别保护；将学位论文无条件纳入涉及知识产权和保密协议进而产生一定的法律上的侵权风险。另一方面，服务范围强制收窄，例如拒绝和不提供这类特藏资源和学位论文服务申请又严重影响其在服务质量考核指标体系中关键性的考核指标即文献传递服务的满足率，从而导致服务水平和服务质量的下降。在具体实践中，川大图书馆一直奉行的是提供“有限”服务来兼顾二者的。面对具体的矛盾和需求，是“有限”服务的裁量者和具体执行者，结合工作实践，对我校文献提供服务内容和服务规范方面提出如下较为细化的建议：

（一）关于特色资源

四川大学图书馆拥有令我们倍感自豪的丰富而珍贵的特色馆藏资源，这是建校 120 多年来我们的先辈们留给我们的巨大知识财富，特藏资源中尤以古籍特藏和大量民国文献最为珍贵，鉴于对这类特藏资源的特别保护，作者以为本馆现行的对这类珍贵资源原则上不提供馆际互借服务是非常必要的，至于对其中部分章节的文献传递服务也应该本着特藏资源应特别保护的原则有限提供或者不予提供。此外，本馆特色资源中还有颇具馆藏优势和馆藏亮点的港台文献资源，在实际工作中遇到大量对本馆港台图

书文献资源的馆际互借和文献传递申请，由于港台文献资源的特殊性，开展馆际互借和文献传递应有必要的规范。

（二）关于学位论文

对于一所大学而言，其毕业生的学位论文水平尤其是硕博学位论文水平一定程度上体现了这所大学的学术水准、学术造诣和学术影响力。在工作中遇到很多读者对我校毕业生的学位论文的文献传递服务申请，本馆基于对学位论文的知识产权保护和研究课题的保密性等诸多因素制定出学位论文一律不提供馆际互借服务的工作原则是非常值得认同的，至于学生毕业三年以内属于保密期的学位论文一律不予提供文献传递服务也觉得应该点赞，但是，对于学生毕业三年以上与学校签有使用许可的学位论文本馆目前试行的传递前面 16 页的管理办法建议予以调整，因为仅仅传递前面 16 页，内容不外乎仅仅限于题名、作者、关键词和文摘，几乎没有太大的传递价值，很多读者都会因此放弃或者取消服务申请，因此，建议我们参考国外大学可以提供全文文献传递或者参考其他高校至少可以放宽到可以传递论文的三分之一，目前的仅仅允许传递前面 16 页的做法多少让人感觉特别“吝啬”，同时会一定程度上导致学位论文文献传递服务工作的完成率特别低。

（三）关于其他资源

这里所指的其他资源主要是指我校各个学院、科研所、学术机构资料室（图书馆）的馆藏资源，由于我校在 CALIS 或 CASHL 联合目录里提供了这些二级图书馆的馆藏资源目录，所以经常会遇到对这类二级图书馆文献资料需求的事务申请。既然我们把这些资源上传 CALIS 或 CASHL 联合目录清单，就应该提供相应的服务。但实际情况是我们跟这些二级图书馆之间还没有建立起有效的联系，馆际互借和文献传递工作还没有真正覆盖到二级图书馆的文献资料，因此建议应该尽快扩大服务内容和服务范围，跟学校各个学院、科研所、学术机构资料室（图书馆）尽快建立起更加有效可行的合作机制，从而切实改进馆际互借与文献传递工作，深化服务质量和服务水平。

三、对馆际互借与文献传递服务对象和用户行为规范方面的两点思考

高校图书馆的文献提供服务的对象，除了服务于本馆读者和用户之外，大多还面向校外读者开展该项服务。在用户行为规范方面，法律意识

比较超前的中国国家图书馆，以及中国人民大学、清华大学等高校图书馆已经从以下诸多方面对用户的使用行为进行了限定，例如明确告知读者文献传递的数量限制为整本图书的1/3复制件，事实上该规定已成为全国各高校图书馆对用户行为进行限制的普遍性规范；再如很多高校图书馆明确表示不得恶意获取文献，如果出现单次申请同一期刊同一期上的文章超过四篇，该用户账号将被冻结；又例如，有的高校图书馆除了对图书和期刊论文的文献传递数量进行说明以外，还声明学位论文需根据各馆版权政策提供服务。诸如此类，凡此种种都是高校图书馆加强用户行为规范的政策性和管理措施的具体体现。从法理上和现行律法上而言，图书馆如果没有对用户的使用行为进行较为明确的规范与说明，会难以避免用户可能出现的恶意获取文献的行为，此外对用户在获取所得文献副本后未经许可随意上传互联网或用作商业用途等其他各种违法行为，图书馆实际上会承担相应的连带法律责任。

世界各国均高度重视知识产权领域的法律保护，目前国际上尤其对电子文献的版权立法愈来愈完善，对其合理使用附带的条件愈来愈严苛，版权保护技术从最初的访问权限控制、内容加密、数字水印技术发展到现在欧盟流行的ECMS（电子版权管理系统）以及美国的Ariel电子文献传递系统等先进的版权管理技术手段。这些都提示了图书馆应该尽早对文献传递服务制定严格的版权管理细则，加强对读者获取、使用传递文献的规范管理和监督，以降低文献提供服务的法律风险。作为文献传递服务馆员，应该具有较强的版权保护法律意识，工作中履行提醒、告知、警示等各项义务，避免读者用户有意或无意的知识产权领域的侵权行为的发生。

应全面修订版权管理细则，进一步明确文献传递服务范围、服务对象、服务传递方式、文献传递数量、文献的保存期限、收费标准等具体内容。具体可以参考清华大学图书馆对文献传递服务范围的规定，为本校读者向其他图书馆申请四川大学图书馆没有收藏的文献，同时应其他图书馆的请求提供我校图书馆收藏的馆藏文献；文献传递量规定提供图书的章节数、期刊论文的篇数；规定哪些文献传递方式是被允许的；对申请文献传递的读者要严格审核，规定未经申请和批准的用户不能享受文献传递服务；对文献传递申请者所获得文献进行有效期的限制，规定不得任意复制、保存或传输这些文献等。版权管理细则的制定不但可以规范文献传递用户的使用行为，而且有助于使图书馆规避共同侵权责任。

参考文献

［1］刘细文，贾萍，徐慧芳. 文献传递服务端著作权合理使用管理策略与框架研究[J]. 知识管理论坛，2013（1）：46-51.

［2］郑文晖. 高校图书馆文献传递服务版权保护及风险防范策略研究[J]. 图书馆工作与研究，2016（7）：36-40.

［3］邱均平，朱少强. 数字图书馆版权保护技术及其规避行为的法律对策[J]. 情报科学，2006（1）：1-7.

［4］甘露，肖珑，关志英. 面向国内文献提供服务的知识产权解决方案及其实践[J]. 大学图书馆学报，2011（1）：5-11.

新时代高校图书馆借阅服务变革与思考

——以四川大学江安图书馆为例

苟雪梅　陈江敏　陈国强*

摘　要： 图书馆发展进入了数字化、网络化的新时代，本文介绍了四川大学江安图书馆适应新形势，在读者借阅服务工作方面变革的情况，分析新举措成效以及存在的问题，提出对高校图书馆借阅服务工作变革的一些思考。

关键词： 高校图书馆　借阅服务　江安图书馆

随着移动互联网技术的飞速发展，高校图书馆逐步向信息化、数字化、网络化转变，无论是从服务理念、服务方式还是读者的需求本身都发生了巨大的变化。读者服务是图书馆基本职能的具体体现，是高校图书馆发展的主题，是图书馆一切工作的根本，其中借阅服务工作更是重要环节，各高校图书馆都顺应新时代，与时俱进地开拓创新。①

四川大学图书馆在学校建设世界一流大学的新环境下，把握新时代高校图书馆的发展方向，坚持“面向师生”“面向学科”“面向发展”，以建设创新型图书馆、学习型图书馆、和谐型图书馆为前提，以打造基于现代信息技术和信息管理服务体系的引领知识服务和创新服务的智慧图书馆为总体目标，全面推进一流高校图书馆的建设。即建设“7×24”服务师生的全开放、全天候图书馆服务体系，建设以数字图书馆为核心的高端化、泛

* 苟雪梅（1965—），女，四川大学图书馆馆员；陈江敏（1963—），女，四川大学后勤保障部主任科员；陈国强（1961—），男，四川大学图书馆主任科员。

① 王丽红. 信息时代图书馆读者服务工作的变革[J]. 科技资讯，2017，(35)：250-251.

在化知识服务共同体，建设实体空间和虚拟空间相互支持的功能性、集约型信息共享空间，建设以协作创新为路径的国际性、协同化图书馆服务中心。①

四川大学图书馆由文理、工学、医学和江安四个分馆组成，为了在新的发展模式下更好地满足读者的借阅需求，在读者借阅服务工作方面进行了一系列变革。本文以江安图书馆为例，对新时代高校图书馆读者借阅服务工作进行初步探讨。

一、网络新时代下读者借阅服务工作的新格局

（一）馆藏资源多元化

在互联网大数据的环境下，图书馆的馆藏资源结构发生了很大的变化，从传统的以纸质文献资源为主导转变为纸质文献、电子文献资源与网络资源数据库并存的多元化形式。图书馆由传统的纸质文献资源收藏向信息化平台的转变，已成为新时代图书馆建设发展的重要趋势。② 目前四川大学图书馆拥有丰富的馆藏纸质文献和电子文献资源，可提供阅览、外借、参考咨询、文献传递等多种信息服务。③

（二）服务手段网络化

随着互联网通信技术和移动终端设备的不断升级，局限于图书馆内的单纯纸质文献资源的传统服务方式已不能满足读者需求。网络环境拓宽了图书馆的信息服务渠道和服务范围。除纸质文献资源借阅方式外，越来越多的读者选择下载阅读电子文献资源；除通过 PC 端查阅文献资源外，手机、平板电脑等移动设备成为阅读更为便捷的主要工具。多样化的信息获取方式使图书馆借阅服务从传统的定位服务向网络化服务模式转型。

（三）服务对象多层次

高校图书馆读者群体由教师、研究生和各年级本科生构成。江安图书馆的主要读者为本科生和部分研究生，每年接待入馆人数超过数百万人

---

① 党跃武. “双一流”建设背景下四川大学图书馆发展思考[J]. 大学图书馆学报，2018，(5)：39-42.

② 王文宇. 信息时代图书馆服务工作的思考[J]. 科技资讯，2018，(1)：255-256.

③ 四川大学图书馆. 图书馆概况[EB/OL]. http://202.115.54.22/node/167.

次。四川大学近年来随着“双一流”大学的建设，留学生、交换生及访问学者人数逐渐增加，加之生长在移动互联网时代的00后新生群体以及社会读者的进入，读者需求更加多样化、个性化。因此改进现有服务模式，更大限度地满足各层次读者的借阅需求，是图书馆服务工作面临的重要课题。

二、新举措及成效

根据当今图书馆读者借阅服务的新变化和新特征，近年来四川大学图书馆积极探索适应网络时代发展的服务模式，转变服务理念，在借阅服务方式和服务内容等方面不断创新，采取一系列新举措，为读者提供个性化、多样化的服务，使服务工作迈上新台阶。

（一）变革服务方式

服务方式上从改进纸质文献资源借阅模式和完善升级数字化服务平台两方面着手，实现线上线下融合的多元化服务方式，打破了时间空间限制，更大限度地满足了不同读者的需求，提高了借阅服务的效率和满意度。

1. 自助服务和人工服务并存的纸质文献资源借还模式

江安图书馆自2013年10月开始试运行自助借书系统，到目前为止已经配置了若干台自助借还书机（包含24小时还书机），2017年以来纸质文献自助借还量占总借还量的90%以上，占据图书借还的主导地位，彻底改变了传统单一的人工借还模式。

2. 数字图书馆、移动图书馆及微信公众号的网络化服务手段

2015年四川大学图书馆陆续新增或更换了Wifi无线网络服务系统，读者可使用笔记本电脑等电子设备访问四川大学数字图书馆，检索并下载所需的各种电子文献资源。[①] 同时，着手加强移动端图书借阅服务，通过四川大学图书馆微信公众号为读者提供图书查询、图书预约、图书续借、移动图书馆的服务，读者可以随时随地快速准确地查询馆藏书目、获取借阅信息、下载电子图书等一体化服务。在教学区域设置阅读文化创新服务平台——“明远驿站”，以泛在方式为读者提供电子图书的移动借阅、阅读

① 唐筱岚，廖思意，吴涛. 网络环境下高校图书馆阅览服务模式的改进与实践[M]. 成都：四川大学出版社，2016：97-100.

资源的可视化集成等服务，拓宽了服务范围，改变了传统图书馆的封闭式服务，服务方式更加开放。

（二）拓展服务内容

针对不同读者群体，设置专题文献区域，全方位满足读者的个性化需求。

1. 建设马克思主义理论研究和建设工程重点教材专区，专区图书借期可达 5 个月；增设各专业教材区，便于师生教学使用。

2. 设立“学习书架”和“学习书屋”展示发布专题书目，向师生推荐习近平著作和主席办公室书架上陈列的部分书籍以及四川大学革命文化主题文献。

3. 开放“明远书库”“民国文库”和“天府文库”汇集、保存和展示四川大学历代学人的学术著作文献、民国文献资源和四川地方志、年鉴及人物传记。

4. 开设专属阅读区域“沐心小屋”针对大学生面临思乡、学业、就业、恋爱、人际交往等方面的各种心理问题，利用阅读疗法理论，整合馆藏资源，推荐陈列相关的人文精品书籍、配套馆藏纸质及电子资源。

（三）延伸服务时间

延长开馆时间，除国家法定节假日闭馆外，图书馆开放时间：文理、工学、医学图书馆 7:00～23:30，江安图书馆 7:30～22:30①，网上数字资源全天 24 小时服务，极大地方便了广大师生读者。

（四）增强服务区功能

重新调整服务空间及人员配置，合并借书处还书处，设立了自助服务区和人工服务区。自助服务区设置有借书机、还书机、电子图书借阅机、自助复印机等电子设备，读者自助服务中无法处理的书籍及问题可以到人工服务区人工操作处理，实现了借还一站式一条龙服务，借还环节更简便快捷，使图书流通速度加快，形成方便且人性化的借还方式，提升了读者借阅的效率。

三、存在问题及思考

新变革新服务为读者提供了高效、准确、便捷的服务。但同时对馆员

---

① 开馆时间[EB/OL]. http://202.115.54.22/open_ time，2020-05-06.

综合素质、馆藏资源管理及硬件设备等方面提出了新的挑战。

（一）馆员能力素质有待提升

随着高校图书馆向新型服务模式转型，各图书馆建立新型服务理念，在文献资源信息管理、服务手段、服务内容及范围方面进行调整和变革。图书馆馆员作为图书馆基本职能的主要履行者，其素质的高低是直接影响图书馆各项功能发挥的关键因素。网络信息新时代下的图书馆，必然对馆员的素质提出更多、更高、更全面的要求。

为了适应借阅服务新模式，我馆在岗位设定和人员配置上进行调整和重组，采取借还咨询一体化服务方式，这就要求图书馆工作人员转变服务观念，不断学习现代化的文献资源管理知识和读者服务技能，熟悉掌握图书馆各项业务，具备指导读者使用各种自助服务设备、辅助读者完成书目查询和网上借阅、解答各种咨询、新生入馆培训等综合业务能力，向读者提供全方位多角度的服务，满足读者多元化的服务需求。加之留学生和交换生群体逐年扩大，语言沟通能力也有待提高。我馆工作人员总结对留学生服务中遇到的各种问题，编写了《图书馆日常英语用语》，并在工作实践中不断完善。

总之，作为馆员要主动适应图书馆的新变化和新要求，始终保持积极进取的工作态度，提高适应图书馆日益发展的应变能力，着眼长远目标，加强新知识、新技术的学习，努力提高自身素质与修养，不断学习新知识和专业新技能，更新知识结构，成为新时期图书馆管理中的复合型人才，跟上图书馆事业快速发展的步伐。

（二）馆藏资源管理水平有待改进

现阶段图书馆馆藏资源主要有纸质文献、电子文献和网络性的信息资源，目前纸质文献资源仍然占有很大的比例。① 我馆导入自助借还系统后，因目前仍然采用条码扫描法，因条码破损模糊导致自助借还书失败的情况屡有发生，对书籍条码的辨识度和耐用性要求更高；当前由于手机、平板电脑等移动设备的普及，更多的读者转而在移动设备终端进行阅读学习，而由于馆藏资源信息化和数字化程度不够，许多馆藏资源缺乏线上的电子书预览和借阅信息，给读者在网络环境下在线方便快捷地进行电子资源的

---

① 薛雨. 网络时代图书馆读者服务模式的优化创新路径分析[J]. 科技创新导报，2017（9）：245-246.

阅读造成困难。加之由于文献资源的数据更新维护不及时影响信息查询的准确性，这也在一定程度上造成了馆藏资源的浪费，直接影响服务质量和水平，给读者资料查阅和学习造成了诸多不便。

图书馆读者服务工作重心就是利用图书馆自身的馆藏资源为读者提供文献查询、满足读者的阅读需求。提高馆藏资源管理的标准化、规范化水平，加速馆藏资源电子化，完善电子资源平台，促进图书馆馆藏资源共享化是重要前提，以便读者高效、精准地获取馆藏资源信息，促进资源利用率，使其发挥最大的价值。

（三）电子设备维护有待增强

数字化服务方式依托于信息化平台和电子资源平台，完善的网络环境和完备的电子服务设施是自助化和信息化服务手段的必要保障。目前我馆存在网络环境不稳定、电子设备故障频率较高等问题，成为影响和制约服务质量的因素，一定程度上降低了读者的满意度。图书馆应该不断改善升级网络环境，更新电子设备并加强维修维护工作，培训工作人员或设置专门人员及时处理突发情况，保证读者借阅环境安稳顺畅。

四、结语

综上所述，高校图书馆进入了快速发展的新时代，面临日益增长的读者新需求，只有积极探索创新，更新服务理念，不断拓展提升服务质量的新路径，才能使图书馆建设稳定持续地发展，在学校的“双一流”建设中发挥更重要的作用。

近二十年我国阅读心理相关论文研究综述*

胡 靖 杨 辉 李国洪 杨 桦**

摘 要： 阅读心理是读者阅读过程中产生的一系列的心理活动，它直接影响了读者的阅读能力和阅读效果，研究读者阅读心理有助于图书馆读者服务工作的展开，更是阅读推广工作进行的重要依据。因此，笔者对我国近二十年（1998 年至 2018 年）有关阅读心理的文献从年代分布、作者机构分布、核心期刊源分布、内容分析等方面，回顾、总结了我国阅读心理的研究概况、研究内容及趋势，以期了解国内阅读心理研究现状，为图书馆读者服务及阅读推广工作提供新视角。

关键词： 阅读心理　读者服务　心理学

阅读心理学在业内普遍被认为是研究广大读者阅读过程中的心理现象及其规律的科学，它是读者工作学科和心理学结合而形成的分支学科，直接影响着读者的阅读能力和阅读效果。对阅读心理研究的萌芽期是从 19 世纪 70 年代科学家们首先对阅读时的眼动进行了深入研究以来，到第一个系统研究阅读心理学和教育学的学者 Huey 于 1908 年发表《阅读的心理学与教育学》的这一时期。此后，阅读心理学研究逐渐成为阅读研究中的一个最主要的领域。业内普遍认为阅读心理学理论基础的奠定者是西方学者休姆伯德·埃米尔、汉尼奎和理查德·西蒙等。

研究不同时期读者阅读心理有助于图书馆读者服务工作的开展，尤其

* 本文系 2016 年四川省公共图书馆研究规划项目“互联网+环境下图书馆弱势群体的阅读心理研究”（项目编号：WHTTSXM［2016］11）的研究成果之一。

** 胡靖（1986—），女，硕士，四川大学图书馆馆员；杨辉（1977—），女，硕士，四川大学图书馆馆员；李国洪（1973—），男，硕士，四川大学图书馆馆员；杨桦（1967—），女，学士，四川大学图书馆馆员。

是阅读推广工作进行的重要依据。因此，本文对我国近二十年有关阅读心理的文献从年代分布、作者机构分布、核心期刊源分布、内容分析等方面，对阅读心理研究进行全面回顾与总结，力求反映阅读心理的研究现状，以更好地把握其发展脉络，为今后相关内容的研究提供参考的依据，同时也为图书馆读者服务及阅读推广工作提供新视角。

一、研究概况分析

（一）论文数量的年代分布

为了能够全面反映不同时期阅读心理相关研究状况，笔者选取近二十年阅读心理相关论文进行研究。以《中国学术期刊（网络版）》（中国知网）为检索样本，“篇名”为检索项，“‘阅读’并且‘心理’”或者“‘读书’并且‘心理’”为检索词，时间范围为“1998—2018”，来源分别以“全部期刊”和“核心期刊”作为检索范围进行“模糊”检索，共查找到998篇论文文献，其中核心期刊论文为162篇。经过进一步筛选，与“阅读心理”主题相关的文献有198篇。相关论文数量年代分布图如下所示：

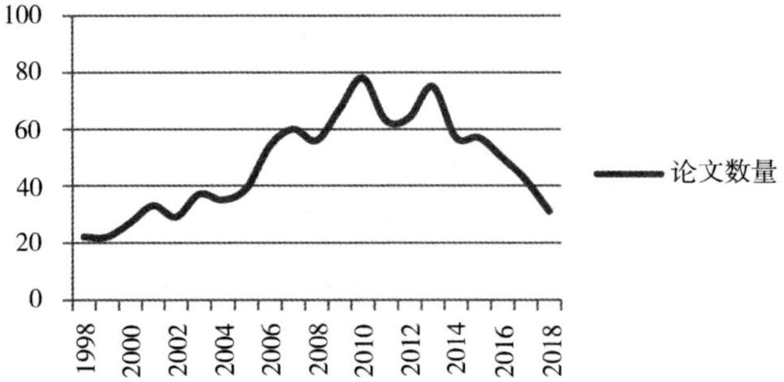

图1　近20年论文数量年代分布

从图1中可以看出，近二十年来有关阅读心理研究的论文数量有所波动，从1998年开始逐年上升，在2010和2013年有关阅读研究的文章数量分别达到了高峰。从论文内容上来看，2010文献达到高峰与2008年汶川地震之后的利用阅读研究心理重建有关；2013年的研究高峰，与阅读疗法和阅读心理研究的蓬勃发展相关。然而，从2013年往后的一段时期里，研究文献数量锐减。由此可见，近些年，阅读心理的研究并未引起业内足够重视。

（二）核心论文的作者单位分布

目前，共有40个单位对阅读心理进行研究，由于单位数量较多，鉴于核心期刊的代表性，本文在后续的综述与分析中，将以核心期刊作为分析样本。笔者选取在核心期刊发表论文数量前十名的单位进行分析。研究单位主要集中在大学院校，研究内容主要有阅读心理理论研究、阅读微观心理学分析、阅读心理与行为的研究。其中，河北联合大学附属医院、河北联合大学和泰山医学院的研究主要集中在阅读疗法中的阅读心理领域。由调研可见，阅读疗法是阅读心理学在实践中应用较多的领域。核心论文的作者单位分布如表1所示：

表1　核心论文的作者单位分布

单　位	核心论文数量	单　位	核心论文数量
北京大学	5	华南师范大学	3
南京师范大学	3	泰山医学院	3
河北联合大学附属医院	3	天津师范大学	2
河北联合大学	3	福建师范大学	2
重庆师范大学	3	重庆城市管理职业学院	2

（三）论文的核心期刊源分布

研究文献共分布在40余家期刊上，笔者选取在核心期刊发表论文前十名的期刊源进行分析。从期刊名来看，文献主要分布在语文、图书馆学、情报学、编辑学、出版学、新闻学这些学科的杂志上。从数量上看，独占鳌头的是《语文建设》，其次是图书馆学类的期刊。调研结果体现了语文学科非常重视阅读心理的研究，而且反映了图书馆学类的期刊是阅读心理研究的主力军。

表1　论文的核心期刊源分布

单　位	核心论文数量	单　位	核心论文数量
语文建设	14	出版广角	4
图书馆	7	图书情报工作	4
图书馆工作与研究	7	图书馆建设	3
编辑之友	4	图书与情报	3
图书馆论坛	4	新闻爱好者	3

二、研究内容分析

对于阅读心理研究，国内学者主要围绕阅读心理学的理论研究、阅读心理的调查研究、不同情境下的阅读心理研究、不同群体的阅读心理研究、阅读心理的应用研究、阅读疗法与阅读心理这几个方面展开，并取得了大量研究成果。

（一）阅读心理学的理论研究

研究范围包括：阅读的心理机制、阅读对情绪的调节、阅读心理理论流派、阅读心理表现、阅读障碍的原因及本质、阅读的社会心理、阅读心理过程及其行为构成、阅读理解中的心理语言活动、现代阅读心理研究的理论与模式、阅读中的认知心理解读以及将其他学科理论引入阅读心理的研究，例如人本理论、咨询心理学等。

赵崇岩等学者认为阅读心理学是读者工作学科与心理学相结合而形成的分支学科，研究内容包括读者的阅读动机、阅读兴趣、阅读能力、阅读行为与方法等，图书馆读者的阅读心理包括求知心理、求学心理和求实心理。

陈广金对阅读的含义进行了解释，他认为阅读心理过程要经历识码、解码、述码与评码四个阶段，并分析了它们在阅读中各自的特点与作用。①

曹亚萍从社会心理效应的角度对阅读行为进行分析、研究，如前摄后抑效应、马太效应、晕轮效应、首因效应、时隔效应、多尔诺效应、茹尔丹效应、社会助力效应，以探讨读者在阅读过程中对社会心理效应施行有效控制的原则方式和方法，同时，也是建构阅读心理学的一项重要的探索。②

根据文献调研结果，笔者认为目前业内对于阅读心理学的理论研究仍处于探索和讨论阶段，尚未有对阅读心理学理论的框架、内容等方面进行深入、系统且有影响力的研究。

（二）阅读心理的调查研究

甘玉梅、周勤、郭琪等人针对读者阅读心理进行调查，其中包括阅读心理、阅读兴趣、阅读目的、阅读习惯等方面内容。

---

① 陈广金，张丽. 阅读及阅读心理剖析[J]. 图书馆理论与实践，2014（4）：29.

② 曹亚萍. 心理效应在阅读过程中的有效控制[J]. 图书馆学刊，1992（1）：17.

其中，周勤对医学院学生做调查，发现有以下几种阅读心理：求知、猎奇、兴趣、被动、隐秘阅读心理等。

郭琪通过调查发现，大学生在阅读方面存在的问题是具有惰性和从众心理，缺乏探索的积极性，自主阅读能力不强。通过调查，她得出的结论是："大一的阅读心理是新鲜又胆怯；大二、大三对阅读的态度相对理智，阅读从消遣从众到具有独立意识；大四阅读偏向专业类阅读材料。"①

黄玉兰对宜春学院学生进行阅读调研，发现学生阅读倾向受自身求知、校园导向、社会影响以及作品本身的影响最大，图书馆影响最小，这值得业内关注。②

近年来，随着阅读环境的改变，业内热衷于对不同年级、不同专业的学生从阅读动机、图书类别、阅读倾向、获取方式等方面进行调研，并发现了一定的规律，这是图书馆开展阅读推广相关工作的重要依据，笔者认为相关工作者应充分地利用，并理性地看待阅读心理的调查结果。

（三）不同情境下的阅读心理研究

相关研究从不同情境下研究特定环境下读者的阅读心理，如大开间阅览环境、信息时代、网络环境、多媒体环境下、大学生就业压力下、读图时代、畅销书背后的阅读心理等。

梁宏霞认为不同的阅读环境对读者阅读心理与行为产生不同的影响③。华风霞认为："数字阅读环境下需要强化读者阅读的批判性思维，这需要图书馆积极改善阅读环境和运用阅读疗法等手段推动读者的主动性阅读。"④

樊健指出："在就业压力环境下，大学生出现了'快餐式'阅读方式，'功利性'阅读倾向、和'蜻蜓点水式'阅读效果"，并提出"大学生应该抓住'学校—图书馆—个人'三位一体的循环模式，利用好图书资源，培养核心竞争力，这才是缓解就业压力的根本。"⑤

---

① 郭琪. 当代大学生阅读能力的调查分析[J]. 图书馆工作与研究，2009（5）：93.

② 黄玉兰. 高校图书馆学生阅读心理及倾向探析[J]. 图书馆杂志，2003（12）：45.

③ 梁宏霞. 物理环境因素对读者阅读心理与行为的影响[J]. 新闻与写作，2016（10）：40.

④ 华风霞. 数字阅读语境下的读者阅读心理探析[J]. 出版科学，2016（2）：69.

⑤ 樊健. 大学生就业压力下阅读心理的变化及调适[J]. 江西师范大学学报，2015（6）：138.

笔者认为，随着移动互联网的发展，人们阅读的方式和途径越来越多元化，找准读者的需求也变得愈加复杂。图书馆界应做阅读的引领者，积极改善阅读环境、途径和方式，在满足读者阅读需求的同时，通过多种方式引导读者阅读有价值的资源。

（四）不同群体的阅读心理研究

研究文献针对幼儿、青少年、中学生、大学生等群体的阅读心理进行了专门的研究和论述。

惠雪莉分析了阅读活动中幼儿的感情、认知、阅读兴趣及语言发展特点，并提出："教师应遵循其阅读心理和情感发展特点开展阅读活动。"① 刘敏从马斯洛需要层次理论和弗洛伊德人格结构理论的视角，对青少年网络阅读心理特性进行分析后发现："青少年网络阅读具有求知欲望心理特性、猎奇心理特性、娱乐心理特性、崇尚个性心理特性和网络成瘾心理特性等几种。须从社会、家长和学校三方面出发，加强青少年网络阅读管理，建立超越人格特质。"② 王涛全方位地研究各类读者群体的心理特征，如幼儿、少年、青年、中年以及老年读者的心理需求，研究图书商品与读者阅读心理行为特征的关系。

研究表明，不同群体的阅读心理各具特色，我们要根据读者对象有针对性地构建文献资源体系，并采取与之相适应的阅读推广方式。

（五）阅读心理的应用研究

阅读心理应用研究的相关文献研究的是将对阅读心理的研究成果应用在某些领域的内容。

袁恩培认为："有效利用色彩物理性能和心理效应，营造良好的色彩环境，有助于引起读者的阅读兴趣，调动读者阅读情绪，提高阅读效率。针对读者在阅读认知过程中的心理需求，探讨图书馆室内环境色彩的优化设计。"③

陈墉受古德曼（Goodman）总结的心理语言学的阅读观启发，认为阅读是选择的过程，它使用现有的最少量语言线索，这些语言是在读者预测

---

① 惠雪莉. 幼儿阅读心理与绘本阅读指导[J]. 陕西学前师范学院学报，2017(1)：79.

② 刘敏. 青少年网络阅读的心理负效应及应对策略[J]. 编辑之友，2013（6）：94.

③ 袁思培. 基于阅读心理的图书馆室内环境色彩研究[J]. 图书馆，2013（6）：16.

的基础上，从感性输入中遴选出来的。他应用语言学原理和心理语言学应用研究的成果，研究在教学中使用什么样的方法、技巧和程序来有效地掌握外语。①

胡衬春认为："幼儿的情感情绪具有易感染性的特点，其思维表现为具象性、想象以无意想象和再造想象为主，且总是带着游戏的心理进入阅读。"他分析了国产幼儿绘本存在的弊端，并提出了改进的建议。②

目前，业内研究内容和目的主要集中在提升学生阅读能力，提升语文和阅读教育的教学效果，深化读者阅读推广工作，增强地方报纸的传播效果，培养学生正确的英语阅读策略，助力儿童阅读推广等方面。由于目前国内缺乏深入、系统的阅读心理研究体系和内容，阅读心理的应用研究多停留在理论探讨方面。

（六）阅读疗法与阅读心理

阅读疗法领域对阅读心理的研究主要集中在阅读的过程中对于不同的读者心理产生的影响和变化。

从理论研究来讲，阅读疗法以王波的《阅读疗法》一书为代表，通过对英、美阅读疗法的理论进行系统分析，对阅读疗法的原理进行了本土化再造，其中包含阅读疗法的阅读心理原理等内容。其中独树一帜的当属泰山医学院的宫梅玲教授的阅读疗法研究与实践，在高校图书馆深入开展大学生心理问题阅读疗法研究工作取得丰硕成果。她擅长应用阅读疗法对有心理问题的读者进行阅读心理分析并治疗。

在阅读疗法中有关阅读心理理论领域里，学者们较多的是"从弗洛伊德学派认同、净化、领悟角度加以阐述阅读治疗机制，认为读者在阅读过程中可有意或无意地获得情感上的支持、认同，汲取精神力量，使情感净化，心态恢复平衡，能够理智和从容面对压力"③。

笔者认为由于阅读疗法本身就是通过研究阅读来作用于心理的分支学科，因此，在阅读疗法领域中有不少研究者从阅读疗法的视角对阅读心理进行研究和探索。业内除了对国外阅读疗法涉及的心理机制进行论述和研

---

① 陈墉. 心理语言学原理在阅读课教学中的应用[J]. 中国出版，2017（8）：78.

② 胡衬春. 从儿童阅读心理特点看国产幼儿绘本创作[J]. 中国出版，2013（3）：49.

③ 蔡丽萍. 近十年来国内阅读研究综述[J]. 图书馆，2010（4）：74.

究之外，还将我国中医理论引入阅读疗法，对其涉及的阅读心理机制进行本土化的研究。

三、结语

近二十年来，我国阅读心理研究取得了一系列成就，关于阅读心理学原理方面的研究，大胆引入社会心理学及其他学科理论，探索研究阅读心理学本土化的理论体系。阅读疗法中对阅读心理的研究是热点，近几年在实践中取得了突破性的进展。而对于不同群体、不同情境下的阅读心理研究也受到了业内广泛关注。

同时，值得我们关注的是，目前业内对阅读心理的研究存在着研究不够深入和系统、主题分布不均、研究方法单一等问题。尤其是阅读心理在近些年未受到业内足够的重视，研究文献呈现了逐年减少的趋势。

然而，移动互联网的发展，社会环境的与日俱变，我们的阅读环境和心境也不断随之改变。因此，在全国文化单位如火如荼地开展全民阅读的今天，我们更应该把握阅读心理研究的实际，避免出现重复研究的现象，努力开阔视野，挖掘研究深度，对阅读心理领域进行更系统、深入的研究。

参考文献

[1] 赵崇岩. 读者阅读心理的研究[J]. 图书馆建设，2000（4）：92.

[2] 周勤. 大学生阅读心理调查分析[J]. 中国学校卫生，1997（6）：207.

[3] 王波. 阅读治疗[M]. 北京：海洋出版社，2014：22-28.

[4] 郭青阳. 基于中医“七情”理论的阅读疗法探析[J]. 课外阅读，2013（3）：95.

服务于“双一流”目标的高校文库建设思路初探

——以四川大学文库“明远文库”为例

康莉蓉*

摘　要：高校文库建设方兴未艾。在加快高校“双一流”建设的背景下，如何将图书馆倾力打造的“文库”与“双一流”建设的宏大目标更好地结合起来，是当前图书馆文库建设必须思考的问题。本文以四川大学文库“明远文库”为考察对象，通过梳理它的发展历程，提出文库建设的新思路。

关键词：双一流　四川大学　文库　建设思路

图书馆当然是以全民族全人类的图书收藏为目标，但是，这样的“全系统”收藏却不会也不可能让所有的图书馆同质化，因为，一定的系统性和全面性并不能代替它们在事实上的专业化与特色化追求。高校图书馆的图书收藏可能更是如此，因为，每个高校的办学理念、学术方向与校园文化特色都不一样，高校图书馆本身也是这些追求与特色的体现和有机组成部分。正是在这个意义上，1987 年国家教委制定、颁发了《普通高等学校图书馆规程》，其第二章“业务工作”就对高校图书馆工作作出了明确的规定：“要保持重要文献资料的完整性和连续性，注意收藏本校的出版物和本校著者的学术文献”①；同年，中国人民大学图书馆建成“中国人民大学文库”，这是全国首个高校文库，它的建成标志着中国高校图书馆创造

---

*　康莉蓉（1968—），女，学士，四川大学图书馆副研究馆员。

①　国家教委. 普通高等学校图书馆规程[J]. 大学图书馆通讯，1987（5）：19.

性地挖掘、利用本校著者的文献资源，走特色化、品牌化的发展之路的帷幕已经拉开；2003 年、2007 年，全国高校文库研讨会先后召开，更在理论与实践两个层面上加快了高校文库建设的步伐。从此，高校文库如雨后春笋，在高校图书馆纷纷破土而出。有研究表明，“在教育部网站公布的 116 所 211 工程高校中建有文库的就有 73 家，占 211 工程高校图书馆的 62.9%”①。

高校图书馆以“文库”挖掘自身特色，如今已经走过了 30 多年，进入 2017 年，各大高校又遭逢了国家“双一流”建设的历史机遇，更高目标的学科与教育发展，对图书馆的功能也提出了更新的要求。如何将图书馆倾力打造的“文库”与“双一流”建设的宏大目标更好地结合起来，是当前图书馆文库建设必须思考的问题。下面我以四川大学图书馆着力打造的“明远文库”为例，剖析一下文库建设与双一流建设的相互关系，特别是其中的利弊得失。

一、明远文库的发展历程②

“双一流”建设是中国高校当前正在进行的一项重要工程，与此前的各项工程相比，它更加强调中国各高校学科发展的优势与特色。正如教育部、财政部、国家发展改革委联合制定的《关于高等学校加快“双一流”建设的指导意见》所指出的那样，“学科建设的重点在于尊重规律、构建体系、强化优势、突出特色”③。高校图书馆作为学校学术与文化建设的有机组成部分，《指导意见》这一统摄性要求实际上也擘画出了高校文库的建设方向，或者说确定了文库建设之于学科发展的具体着力点。

所谓高校文库建设，虽然在目前方兴未艾，但这并不应该是一种“风潮”，更不应该是一拥而上的“时髦”，严格说来，它是一个学术单位对自身久远学统的梳理和展示。文库的出现，其根本目的还在于服务高校的学术发展：学者如果从中领悟到或进一步理解到自身的学脉，就可能因此产

---

① 何建新. 大学文库的调查与分析[J]. 图书馆学研究，2013（4）：45.

② 有关川大文库更名的意义及改造后的优势，可参阅笔者的新闻报道《新“明远文库”亮相江安图书馆》，四川大学图书馆网站（http：// lib. scu. edu. cn/node/14203）。

③ 教育部、财政部、国家发展改革委. 关于高等学校加快“双一流”建设的指导意见[EB/OL]. 中华人民共和国教育部网站（http：// www. moe. gov. cn/srcsite/A22/moe_ 843/201808/t20180823_ 345987. html）.

生更加深刻的学术认同，从而更好地形塑自己的学术特色，相应地，置身高校的受教育者也能在这样的学术共同体中受到更大的鼓舞和感染，从而坚定自己求学问道的决心和毅力。走进文库的年轻学子将浸润在历史的辉煌之中，走出文库的他们则可能已经获得了发展的动力。高校文库所具有的这种“历史性、资料性和激励性”特性[①]，使它成为高校图书馆创新工作的重要体现，也是我们彰显图书馆特色，提升图书馆形象、声誉和影响力的切实的途径。有鉴于此，2008 年四川大学图书馆建立了“四川大学文库”。文库地处江安图书馆二楼，占地约 200 平方米，由库区、展区、阅览区三部分组成。

四川大学，这所享誉海内外的百年学府，是教育部直属全国重点大学，也是国家布局在中国西部的重点建设的高水平研究型综合大学。百余年来，一代代川大人，怀揣梦想，乘风破浪，著书立说，建功立业，留下了宝贵的精神财富，积淀了深厚的文化底蕴，形成了独具魅力的川大特色、川大风格和川大气派，这为川大文库的建立储备了丰厚的家底，打下了坚实的根基，提供了良好的条件。换句话说，这样的历史和学术的积淀带来了“文库”的“合法性”与“丰富性”，而构成“文库”的基石在某种意义上也是高校建设的基石，就这样，图书馆事业的发展与学校的整体发展紧密地结合在了一起。所以，文库依托学校资源，梳理川大文脉，与学校教学科研和人才培养目标具有天然的一致性，文库的发展本身也可以服务于学校发展的总体方向。按照这一思路，在建立文库之初，图书馆就将其宗旨拟定为“汇集、保存和展示四川大学历代学人的丰硕成果，全面反映四川大学学术历程和现状，弘扬四川大学的优良传统和学风”[②]，将其功能定位为“以收藏、展示为主，利用为辅”。

为助力学校双一流建设，与新时代同步共舞，2017 年年底，四川大学图书馆决定，在体现川大元素、突出藏品特色上下功夫，在强化教育功能、扩大宣传影响上花力气，将“四川大学文库”打造成精品文库，并更名为“明远文库”。“明远文库”《前言》道出了文库命名的由来：“在 2014 年文艺工作座谈会上，习近平总书记用‘有容乃大、无欲则刚，淡泊

---

① 邹新明. 首届全国高校文库工作研讨会综述[J]. 大学图书馆学报，2004(2)：88.

② 明远文库[EB/OL]. 四川大学图书馆网站（http://lib.scu.edu.cn/node/336).

明志、宁静致远’勉励大家，文库因此而命名。”

“淡泊明志，宁静致远”，将“四川大学文库”更名为“明远文库”，这不仅仅是文字的调整，而且是一种立意、一种境界、一种格调、一种追求的体现，当然，更是一种决心和设计，从此，川大文库建设驶入了发展的快车道。

2018 年 9 月，改造更名的文库正式向全校师生开放。较之于“四川大学文库”，“明远文库”有如下优势：

（一）位置更方便，面积更大

文库从江安图书馆二楼搬迁至一楼，紧邻图书馆大门，更方便参观者进出，醒目的门牌也更便于读者辨识。文库面积增加 100 平方米，空间更大，舒适度更高。

（二）装修设计独具匠心，空间布局美观大气

文库以红、白、灰三色为基调，辅以古朴的土黄色，在柔和明亮的灯光辉映下，显得典雅而灵动，开阔又舒适。在这里，厚重的历史感与鲜活的时代气息水乳交融，相得益彰。

（三）川大元素凸显，教育功能显著

增设“川大院士与杰出教授”肖像墙，悬挂川大 64 位院士和 6 位杰出教授的肖像。这些院士和杰出教授是川大学人最杰出的代表，引领着川大学术发展的方向。一整面墙的肖像，错落有致，气势恢宏，给人以巨大的震撼。而“四川省城高等学堂大门”“国立四川大学校门”“峨眉山时期国立四川大学校门”“华西协合大学校门”“国立四川大学工学院大门”等老照片，也极具吸引力，让人驻足流连，油然而生仰慕之心和爱校之情。

（四）服务更多样，影响更广泛

举办主题文献展，从不同角度、不同层面，全方位、立体地展示文库藏品，不仅可以充分发挥文库的展示功能、育人功能，还会大大提升文库的影响力和知名度。同时围绕主题布置藏品，让藏品处于一种不断变化的重新组织、重新呈现的过程，也会让静态的文库变得灵动而富有生机和活力。例如，在全国庆祝改革开放 40 周年之际，“明远文库”举办了“77、78 级川大学人文献展”，以展示骄人成绩献礼改革开放的辉煌历程，以将改革开放进行到底的坚定决心致敬日夜兼程的光荣年代。这次展览吸引了

众多学生和校友的目光，《成都日报》、“中国新闻网”等报道了展出的盛况。

二、明远文库存在的问题

当然，“双一流”建设是一件创造性的工程，需要大量的调研和实实在在的努力，如何发现自己的学术优势，发掘自己的学术潜能，如何让更多的治学者、求学者理解和认同这样的学术优势，进而自觉地投身其中，并非易事，这样的困难同样也体现在高校文库的建设之中。如今，大大小小的文库已经屹立在许多高校，但是若要最大限度地发挥作用，成为学科建设的有机组成部分，却还有很长的路要走。

川大文库也是如此。迄今为止，川大文库已经走过了十年的风雨历程，经过文库建设者的辛勤耕耘，默默奉献，目前，文库收藏的文献已经将近一万册，涵盖哲学、文学、历史学、教育学、理学、工学、农学和医学等大类，在记载川大历史、传承川大文化、弘扬川大精神、培育川大学子等方面发挥了积极的作用，做出了突出的贡献。然而，毋庸讳言，文库依然存在一些问题：

（一）藏品数量不够丰富，质量也有待提高

藏品是文库的生命，其规模与质量决定着文库的特色与水平。相较于一些著名的高校文库，如中国人民大学文库十万余册藏书，川大文库的收藏数量和质量都需要进一步提高。其他诸如手稿、信函、照片等珍贵藏品，以及有作者签名或印章的书籍也屈指可数，这都与川大悠久的历史、赫赫的声誉、杰出的贡献不太相称，与“全面反映四川大学学术历程和现状”的建设目标也距离较远。

（二）主题相对分散，历史发展脉络不够清晰

传承川大文脉，弘扬优良传统，彰前贤而励后学，是建立川大文库的初衷与目标。一般说来，历史文献的展示可以有纵横两种方式，横向展示即是以某类藏品为单元，可以随时增减，灵活方便，伸缩自由，但是在整体面貌梳理不够的情况下，却也可能给人一种简单堆砌和无序叠加的印象，内在脉络不够清晰。例如，目前文库为了突出杰出学人的重大贡献，凸显皇皇巨著的文献价值和学术影响，设立专柜对共和国元帅朱德，老一辈革命家吴玉章、张澜，红岩英烈江竹筠，文学巨匠郭沫若、巴金，川大院士、杰出教授等的作品和相关文献，以及《儒藏》《全宋文》《推十书》

《川大史学》《宋人年谱丛刊》《成都旧志》等大型丛书进行了展示和撰文介绍。这种横向的点状式的陈列方式，符合了社会上一般民众对四川大学“名人”与“成就”的基本观感，也反映出了最近一段时间川大在几个基本领域的学科成果，这是给人印象深刻的一面，但是，如何让文库产生一种历史的纵深感？我们需努力探索，深入思考，按照我们梳理的思想文化发展逻辑加强“川大文化传统”的呈现。如果真能做到这一点，那么纵向和横向就有机地结合了起来，它留给人们的就不再仅仅是一粒粒闪光的珍珠，更有贯穿在这些珍珠里的川大学术精神的孕育、发展、延续和传承的轨迹。可以肯定地说，这样的展示本身就是对四川大学学科发展的特殊贡献。

三、明远文库的建设思路

放在双一流学科建设的大背景上来看，川大文库所存在的问题其实也是学科凝练、学科优势再组合中的普遍现象，如何让我们的传统优势成为天然的吸引力，吸引更多的学人主动接近、主动探究，其实就是如何能够更准确地讲述“学科故事”的必然要求，对于一个学校的发展而言，存在这个困难，对于高校文库的学术历史展示和学术资源利用，也存在这个困难。按照我的理解，能够做好学术历史展示和学术资源利用，本身就体现了对学科学术发展的深刻认识。办好川大文库，需要提升到学科建设的高度来加以探索。

（一）进一步加大宣传力度，拓宽宣传渠道，努力建立文献征集的有效机制

一个充满活力的文库绝不应该是僵死的，只是图书馆里的一些故纸堆，或者只是各种陈列方式的花样翻新。它应该长期处于我们思考和探索的过程中，必须通过不间断的文献征集和补充来完善我们对于学科历史、文化传统的追踪，这样，常年性的有计划的文献补充就显得十分重要。

补充文献除了通过采购、从各分馆调拨、针对著名学者校友重点征集等常规方式外，还可以充分利用川大图书馆“读书节”“迎新季”“毕业季”“服务周”等平台，在学校人流量大的地方举行文献征集宣传活动，通过制作展板，散发传单，互动游戏，把捐赠文献的种子播撒在学生心里，不久的将来，当年轻的学子成长为各行各业的骨干力量、领军人物时，这颗文献捐赠的种子就会生根发芽，开花结果，川大学人的著述就会

源源不断地汇入文库；依托学校信息服务中心，借助电子邮件、微信、QQ等现代化通讯手段，向全校师生及校友发送捐赠文献倡议书，激发师生爱校助校的热情和责任感，为文库建设贡献力量；开展丰富多彩的主题文献展活动，以“展”扩大影响，以“展”促进收藏；尽快建立完善的呈缴本制度，从制度上确保文献征集工作的有效性、可持续性和日常化、规模化。

（二）凝练主题，梳理文脉，提高文库的吸引力

要下功夫、花力气研究川大历史，挖掘在漫长的发展历程中，川大精神是如何孕育，如何发展，又是如何延续传承的，在此基础上凝练主题，梳理文脉，彰显内涵，让进入文库的人不仅透过一件件展品而为先贤志士、名师大家的累累硕果、杰出贡献所感动，还明晰川大发展的历史脉络，川大优秀的文化传承和学术精神的薪火赓续，从而提升文库的品质，提高文库的吸引力、知名度。在这方面，上海交通大学文库建设的经验给人颇多启示，他们经过考察研究将文库展区打造成四大板块：“兴学强邦展区、名师硕儒展区、钟灵毓秀展区、学术翘楚展区”①，主题鲜明，脉络清晰，历史感强烈，文化气息浓郁。

当然，学统的梳理和文化传统的挖掘一样，本身并不是一件容易的事情，严格说来，它就是一个极具学术含量的攻关课题，我们绝不可能在图书馆的日常工作流程中轻松完成它。应该开放性地展开这方面的工作：第一当然是充分发挥图书馆工作人员的作用，图书馆可主动设立科研项目，提供研究条件，吸引和鼓励相关人员来承担、完成；第二就是由图书馆牵头，与相关的学科、学院、研究单位密切合作，希望其他从事学科史的学者能够在这方面有所思考，所有学科史的思考汇集起来，就成为我们一个学校的学科文化的历史记载；第三，还可以与学校其他部门（如档案馆等）联手，充分吸纳他们的重要资料和文献，保证我们研究的可靠性。

（三）拓展文库的功能定位，挖掘藏品的研究价值，提高文库的使用率

明远文库是川大英才的集结之地，是川大科研成果的荟萃之地，它既是一座取之不尽用之不竭的学术宝库，又是一个陶冶性灵、涵养文化的神

---

① 兰小媛等. 大学图书馆文库建设的探索与实践[J]. 图书情报工作，2016(9)：72.

圣殿堂，在学校加快“一流大学和一流学科建设”，实现内涵式发展中有着不可忽视的作用。我们应勇于创新，将文库的功能定位由“以收藏、展示为主，利用为辅”拓展为“收藏、展示、利用”三者并举，让收藏与利用相辅相成，相得益彰。

关于强化图书馆的使用功能，这在最近几年已经成为大家的共识，问题在于，它不应该只是一个“道理”，我们必须努力思考，如何才能将它落到实处。

第一，充分利用文库资源开展有关读书研修的系列专题活动，在活动中变“藏”为“用”。例如，可以充分利用“明远”二字的隽永含义，展开以“明远故事会”“明远读书沙龙”等命名的系列专题活动。活动可有计划地邀请专家学者，或者著名的川大学人的学生、后人，甚至著名学人本人来文库给学生讲述文献背后的故事，与学生面对面地交流读书心得体会，在一种自由、轻松、愉快的氛围中，引导学生了解文库里的名师大家，了解他们的人生经历、理想情操、治学精神、学术思想，用榜样的力量、大家的风范、优秀的文化，焕发斗志，启迪智慧，提升素养。这是创造性地使用文库的尝试，它改变了文库静态的被动的服务模式，通过文库工作人员的主动介入，精心组织，让一本本静默地高居在书柜里的图书，动起来，活起来，亲切起来，变得有生命，有温度，有质感。

第二，加快文库网络建设，尽快完成文库资源数字化工程。信息时代的到来，改变了我们的生活，也改变了我们获取知识、沟通交流的方式，甚至改变了我们的思维方式和认知结构。为适应时代的发展，更便捷、高效、专业地服务于读者，最大限度地满足读者的需要，必须借助高科技手段，将文库资源数字化，让线下与线上，实体文库与虚拟文库，同频共振，互为补益。

目前师生员工还多是把文库当作一个参观的展厅和自习室，很少将自己的科研工作与这里结合起来，其实这是对文库资源的极大浪费。我们用十年功夫精心策划、遴选、积累、保藏起来的文献当然不是仅仅为了放置在书柜里供人远观，其中包含着的大量的历史文化的线索和资源，如果师生员工无法意识到，这说明我们的工作还有相当的缺陷。如果我们不停留于线下“点”的展示，而是利用信息化手段将更多的文献线索链接在这些闪光的点的知识上（通过数据库建设），由点及面，由面及里，由现象到内在的机理，那么，就会有更多的学者对我们的资源产生兴趣，主动加入我们的文献搜寻。在条件成熟的时候，我们可以开展定制服务，为学者探究四川大学的相关学术文化提供信息咨询、检索服务，逐步让更多的学者（也包括学生）感佩于我们的特色文献服务，当然，我们也可以适时提出，享受了这些文献咨询服务的学者应该反过来将他们的研究成果贡献于文库。这样学者与图书馆的互动效应就产生了，长期的良性互动就有可能让我们的文库日长夜大，最后信心十足地行走在双一流建设的康庄大道上。

总之，高校文库的性质、功能及作用决定了它的建设永无止境，需要一代又一代的文库工作者持续不断的努力。与起步早、发展快的兄弟高校文库如人大文库、北大文库、清华文库等相比，明远文库无论在规模、特色，还是在所发挥的作用、所产生的影响上都存在着差距，需要做的工作还有很多。明远文库的工作者任重而道远，只有紧随时代的步伐，在持之以恒的学习探索中求创新、谋发展，才能开创文库工作的新局面，为推进学校双一流建设做出应有的贡献。在这个意义上，总结和进一步探索“明远文库”的利弊得失与建设思路，就具有了更广泛的启示价值。

高校图书馆文献传递服务工作分析与思考

——以四川大学图书馆为例

李　静　陈红莹*

摘　要：本文以四川大学图书馆 2012 年到 2017 年文献传递服务为例，对相关工作内容数量进行比较计量分析，详细介绍了本馆文献传递服务的具体情况，并根据数据分析引发对文献传递工作内容的思考，提出相应的改进对策，以求进一步提升本馆的信息服务能力，力争满足用户多元化的信息需求。

关键词：高校图书馆　文献传递　计量分析　服务

一、引言

在当今网络信息时代，任何一个高校图书馆都不可能仅仅依靠自身的馆藏资源就满足广大用户的全部信息需求，因此，信息资源的共建共享就成为高校图书馆合作的主要模式，以此实现信息资源的充分利用来满足广大用户的需求。文献传递服务工作就是高校图书馆自身馆藏无法满足用户需求的情况下产生的一种馆际服务，是传统馆际互借服务的发展和延伸。随着网络技术的发展，联合目录数据库、全文数据库、电子书刊的大量涌现，高校图书馆的文献传递服务也得以快速发展并且发挥出更大的作用。为便于比较分析，本文选取了 2012—2014 年与 2015—2017 年四川大学图书馆的一些文献传递数据，结合图表对用户类型、传递文献类型、请求总量与满足率、传递文献来源等进行详细的计量分析，并根据分析结果对本馆的文献传递服务工作提出思考和对策。

---

* 李静（1972—），女，学士，四川大学图书馆馆员；陈红莹（1965—），女，硕士，四川大学图书馆副研究馆员。

二、文献传递服务工作内容计量分析

（一）申请用户类型比较

图 1 是 2012—2014 年与 2015—2017 年注册文献传递服务的用户类型统计图，从以上数据可分析如下：

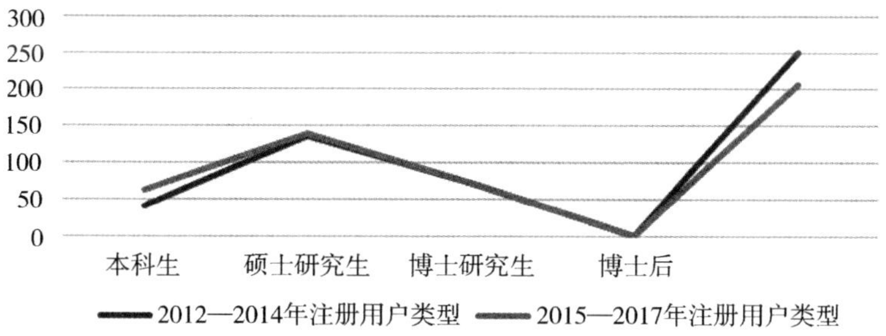

图 1　注册用户类型

注册用户类型中，“其他”类的数量最多，这说明用户没有认真填写各项注册信息。因此，文献传递服务工作人员在确认新的用户申请账号时（见图 2），应认真负责地确认各项用户信息，重要的不仅有用户的联系电话、邮箱地址，还应尽量确认科系、用户类别、职称等信息，这样可以帮助工作人员在做统计资料后得到更明确的各项信息，对分析用户类型、用户需求有较大的帮助，从而对文献传递服务工作的定向宣传产生较大影响。

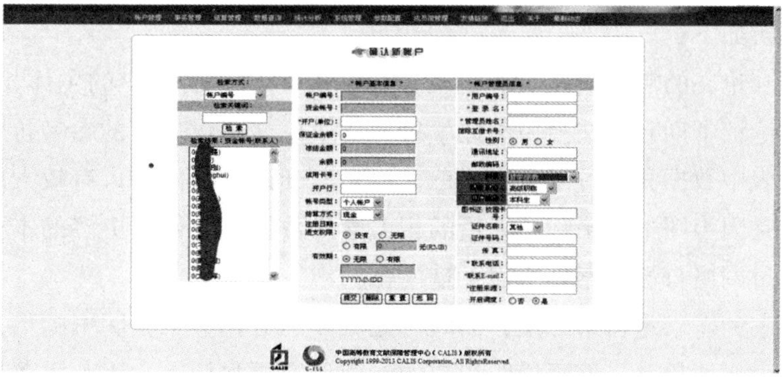

图 2　管理员确认新用户界面

除去“其他”，硕士研究生所占比例最大，这是因为研究生做论文开题报告和撰写毕业论文时需要查阅大量的专业资料，文献需求量大，因此成为文献传递的最主要用户群。后三年本科生的比例有所增加，一方面说明了本科生做论文查阅资料的需求增大，另一方面也说明图书馆对文献传递服务的宣传工作起了较大作用，使更多读者了解到这项服务内容，从而增加了更多的用户。

（二）传递文献类型分析

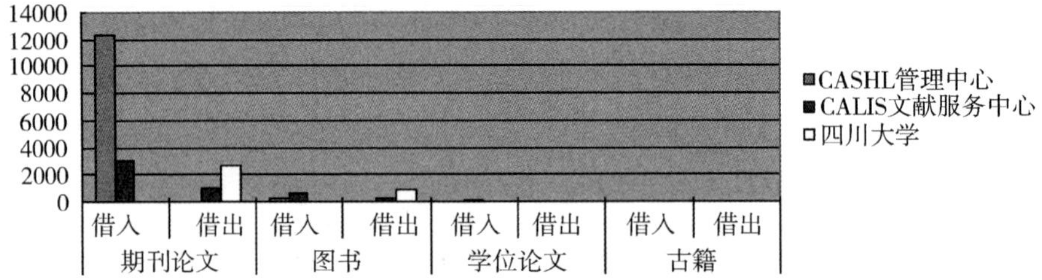

图 3　2012—2014 年传递文献类型

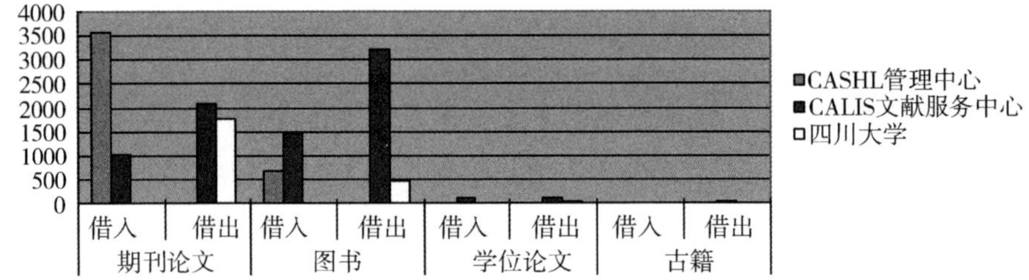

图 4　2015—2017 年传递文献类型

图 3、图 4 分别是 2012—2014 年与 2015—2017 年文献传递服务中用户申请的文献类型统计，其中只列举了数据排列居前三位的来源馆数据，由此可分析如下：

期刊论文的需求量最大，这与硕士研究生是注册用户的主体相呼应，进一步论证了期刊论文会为研究生撰写毕业论文提供极大的参考价值。但是，从表中数据我们可以看出，近三年来期刊论文的借入量有较大幅的下降，这是因为图书馆采购了大量的相关学术数据库，使得更多的本校用户可以通过网络自己检索到所需文献内容。

图书的需求量占第二位，同时，近三年的数据显示，图书的借入借出量都有大幅增长，一方面说明用户的专业研究更加深入，因此需要更多的相关专著来支撑自己的学术研究；另一方面，虽然用户可以通过网络自己获得更多的论文资源，但碍于版权保护，大量图书特别是外文图书的需求仍然是需要依靠专业的文献传递服务才能得到满足。

古籍的借出量有较大增长，这是因为近几年四川大学图书馆参与古籍对外开放试点工作，使得更多用户的古籍资料需求得到了满足。

（三）文献传递来源与满足率比较

图5是2012—2014年与2015—2017年文献传递服务中用户申请文献的来源馆与满足率前几名的数据，可以看到，变化最大的是近几年CALIS文献服务中心变得更加重要，现在许多申请都是通过CALIS中心来进行分配调拨，也只有通过中心才能享受西部地区50%的优惠政策。同时，针对本馆馆藏资源的申请都达到了100%的满足率。

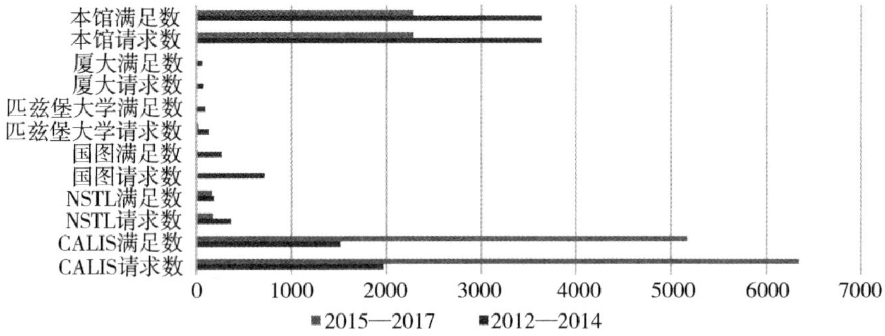

图5　文献传递来源与满足率

（四）文献传递资源学科对比

从下面两图的数据比较可以看到，四川大学医学、哲学、文学、历史类的文献申请量最大，这是因为四川大学是一所综合性院校，其中医科、哲史、文学类学科比较有优势，而这些学科的文献专题数据库较少，自主查询获得的概率较小，因此申请文献传递服务的用户和请求量就较多。另外，2012—2014年图书馆学信息学请求数量较大的原因是因为有较多文献申请是由文献传递工作人员用自己的账号帮助用户提交的申请，而近三年请求数大量减少，说明有更多的用户已经能独立操作馆际互借系统，自主提交文献传递的申请，见图6。

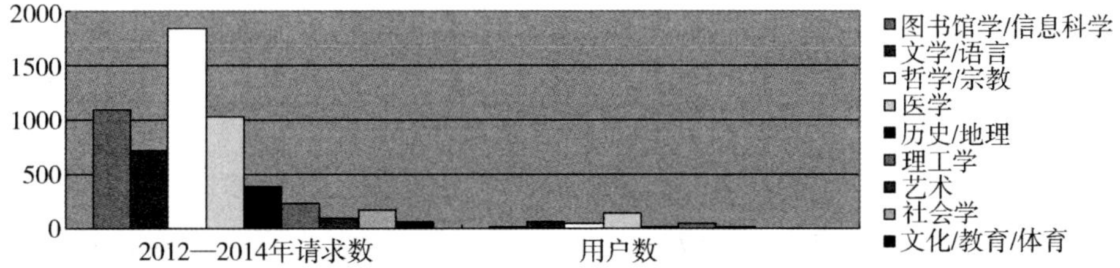

图6　2012—2014年文献传递资源学科

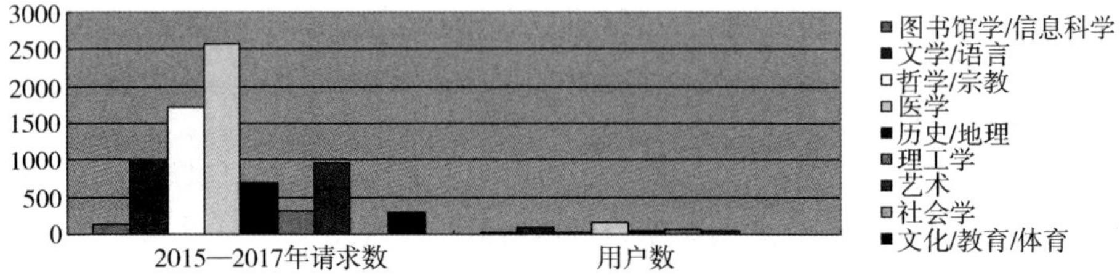

图 7　2015—2017 年文献传递资源学科

三、文献传递服务工作的思考与对策

通过以上各类数据的对比分析，可以了解到四川大学图书馆近几年文献传递服务的大概情况。为了下一步更好地开展这项工作，本文提出以下的几点思考与对策。

第一，加强宣传力度，多渠道、多方式地推广文献传递服务工作。要擅于利用图书馆主页、微博、微信公众号等各种沟通工具，及时推送 CALIS、CASHL、NSTL 等各种活动优惠信息，主动把各种消息发送到各学院办公室、硕博士导师邮箱，以方便通知更多的用户了解文献传递服务信息。同时，还应采取多种方式进行用户培训，进行各种文献传递专题讲座，从而提高用户申请提交的正确率和及时性。

第二，强化信息资源建设，及时更新维护本馆各种数据库信息，加强数据库整合与导航的力度。一方面要多方收集利用网上各种免费资源与数据库，另一方面应逐步建立本馆自己的文献传递资源数据库，作为馆藏提供给本校读者查询使用，从而避免近似课题的重复文献申请，节省财力物力，提高文献资源的利用率。

第三，继续推行文献传递补贴政策，并加大对补贴政策的宣传力度。很多读者因为不了解政策，误以为传递费用昂贵而放弃付费文献传递。其实我校图书馆对本校用户的文献传递补贴非常优惠，期刊论文资料费用全免，其他文献实行百分之五十的补贴，因此，许多外文图书经过 CALIS 系统西部补贴及本馆优惠后只需承担四分之一的费用，往往一本三百多页的外文图书只需二十多元就可获得。在实际工作中遇到很多取文献的读者，他们实际并太不了解文献传递费用的具体政策，因此，在多方位加强推广文献传递服务内容的同时也应加大对补贴政策的宣传力度，使得更多的用户能尽情享受文献传递服务。

第四，提高文献传递工作人员素质，加强业务培训，进一步提高业务能力。文献传递工作是一项比较烦琐的服务工作，因此，从事文献传递工作的馆员应牢固树立“读者至上，服务为本”的观念，具备良好的职业道德和热情的服务态度，充分利用各种通信工具与用户近距离接触，及时沟通交流，以便及时解决文献传递过程中信息有误、申请不详等各种问题，从而提高文献传递的成功率。同时，工作人员还应主动关注相关工作领域动态发展，更新知识，开阔视野，加强业务技能培训，成为具有较强收集、整理、分析、传递信息能力的优秀文献传递工作人员。

参考文献

［1］马岚. 文献传递服务的实践与思考[J]. 图书与档案，2013（11）：230.

［2］吴阳燕. 文献传递服务的实践与探讨——以中山大学图书馆为例[J]. 传播与版权，2015（3）：133-135.

［3］秦霞. 文献传递业务分析与思考——以华南理工大学为例[J]. 图书情报工作，2012 增刊（1）：112-114.

［4］周月琴. 复旦大学医科图书馆文献传递统计分析及其启示[J]. 中华医学图书情报杂志，2010（6）：42-43，50.

［5］李瑞芹. 高校图书馆文献传递服务的统计分析——以山东科技大学为例[J]. 晋图学刊，2012（3）：41-45.

浅析高校数字图书馆服务质量评估方法

李　娜*

摘　要： 高校数字图书馆以信息技术为依托而建成，目前已成为各大高校教育和服务的资源平台，其服务质量优劣影响了高校图书馆未来的发展。因此，科学高效的评价体系对高校图书馆服务质量有重要影响。高校要致力于研究全面的评估内容，分析各项评估指标，对数字图书馆服务质量进行精准评价，使数字图书馆的服务质量不断提升，更好地致力于高校建设和发展。

关键词： 高校数字图书馆　服务质量　评价体系

网络信息技术的发展使高校图书馆不断引进数字资源，数字图书馆在这个基础上得以建立。海量数字资源的利用使高校图书馆的服务模式产生改变，科学有效的服务质量评估方法应运而生，它能促使数字图书馆的建设朝着合理的方向发展，更好地为高校教育和科研服务。服务质量的评价是以数据为基础，对数据进行收集、整理、分析，最后得出较为准确的服务质量结果。高校数字图书馆的服务质量需要通过这种方法来明确读者需求与图书馆提供的服务之间的差异，从而寻找针对性策略来改善服务模式，提升服务质量，让高校数字图书馆的管理更加科学、高效。因此，寻找有效的评估方法对高校数字图书馆的建设有重要意义。本文通过对评价内容、评估指标及流程的分析，试图找到最优的评估方法，以加强数字图书馆对高校的服务功能。

---

* 李娜（1968—），女，学士，四川大学文理图书馆副主任科员。

一、高校数字图书馆服务质量评价内容

（一）硬件条件

高校数字图书馆的硬件条件包含了存储系统、网络环境和网络安全、服务器的建设维护。随着数字图书馆资源的增加，存储系统的空间也要不断扩大，以适应读者的阅读需求；数字图书馆最重要的是保障网络环境的绿色和安全，因此要加大对网络安全的防护；数字图书馆建立在服务器之上，是图书馆的物理空间，数字图书馆要有充足的服务器才得以运营，后期也要提供强力的技术保障，为数字资源的利用提供稳定的环境，在建设维护中，学校的资金投入也是强有力的硬性保障。

（二）数字资源

数字资源的评价包含了学科分类与各类学科资源的占比，数字资源的配置是否符合学校的学科设置；数字资源是否完备齐全，能否最大限度涵盖学校设置的各类学科、专业，资源是否具有权威性；数字资源库是否及时更新最新学科成果，以满足学生和教师的阅读需求；资源的搜索、下载情况。

（三）服务手段

服务手段包含了数字图书馆平台使用的快捷性，这涉及网络速度，影响网页打开的时间；数字图书馆的网络平台是否安全，阅读行为和搜索行为是否加密；数字图书馆的工作人员态度是否热情，服务是否周全，是否具备较高的业务能力及时为读者处理问题。

（四）服务内容

高校数字图书馆在用户无法正常检索时要提供帮助，让用户能够正常进行资源检索；要为用户提供他们所需要的资源，如文献、书籍等内容，最大化满足用户的阅读、检索需求；数字图书馆还要开展个性化信息推送服务，根据用户的具体需求做出相应满足。

二、高校数字图书馆服务质量评估指标体系构建和实证分析

（一）指标的划分和特征

在对高校数字图书馆的服务质量进行评估时，要充分考虑评估指标体系的特征。首先，评估指标体系应具备完备性，要能完整体现出数字图书

馆的质量，各个指标之间的联系不应太紧密，不同指标能够从各个方面反映数字图书馆情况；评估指标体系也应具备客观性，保证数据的真实有效，具有直接参考性；指标体系还应具备可扩充性，能够根据数字图书馆在不同阶段的要求进行调整，方便扩充。指标体系的建立要以提高数字图书馆的服务水平和质量为核心，提高工作人员的服务意识，激发工作热情。

因此，根据高校数字图书馆服务质量的评价内容，评估指标按照门类具体细化为：图书馆主页的访问次数，数字资源的数量和类别、学科覆盖率、时间跨度和更新频次，电子资源的检索次数、查全率和查准率以及全文下载量，在线答疑次数、资源服务人数、人均服务成本、硬件购置成本、用户满意率、反馈意见处理，统计功能等。

（二）不同高校的评估指标要有所侧重

关于评估指标，笔者选取了不同层次不同类型的四个高校图书馆，梳理了相关数据：

硬件设施，以四川大学图书馆为例，数字图书馆数据系统采用目前 IT 业界公认的先进的存储区域网（SAN）方式来构建存储系统，核心信息系统采用 Cluster 群集管理软件进行双机热备份，建立了物理独立的 1000M 内部网，再通过高速防火墙与校园网及 Internet 互联，保证三校区四分馆之间的网络高速畅通、安全可靠。[①]

数字资源的数量，截至 2020 年 1 月：北京大学图书馆全校订购的数据库及子库已达 985 个，覆盖全校学科，其中包括古籍拓片示范数据库、北大名师档案、北京历史地理数据库、民国报刊数据库等多种宝贵的数字特藏[②]；四川大学图书馆有丰富的电子文献资源，除了拥有全国高校下载量排名前列的英国皇家化学学会数据库、Karger 医学全文期刊数据库等，还有高校古文献资源库、《新新新闻》数据库、高等学校中英文图书数字化国际合作计划（CADAL）、双创数据库等自建特色资源。数据库访问量达数千万次；西南交大图书馆订购各类型中外文电子数据库有 198 个（含自建），包括综合类、科学技术综合类、数学、物理、土木工程、机械工程

① ［EB/OL］. http://lib. scu. edu. cn/node/167，2020-05-07.

② ［EB/OL］. http://dbnav. lib. pku. edu. cn，2020-05-07.

等六大类，全面覆盖本科教学科研需求①；四川师范大学图书馆已有中外文数据库 92 个，电子图书 167 万余册，也有自建的本校教师科研成果、学位论文、教师教育等特色数据库②。

关于服务内容：四川师范大学图书馆提供讲座、信息检索课、学位论文提交等基础服务③；西南交大图书馆除基础服务外，还提供学科服务、科技查新、定题服务、论文收录引用、知识产权信息服务等内容；④ 四川大学图书馆在此基础上，还有数据库微视频，按文、理、工、医四个大学科组建的学科服务，定期推出以 ESI 数据分析、学科发展评估、学者影响力分析、专利竞争力分析等为主题的"四川大学知识服务速报"等；⑤ 北京大学图书馆在常规服务外提供数据服务、学科分析报告、知识产权服务等延伸服务，比如针对北京大学科研人员在科研过程中产生的结构化、半结构化和非结构化数据给予管理支持，提供数据整理、分类和归档等科研数据管理服务，比如运用海量的科研评价文献资源、高效的分析工具为北京大学的 43 个博士点一级学科和 30 个双一流学科进行了学科竞争力分析与梳理，提供学科竞争力分析报告。⑥

由此可见，针对不同的高校，评估指标需要有所侧重，不应以一概全。不同的高校数字图书馆面临不同的情况，例如不同的存储环境和技术环境，用户的素质、专业和图书馆服务人员的业务水平和人员数量等都是影响高校数字图书馆服务质量的有效指标，在对不同高校数字图书馆进行服务质量评估时，应当根据高校的实际情况选取有效指标，适当分配各项指标的权重。

（三）重视用户满意度指标

服务手段包含了数字图书馆平台使用的快捷性[2]，这涉及网络速度，

---

① [EB/OL]. http://www.lib.swjtu.edu.cn/home/ServiceDetail/1015, 2020-05-07.

② [EB/OL]. http://tdzx.sicnu.edu.cn/p/0/? StId = st_ app_ news_ i_ x1958, 2020-05-07.

③ [EB/OL]. http://libic.sicnu.edu.cn/ClientWeb/xcus/ic2/Default.aspx, 2020-05-07.

④ [EB/OL]. http://www.lib.swjtu.edu.cn, 2020-05-07.

⑤ [EB/OL]. http://lib.scu.edu.cn, 2020-05-07.

⑥ [EB/OL]. https://www.lib.pku.edu.cn/portal/, 2020-05-07.

影响网页打开的时间；数字图书馆的网络平台是否安全，阅读行为和搜索行为是否加密；数字图书馆的工作人员态度是否热情，服务是否周全，是否具备较高的业务能力及时为读者处理问题。

（四）保证各项指标数据的真实有效

评估结果是否精准取决于各项指标数据的真实与否，因此统计数据时要通过多种途径来保证数据的客观公正，例如结合网页访问日志、用户反馈等确保数据的真实有效，并且数据的获取应当通过合法渠道。

三、高校数字图书馆服务质量评估流程

高校数字图书馆的评估依据相关条例和规定[3]，以行政领导和读者代表以及相关专家为核心组成评估小组，用科学、严谨、客观的评估体系，对高校数字图书馆的现有条件、运营水准和办馆成果进行系统评估。通过评估推动高校数字图书馆规范化和标准化的建设，促进其建设发展，推动我国高校数字图书馆事业的稳步前进。因此，评估工作应按照一定流程进行规范操作。

首先，评估工作应当成立评估指导委员会，由各级行政领导、图书馆相关人员组成，把控整个评估流程，负责评估工作部署、检查、指导和总结。制定评估体系和评估标准，提出具体的评估办法，以文件的形式签发到被评定图书馆处。

随后，被评定图书馆根据文件要求成立相关工作小组，负责宣传评估工作的意义，组织图书馆开展自评工作，形成自评报告，汇报工作进展。报告内容应包括图书馆基本情况、自评工作的进行情况、自评结果、存在的问题及改进办法。

最后，评估工作委员会组织实测，对图书馆的自评报告进行实地对比验收。评估工作委员会在实测前应制定详细的实测计划，秉持公正公开的实测原则，在这个基础上形成实测报告。通过实测报告对评估工作进行总结，指出其中存在的不足，对做出的成绩进行肯定，公布评估结果，提出改进意见，最后形成评估报告，呈交给上级部门。

四、结论

高校数字图书馆的服务质量评估涉及的项目繁多、流程复杂，但是对于其本身的质量提升具有重要的推动作用。国内应加快对高校数字图书馆

的管理研究进程，促进服务质量评估体系的健全完善，制定面向各种类型的数字图书馆的评价指标。

参考文献

[1] 韩滢莹. 开放数据背景下中国高校图书馆数字学术服务环境分析[D]. 武汉大学，2018.

[2] 程小青. 高校图书馆数字资源服务绩效评估研究[J]. 中国管理信息化，2018，21（02）：135-137.

[3] 白海燕. 高校数字图书馆网络信息服务评估模式探究[J]. 电子测试，2014（21）：112-114.

[4] 刘玉美. 高校数字图书馆数字资源服务能力评估系统设计与实现[D]. 电子科技大学，2013.

对高校图书馆实施全开放服务模式的探讨
——以四川大学工学图书馆为例

刘　蓉　唐桂华　张　海*

摘　要：随着电子信息技术的广泛运用，图书馆为读者提供了多样化的服务方式，高校图书馆改变传统的服务方式，实施全开放服务管理模式已成为新的发展趋势。本文以四川大学图书馆工学分馆为例，通过对旧馆舍进行改造，充分利用现代化自助服务设备，有针对性地科学合理制定人员配置，实施“藏、借、阅、咨”一体化的全开放服务管理模式。文中阐述了实施全开放服务管理模式的必要性和实施的利弊，分析总结实施新服务模式后出现的问题及改进措施。

关键词：高校　图书馆　全开放　服务模式

一、高校图书馆实施全开放式服务模式的内涵和必要性

著名的印度图书馆学家阮冈纳赞提出“图书馆五法则”：第一，书是为用的；第二，每个读者有其书；第三，每本书有其读者；第四，节省读者时间；第五，图书馆是一个不断生长的有机体。从这五法则可以看出，图书馆工作的核心是“以人为本、读者至上”，图书馆发展的终极目标是最大限度地满足读者不同层次的文献需求。

在传统图书馆服务中，为读者提供书刊借阅的部门是图书馆的一线服务部门。实施“藏、借、阅、咨”一体化的全开放服务管理模式，是指图书馆将原来的外借阅览部门集为一体，同时整合其他与读者相关的服务内

---

* 刘蓉（1965—），女，四川大学图书馆副研究馆员；唐桂华（1967—），女，四川大学图书馆副研究馆员；张海（1966—），男，四川大学图书馆馆员。

容，打破借阅分离，图书馆只设一个借还书处，读者在入口处刷卡进入图书馆后，不用存包，便可自由在馆内借书、阅览或者自习，随意地利用开放的馆藏文献资源。这种开放式服务管理方式极大地方便了读者使用图书馆，提高了图书馆资源的利用率。在这种“以人为本”的宗旨下，通过整合馆藏资源，以读者为中心，变被动服务为主动服务的开放式服务管理方式必将成为现代高校图书馆读者服务工作发展的新趋势。

二、四川大学工学图书馆实施全开放服务管理模式的演变

四川大学工学图书馆是四川大学图书馆四个分馆之一。地处望江校区，馆舍建于 1987 年，馆藏以科技文献为主，其中能源、化工、化学、水资源等学科文献收藏最具特色，高分子材料科学、皮革科学与工程文献方面的收藏最具优势。改造前的四川大学工学图书馆有科技图书阅览室、科技现刊阅览室、中文外借书库、外文书库、中外文过刊库、中文科技图书基藏书库、中俄文工具书等库室。由于馆舍修建年代久远，图书馆内有很多小开间的阅览库室，实行传统的服务方式。近年来，和其他高校图书馆一样，面临读者服务时间需求延长，但读者服务部门工作人员老龄化严重，特别是最近几年正值工作人员退休高峰，一线服务部门陷入人手紧缺的窘地。虽然图书馆也购置了一些自助借还设备，但不能从根本上解决目前的困境。

四川大学图书馆为了适应当前形势的要求，对图书馆服务理念、管理模式和行政机构设置实施调整并大力改革，将原有的读者服务部门改为文献服务中心，把读者证件办理、电子屏发布、研讨室管理、电子版学位论文审核及馆际互借与文献传递等工作都归口文献服务中心。同时对图书馆人员实行全员重新聘岗，工学图书馆文献服务中心工作人员减少五人，借还服务时间延长了。与此同时对现有馆舍进行局部改造并调整布局，实行开放式服务管理模式，改造后一楼大厅设有总服务台，将读者需求量多的服务集中于此，可办理读者咨询、研讨室预约、读者证件办理、馆际互借与文献传递、离校手续办理及硕博士纸本论文收取等服务。还设有自助服务区，读者可自主使用书目查目机、自助借还机以及自助复印设备。通过一系列的改革举措，极大地方便了师生利用图书馆，最大程度满足读者对馆藏资源的自由利用，将传统图书馆服务管理模式转型成“藏、借、阅、咨”一体化全开放服务管理模式。

三、实行全开放式服务模式带来的利弊

（一）全开放式服务管理模式的优点

1. 节约资源，缓解图书馆人力紧张的压力

在全开放服务管理模式下，各阅览室不必配备一定数量的工作人员和监控设备，整个图书馆仅设一个进出口，取消各室刷卡签到，节约人力，将图书馆馆员从简单的事务性工作中解脱出来。改造后各阅览室全面开放，不再设工作区域安置图书监测仪，减少资源浪费。

2. 充分给予读者最大限度的自由，让学生真正做到以馆为家

以前图书馆外借书库规定读者不能带包进入，有时因这项规定导致带书包入库的读者与工作人员发生冲突，成为阻碍读者进入图书馆的因素。开放式环境下，读者入馆后可以在各个阅览室和书库之间随意出入，自由借还图书、阅览和上自习，充分接触各种馆藏资源，查阅文献更为便利。同时图书馆资源实施统一管理，最大限度促进馆藏资源流通，使文献资源利用率大幅提高，让学生真正做到以馆为家。

3. 为读者提供一站式服务，最大限度方便读者利用图书馆

实施开放式服务模式后，图书馆将读者咨询、读者办证、馆际互借与文献传递、研讨室预约以及硕博士电子论文审核等工作都归口文献服务中心，读者进入图书馆在总服务台就能解决相关问题，不必在图书馆多部门各楼层来回穿梭，为读者提供极大的便利。

（二）全开放式服务管理模式的弊端

实施全开放式服务管理模式后，读者可随意进入阅览室书库自由查阅取书，使外借书库和阅览室的图书交互流动性增大，容易混杂，导致图书破损、乱架、丢失率上升，直接影响其他读者对图书的查阅。

由于服务管理模式的改变，工作人员的工作理念没有及时跟上，加上图书乱架率增加，导致工作人员上书、理架的工作量增加，给图书馆的管理工作带来了一定的难度。

随着自助设备大量使用，读者服务部门的工作内容从原来的简单借还图书、坐守阅览室、上架理架，发展到服务咨询、读者办证以及各种自助设备的使用和简单维护，这些对工作人员的业务技能和重新学习能力提出了更高要求。由于一线基础服务部门工作人员年龄偏大，平均学历职称较低，对新技术新知识的学习接受能力有限，很难担当多面手的工作。

四、面对新服务管理模式出现的问题，采取应对的措施

（一）有计划有组织地对工作人员进行业务培训，逐步提高服务水平

根据文献服务中心新增的服务内容，组织一线工作人员参加各种培训讲座，熟悉掌握新增工作内容，逐步学会处理读者证件办理及各种自助设备的使用，辅导读者利用图书馆的馆藏资源。

（二）加强宣传引导，减少读者查询文献的随意性，规范读者行为

实行全开放式服务管理模式后，文献服务中心的工作人员由简单的库室管理人员转变成指导读者利用图书馆馆藏资源的咨询馆员。日常工作中，在积极主动向读者介绍馆藏布局，讲解图书馆图书分类法，辅导读者查询书目及自助设备使用的同时，努力帮助读者掌握查找文献资源的检索方法，减少读者入馆后的查找馆藏资源的盲目性和随意性。

（三）加强管理，督促工作人员及时上架清架

为了给读者提供一个整齐、有序的读书环境，克服书刊乱架现象，工作人员应加强巡库，经常对所管区域书刊进行全面理架，随时发现错误及时纠正，使书刊排列有序，更好地方便读者利用馆藏资源。

（四）完善服务设施配套管理，建立强大的硬件维护体系

随着图书馆自助设备的数量增多，出故障的概率也随之增加，如果出点小问题也需要等厂商前来维护，耗时费力。图书馆在设备采购时应严格控制检测设备质量，同时工作人员应对设备使用和简单的故障处理有所了解，尽量把设备故障给读者带来的不便减少到最低程度。

五、结语

全开放式服务管理模式与传统服务管理模式相比，打破了传统图书馆的分室管理方式，促进各种馆藏文献资源的优化整合。从实施情况看，其优点显而易见，管理理念也逐步被图书馆工作人员所接受，虽然还存在一些问题，有些管理方法尚处于实践探索阶段，但作为一种新的服务管理模式，全开放服务管理模式不仅提高了读者对图书馆的满意度，还提高了馆藏文献资源的利用率，充分发挥图书馆资源的整体效益，必将成为高校图

书馆发展的新趋势。

参考文献

［1］胡自华. 高校图书馆大流通服务模式的利弊探讨[J]. 中国管理信息化，2017（24）：158-159.

［2］王景发. 图书馆24小时自助服务：诟病、误读和反思[J]. 图书与情报，2015（6）：19-25.

［3］刘泽醇. 高校图书馆服务模式的实践与思考[J]. 内蒙古科技与经济，2014（7）：142-143.

［4］于宏. 图书馆“大流通”大流通管理模式利与弊的分析[J]. 现代商贸工业，2018（29）：61-62.

［5］刘冬林，熊芃. 关于“大流通”服务模式的深入思考[J]. 图书馆论坛，2011（3）：130-132.

［6］綦琼英. 高校图书馆自助服务模式创新研究[J]. 大众科技，2018（3）：104-105，12.

［7］滕哲. 图书馆“大流通”服务模式研究[J]. 图书馆学刊，2017（6）：98-100.

浅议四川大学图书馆学位论文工作

刘　铮*

摘　要：四川大学图书馆学位论文收藏与服务工作，经历了30年的发展历程，在资源体系建设、体制管理以及开发利用等方面积累了丰富的经验，在利用学位论文这一特有馆藏资源为全校师生提供服务方面取得了很大的成绩。本文试图从图书馆学位论文工作的历史和现状、存在的问题和改进的方向等三个方面做一个初步的探讨，为未来工作的改进提供一些有益的参考。

关键词：高校图书馆　学位论文　开放获取

随着四川大学研究生培养规模不断扩大和培养水平不断提高，校图书馆馆藏学位论文资源日益丰富。学位论文作为图书馆用户了解最新学术动态、研究各学科前沿动向的有效载体和反映我校教学科研水平的重要标志物，在为学校教学、科研以及社会服务工作提供文献信息保障中的作用日渐重要，图书馆学位论文工作实践中所遇到的矛盾、困惑和争议时有发生。因此，加强对这一工作的研究和指导，提高认识，统一思想和行动，使图书馆学位论文工作走在“双一流”大学图书馆建设各项工作的前列，是相关工作人员的重大责任。本文试图从图书馆学位论文工作的历史和现状、存在的问题和改进的方向等三个方面做一个初步的探讨。

一、四川大学图书馆学位论文工作简介

四川大学图书馆学位论文的收藏起源于20世纪20年代。华西协合大学于1914年开始招收博士研究生，1920年后逐渐向优秀毕业生同时授予

* 刘铮（1965—），男，四川大学图书馆馆员。

华西协合大学和美国纽约州立大学博士学位。新中国建立后于1954年恢复招收研究生。改革开放以来，四川大学、成都科技大学、华西医科大学先后两次联合组成新四川大学，学校研究生教育规模迅速扩大。目前，全校共有346个硕士学位授权点，229个博士学位授权点，每年招收硕士研究生约5300名、博士研究生约1100名，规模居全国第六位①。四川大学图书馆学位论文收藏与服务工作，经历了30年的发展历程，在资源体系建设、体制管理以及开发利用等方面积累了丰富的经验，在利用学位论文这一特有馆藏资源为全校师生提供服务方面取得了很大的成绩。据本人2011年对四川大学近两万余篇硕博学位论文的统计表明，博士论文的利用率是川大所发论文平均利用率的4倍，硕士论文是平均利用率的2倍，上述硕博学位论文为数百万人次的科学研究提供了帮助。学位论文已经成为我校研究生培养工作和科研工作中不可或缺的重要资源。

四川大学图书馆收藏的本校学位论文资源主要有纸本资源和数字资源两种载体形式。成体系地收藏本校纸本学位论文始于1982年。1981年，国务院颁布《中华人民共和国学位条例暂行实施办法》规定："已通过的硕士学位和博士学位的论文，应当交存学位授予单位图书馆一份。"这是中央政府首次以条令方式规定大学图书馆为本校学位论文的收藏单位。1982—2010年，校图书馆共收藏学位论文约42000余篇。三校合并后，校图书馆为统一管理，将分藏于三个分馆的学位论文进行了合订精装。② 目前，文理馆在一楼中文图书阅览厅、工学馆在四楼阅览室、医学馆在三楼图书、工具书阅览室和四楼参考资料库藏有原四川大学、成都科技大学、华西医科大学和现四川大学历届硕博士研究生学位论文共计2万余册。以上资源对本校师生提供内部阅览服务。数字资源方面，四川大学图书馆从2000年开始收集学位论文的电子版，但仅限软盘和光盘。2003年文理馆自行开发了学位论文网上提交系统，当年即获取学位论文数据688条。③ 从2004年开始，四川大学图书馆参加了"CALIS（中国高等教育数字图书

① 刘铮. 大学图书馆学位论文收藏与服务工作研究——以四川大学为例[J],《国家图书馆学刊》, 2011 (4): 65-68.

② 刘铮. 大学图书馆学位论文收藏与服务工作研究——以四川大学为例[J],《国家图书馆学刊》, 2011 (4): 65-68.

③ 唐李杏，张盛强. 学位论文全文数据库建设研究——以四川大学文理图书馆为例[J]. 现代图书情报技术，2005 (7): 83-85.

馆）高校学位论文数据库”项目建设，并最后选定引进 TRS 系统。2004 年该系统开始接受学位论文网上提交，同时将此前的 688 条数据导入系统内。依靠 TRS 系统平台，四川大学图书馆将馆藏学位论文全部数字化。2006—2007 年，在校档案馆的大力支持下，图书馆将此前缺藏的 595 篇学位论文分批从档案馆借出，进行了扫描复制和数字化处理。到 2018 年 11 月 19 日，该系统共收录学位论文数据 91444 条。“四川大学学位论文数据库”检索字段包括题名、作者、导师、文摘、关键词等，检索词之间可进行逻辑组配。根据用户的权限不同分别提供对前 16 页的免费浏览、加密 PDF 文档（供图书馆长期保存使用）、加密 PDF 服务用文档（带有多种密级的加密文档）等不同的浏览使用级别。其文摘信息在校园网内可公开查询，但不提供全文信息。

二、学位论文收藏与服务工作思考

在学位论文的管理服务工作中，应注意以下几点：

（一）要认清学位论文这种文献的特殊价值和特有属性，在管理工作中把学位论文同公开出版物区别开来

从文献学的角度看，学位论文是一种介于白色文献（公开出版物）和黑色文献（保密文献）之间的一种灰色文献，在作者授权许可的前提下，图书馆可以将其提供给本校师生参考，在学术公开性日益增加的情况下，也不排除有选择、有限制的向社会提供服务。但对于未取得作者许可，甚至作者明确要求不得公开的学位论文，在保密期限内，绝对不能在公共场所陈列并向任何人（包括本校师生）提供查阅服务。

（二）要研究读者对学位论文需求和利用的规律

本人曾经对学位论文所包含的学术价值的衰减情况进行过定量研究，这一研究表明，学位论文是一种老化较快、寿命较短的学术文献。其总的生命周期为 10~12 年。学位论文在其呈交的 4 年内，学术利用价值最高，以后逐步衰减，在其呈交 6 年后，大约衰减一半，10~11 年之间衰减为零。对四川大学师生，特别是应届毕业的硕博士研究生对上届学位论文需求的迫切性要有充分的认识，对当年收取的学位论文及时编目加工并上架提供阅览，确保本年度的毕业生在撰写学位论文时可以参阅上一届的学位论文。

（三）要不断地深化和改进学位论文的管理服务工作水平，在开放学位论文资源利用方面，向国际一流水平看齐

学位论文的开放性获取，近年来已经成为学术界积极探索的课题。学位论文作为一种特殊的知识载体，其作者和用户两大群体有高度的重合性。学位授予单位同时担当学位论文的“提供者”和“使用者”双重身份。目前，国内大部分高校由于各种因素不对学位论文进行开放获取，限制校园外访问全文，使学位论文的查找非常困难，我校一些硕博士研究生反映，因为一些相关专业的学位论文无法获取，他（她）们甚至无法撰写学位论文的开题报告。可以说，目前国内学位论文的管理服务体制，在一定程度上阻碍了学术成果的快速传播。国外一些著名高校已经实施了强制性的学位论文开放获取政策，提供学位论文全文的全世界免费下载，大大提高了学位论文的传播范围，在方便他人查阅的同时也提高了自身的学术影响力。因此，探索我国学位论文开放获取的体制机制问题已经成为必要和可能。

有关学位论文的开放式获取，国际上已经有现成的经验和做法可以借鉴。目前国外已经有两个比较有名的学位论文集成系统可供使用，分别是“网络化学位论文数字图书馆集成系统”（简写为“NDLTD”）和“开放获取学位论文集成系统”（简写为“OATD”）。NDLTD 是一个收录了全世界开放获取学位论文元数据的联合目录，致力于电子版学位论文的收集、管理、使用、传播和保存；OATD 则收录了全世界开放获取学位论文的全文。根据“开放获取知识库强制性存储政策登记平台”（ROARMAP）的数据，目前，世界上至少有 107 家研究生培养机构实施了学位论文的强制性开放获取政策，这些单位的学位论文全文是可以免费下载的。这些机构基本上为大学，共分布在全世界 19 个国家，其中美国有 25 所大学，意大利有 23 所大学，澳大利亚和英国分别有 20 所和 10 所大学，中国只有香港地区的香港大学和香港理工大学对该校的学位论文实行强制性开放获取政策。[①] 据文献报道，北京大学图书馆已经有条件地向校内用户开放了学位论文全文数据库，他们对电子版学位论文采取了“论文加密、校内全文、校外部分”的版权维护方式，用户在校园网 IP 范围内访问“北京大学学

① 李国俊，邱小花，季淑娟等. 国外高校硕博士学位论文强制性开放获取研究［J］. 大学图书馆学，2015（1）：85-89.

位论文库”获取全文，不在范围内的则可以阅读每篇论文的前16页。“北京大学学位论文库”将电子版学位论文转换为CEB格式后再发布，采用DR-随机密钥对数字内容进行加密，随机密钥由服务器保存和管理，客户端必须得到授权后才能使用数字内容，实现了对CEB格式文件的控制，包括展示权利（如显示、打印等）、传输权利（借阅）和使用权利（如摘录），防止数字内容的非法复制。北京大学的实践表明，使用政策定制和技术手段相结合的方法，可以使学位论文资源得到有效使用，同时也能实现对学位论文版权的有效保护。

（四）加强和改进学位论文工作，为“双一流”大学建设添砖加瓦

图书馆学位论文工作，涉及四川大学教学、科研和社会服务工作的方方面面。从事这一工作的同志，一定要本着对国家负责，对学校负责，对著者（呈交者）负责的态度，管好用好这一宝贵的文献信息资源。在具体工作中，应当坚持“该管的一定要管住，能用的一定要用好”的方针。由于研究生，特别是博士研究生一般都会参与该院所承担的最前沿的科研项目，其向图书馆呈交的学位论文，可以逐年明确地反映四川大学相关专业的学术成果和动态，其中不少是尚未公布和发表的研究成果，著者（呈交者）、导师和院所要求在一定期限内保密，有些论文甚至要求永久保密，对这一部分学位论文，一定要采取切实的措施坚决管住。对可以公开的那部分学位论文，要抓紧时间加工处理，最好在本年度内完成编目，外送装订，次年春季开学前能投入使用。对保密期限已到的内部论文，应当及时解密，在学位论文陈列处设立解密论文专架提供查阅服务，不要让这一部分论文永远躺在保密柜里睡大觉。

要加快电子信息资源的开发利用，早日开放四川大学图书馆学位论文数据库全文获取通道，通过对四川大学学位论文面向全球的推广使用，促进“双一流”大学建设。目前，在学位论文开放使用方面还有很大的阻力。这一阻力主要来自于作者对开放使用学位论文有益性的认识不足以及管理制度的缺陷和管理方同作者沟通的不充分。开放使用对作者的好处显而易见，它可以提高学位论文的可见性，开放获取的学位论文会被GoogleScholar等专业搜索引擎编入索引，其他学者在相关研究领域搜索时会发现作者的学位论文，增加被引频次，从而提升作者在相应学术领域的影响力。就学校而言，它可以促进全球范围内的学术交流，增加学校跨领

域全球合作的机会，提高学校的学术地位。在大力向作者进行宣传的同时，要建设更为完善和科学的学位论文管理体制：包括提交平台的建设、操作指南的编写、学位论文收割、开放获取政策解释、一般版权问题咨询、实施效果监控和反馈等一整套工作流程。除了完全公开访问的学位论文外，图书馆还应对限制性访问和保密的论文做相应的处理，为混合级别的学位论文设置不同的访问权限。图书馆应及时跟进保密论文的开放获取工作，当保密时限已过时，应及时联系作者进行开放获取。此外，还应该将实施强制政策之前的学位论文在联系作者处理好版权问题的前提下将其提交到开放获取存储平台上，实现全部学位论文资源充分有效开放获取，使学位论文这一重要资源为四川大学“双一流”建设发挥更大的作用。

建设世界一流大学，是四川大学在我国进入中国特色社会主义新时代后的宏伟目标，是建校120多年来几代川大人梦寐以求的理想，是党和人民对川大师生的希望和重托！我们一定要以习近平新时代中国特色社会主义思想为指导，全面贯彻落实习近平同志在全国教育大会上重要讲话精神，积极进取，努力工作，严格要求，使我馆学位论文的管理服务水平走在全国“双一流”建设的前列，在本职岗位上为实现“中国梦”“川大梦”做出自己的贡献。

参考文献

［1］刘铮. 大学图书馆学位论文收藏与服务工作研究——以四川大学为例[J]. 教育教学论坛，2011（4）：65-68.

［2］张轶雯，韦成府，崔海媛. 北京大学图书馆学位论文系统建设的新探索[J]. 大学图书馆学报，2015（4）：76-79.

［3］潘倩. 图书馆责任与学位论文数字化建设[J]. 公共图书馆，2018（4）：62-66.

［4］李春卉. 国内高校学位论文管理与服务研究[J]. 图书馆学刊，2016（12）：24-27.

［5］李燕，李娅娟. 高校图书馆加强硕博学位论文资源开发利用的探讨[J]. 探索争鸣，（32）：171-173.

［6］黄洁. 中国学位论文开放存取出版客观环境研究[J]. 农业图书情报学刊，（29），（2）：23-26.

四川大学文理图书馆读者问卷调查与分析

唐桂华　刘　蓉　陈国强*

摘　要： 本文通过对四川大学望江校区文理图书馆读者进行问卷调查，了解各类读者的现状及潜在的需求，分析老校区读者信息需求特点，特别是对开馆时间的需求信息以及影响读者满意度的因素，并对读者提出的意见和建议，针对性地提出了相应措施。

关键词： 图书馆　读者问卷　调查分析

一、调查的目的、内容和方法

（一）调查的目的

通过问卷调查和分析，图书馆可以不断地调整服务方式、优化服务环境、有的放矢地进行各方面工作的改进，有利于图书馆的自我监督、发展和完善。此次开展读者问卷的调查，目的是了解读者的现状并分析读者对图书馆资源的潜在需求，特别是对图书馆开放时间的需求状况进行详细的摸底调查；了解读者对图书馆各项服务及工作人员效率与态度的满意状况，审视图书馆工作的缺陷和不足；了解读者对建设“双一流”大学图书馆的意见和建议，为图书馆进一步深化文献资源建设提供参考性意见。总的来说，此次调查是征求读者对图书馆工作的总体评价，旨在及时把握读者需求，特别是使用图书馆的时间需求，根据需要调整工作战略步骤，采取有效策略，提供符合读者需求的各项服务，不断提高图书馆的服务水平、服务质量，提高整个图书馆工作的效率。

---

* 唐桂华（1967—），女，四川大学图书馆副研究馆员；刘蓉（1965—），女，四川大学图书馆副研究馆员；陈国强（1961—），男，四川大学图书馆主任科员。

（二）调查内容和方法

调查内容包括：读者个人信息，读者对图书馆硬件环境和服务态度的评价，读者对图书馆开放时间的需求及对图书馆整体服务的意见和建议。

本次调查采用随机抽样问卷调查法。调查问卷的发放采取随机向进馆读者发放的方式，即进馆时向调查对象发放问卷，出馆时或下次来馆时向图书馆递交问卷。此次调查共发放问卷 200 份，通过大家的努力和读者的配合，共回收调查问卷 198 份，回收率达 99%。

二、调查的数据及分析

（一）读者个人信息

本次调查的对象主要是老校区三年级以上的学生，男生占 36.9%，女生占 63.1%；本科生占 11.1%，硕士生占 70.2%，博士生占 13.6%，教师及其他人员占 5%；学科涉及文科、理科、工科，其中文科的读者占 76.26%，理科的读者占 14.6%，工科的读者占 9%。

（二）读者对图书馆的评价

1. 读者对图书馆服务态度的评价

据调查，在对图书馆服务态度的评价中读者对图书馆的工作给予了肯定，表示满意的占 48.7%，非常满意的占 32%，一般的占 17.8%，不满意的占 1.5%。说明图书馆工作人员通过各种方式的业务知识培训后，服务技能有了较好的提升，图书馆工作赢得了大多数读者的认可，同时也暴露出图书馆工作中还存在某些不足，需有待进一步加强改进。

2. 读者对图书馆硬件环境的评价

由于文理馆是老馆，馆舍经过局部翻修、改建后，阅览环境更加舒适、硬件配置更加齐全。花香袭人的桂菀、走进历史的文化走廊、配有钢琴的闳声角、古色古香的阅读桌椅、带有中央空调的阅览室等等，舒适的环境深得同学们的喜爱，同时合理的资源布局以及各种指引、标识给读者查找资源提供了方便，调查表明对硬件环境表示满意的占 45.7%，非常满意的占 28.6.3%，一般的占 21.6%，不满意的占 4%。

（三）针对 24 小时开馆的调查情况

1. 读者到图书馆的目的

在调查表的多项选择中显示，99%的读者到图书馆的目的是上自习，说明图书馆的学习氛围和阅读环境对读者具有很大的吸引力；80.8%的读者到馆是为了借还图书，65.7%的读者到馆是为了查阅文献资源，40.4%的读者到馆是为了使用电子资源，30.3%的读者到馆是为了使用图书馆的场地开小组讨论会，这与我馆具有方便快捷的自动化管理、不断提升服务方式和质量有着直接关联。

2. 图书馆24小时开放的必要性

四川大学图书馆已按读者需求延长了开馆时间，是否有必要延长至24小时开放？图书馆针对读者的用馆时间展开了调查。如果图书馆24小时开放，认为有必要和没必要的所占比例差不多，45%的读者认为有必要，43.9%的人认为没必要，认为是个噱头的占3%，其他人放弃选择，说明图书馆是否执行24小时开放有待进一步考证。

3. 读者学习的时间

针对读者的学习时间也做了调查。据统计，在非考试期间晚上结束学习时间是22:00前的居多，所占比例为60%，其次是23:00结束学习的占26.8%，24:00结束学习的占9.6%，24:00至3:00间结束学习的占4%，通宵学习的为0，而在期末考试及其他备考期阶段，晚上结束学习的时间是23:00的居多，所占比例为33.3%，其次是22:00结束和24:00结束的分别占27.8%和26.8%，24:00至3:00间结束学习的占8%，通宵学习的仅占0.5%，说明按照非考试和考试阶段来区分，大部分读者结束学习的时间是22:00和23:00，23:00以前图书馆的利用率较高，也有少部分有需要的读者会继续学习到深夜。

4. 读者深夜利用图书馆的情况

如果学校提供深夜学习场所，作为第一选择，选择最多的是到图书馆学习，占67.2%，其次是到通宵教室，占21.7%，到围合多功能室的占12.6%，其他地方的占1.5%。若图书馆24小时开放，深夜来馆主要目的是上自习的占86.9%，查阅文献资源的占35.4%，使用电子资源的占12.6%，小组讨论的占3.5%，其他的占5.6%。读者舍近求远地到图书馆学习，说明大家喜欢图书馆的阅读氛围，图书馆的读者服务工作赢得了大多数读者的认可。

5. 图书馆24小时开放存在的问题

如果图书馆24小时开放，无论是自习还是使用电子资源，肯定会为读者带来更多的便利，同时也会存在很多的问题。在调查的多选项中，54.5%的读者认为深夜回宿舍时，校园治安保障难度大，49.5%的读者认为深夜学习会影响身体健康，28.8%的读者认为深夜回宿舍会破坏室友作息时间，25.3%的读者认为没有问题，16.2%的读者认为24小时开放图书馆是浪费公共资源。说明24小时开放图书馆，不仅要做好图书馆的各项准备工作，还要做好学校内部其他相关部门的协调工作。

（四）读者的意见和建议

在读者反馈的意见和建议中，比较集中地涉及下面几个方面：

流通服务方面。需继续提升服务水平和服务态度；建议延长流通开放时间；设立24小时阅读专区；针对书库乱架现象，建议引进图书定位管理系统；电源插座过少；座位数也少，建议引进座位预约系统。

资源方面。建议多购新书、增加数据库以及国内外高校资源的共享。

馆舍、环境方面。建议扩建图书馆，提升图书馆的硬件环境。

宣传方面。建议加强图书馆服务、资源的宣传推介，增加开设讲座、推广分享阅读、举办读书会等。

三、启迪和思考

此次调查是图书馆有针对性的读者调查活动，同时也是对图书馆服务状况进一步的了解。通过本次调查，我们对读者使用图书馆资源和服务的需求有了更深入的认识，对图书馆目前存在的问题有了更全面的了解，对图书馆工作的开展也有指导性意义。针对以上意见和建议，文理图书馆可以在以下方面做进一步的改进：

（一）增强馆员素质，提高服务能力

建设“双一流”大学图书馆，离不开高素质的图书馆馆员。图书馆馆员的专业水平、业务能力、综合素质决定着图书馆服务工作的质量，图书馆对馆员的培训应作为一种长效机制定期举行，培训内容涉及计算机网络知识、相关数据库的特点、内容和使用技巧等，以便馆员能正确地指导读者利用馆藏，使馆藏资源得到充分的利用。图书馆馆员要想充分发挥自己的价值和作用，不仅要有图书馆的服务意识，还要不断充实自己的学识，提高自己的专业服务能力，积极参加学校组织的各项学术交流活动，了解各学科的信息发展动态，真正成为图书馆领域的信息咨询导航者、教学科研支撑者，才能适应时代的需求，提高服务能力，提升服务质量。

（二）加大对读者的宣传力度

根据问卷调查可看出，读者对图书馆的工作开展不是很了解，需要我们加大对图书馆资源的宣传力度，帮助读者更加详细地了解图书馆，更好地利用图书馆。图书馆应充分利用现代化网络通讯技术，在微博、微信、手机移动图书馆上设置新书介绍栏目，定期推出部分新书和专题书目及书评，使读者能更好地了解馆藏图书；每年对全体本科生开展“新生入馆教育培训”，培养学生阅读意识，教会阅读方法和技能；定期开设个性化“一小时讲座”，如开展如何利用图书资源和电子资源的讲座和培训，讲解如何查询图书馆文献资源和电子数据库使用技巧；每年开展不同主题的阅读推广活动，如目前已开展的“四季书香”阅读推广系列主题活动和不定期的“青春之我”真人书屋系列讲座，让读者切实体会到在图书馆学习的多样性，激发学生多元阅读乐趣，培养学生终身阅读的习惯，让图书馆最大限度地服务于广大读者。

参考文献

［1］鄂丽君. 基于问卷调查的高校图书馆阅读推广现状分析与思考［J］. 图书馆工作与研究，2016（2）：101-104.

［2］宋学洲，马丽华，张桂山，孙宁宁，赵艳丽. 大学生对图书馆资源利用情况调查问卷分析［J］. 科技情报开发与经济，2015（23）：17-19.

［3］陈剑虹. 以读者需求为导向的公共图书馆服务研究［J］. 河南图书馆学刊，2018（4）：16-23.

［4］李美珠. 高校图书馆馆藏图书借阅率调查分析——关于福建农林大学新书借阅调查［J］. 农业图书情报学刊，2006（3）：158-164.

高校图书馆空间再造与服务延伸的实践与思考

——以四川大学图书馆为例

王艳霞　吴廷照　徐忠珊　陈荣鸿　戴　平*

摘　要：空间再造是高校图书馆“以人为本”服务理念在读者服务工作中的具体实践。本文以四川大学图书馆为例，详细分析了高校图书馆空间再造与服务延伸的优势，剖析其在实施过程中出现的问题，最后提出了解决问题的建议以及相应的应对措施，进一步体现精细化、人性化和信息化的全方位服务理念，有助于更好地为读者提供服务。

关键词：高校图书馆　空间再造　服务延伸　创新

高校图书馆的核心使命已经从文化传承、信息服务扩展至提供思想交流、激发灵感、支持创新。随着电子文献信息资源共享技术的日新月异，越来越多的读者改变了阅读资源的获取方式，阅读习惯亦随之发生变化，现有的高校图书馆的空间布局和读者服务方式已越来越不能满足全校师生多元化的阅读需求。老的馆舍比较陈旧，其空间布局设计与目前新的服务模式出现了许多不相适应的地方。布局结构的限制使得馆内空间得不到充分利用、服务流程得不到有效优化、新的服务模式得不到有效开展，从而使高校图书馆提供的阅览空间和服务功能与师生的需求产生了较大差距，高校图书馆知识服务的条件保障能力与学校双一流建设的要求存在较大差

---

* 王艳霞（1976—），女，四川大学图书馆馆员；吴廷照（1969—），男，四川大学图书馆馆员；徐忠珊（1965—），女，四川大学图书馆副研究馆员；陈荣鸿（1968—），女，四川大学图书馆馆员；戴平（1972—），女，四川大学图书馆馆员。

距。因此，高校图书馆的发展势必要突破原有的服务格局与模式，高校图书馆空间再造与服务延伸便顺势而生。高校图书馆空间再造是指改变原有的高校图书馆空间要素的格局，采用新的合理的空间布局方式，配合新型服务理念和服务方式，实现高校图书馆的现代化转型。高校图书馆服务延伸是一种向全校师生需求延伸的动态服务。如何将数字图书馆和实体图书馆进行有机结合，拓展多功能、实用性、人性化的新型阅读空间，如何让馆藏资源以最好的方式呈现，如何在实现高校图书馆空间再造的同时达到服务延伸的目的，如何最大限度地方便高校师生获取更新更好的教学和科研信息，这值得我们思考。本文以四川大学图书馆为例，通过空间再造、合理布局，以图书馆空间文化建设带动阅读推广，助力实体图书馆的转型，向教学、研讨、创新和交流等多功能全方位服务方向发展。

一、空间再造与服务延伸的实践与经验

（一）调整馆藏资源布局，实现空间再造

宽敞明亮、赏心悦目、安静舒适的环境是阅读的催化剂。为了适应藏借阅咨一体化的管理模式，四川大学图书馆根据馆藏图书期刊的利用率调整了馆藏布局，根据利用率的不同对馆藏书刊进行分级管理，设立一线、二线与三线书刊阅览区与藏书区，以便全校师生更方便地利用最新资源，同时节省馆藏空间与管理成本。同时，在馆藏区域布局调整的基础上，图书馆进一步将多个阅览室合并重组，组成不同文化风格的阅览区。

伴随着布局的调整，四川大学图书馆设计再造了新的服务功能区。如，小组学习讨论区、开放学习区、数字阅读与多媒体体验区、休闲阅览区、创意媒体空间（3D 打印、海报制作、音影制作、视频拍摄等）、文化展示空间、创新素质教育空间等。

四川大学图书馆还与公共管理学院合作建设完成了“图书情报专业硕士实践基地”（双创实验室），对外的正式名称是“圕学新工坊”。具体内容包括新技术体验、新技术开发、虚拟演播厅、信息行为观测、大数据分析与挖掘、知识图谱可视化几个区域。

空间再造充分利用馆舍空间，将更多的空间让位于读者，为读者提供更舒适的多功能服务环境，实现更加精细化、人性化、信息化的全方位服务。同时优化服务流程、提高服务效率，方便师生更好地利用图书馆资源与服务，助力学校双一流建设。

（二）打造文化和红色教育阵地，助力双一流建设

为保存川大记忆、传承川大文化、弘扬川大精神，四川大学图书馆打造了具有特色的文化展区——馆史展览室，将收集整理的图书馆历史沿革和大事记资料、图书馆馆藏珍品、图书馆老的工作记录、老家具与加工工具、老照片以及图书馆职工各类学术成果等，通过布局设计进行多种方式的呈现，展示四川大学图书馆的发展历程与变迁。馆史展览室将作为学校文化教育阵地，提升校园文化氛围，起到传播知识、引导技术创新、宣传校园文化的作用。

四川大学图书馆利用报告厅的场地和原有音响设备，新增音响、功放、电影播放器，更换高清激光投影机，更换双层隔音玻璃，将开展视听服务，播放红色影片。将成为“热爱祖国，热爱人民，坚持进步，追求真理”的川大红色文化阵地，成为四川大学红色基因的重要组成部分。

四川大学图书馆经过一年的规划和建设，打造了以“融·合”为主题的阅读文化区“进德堂”，古朴厚重的风格，祖母绿的复古台灯，古典的座椅书柜，仿佛穿越了时空一般。书香墨韵，学海无涯，“进德堂”外华西坝的风骨精神，熏染着每位师生“严谨勤奋，求是创新”；“进德堂”内厚重无声的典雅风貌，激励着每位师生“忠于所学，继续求学”。

这些项目的建设，将推动图书馆的建设与发展研究，提升读者阅读体验感、丰富校园文化、促进创新思维，为服务学校世界一流大学建设，服务文化建设和科学发展发挥重要作用。

（三）把握读者多元化需求特征，体现实用性延伸服务

把握读者需求特征的动态变化，最大限度地适应读者的实际信息需求，是图书馆读者实用性服务工作的基点。针对不同层次读者的阅读服务需求，充分发挥学科馆员优势，加强馆藏建设，有序合理地进行重点图书资源配置，及时更新优化馆藏资源结构，以便实时动态发挥图书馆多学科交叉资源的教、研、读相辅相成的服务功能。通过馆藏资源布局调整，读者可以“零距离”接触所有馆藏资源，真正实现“人在书中、书在人旁”。24 小时自助还书机、自助借还机、异馆还书机等现代化设备的应用，一站式的咨询借还服务模式，通借通还业务开展，避免读者往返各分馆借还，极大地方便了读者。

图书馆为了满足读者专业学习研讨的需要，在有限的空间内专门打造了数十个研讨室，提供了现代化设备的独立空间，一经推出，非常受全校

师生的欢迎，常常处于供不应求的状态。另外，我们还会设立新书专区、教材专区、考研专人专用阅览区、红色特色文化阅览区等各具特色的资源展示服务区。休闲区提供了电子钢琴，让大家在繁忙的学习之余可以放松一下身心，使阅览室环境更加舒适。

以读者为中心的空间布局和实用性的服务延伸，让读者在安静、舒适的环境中，在浓浓的学术文化氛围中、在唾手可得的书籍世界中、在浩瀚的知识海洋中专心阅读、悉心思考、潜心写作，让他们在知识殿堂中叩响智慧之门，也让图书馆变为人在书中、书在心中、人书合一的一幅优美图画。

（四）延长馆舍开放时间，体现服务延伸

四川大学图书馆延长了开放时间，除法定节假日外，从早上7:00开放延长到深夜，可以最大限度地满足师生的入馆阅览需求。馆外24小时自助还书机的设立，可以进一步满足读者的借还需要，解决了工作时间不能往来于图书馆的问题。

（五）利于馆员增强业务水平，提高工作效率

馆藏资源的精细化布局和阅览室的个性化设置，利于进行统一管理、统筹安排，减少工作人员，让馆员深入读者服务一线，加强了读者咨询服务工作，这样既降低管理成本又提高工作效率和管理效率。一体化文献服务中心咨询台，集合了办证、咨询、借还、预约取书、通借通还、收取纸本毕业论文、办理毕业生离校手续等所有与读者有关的业务，这就要求馆员对馆藏资源、资源布局、业务了如指掌，有极强的综合咨询服务能力。

（六）打破时空约束，增加宣传与推送的方式

由于微信、微博等众多公众服务平台的普及，各种特色专区的设置，我们可以打破时空的约束，有更多的资源、特色、品牌等通过更多的方式来推送，能做到话题不断，信息常新，更有利于我们结合新形势下进行阅读推广活动。

四川大学图书馆开展的调整馆藏布局、合并阅览室的措施已初显成效，大大提高了图书期刊利用率，拓展了读者阅读空间，对于图书馆创新管理模式、提高服务质量，助力四川大学双一流建设具有重要的现实意义。但是服务延伸的实施过程中也出现了一些不良的问题。

二、空间再造和服务延伸过程中存在的问题和思考

（一）原有的物理空间结构会制约空间再造的实施

涉及空间改造的，一般都是图书馆的老馆，空间有限绝对是一个不可避免的问题。原有的物理空间往往会制约我们新的空间再造理念，影响空间再造的效果，左右管理者的意愿，甚至会受经费的制约。如何在有限的空间内，合理规划馆藏、阅览和其他空间，如何协调在空间上资源与阅览的配比，都是值得我们思考的问题。我们的空间再造必须要有超前性和前瞻性，空间再造应更好地体现服务延伸。我们唯有立足于现有的物理空间结构，根据实际情况，尽可能利用有限的空间，最大程度通过空间再造实现服务延伸的目的。

（二）如何解决空间再造与现有运行服务的矛盾

很多老馆在空间再造过程中，需同时满足读者正常的借还、阅读等需求，不具备条件实行闭馆改造，那么如何解决改造过程中空间再造与现有运行服务的矛盾呢？我们唯有采用局部改造、逐步改造和利用夜间改造等多种方式结合，来达到我们空间再造的目的，从而实现服务延伸。

（三）空间再造和服务延伸之后管理过程中有可能出现的一些问题

读者可以自由出入图书馆各个阅览区，随意取阅图书，随走随放，有的也会取了书之后到别的楼层或者阅览区域阅读；同时由于多个特色资源专区的设立，资源的分布更细化，读者取阅的随意性、阅览地点选择的随意性，非常容易导致图书错架、乱架现象，给读者的目标性阅读带来困扰的同时，大大增加了馆员日常管理书刊和上架的工作量。多个特色资源专区的设立，在管理工作难度增加的同时，也会给我们意识形态工作增加难度。如何加强意识形态工作，以免出现疏漏，这也是我们需要引起重视的一个问题。

随着图书期刊的利用率提高，纸质资源的老化加速，一些读者随意在书刊上乱写乱画，或者不够爱惜，图书污损、破损情况不能及时发现。

实现开放阅览，读者可以带包进入图书馆之后，有一些读者把未经外借的和不允许外借的图书期刊，不小心或者故意混在自己的图书中带出图书馆，可能会导致图书丢失问题严重。随着开放时间的延长，读者有充分的时间阅读完所需要的图书，可以减少私自藏书、未经外借外带图书这些

二是国外高校图书馆普遍采用停止读者借阅权限方式。比如在我们调研的 10 所国外高校图书馆中，有 8 所明确在超期达到一定条件后停止读者借阅权限。

三是设置触发条件，避免简单粗暴停止借阅权限。比如普林斯顿大学图书馆会对超期服务费累计超过 20 美元的读者停止借书权限。芝加哥大学图书馆会对超期服务费累计超过 50 美元的读者停止借书权限。

（三）对预约书籍收取较重的超期服务费并设置上限

这主要从两方面考虑：一是很多国外高校图书馆对预约书籍收取较重的超期服务费。调研的 10 所国外高校图书馆中，有 8 所对此作了规定。比如斯坦福大学和哈佛大学图书馆收取标准为 3.00 美元/天。耶鲁大学图书馆是 2 美元/天。这个超期服务费到底有多重，可按美国主要大城市的汉堡价格购买力衡量。比如 2015 年，洛杉矶和旧金山的汉堡平均价格为 9.44 美元和 9.24 美元[3]。按汉堡购买力折算，每天超期费可购买约三分之一个汉堡。对于学生而言，这种处罚力度可提醒学生对借书超期的重视。

另一方面，图书馆可对预约书籍设置超期服务费上限。完全依赖超期罚款并不见得有效警醒和教育读者。国外高校图书馆很多都意识到该问题，并因此对超期服务费设置上限，确保读者能够承受。比如斯坦福大学图书馆设置的上限为 21 美元/本，哈佛大学图书馆为 45 美元/本。

（四）对高频流通书籍超期收取服务费

高校图书馆可根据图书的流通频率来设置借阅期限。借阅期限可设置为 7 日短期借阅。比如，针对热门小说、副本较少的教材等图书，这类图书可设置为 7 日短期借阅，一旦超期过后可按 0.5 元/天的超期服务费收取，累计超期服务费的收取上限为 14 元/本。需要说明的是高频流通书籍的超期服务费应低于预约书籍。这主要是考虑到读者预约书籍意味着更紧迫的知识获取，所以超期服务费的收取力度更重。若高频流通书籍在计算超期服务费期间被别人预约，则计费方式按预约书籍计费。

（五）保持超期服务缓冲交费期

许多高校图书馆对超期服务费设置免收期。免收期在英美国家叫 Grace Period[4]。这是国外图书馆一种礼待读者的传统。高校图书馆可设置比如 4 天的免收期以体现图书馆礼仪之风。

（六）严重超期可按书籍丢失处理

为促进资源流通，图书馆对长期超期未还书籍视作丢失处理，并按丢失标准赔书。从前述调查可知，国外高校图书馆对长期超期未还的书籍视作丢失处理，并收取较重的超期服务费。比如哈佛大学图书馆对丢失或长期超期不还的书籍资料赔付标准是 100 美元/本。耶鲁大学图书馆将超期 30 天未还的书籍视作丢失，需支付 130 美元/本的赔书费。这样是为了避免读者对公共资源的过度占据，促进知识共享与流通。

参考文献

［1］韩宇，朱伟丽. 中美著名大学图书馆“超期罚款”政策比较及思考[J]. 图书情报工作，2008（2）：129-131.

［2］毕玲. 高校图书馆若干规章制度的法学判解[J]. 政治与法律，2006（2）：123.

［3］Shah，K. The average price of a burger across American cities［EB/OL］.（2015-04-17）［2018/10/31］. https：//www. eater. com/2015/4/17/8447769/the-average-price-of-a-burger-across-american-cities.

［4］Merriam Webster. Definition of grace period［EB/OL］.（2013-03-01）［2018/10/31］. https：//www. merriam-webster. com/dictionary/grace%20period.

浅议面向学生的基础服务

——以四川大学江安图书馆为例

丁 群 沈军卫 韩 松*

摘 要： 新时期高校图书馆的读者服务工作发生了很大变化，本文以江安图书馆为例，结合实践，探讨如何面对新的机遇和挑战，进一步细化、优化和创新服务，提升服务品质，最大限度满足以学生为主的读者的需求，为教学科研做好文献保障工作。

关键词： 高校图书馆 面向学生 基础服务 优化 创新

一、高校图书馆读者服务的新特点和新趋势

高校图书馆是学校文献情报（信息）中心，是师生获取知识的重要场所。随着时代的发展、技术的进步以及读者获取知识行为的变化，高校图书馆在价值定位、管理体制、资源结构、服务方式等诸多方面较之以前都有了很大的改变。四川大学江安图书馆自开馆以来就实行“藏、借、阅、咨”一体的服务模式，在读者服务方面一直走在探索和实践的前列。随着向现代化数字化图书馆迈进的步伐的加快，以及学校双一流建设进程的推进，近年来读者服务，尤其是面向学生的基础服务，呈现以下几个明显的特点和趋势。这对我们如何提升服务品质，促进高校图书馆的进一步发展带来新的思考。

* 丁群，女，硕士，四川大学图书馆馆员；沈军卫，男，四川大学图书馆馆员；韩松，男，学士，四川大学图书馆馆员。

（一）电子资源服务和纸本资源服务共存互补

近些年随着计算机网络技术的进一步发展，读者获取资源的方式正在发生转变，电子资源的海量、方便、快捷深受读者欢迎，以江安图书馆为例，虽然每年到馆人数基本保持在200万人次，但是纸本图书的借阅量整体下降，从100多万册次减少到80万册次；而读者检索和下载各种电子资源的量却在逐年增加，移动图书馆的使用量增长尤其明显。图书馆对电子资源的投入力度逐年加大，目前，川大图书馆有500余万册电子图书，300余个数据库。无线网络在馆内全面覆盖，读者可以随时随地搜索和下载电子资源，电子资源的服务已然成为读者服务的重头戏。

但要认识到，虽然纸质资源受到电子资源和网络获取的冲击，但它依然有自己的价值和优势。正是纸质资源，使得图书馆和搜索引擎区别开来；正是读者和馆员的直接、及时的互动，才让图书馆充满活力和温情。而且纸质资源也有着电子资源不可替代的优势，比如适合反复研读，也可以避免电子屏幕造成的视力疲劳。还有，江安校区以本科低年级学生为主，读者对纸本图书的需求量较之老校区读者要高。加之江安图书馆优美的环境、浓厚的氛围和优质的服务，也促进了读者对纸本资源的需求。并且，川大图书馆着力开展预约和通还服务，使得纸本资源的需求依然旺盛。从整个社会来看，纸质图书的需求也有回暖迹象。所以说，纸质资源的服务仍然大有作为，依然要重视。两种资源的服务不是非此即彼，而是相互补充。我们预测，在较长一段时间内，纸本资源的服务将和电子资源服务平分秋色。

（二）自助服务和人工服务并存互补

读者服务智能化、一体化的趋势明显。自助设备逐年增加，自助服务的比重也在逐年增加。例如江安图书馆在原有基础上于2018暑期进一步加大对自助设备的投入力度，并且调整摆放位置，打造出专门的自助服务区，设置了三台自助借书机（均有缴纳欠款功能，其中一台有校友卡激活功能）、三台还书机（其中一台为外馆图书归还机）。同时配备了自助复印机、研讨室预约机和两台电子图书阅读机，极大地方便了读者自助使用图书馆。另外在馆外配备了一台24小时自助还书机。并且电子阅览室也全部改为读者自助注册登录使用。自助借还设备的利用率很高，基本承担了80%的借还服务，这大大地提高了流通服务效率，提升了读者的借阅体验，同时也把馆员从简单重复的劳动中解放出来，可以从事更为深层次的服务。

为顺应技术发展潮流和应对人员急剧减少的困境，川大图书馆于2018年进行了新一轮的机构改革和人事调整，具体到江安图书馆，合并借书和还书业务，打造了专门的人工服务区，主要处理各种疑难借还问题，承担接收新书、预约、通还服务，处理大额超期罚款和赔书业务等，并负责自助设备的指导和维护等工作，而且在实际中承担了相当的咨询业务。因读者自身原因和自助设备原因，人工服务量依然很大。而且人工服务的效果很好，一方面读者可以获得热情专业快捷的服务，满意而去，进而提高其利用图书馆的动力和热情；另一方面，通过面对面的交流，馆员的言传身教，对读者人文素养产生有益影响。同时在借还咨询的过程中馆员可以直接了解读者需求，为图书馆的进一步发展提供可靠依据。所以，在很长一段时间内，人工服务不可或缺。

两大服务相得益彰、互为补充，为读者提供更加便捷、高效、优质的流通服务。

（三）读者对象多样化和服务需求个性化

高校图书馆的读者主要是本校教学、科研人员和本校学生。学生读者数量最为庞大。长期以来，四川大学江安图书馆的读者以低年级本科生为主，他们对本专业教材、语言、计算机类和休闲类读物有着很大需求。随着学校规划和学科调整，法学、历史、文新等学院的整体搬迁，高年级本科生以及研究生、博士逐年增加。他们更多需要研究性的文献和电子资源，对预约书和通还书的需求也更大，同时带来了论文提交和办理离校手续的业务。随着“双一流”大学的建设和“一带一路”的发展，我校留学生读者增多，尤以亚洲留学生居多。他们绝大多数不会汉语，他们的主要需求是英文原版教材。这对馆员的英语水平和交流能力也提出了更高的要求。随着图书馆进一步向社会开放，越来越多社会人士到图书馆来参观学习，甚至办卡借书。校友可以通过激活校友卡来继续使用图书馆资源。

读者层次的多样化，需求多样化，使得馆藏资源建设和布局以及读者服务都要做出相应的调整。个性化服务将是高校图书馆读者服务的主要发展方向，就是贯彻“以人为本”的服务理念，以读者为中心，以尊重读者、关心读者、满足读者需求为宗旨，以不同需求为出发点，最大限度地满足读者的合理需求。

（四）借阅空间向支持服务和学习共享的空间转变

高校图书馆不再仅仅是藏书、借还和自习的场所，而是逐步转变为学术交流、学习支持与研究服务的场所。江安图书馆经过多年不懈的努力和打造，布局越来越合理，环境越来越舒适宜人，文化氛围越来越浓郁，并且功能日益丰富和强大。这里既有开办培训讲座的“明远讲堂”，也有举行各种展览活动的“文化展厅”，既有侧重心理疗愈的“沐心小屋”，也有陈列校友著作的“明远文库”，既有智能机器人互动区，也有自助研讨室等。可以说，图书馆正在向学习共享空间转型。我们还可以进一步优化馆藏布局，打造动静结合的学习空间，或者信息分享空间。同时，图书馆也是重要的人文素质培养和社会实践的重要场所，我们提供的良好的阅读环境和营造的良好的学习氛围，必将极大地激发读者到馆利用资源和学习的热情。实体图书馆和虚拟图书馆并存，线上线下服务并行，新型图书馆的时代已经到来。

（五）业务交叉化态势明显，而人力资源严重不足

在大空间、大流通的模式下，江安图书馆读者服务部从开馆之初各个岗位的业务就有交叉情况出现，现在由于业务的进一步整合和岗位调整，各个岗位业务交叉的态势更加明显。比如借还岗，不仅仅承担借还职责，还承担信息咨询、证卡处理、设备维护、用户指导工作，而且越来越多地参与到读者培训和阅读推广等新的业务中去。而且现在任何一个服务工作都很难独立完成，像预约、通还等业务，就需要多个岗位、多个分馆通力合作才能顺利完成。比如馆藏核查、修改需要和资源建设中心、技术中心等协商合作。同时，在现阶段已到了退休高峰期，而新的馆员未能补充进来。这更需要团队协作精神，同时也对管理方法、业务整合和人力资源配置带来了新的思考。

二、优化和创新读者服务的措施

信息技术的新发展和高等教育改革持续深化的新形势，对高校图书馆而言，既是机遇也是挑战。高校图书馆的服务不能止步不前，而要不断优化和创新。特别是作为最基础最前线的读者服务，更应如此。我们要立足现在，面向未来，力求把面向学生的基础服务做到最好。具体措施如下：

（一）优化服务流程，完善服务细节

1. 提高藏书质量，优化馆藏布局

资源丰富、布局合理、到书及时、数据准确是优质服务的保障。定期进行馆藏清点，力求系统数据和架上实物一致，这样读者借阅无障碍，进一步使用图书馆的意愿和热情才更强烈。江安图书馆在这些方面一直做得很好，并且专门开辟出学习书架、马工程教材专区、外文图书专区，资源分布越来越合理；着力推出特色服务，比如明远文库、沐心小屋等，今后还要进一步打造民国文库和改造新书展示架等，必将大大激发他们的进馆意愿和学习热情。另外，现在已经或正在尝试和各个学院，尤其是马克思主义、法学院、公共管理学院等进行合作，把他们图书资料室的资源纳入图书馆资源系统里，可以实现统一查找和借阅的服务，同时也更好地把图书馆的资源推介给读者。

2. 提高自助设备的软硬件技术

自助服务极大地满足了读者的需求，提高了效率，缓解了人力资源的不足，但是在实际运行中，自助设备故障率较高，既影响了读者的借阅体验，又增加了馆员的工作难度。今后在购进新设备时做好充分的调研，力求预期和投入成比例。在使用过程中注意定期维护，后续的软件技术支持要跟上。另一方面，还需加大自助服务的指导力度，甚至设专人进行现场指导和维护。另外，还应顺应读者的呼声增设自助打印设备。

3. 优化服务流程，完善服务细节

优化服务流程是提高服务水平的重要保证。随着业务整合和岗位调整，原来烦琐的服务流程，必须改革，简化优化。在工作实际中，不断总结经验，开启新思路，节约成本，提高服务效率和读者的满意度。馆员在工作中要耐心细心，接待读者礼貌热情，为读者提供贴心的快捷的服务。如遇到找不到单册的情况，我们就请读者留下图书和个人信息，多环节核对查找，一旦找到就通过电话、邮件、微信、QQ 等多种方式及时将结果反馈给读者。还有逐步延长开馆时间和服务时间，增加借阅单册数量等，都是我们在细节上下功夫、完善服务的种种措施。同时平时注意观察统计读者借阅习惯，收集读者意见，或进行问卷调查，不断提高服务品质。

4. 提供个性化的服务

服务要以读者为中心，根据读者类型和需求来提供服务。比如改变增加留学生借书权限，通过系统里留下的备注，开通“绿色通道”。有需要储备书库图书的，可以把现场预约与普通预约结合起来。还有，为特殊群体定制讲座，比如留学生、ACCA 学生。对于某些大部头的难于在馆内复印的工具书，我们也可请读者写下说明留下证件，带出馆复印。

门户网站、Opac 查询机、个人终端的查询、借阅、续借、预约的功能越来越强大方便，到期提醒和催款通知越来越人性化。校友激活校友卡后就可入馆利用资源。校外访问自助注册，就可以在非校园网访问图书馆网站下载各种资源，这些个性化的服务大受读者欢迎。今后还可利用大数据分析技术，根据读者的查询、借阅历史，综合读者在各种场景下与图书馆的接触信息等，为读者打造个性化的服务。开发移动教参服务将是我们下一步努力的目标。

（二）加大读者培训和阅读推广力度

1. 读者培训

图书馆不光提供海量的资源，不只是被动地满足读者各种需求，也要培养检索能力较强的文明读者。读者素质越来越高，检索能力也逐年提高，这跟江安图书馆 10 多年来不懈的引导和培训有很大关系，也和多年来形成的图书馆文化有很大关系。参加过新生培训和未参加新生培训的读者在查找资源、遵守规章制度等方面都有较大差别，所以，新生培训十分有必要，同时考虑把外校考来的硕士、博士生也纳入培训计划。文献检索课和各种讲座依然要进行下去，还要进一步改进方式方法，力求灵活有趣。不能仅仅满足于对读者的服务，还要引领他们成为有较强检索能力的文明读者和合格人才。

2. 阅读推广

吸引读者到馆学习，引领、提升读者的阅读意愿和阅读能力，盘活馆藏资源是阅读推广的目的。随着图书馆进一步发展和转型，阅读推广将成为今后服务工作的重点。以熟悉数字阅读的年轻馆员和推广经验丰富的骨干馆员为核心，建立专业的阅读推广队伍。另外，随着自助服务的成熟与完善，使得人数有限的馆员更多地参与到阅读推广和各类活动组织中也成为可能。通过举办服务周、服务月、读书节、“真人图书馆”等，既可以在现场、也可以在网络上进行多渠道的推广，特别是利用新媒体应用平台，诸如移动图书馆、双微（微博、微信）上，和读者进行良好的互动；定期不定期做专题推送，今后还要继续在内容上深挖掘、在形式上再创新，关注热点、捕捉用户的兴趣，做出更高效更精彩的专题推送，让读者更加了解和利用图书馆的资源和服务。多与志愿者、社团、协会合作举办各种活动，使阅读推广更贴近年轻读者。

（三）打造一支高水平的服务队伍

1. 培养一专多能的高素质的馆员

提升服务的根本是培养高素质的服务人才。管理层要有前瞻性，重视基础服务。加强岗位培训，鼓励科研，提供继续教育和学术交流机会，建立良好的激励机制，提升团队凝聚力和战斗力。在人员严重不足的情况下，争取学校人事部门支持，增加编制，吸引优秀的人才到一线从事流通工作。也可以把采编流通进行更进一步的整合，或者实行轮岗制。还可以探索馆员主副岗聘用模式，除主岗外，跨中心确定一个或多个副岗，在完成主岗工作职责的同时，还要完成副岗工作任务；根据新业务、新活动的需要，抽调人员，组成临时服务小组。由此推动馆员素质由“一人一专”向“一专多能”转变，成为复合型人才。

馆员自身要主动迎接挑战适应变化，加强职业道德和提升个人素质，提前做好知识储备，扩充外语、电脑、心理、教育等方面的知识和培养沟通协调能力，把自己打造成一专多能的复合型人才，以随时应对数字化网络化的需求，为以后从事深层次的服务做准备，比如教育指导、信息咨询、设备维护、系统维护、数据核查、阅读推广、学科馆员等等。

2. 引导和培养外聘工、志愿者和勤工

读者服务的顺利高效完成，离不开外聘工、志愿者、勤工辛勤的付出。他们虽然主要在后台书库整架排架，但他们对馆藏布局十分熟悉，在引导读者查找文献方面有丰富的经验；而且也参与巡查，维护馆内秩序。外聘工有时协助预约、通还和门禁管理工作。在新生培训期间，曾尝试过让志愿者带领新生参观和现场讲解，取得了很好的效果。在人员日益紧缺的形势下，可以加强对外聘工、志愿者和勤工的培养，使其参与到前台服务和自助服务中来，甚至参与到阅读推广中来。这样，既弥补了人员不足的问题，也能够有效提高他们自身的信息素养和学习协作能力。将整架上架、物流运输等相对简单的工作实行外包，也是提高效率、节约成本和弥补人员不足的可行的办法。

3. 密切和物管的合作

物业这一部分的工作，虽然是外包，但他们在维持环境整洁、维护设备设施、保障消防安全、处理应急事件等方面，起着十分重要的作用。并且多年来，一直和图书馆保持了良好的沟通合作，今后还要继续加大与物业的合作，并且进一步加强对他们的培训，提高他们的综合素质和交流沟通能力，提升服务水平，以便共同地更好地为读者服务。

在信息技术进一步发展和读者阅读需求改变的新形势下，作为获取知识的重要场所，以及人文素质培养和社会实践的重要场所，高校图书馆依然发挥着十分重要的作用。作为最悠久最基础的读者服务，依然有其不可替代的作用。在新形势下，进一步探索和创新，始终秉承“以人为本”的服务理念，使读者服务工作焕发新的生机与活力，服务水平更上一层楼，最大限度为教学科研做好文献保障工作。

参考文献

［1］陈传夫，陈一. 图书馆转型及其风险前瞻[J]. 图书馆学情报学，2017（11）：5-20.

［2］朱强. 面向未来的大学图书馆业务与机构重组[J]. 大学图书馆学报，2016（7）：20-27.

［3］马继刚. 学术型大学图书馆的建设与发展[C]. 成都：四川大学出版社，2016.

高校“毕业季”阅读推广实践反思

——以四川大学图书馆为例*

赵　靓　杜小军**

摘　要：在人类学研究视野下，高校图书馆一年一度举行的“毕业季”活动可视为人类共同的仪式化行为，具有群体共性和现代意义。本文以人类学仪式理论为引导，考察四川大学图书馆连续五年推出的“毕业季”系列活动，分析高校“毕业季”的策划、组织、执行在全民阅读推广体系中所呈现的共性和特点，继而探讨作为“再见仪式”的阅读推广在毕业生社会身份转变过程中所发挥的作用。

关键词：仪式　毕业季　阅读推广　四川大学图书馆

随着全民阅读理念的普及，阅读推广已经成为新时代图书馆服务工作的新亮点，近年呈现出“四季有书香，月月有活动，各地有特色”的全民阅读推广氛围。在高校图书馆，迎新季、毕业季、读书节、服务周等围绕特定时间节和特定主题的推广活动逐渐成为一年一度的常项安排，并且形成了不同季度、不同专题的差异性推广策略。本文以四川大学图书馆连续五年推出的“毕业季”专题活动为研究对象，关注“毕业季”系列推广在全民阅读推广体系中所具有的共性、特点、渠道、方法等，尤其引用人类学仪式理论及方法，探索作为“再见仪式”的阅读推广在毕业生社会身份

---

*　本文系四川省文化厅和旅游厅 2018—2020 年图书情报学与文献学规划项目“图书馆节日阅读推广理论与方法研究——以四川省为例”（项目号 WHTTSXM［2018］05）阶段性成果。

**　赵靓，女，博士在读，四川大学图书馆馆员，研究领域为阅读推广；杜小军，四川大学图书馆副馆长。

转变过程中所发挥的作用。

一、“毕业季”阅读推广缘起

在国内外各大高等院校之中，毕业季正逐渐与迎新季、开学季、假期季等共同构成校园阅读推广体系当中重要的时空节点。每年五六月间，面临毕业的本科生、研究生、博士生们共同面临着答辩、离校、升学、择业、交友等多方压力，容易产生对校园生活的留念和对未来生活的焦虑。在忙碌又忧郁的盛夏，高校图书馆推出的“毕业季”阅读推广活动有如一份终身毕业礼，陪伴毕业生顺利完成与母校的“再见仪式”。

作为学校历史与文化积淀的知识宝库，图书馆一直承担着书香校园营造、通识人才培养、终身阅读习惯养成等责任。每年五六月份，高校图书馆抓住毕业契机，发挥资源优势，循序渐进地将阅读文化融入毕业全过程，旨在以毕业季阅读推广夯实校园文化，弘扬阅读价值，帮助学生减缓心理压力，完成离校过渡，增强对新社会身份的认同。

在全民阅读推广体系中，“毕业季”活动的特殊性体现在三个方面：其一，时间特殊性。高校时间安排具有周期性和规律性，学生在四五年不断重复的学年中逐渐适应校园节奏，养成了适合自身的学习、阅读习惯。随着毕业季到来，规律的校园时间结束，忙碌的职场时间开始，这个充满中断与过渡的时间节点给毕业季推广带来时间的特殊性。其二，心理特殊性。伴随生活环境从校园转向社会，个人身份从大学生转为社会人，毕业生群体内心充斥着多种情感：对母校的留恋、对未来的迷茫、对师友的道别、对工作的困惑……如何帮助毕业读者群在短时间内调整心态、处理离愁是毕业季活动设计中必须考虑的要点。其三，目的特殊性。毕业带来人生重心的转移，毕业季往往成为部分毕业生人生最后的阅读季。工作后，纯粹学习与深度阅读的缺失正是毕业季阅读推广举行的意义所在。因此，毕业季阅读推广将“赠送阅读毕业礼”和“培养终身阅读习惯”作为推广主要目标，彰显高校图书馆之于社会的特殊责任。

鉴于“毕业季”之于校园文化建设和通识人才培养的重要意义，近年不少高校图书馆已将毕业季阅读推广写入年度计划，“毕业季”渐渐成为图书馆服务工作中与大学生读书节、读者服务宣传周等传统阅读活动并置的重点工作，在一年一度的实践中呈现出仪式化特点。

二、仪式视野下的“毕业季”阅读推广

仪式作为人类学研究的重要对象之一，在现代社会泛指特定文化群体所持有的一种普遍性的、群体性的实践行为，大致包括社会层面的日常生活仪式、体育运动仪式、政治仪式，宗教层面的宗教仪式和通过仪式，以及美学层面的整编形式和传习形式。①

19 世纪学者开始关注和研究人类群体的仪式行为。荷兰学者阿诺德·范热内普（Arnold van Gennep）提出“过渡礼仪”概念：将“个体从一个群体过渡到另一个群体以便和其他个体结合时，该个体必须参与的各种仪式”均纳入仪式范畴，并把仪式过程细分为与日常分离（separation）、阈限（limen）和回归（reentry）三阶段。② 维克多·特纳（Victor Turner）是“阈限”研究的代表人，他将仪式阈限比作“社会戏剧”③，当社会从一种状态转变到另一种状态，社会成员通过仪式获得新的身份和文化认同。区别于传统人类学对原始部落仪式生活的关注，当代学者运用仪式理论讨论当下的节庆活动：湛罗玲的研究对象是春节晚会，将其视为一种节庆仪式，分析春晚的仪式特征、文化动因及内在秩序。④ 蒙均敏运用仪式理论探索节庆纪念活动中所蕴含的社会主义核心价值观，认为创设纪念节日的仪式情景，可实现对参与者情感认知和体验认同的内化。⑤

基于此思路，毕业季阅读推广以其逐渐显现的仪式特征与丰富的仪式内涵同样可以人类学理论方法加以审视。根据仪式理论中“分离”“阈限”“回归”三段论，毕业季活动对应呈现出阅读推广前、阅读推广中、阅读推广后三个环节，如图 1 所示。

---

① 彭兆荣. 人类学仪式理论的知识谱系[J]. 民俗研究，2003（6）：5-20.

② Arnold van Gennep. The Rites of Passage[M]. University of Chicago Press，1961.

③ Victor Turner. The Ritual Process：Structure and Anti-Structure[M]. Routledge，1969.

④ 湛罗玲. 传播仪式观视野下央视春晚跨屏传播研究[D]. 重庆：西南大学，2017：1-49.

⑤ 蒙均敏. 节庆纪念活动：大学生社会主义核心价值观教育的新途径[J]. 高校辅导员学刊，2016（05）：87-90.

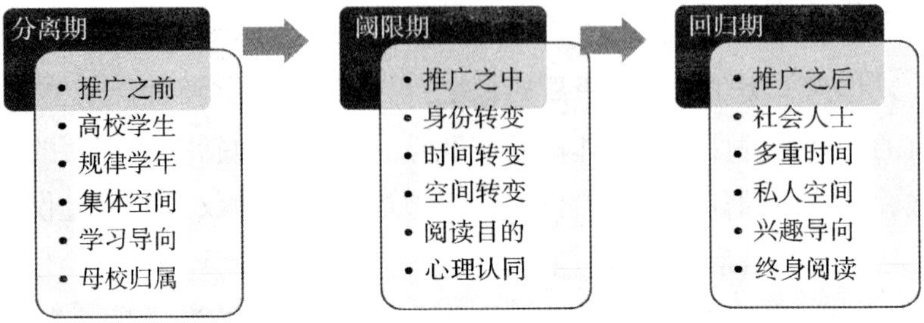

图 1　毕业季阅读推广仪式化结构图

以仪式理论的核心概念“阈限”分析高校阅读推广毕业季仪式化时空，可见参与者过程中所经历的身份、时间、空间、阅读目的、心理认同等方面的转变。作为“再见仪式”的毕业季阅读推广既是对阈限前身份的道别，又是为阈限后身份的准备，这在四川大学图书馆的毕业季阅读推广中有具体呈现。

三、四川大学图书馆“毕业季”阅读推广个案分析

（一）毕业季活动主题

自 2014 年以来，四川大学图书馆连续推出的“毕业季”阅读文化活动，秉承引导学生“多读书、好读书、读好书”的一贯原则，“毕业漂流”（2014 年）、“毕业有礼”（2015 年）、“毕业情书”（2016 年）、“毕业季：赠予你爱的力量”（2017 年）、“毕业对话”（2018 年）系列活动，融寄语、征文、数字阅读、图书漂流、电影展播等多种形式，致力于将阅读作为永不过时的毕业礼赠予川大学子，让毕业阅读推广成为其与母校道别的毕业仪式。历年活动呈现出时代感鲜明的主题与形式丰富多彩的内容，力求实现有目的、有传承、有创新、有诚意的阅读推广。

表 1　四川大学图书馆毕业季阅读推广活动一览

活动时间	活动主题	活动内容
2014 年	毕业漂流	图书漂流——毕业季书本捐赠活动
2015 年	毕业有礼	图书漂流——毕业季书本捐赠活动 和图书馆有个约会——图书馆毕业照征集活动 阅读·足迹——毕业纪念卡申领活动 书香川大——母校送你的终身书房

续表 1

活动时间	活动主题	活动内容
2016 年	毕业情书	毕业情书征集 “全球爱书人圣经”分享 图书漂流——毕业季书本捐赠活动 书香川大——母校送你的终身书房 和图书馆有个约会——毕业照片墙征集活动 来自图书馆的不二情书——阅读对账单 毕业季电影展播：《北京遇上西雅图之不二情书》《查令十字街 84 号》
2017 年	毕业能力	图书漂流——毕业季书本捐赠活动 书香川大——母校送你的终身书房 和图书馆有个约会——毕业照片墙征集活动 图书馆给你爱的回忆——阅读对账单 赠予你爱的力量——毕业书单 毕业季电影展播：《恋恋笔记本》《爱在黎明破晓前》
2018 年	毕业对话	毕业情书：毕业生阅读对账单查询服务 毕业签名墙：请回答 2018 书香川大——母校送你终身书房 图书漂流——毕业季书本捐赠活动

（二）毕业季特色活动

截至 2020 年，“毕业季”阅读推广作为四川大学图书馆的一项常态化、系统性工作，已形成主题活动与特色活动相结合的模式，较有代表性的活动品牌有：

1. 图书漂流——毕业季书本捐赠

图书漂流是每年毕业季保留活动，本质上是一次公益捐书和赠书，强调完全无偿与自愿，以此来号召广大毕业生积极参与。活动号召毕业生将未曾使用或认为有阅读价值的图书捐赠给图书馆，供更多学弟、学妹共享阅读。图书馆会按照馆藏需求，对捐赠图书进行二次筛选，将有收藏借阅价值的书目移交采访部纳入馆藏，对不适合本馆入藏的图书将进入公益性的图书漂流架或转赠其他图书馆，让图书继续发挥其价值。所谓“赠人玫瑰，手留余香”，通过图书捐赠与漂流活动可以让知识和爱通过图书馆继续传递，让毕业生体味分享阅读的快乐。

2. 书香川大——母校赠予毕业生的终身书房

在图书馆赠送的阅读毕业礼中，“书香川大”数据库广受毕业生期待的一项。该数据库拥有十万种免费电子期刊、图书和三万余有声读物，凡是在校园网内注册过账号的毕业生都能够在离校之后继续免费享有“书香川大”数据库中的海量资源。从2015年起，“书香川大”数据库赠送活动连续举办四次，已成为四川大学图书馆毕业季经典活动之一。该活动之所以备受好评，一方面是它将有形的学习资源无差别地赠送给毕业生，另一方面是它将无形的阅读习惯与学习可能传递到了每一位川大人心间。

3. 毕业情书——全球爱书人圣经分享

每年毕业季，图书馆阅读推广小组力求结合文化热点与学生兴趣设计主题活动。例如2016年的“毕业情书”系列，正是围绕当年热播影片《北京遇到西雅图之不二情书》和电影主题书目《查令十字街84号》而开展的。活动分为“图书馆送给毕业生之礼”和“毕业生送给图书馆之礼”两大板块，举办了毕业情书征集，“全球爱书人圣经”分享、毕业电影展播等系列活动。通过这份落款“四川大学图书馆”的情书，图书馆意外收到了来自应届和往届毕业生的“回信”，其中不乏毕业想说的话、想见的人、想表达的情感，以及对母校的深深留念和对校园生活的依依不舍。图书馆将作为现实版的“查令十字街84号”，将每一届毕业生的回忆精心收藏，让所有川大人都能感受到校园书香和阅读真情。

4. 阅读对账单——来自图书馆的不二情书

2015年，图书馆为毕业生制作“阅读·足迹”毕业纪念卡，卡片反映了毕业生在校使用图书馆的情况，包括到馆次数、借的第一本书的名字和日期、通借册数、借阅量及排名，并授予相应的称号（如学神、学圣、学霸、学民等）。该活动充分利用图书馆读者数据，为毕业生盘点和总结了在校期间的阅读痕迹，成为毕业仪式中不可或缺的贴心环节。次年，“阅读对账单”升级为线上版，在四川大学微信公众号上发布，仅10天就吸引了7万多名应届和往届毕业生查询，上溯到十年内毕业的学生都有机会了解自己在读期间使用图书馆和阅读书目的情况。“阅读对账单”勾起了毕业生对母校和过往的回忆，不少校友在留言中提及大学阅读带给人生的启迪和感悟。

5. 毕业照片墙——我与图书馆有个约会

每逢毕业季，到校内经典建筑和场景前拍张纪念照可能已经成为每位川大学子的毕业仪式。图书馆推出的“毕业照片墙”活动，充分贴合学生心理需求，为毕业生提供了一个抒发情感、寄托心愿的实体空间，同时利用毕业生“打卡”的人际传播对图书馆毕业季活动进行再次宣传。“毕业照片墙”在线下、线上多个平台展示，影响范围广泛：图书馆将活动征集到的照片整理归档，于馆内签名墙、电子展示屏、图书馆官方“双微”平台上发布，成为毕业季中一道亮丽的风景。有的毕业生为争取到毕业墙的签名空间，搭成人梯，留下墨香；有的毕业生在微信中晒出照片，留言道“越来越喜欢川大了，来之前没想过有一天要来川大，但是来了从没有后悔过。身边每一个人都爱川大，这就是川大魅力所在”。通过举办“毕业照片墙”活动，图书馆得以将毕业生们对母校的眷恋定格下来，让其亲自为青春记忆留下美好的一笔。

（三）毕业季活动成效

针对每一届川大学生，图书馆的阅读推广体系涉及开学、迎新、校庆、假期等多个时空节点，毕业季作为大学生在读期间参与和体验的最后一项阅读推广服务，不仅有助于深化图书馆与毕业生的情感联系，更是增强母校归属感，构建校友身份认同、传播阅读价值的最佳时机。总结过去五年推广经验，四川大学图书馆“毕业季”活动已经取得以下成效：

2015 年，图书馆共制作“阅读·足迹卡”58 张，接收毕业生捐赠图书 664 册，入馆藏 165 册，收到毕业生毕业照片 180 余张，留言墙征集共计 1000 余条；电影展播两场，观影人数 260 余人；现场活动参与人数 2000 余人次，微博阅读 8 万余人次，微信阅读量 1.4 万余人次。

2016 年，毕业生赠书共计 354 册；图书馆微信公众号发布的“毕业情书”推文阅读总数达 11662 人，17263 次；“阅读对账单”功能上线十天即有 7.6 万人参与，并有 70686 人下载和收藏个人阅读清单；“毕业照片墙”活动上线 15 日内，学生上传照片 366 张，甚至不少往届毕业生也参与了应届生的毕业季活动；图书馆精选 327 张图片于馆内大屏幕同步展播，引发同学围观，与微信平台形成了良好互动，营造出温情浓郁的毕业氛围。

2017 年，毕业季期间图书馆共发布微博 21 条，阅读量共计 8 万余人次，毕业季期间活动实际参与人数达 4000 余人次，活动效果显著。

2018 年，毕业季先后推送文章 4 篇，阅读量 21964。特别在 2018 年四川大学毕业典礼上，校长李言荣在给全校毕业生致辞中引用了一段来自图书馆毕业墙上的留言：“皇天在上，后土在下，若干年后，再约川大！待到那时，都成爹妈，励志儿女，还考川大。”鉴于图书馆在“毕业季”中发挥着日益重要的作用，四川大学官方微信号“大川”将毕业生在图书馆的留言称作“给校园的再见仪式”，图书馆已成为“大家郑重与校园道别的所在”[①]。

四、“毕业季”阅读推广的仪式化效用

随着一年一度图书馆“毕业季”阅读推广活动的举办，其仪式化效用逐渐呈现，体现为三个方面：

（一）满足学生心理需求

高校毕业生是一个特殊群体，他们的认知能力在大学阶段发展迅速，但思想深度和社会经验仍有所缺乏，心理承受能力相对较弱。这个特殊群体正处于从校园到社会的转折期，同时面临着就业、升学、情感等多方面的压力，精神常常处于紧张状态，容易产生心理危机。此时，图书馆毕业季文化活动正好满足毕业生的这一心理需求，以阅读为手段，给毕业生们提供了一个释放情感、缓解压力的有效途径，既丰富了毕业季的校园文化生活，又给毕业生留下美好的回忆，增强了学生对母校的归属感。

（二）创新阅读推广模式

在当今社会应试教育机制下，大学生们的阅读现状令人担忧，存在着严重缺失——缺失人文阅读，缺失纸本阅读，缺失结构性阅读和目标性阅读，更缺失“苦读”和“悦读”“深阅读”和“深思考”。为了改变这一现状，高校图书馆已将阅读推广作为日常重要工作，伴随新生至毕业生的成长推出了一系列强化阅读理念和营造阅读文化的活动。毕业季文化活动作为学生在校期间最后也是最为重要的一次大型活动，再一次强化阅读价值，弘扬阅读精神，让阅读成为母校赠予毕业生未来成长永不过时的毕业礼。

（三）推进校园文化建设

高校图书馆既是校园文化建设的重要阵地，又是引领校园文化健康发展的生力军，其独特的功能和作用决定了它在校园文化建设中具有不可替代的作用。高校图书馆的工作，不仅要有效服务于教学、科研，服务于学校双一流建设，更要有效服务于校园文化建设和校园文化活动。“毕业季”阅读文化推广活动为校园文化建设增添了一抹亮色，也在整个高校毕业季文化活动的开展起到了传承川大精神、弘扬阅读文化的重要作用。

---

① 四川大学官方微信公众号发表推文《川大人的那点儿“青春小情绪”大概都在这里了!》，2017. 4. 20.

五、结语

基于人类学仪式理论，高校图书馆毕业季阅读推广活动呈现出仪式化特点，发挥着仪式化效用。一方面，现代高校图书馆的毕业季实践回应了人类社会普遍存在的仪式行为，体现出新时代校园文化建设中举办仪式性活动的必要性与有效性；另一方面，在阅读推广方案设计和活动实施过程中引入人类学理论作为指导，将有助于阅读推广在毕业生心中发挥仪式效用，帮助其调整情绪，适应转变，树立和增强其对母校阅读文化与终身阅读观念的心理认同。

中华图书馆协会争取图书馆经费与保障图书馆馆员权益活动研究*

王阿陶**

摘　要： 中华图书馆协会利用其自身的社会影响力努力向政府部门争取图书馆经费保障，争取行业性政策与经费支持，争取改善图书馆馆员待遇与社会保障，努力为图书馆界建立良好的行业发展空间，在一定程度上提高了当时图书馆界的行业认可度与图书馆从业人员的社会地位，推动了当时图书馆事业的发展，而并非像一些学者所述只开展了“零星活动”。

关键词： 中华图书馆协会　图书馆　图书馆馆员　经费　社会保障

引言

中华图书馆协会（以下简称“华协”）是民国时期唯一的全国性图书馆协会，成立于1925年4月，解散于新中国成立前。有学者曾认为“中华图书馆协会成立之初，因经费支绌，未能如期举行年会、促进交流，仅开展了一些零星的活动”①。但从笔者目前收集到的资料来看，华协在开展学术研究活动的同时也承担了一部分行业协会的职责，开展了大量图书馆事业建设与推广活动，尤其是积极为图书馆事业的发展以及图书馆从业者呼吁和争取应有的权益与保障，对于当时图书馆事业的发展起到了非常重要的促进作用，而并非仅仅是“零星”活动。

---

* 本文系2017年国家社科基金后期资助项目“民国时期图书馆社团研究（项目编号：17FTQ001）”研究成果之一。

** 王阿陶（1981—），女，博士，四川大学公共管理学院副研究馆员。

① 来新夏，等. 中国图书事业史[M]. 上海：上海人民出版社，2009：406.

一、为公立图书馆争取经费保障

民国时期，大学院公布的《图书馆条例》中规定图书馆属社会教育之一部分，图书馆事业因此归国民政府教育部的社会教育司掌管，公立图书馆的经费也由社会教育经费的高低决定。1928 年 10 月，国民政府明确规定“社会教育经费在全教育费内应占百分之十至二十”，这是我国有关社会教育经费筹措标准最早的规定。次年，国民政府训令各省市教育厅局自该年度起“社会教育经费应依照标准，切实增筹”。1931 年，国民政府教育部对社会教育经费提出了达到各省市县教育经费总数 10% 至 20% 的标准。从这些规定可以看出，当时的国民政府试图用法律法规来确定公立图书馆的经费，给予公立图书馆一定的经费保障。

然而无论是《图书馆条例》中的规定，还是国民政府明令规定社会教育费的比例，当时真正落到图书馆头上的经费往往缺斤少两。因为当时的社会教育经费缺少来自政府方面的全国性的财政支持，基本上都由地方政府出资，但地方财政的实力十分有限。各省立图书馆是唯一可以直接得到政府经费支持的，但金额非常有限。学校图书馆尚且可以从学校的教育经费中得到支持，但其他类型的图书馆就只能自力更生了。仅以国立北平图书馆为例，梁启超任馆长后，经费问题仍然未得到解决。以至于梁启超个人先后垫出维持费一万余元。国立图书馆尚且如此，其他各地方更显堪忧。河北的两所省立图书馆皆“经费极为低微，维持上皆当困难，更不易言发展矣”①。

对于华协自身来说，其经费窘况亦时有发生。因此解决图书馆界及自身经费问题被华协列为各项工作之首要。1929 与 1933 年华协年会皆以“经费”问题作为其主要议题之一。1929 年年会中最终通过了《呈请教育部通令各大学区各省教育厅各特别市应于每年经费中规定百分之二十办理图书馆事业，并通令全国各学校于每年经费中规定百分之二十为购书费》，该案由上海图书馆协会、山西公立图书馆、暨南大学图书馆以及沈祖荣、李小缘等所提十个提案合并修正而来，为华协历次年会通过的议案中提案数量仅次于分类法者（1929 年年会中通过的《由协会编制标准分类法案》的原提案有 16 项）。另外，该议案还曾出现于国民政府教育部编的《第二

① 河北省立各馆之经费[J]. 中华图书馆协会会报，1930（4）：21.

次中国教育年鉴》中有关图书馆经费的章节，足见该案的重要性。

1930 年，教育部对于该议案做出批复，其中“关于增加图书馆经费者”的批复称：“图书馆系社会教育事业之一，自难以社会教育全部经费专办此一种事业，故经费比例，拟暂缓划定，以留伸缩余地，至各级学校购书费一节，应于饬令特别注意，酌量规定。”①

即使国民政府数次明令保障及提高社会教育经费（内含图书馆经费），然而教育部 1929、1930 年的各省市社会教育经费的统计结果为：达标者有福建、湖南、浙江、江苏、陕西、汉口、南京等七省市。1933 年，有学者称“今日全国图书馆，数量上虽甚可观，而各省除一二省立者外，大率有名无实。其原因皆由于经费困难”②。由此可见，当时图书馆经费仍然普遍短缺。

因此，华协的年会中关于经费之议案仍不休止，陆续提交了《拟定各级图书馆经费标准，请教育部列入图书馆规程案》（1933 年）、《由本会呈请中央通令各省市县，确定并保障各馆经费案》（1936 年）、《增加各省市县图书馆图书经费案》（1944 年）等议案。

1933 年年会后，华协成立了图书馆经费标准委员会，以制定图书馆经费标准，供当局者采择施行。1934 年，该委员会拟定了《对于图书馆经费案之意见草案》（以下简称《草案》），以“专为提供教育部民众教育委员会参考”。《草案》视各省市实际情形，按照社会教育费占教育费的比例确定图书馆经费在社会教育费中的比例，并将省市县三级图书馆分为十等，每级适用四等，其中标准最高的为一万元每月，最低为三百元每月，当时国内图书馆虽“莫不感经费困难，有捉襟见肘之叹”，但若依照此标准实行，“便均可稍有增进”③。关于学校图书馆经费的来源问题，《草案》提出，应由学校、教职员及学生三方面共同负担。同年，教育部在北平召开民众教育委员会会议，其中就《改进及充实全国图书馆案》组织与会人员讨论围绕图书馆经费与设备展开讨论，华协图书馆经费标准委员会会员陈东原立即将该《草案》提出并参与讨论。

---

① 图书馆各项重要问题[N]. 申报，1930-6-18（11）.

② 中华图书馆协会执行委员会. 中华图书馆协会第二次年会报告[M]. 北平：中华图书馆协会事务所，1933：50.

③ 对于图书馆经费案之草案[J]. 中华图书馆协会会报，1934（4）：3.

1941年11月，国民党中央党部召开九中全会通过了《宽筹社会教育经费，加紧推进社会教育，以加速完成抗战建国大业案》，该案要求“各省市县社会教育经费，应切实遵加，三十一年度至少应达到全教育费百分之二十至三十之标准”。1944年，教育部颁布的《普及全国图书教育办法》第十条中规定“图书馆经费省市立者，每年不得少于五万元，县市立者每年不得少于一万五千元，乡镇书报阅览室每年不得少于二千元，其分配标准依照图书馆规程第二十六条，薪工不得高于百分之五十，事业费及图书馆购置费不得低于百分之四十，办公费占百分之十”①。通过华协以及其他各社会组织和个人的积极呼吁，国民政府终于将公立图书馆的经费进行明确规定，确保了公立图书馆的正常运行。

二、为私立图书馆争取扶持政策

除了为公立图书馆争取政府经费支持外，华协还积极呼吁政府对私立（人）图书馆施以关注与扶持。1929年年会中通过了《呈请教育部对于捐助图书馆书籍或经费者及私立创办之图书馆应予褒奖案》《请政府明令各省政府扶助私人创办之图书馆案》。会后华协积极推行议案，建议政府对私立（人）图书馆加以重视及扶持。同年，上海市教育局发布了《上海特别市私立图书馆登记规程》与《上海市私立图书馆立案规则》，可以说通过华协的积极呼吁私立（人）图书馆已经受到了政府方面的重视。

1933年年会中陈独醒、陈东原二人再提《呈请教育部规定补助私立图书馆临时及经常费》，称创办私人图书馆较之于私人学校更为不易，“然通国教育经费之困难如此，民众需要图书馆之急切如彼，设非奖励激劝私人捐资创办图书馆不可”。而且“奖励除空文褒扬之外，当予以临时经经费不足之补助，如此人易乐为，图书馆事业亦易普及而趋于发展之地步矣”②。1934年，华协图书馆经费标准委员会制定的《对于图书馆经费案之意见草案》中对于补助私立图书馆的问题提出五项具体措施，包括划拨专款、确立补助项目、补助标准、由教育部门审核经费支出、拨款补助。③

---

① 第二次中国教育年鉴第九编社会教育[C]//沈云龙主编. 近代中国史料丛刊三编第十一辑，台北：文海出版社有限公司，1987：1110.

② 中华图书馆协会执行委员会. 中华图书馆协会第二次年会报告[M]. 北平：中华图书馆协会事务所，1933：49-50.

③ 对于图书馆经费案之草案[J]. 中华图书馆协会会报，1934（4）：3.

1934 年 10 月 16 日，立法院公布的《修正宪法草案（初稿）》第九章“教育”第一五零条中规定，私立学校成绩优良者予以奖励或补助，但于私立图书馆及社会教育机关并无相应的奖励规定，时任浙江省立第一学区图书馆协会会长且同为华协职员的陈独醒致电华协请其代为争取。华协当即携中国社会教育社联合向立法院力争，请求将私立图书馆、私立民众教育馆等列入宪法草案，“俾得同蒙法律之障庇”①。

同年 11 月 28 日，立法院秘书处迫于华协与中国社会教育社等组织的压力，将该函交法制委员会备考，并相应函达查照各方以便遵从现实情况以修改。

然而奖励补助私人图书馆一事最终并未得到政府的回复与解决。因此 1936 年年会中，华协会员重提两案：《本会应设法请求各庚款委员会，拨款补助各省市县立公私图书馆事业案》《由本会呈请教育部拨款补助各省市县优良公私图书馆案》。然而一个颇为有趣的现象是，早在 1915 年教育部颁布的《通俗图书馆规程》与《图书馆规程》中就有关于奖励私人设立与捐助图书馆的规定：“私人以赀财设立或捐助通俗图书馆者，由地方长官依照捐赀与学褒奖条例，咨陈教育部，核明给奖。”“私人以赀财设立或捐助图书馆者，由地方长官依照捐赀与学褒奖条例，咨陈教育部核明给奖。”② 而后来国民政府有关图书馆事业的法律法规中却再无此项规定，不能不说是一个退步。

三、为图书馆馆员争取提高待遇与社会保障

按照国民政府相关法规中规定，图书馆属社会教育实施机关，图书馆馆员属其工作人员，其待遇应按照社会教育人员的相关规定办理。然而现实情形却是，图书馆馆员往往待遇甚薄，社会福利与保障得不到持续保证。

鉴于稳定的图书馆从业人员在使图书馆事业逐渐改良，连绵有续不致废弛中的决定性作用，1929 年华协年会中通过了《图书馆协会得请全国图

---

① 力争私立图书馆及民教馆之奖励或补助应列入宪法[J]. 中华图书馆协会会报，1934（3）：10.

② 图书馆规程（1915 年 10 月 23 日）[C] //李希泌，张椒华. 中国古代藏书与近代图书馆史料，北京：中华书局，1982：185-186.

书馆对于雇佣职员须有图书馆学识及宏富经验，至于职员之位置务须有确实保障须予与优良待遇案》，案称“图书馆事业本即清苦，苟无保障办法，则专门人才相引而去”①，因此提案人要求增加图书馆馆员薪俸及养老抚恤金等，并按照教育人员待遇条例办理。由华协创办的《中华图书馆协会会报》于1931年还刊载了《社教职员无养老金之规定》一则通讯，以唤起图书馆及教育界人士对于社会教育团体职员，尤其是图书馆馆员社会保障问题的重视。1936年年会中再次通过了相关议案《请教育部保障图书馆服务人员，并令饬订颁待遇标准案》。

经华协以及社会教育界人士的积极努力，1940年4月，教育部拟定了《社会教育机关服务人员养老金及恤金条例》，正式将图书馆、民众教育馆与美术馆、博物馆等一齐列为社会教育机关。其中享有养老金的人员要求“在国立省立或市县立区乡镇立之社会教育机关服务者为限”，而且领取养老金与恤金者“在国立机关由国库支给，在省立机关由省库支给，在县区乡镇立机关，由市县经费支给”②。为了厉行条例，次年1月，由教育部订定并颁布实施《社会教育机关服务人员养老金及抚恤金条例实施细则》。

虽图书馆馆员得养老金、抚恤金之法律保障，但在待遇方面仍未见起色，尤其是战乱时期，物价暴涨，图书馆馆员的原有待遇更显微薄。为此，1944年年会中再次重申前案，通过了《呈请教育部修改图书馆工作人员待遇规程，提高待遇，以增进其效能案》。

1943年，国民政府先后公布学校教职员退休条例及抚恤条例两项，将社会教育机关服务人员一并规定在内。1945年3月，教育部公布两条例的施行细则，至此以后，图书馆从业人员与学校教职员的抚恤、退休享有同等待遇。③ 该条例及施行细则的发布意味着华协的奔走呼喊为图书馆从业人员争取到了与学校教职员同样的待遇，其生活、抚恤和退休有了切实的保障。

---

① 中华图书馆协会执行委员会. 中华图书馆协会第一次年会报告［M］. 北平：中华图书馆协会事务所，1929：114-120.

② 社会教育机关服务人员养老金及恤金条例全文公布［J］. 中华图书馆协会会报，1940（1/2）：7.

③ 第二次中国教育年鉴第九编社会教育［C］//沈云龙. 近代中国史料丛刊三编第十一辑，台北：文海出版社有限公司，1987：1095.

四、总结

华协作为民国时期唯一的全国性图书馆协会，其会员既有全国各地的地方图书馆协会、部分省市级图书馆及图书馆从业人员，也有具有一定社会影响力的教育文化界人士，因此其所发之呼声，其所引领之动向，其自身的社会影响力不可小视。华协利用其社会影响力与认可度，在争取建立良好的行业发展空间，保护与扩大图书馆、图书馆人权益，争取行业性政策、经费支持方面做出了积极的努力并取得了一定的成效，使得当时图书馆的行业认可度、图书馆从业人员的社会保障和地位有了很大提高，在一定程度上推动了当时图书馆事业的发展，并非如一些学者所述只是开展了“零星活动”，而这些只是华协“24 年不辱使命的光辉历程”① 中的一部分。

参考文献

[1] 中华图书馆协会. 图书馆学季刊[M]. 北平：中华图书馆协会，1926—1937.

[2] 中华图书馆协会. 中华图书馆协会会报[M]. 北平：中华图书馆协会，1925—1948.

[3] 中国第二历史档案馆. 中华民国史档案资料汇编[M]. 南京：江苏古籍出版社，1994.

[4] 中华图书馆协会执行委员会. 中华图书馆协会概况[M]. 北平：中华图书馆协会事务所，1933.

[5] 中华图书馆协会执行委员会. 中华图书馆协会第一次年会报[M]. 北平：中华图书馆协会事务所，1929.

[6] 中华图书馆协会执行委员会. 中华图书馆协会第二次年会报告[M]. 北平：中华图书馆协会事务所，1933.

[7] （国民）教育部. 第一次中国教育年鉴[M]. 上海：开明书店，1934.

[8] 中国图书馆学会. 百年大势 历久弥新[M]. 北京：科学出版社，2004.

---

① 廖铭德. 20 世纪“新图书馆运动”研究述评[J]. 图书情报工作，2009（3）：128-131.

[9] 王阿陶，姚乐野. 中华图书馆协会研究综述[J]. 图书馆建设，2011（12）：24-28，33.

[10] 侯玮辰. 民国时期社会力量建设图书馆分析——基于1925—1927年《申报》报道[J]. 大学图书馆学报，2009（41）：33-38.

新冠疫情下“停课不停学”信息素养在线教学初探

王红兵*

摘　要： 在新冠疫情下，教育部颁发2020春季延期开学，但停课不停教，停课不停学，这就要求高校教师开展在线教学。本文以信息素养在线教学实践探索为例，从课前、课中、课后进行阐述，总结存在问题，以期为教学方式、教学改革提供一条新路径。

关键词： 新冠　疫情　信息素养　在线教学　停课不停学

一、背景

（一）春季延期开学

受新冠肺炎疫情影响，2020年1月27日国家颁发“教育部关于2020年春季学期延期开学的通知”，通知指出：“部属各高等学校适当推迟2020年春季学期开学时间，具体开学时间与当地高校开学时间保持一致，并报教育部备案。春节返乡学生未经学校批准不要提前返校。其他中央部门所属高校可参照执行。”①

因延期开学，教育部制定了“停课不停学”的应对之策，根据《教育部关于2020年春季学期延期开学的通知》相关要求，“停课不停学”成为各地教育行政部门和大中小学的主要防控措施。国家开放大学立即响应，

---

* 王红兵（1963—），女，学士，四川大学图书馆（锦城学院）副研究馆员。

① 教育部. 教育部关于2020年春季学期延期开学的通知-中华人民共和国教育部政府门户网站［EB/OL］. http://www.moe.gov.cn/jyb_xwfb/gzdt_gzdt/s5987/202001/t20200127_416672.html，2020-01-27.

免费开放多平台，全力支持教育机构的教学工作，联合多所高校，优选学历教育相关课程。国家开放大学还快速整合精品资源，向社会大众推出基于手机的“科学防控疫情、知识充实人生”知识服务。国家开放大学大讲堂 20 个系列、五分钟课程 3.7 万门，满足不同学习者的多样化学习需求。国家开放大学对全国师生提供了力所能及的支援，全面利用网络信息技术、在线教学方式，按时开学，保证办学体系的正常教学秩序。①

（二）在线教学，按时开学

教育部《国家开放大学积极发挥优势服务“停课不停学”》中指出：“为贯彻落实党中央坚决打赢疫情防控阻击战的决策部署，国家开放大学积极发挥信息化和数字化学习资源优势，服务‘停课不停学’，服务社会大众居家防护和多样化学习需求。”一时之间“停课不停学”成为热点话题，在线教育的“云课堂”为学生提供大量的学习资源，清华大学的慕课率先开放，各大出版社的电子书为在线教学提供大量免费的电子教材。

在此特殊背景下，四川大学锦城学院认真贯彻落实党中央和教育部要求，学校提前部署全员参与在线教学工作，延期不停学，延期不停教，按时在线开学。

在线教学，给师生带来全新挑战。它与传统课堂相比较，要准备哪些内容，要具备哪些工具，“直播”效果如何，学生是否参与互动等问题，都必须在按时开学前准备充分。本文重点阐述“信息检索与利用”课程在新冠疫情下，“停课不停学”在线教学实践探索。

二、“停课不停学”在线教学总要求

（一）学院总要求

在教育部通知精神总要求指导下，四川大学锦城学院制定了“停课不停学”在线教学之“八仙过海、各显神通；要积极、但不要太焦急；仰不愧于天、俯不怍于人”总要求。

相对于传统教学，在线教学该怎么做？如何保证教学质量？对于教师来说是全方位的挑战，顾虑多，无从下手。学院的总要求，打消了教师很

---

① 教育部. 国家开放大学积极发挥优势服务“停课不停学”［EB/OL］. http://www.moe.gov.cn/jyb_xwfb/gzdt_gzdt/s5987/202001/t20200129_416975.html，2020-01-29.

多顾虑，可充分发挥教师个人的技术特长，施展教师个人应用软件能力来开展和探索特殊时期的在线教学。

（二）教务处总要求

教务处提出了“远程在线教学须以锦城在线为主，其他平台或者软件为辅。教学大纲、课程和课堂设计，翻转视频和考勤，作业布置与批改，单元测试等应放在锦城在线；在线教学必须做好，必须要有针对在线教学特点并与学分、教学目标相适应的课程和课堂设计；必须要有在线教学应该具备的过程和环节；必须保证教学质量；教学效果要好，能受到学生的欢迎和好评”的具体要求。

具体要求让教师明确具体在线教学平台内容，梳理出教学过程中每一环节必须具备的内容，确保在线教学质量和教学效果。

三、信息素养教育在线教学实践探索

（一）课前

1. 动员

在线开学前半个月，图书馆提前召开“积极抗疫，停课不停学”2020春季开学动员视频会，通报图书馆抗疫期间人员情况，传达学习党中央、教育部、四川省、成都市和锦城学院抗疫指导精神，继续全力做好疫情防控工作的同时，共同探讨信息素养教育春季按时开学的在线教学工作。

2. 统计在线教学开课情况

图书馆开设的春季信息素养教育共有 20 个教学班，1600 余名学生。在线教学第一轮有两位教师讲授“信息检索与利用”课程，两个教学班 32 学时 210 余名学生，专业涉及会计学 CPA、会计学 USCPA、工程造价、城乡规划、工程管理、建筑学等，结合两名教师个人技术特长，初步决定采用“锦城在线”、钉钉直播、B 站、钉钉视频会议、录播和微信群 6 种方式。同时，图书馆安排 4 人参与线上听课。

3. 课前

建立教学班群。图书馆与学工处协同，通过辅导员，建立“信息检索与利用”课程教学班级群（钉钉群+微信群），并通过学生助教、班长和教师层层管理群。

修改教学大纲。教师以“学生为中心”，修改和调整教学大纲，以适应在线教学的特点，在教务处要求的“锦城在线”平台中上传《信息检索与利用》教学大纲（2020 在线教学版）。

上传教学内容。在“锦城在线”平台上上传教案、中外文数据库使用技巧视频、学术论文写作 PPT、文献综述写作方法微课、教学考核、翻转任务单和参考文献资料等内容，并设置任务节点让课前学生自学；要求在线教学每一次课有一次作业。

直播试课。教师通过教学班直播试课，试用了钉钉、腾讯课堂和 B 站，了解直播效果，确保按时正常开课。并为防止网络堵塞，教师还预准备另外两种直播方式。

（二）课中

提前进入平台。教师提前进入“信息检索与利用”课程钉钉直播平台，对学生进行考勤，了解学生到课情况，并与学生进行课前“热身”互动交流。

按时开课。教师按照课表上课时间准时“直播”，利用在线教学工具（钉钉、腾讯会议），进行互动和讨论。

突出课程思政。教师第一次课在线上要求学生检索“新冠病毒”等相关内容，师生共同学习和探讨相关知识，科学抗疫，不传谣，不信谣，强调讨论课上正确使用网络用语，注意网络的安全性、观点的思想性、用词的精准性等，以此方式进行课程思政教育和调动学生学习积极性。

学术论文与热点相结合。教师结合防疫进行心理辅导铺垫，并将疫情与学术论文（一课一文或文献综述）内容相结合，引导学生结合专业进行文献分析与评价。例如，通过检索文献，从本次疫情出发，分析评价疫情对国内企业财务的影响；又如，疫情后对我国经济带来的影响；再如，疫情后中国建筑业的挑战和影响等热点问题相结合，来激发学生结合实际，进行学术论文（一课一文或文献综述）撰写。

课堂管理。教师随时向教学班群提问，抽查学生听课情况；借助文字、语音互动、连麦等方式与学生互动；通过群投票或随机抽点学生回答问题等方式动态了解学生学习情况。

学生反响。学生积极参与课堂互动、检索与阅读，讨论与发言；因好奇心原因，第一次“直播”课比线下传统课堂的互动更频繁，参与度更高。

（三）课后

课后学生完成教师布置学术论文或一课一文或文献综述，教师在教学班群上对同学的疑问进行在线答疑。每天固定时间，对学生的提问、作业进行在线指导和点评。

四、结语

本文主要阐述新冠疫情特殊时期信息素养在线教学实践探索，停课不停学、停课不停教。教师以“锦城在线”平台为主，让学生自主学习；以钉钉直播平台为主，讲授重点难点；以提问和点评方式，答疑指导，注重学习效果。

（一）特点与优势

1. 全新在线教学模式

面对全新的在线教学模式，各位教师从陌生到摸索再到较熟练地应用授课，刷新了师生的教学和受教育方式，也提升了师生的各种应用技术能力。

2. 新的教学设计

虽然一节课只有四十五分钟，但课前的准备工作格外“磨”教师，教师在线下需要精心准备自己的教学设计，从课前、课中、课后三个环节对教学内容进行重新设计。

在线教学课堂并非传统课堂的直接照搬。在传统的教学活动中，教师对教学内容大多通过 PPT 来进行授课，是一种单媒体教学活动。在线教学是对丰富教学资源和教师授课内容进行的有效的选择、加工、整合，故需重新设计教学，创设逼真的教学环境，动静结合的教学图像，生动活泼的教学氛围。教学设计要让学生在直播中能够与教师互动，课前教师提出问题，直播中由学生来分享自学内容、总结、收获、疑惑等，教师点评、指导和答疑，学生互动分享成为在线教学课堂的点睛之笔。

3. 在线教学更注重学生自主学习性

在线教学相比传统教学更注重学生学习的自主性与自主学习深度，学生普遍反映这是对他们的一种能力锻炼。采用“学生自主学习+教师讲解重难点、辅导答疑+讨论、练习、测验”的方式，加强了学生的自学能力。

4. 全员参与

辅导员、教师和馆员同时参与在线教学，辅导员协助教学管理，教师安心现场直播，馆员化身线上教学的“客服”，随时在线“待命”，协助教师统计教学班学生人数，了解线上教学情况。

5. 学生互动积极

在线教学互动的有效利用，不仅没有弱化本课程效果，反而因为新奇和有趣，提高了学生学习参与度、挑战度以及学习的成就感。

6. 教学资源丰富

因疫情特殊情况，国家开放了很多精品教学资源，信息素养在线教学整合了优秀网络资源，提高了教学内容质量。

（二）存在的问题

1. 少数学生无法上网

信息素养在线教学，对于网络条件不具备的少数学生造成影响，无法完成自学和在线教学内容。

2. 网络信号不佳

由于网速原因，教师直播时会出现掉线和卡顿。例如，钉钉连麦时会出现啸叫声等。

3. 听课状态无法把握

直播课上，教师看不到每个学生，无法看到学生的听课状态。

4. 学生要掌握多种平台

每一门课程，教师使用自己熟悉的平台进行授课，对于学生而言，就需要掌握多种平台，例如锦城在线、B 站直播、钉钉直播、腾讯直播等，让在线上课学生一时手忙脚乱。

综上所述，新冠疫情下“停课不停学”信息素养在线教学实践探索，为图书馆信息素养教育提供了一条新路径，虽然存在一些问题，但为教学改革提供了新思路，为提高信息素养教育教学质量，提供了新契机。

参考文献

[1] 富昕辉. 应用在线教育平台实现恶劣天气下的“停课不停学”[J]. 基础教育参考，2017（09）：46-48.

[2] 杨自犇. 利用网络平台实现“停课不停学”的教学新探索[J]. 中国教育信息化，2016（23）：90-91.

[3] 牛牧华. 课堂教学与在线学习融合研究[J]. 教育教学论坛，2020（05）：285-286.

[4] 焦建利. 打造优质在线课程的 5 种有效方法[J]. 中国信息技术教育，2020（01）：15.

传统文化阅读推广活动中的视觉传达策略研究

——以四川大学图书馆阅读推广活动为例*

张又雄　李　禾　姜　晓**

摘　要：“读图”时代的到来，使视觉传达模式不断植入阅读推广之中，特别对传统文化的推广发挥着日益重要的功能。然而，在基于传统文化阅读推广的既往研究中，仅涉及视觉传达表现，而对其特征、思路及效果较少涉及，故很难以此为经验做进一步的研究和分析。本研究尝试以阅读推广理论和策略为基础，对相关案例展开分析，以研究视觉传达特征和影响因素，从而探索传统文化阅读推广活动中视觉传达的思路和途径。

关键词：阅读推广　视觉传达　传统文化

2018年10月，习近平总书记在文艺工作座谈会上指出，中华优秀传统文化是中华民族的精神命脉，是涵养社会主义核心价值观的重要源泉，也是我们在世界文化激荡中站稳脚跟的坚实根基。要结合新的时代条件传承和弘扬中华优秀传统文化，传承和弘扬中华美学精神。

近年来，我国高校在阅读推广活动中对基于传统文化、中华经典方面的阅读推广日趋增多，形式上呈现出多元化的趋势，形成了多平台联合的阅读推广合作模式，在开展线下推广如展览、文化沙龙讲座、真人图书馆等主题活动的同时，又借助融合媒体平台，通过官方主页、微媒体等搭建

---

* 本文系四川省文化和旅游厅2018—2020年“图书情报学与文献学规划项目”（编号WHTTSXM［2018］28）研究成果之一。

** 张又雄（1987—），男，四川大学图书馆馆员；李禾（1976—），男，四川大学图书馆副研究馆员；姜晓（1965—），女，四川大学图书馆研究馆员。

线上阅读空间和阅读社区，进行阅读推广的延伸。同时，各类活动组织中的外在呈现形式也发生持续性的变化，多元可视化表达纷至沓来，新媒体、微视频、创意图像等方式层出不穷，以满足抑或说跟上受众的信息接收方式、视听语言的升级与审美节奏。上述变化源自视觉艺术不断融合、发展，阅读逐渐立体化，“读图”时代的悄然来临。视觉传达不再是以呆板、僵硬、静态的形式提供信息，而是以更丰富、更具动态性的呈现形态，其更易于体现组织者对活动“画面化”的理解与重塑。面对此趋势，许多高校在阅读推广中也日益重视可视化的传播模式。与之相应，传统文化推广的模式也无可避免地受到该趋势影响，即无论在何种时间和空间中、无论在何种平台下，传统文化推广都将要学会思考如何将中国优秀传统文化的元素或符号以更具张力、更具活力的外在可视化方式加以表达，从而有效凸显传统文化特点，烘托此类阅读推广活动的氛围，推动中华优秀传统文化的传承与发展。

一、视觉传达与传统文化阅读推广的研究

据相关文献资料显示，关于视觉、视觉传达在图书馆事业发展方面的应用的研究相对较少，内容范围也比较有限，大多数研究集中于网页设计、图书馆品牌形象树立等方面视觉传达，如蒋克岩、彭莹的《浅析视觉传达艺术在高校图书馆网页中的应用与研究——以天津师范大学图书馆为例》①，彭楠的《高校图书馆网页设计中的视觉传达艺术——以中美高校图书馆为例》② 等。还有针对图书馆品牌宣传的视觉传达研究，如郑海燕的《借助视觉传达完善都市图书馆品牌形象——以上海图书馆为例》③；余凯璇、吴云的《新媒体艺术在公共图书馆的应用研究》④ 等。而对于图书馆阅读推广中的视觉传达研究相对较少，如刘峰的《关于视觉传达设计在图

① 蒋克岩，彭莹. 浅析视觉传达艺术在高校图书馆网页中的应用与研究——以天津师范大学图书馆为例[J]. 艺术与设计（理论），2015，2（08）：57-59.

② 彭楠. 高校图书馆网页设计中的视觉传达艺术——以中美高校图书馆为例[J]. 东莞理工学院学报，2014，21（02）：111-115.

③ 郑海燕. 借助视觉传达完善都市图书馆品牌形象——以上海图书馆为例[J]. 图书馆杂志，2013，32（06）：44-49.

④ 余凯璇，吴云. 新媒体艺术在公共图书馆的应用研究[J]. 图书馆研究与工作，2017（10）：50-53.

书馆馆藏资源推广中运用的研究》[①]，王萍的《浅析视觉文化对少年儿童阅读的影响》[②]，以及朱敏较早提出的《视觉营销在图书馆阅读推广服务中的应用》[③] 等。这些论文从不同的角度和侧面对视觉传达的推广效应和策略进行了研究，其主旨是通过对图书馆资源服务多元平台和环境的视觉化改变，提升受众的接受度。

综上所述，既往研究或多或少与阅读推广中的视觉传达选题有关联，网页设计、资源和品牌推广更是阅读推广中视觉设计的组成部分，但其总体研究范围狭窄，并未从阅读推广战略的特点出发，以更宏观的思维审视视觉传达在阅读推广中发挥的长期性作用，因而往往目标性不明确，流于浅表。我们应对基于传统文化的阅读推广中视觉传达的特殊性进行深入挖掘，既强调民族化、中国化的视觉元素及语言的创新对人们的视觉审美有深刻的影响，同时，在双一流大学建设背景下，以“阅读推广+”为抓手，突出基于个性化的文化创新性阅读推广给了视觉表达以更广阔的拓展空间。

为此，在高校宣传推广工作态势全盘理解的基础上，如何以社会主义核心价值为引导，充分利用视觉传达的呈现方式，进一步加强阅读推广的活跃度，提升其正面效果，成为具有深入研究价值的课题。

二、视觉传达在传统文化阅读推广中的策略

（一）传统文化阅读推广中视觉传达的特点

在描述视觉传达的众多概念中，目前较为被广泛认可的是指利用视觉符号来传递各种信息。设计师是信息的发送者，传达对象是信息的接受者。传达是交流互动的体现，是视、听、触、闻等感官与大脑交流并呈现的过程。如果说图形是对符号编码，那传达可以看成是受众自身的解读方式。通常，在视觉传达中，存在传播者对符号的理解和符号被受众解读两次理解过程。该过程的两个节点，对应于传统文化阅读推广中视觉传达的

---

① 刘峰. 关于视觉传达设计在图书馆馆藏资源推广中运用的研究[J]. 农业图书情报学刊，2017，29（11）：70-73.

② 王萍. 浅析视觉文化对少年儿童阅读的影响[J]. 贵图学苑，2018（01）：67-69.

③ 朱敏. 视觉营销在图书馆阅读推广服务中的应用[J]. 江苏科技信息，2014（24）：32-33.

两个特点：

一是传播者对符号的理解，指传播者通过对传统文化的深入理解和解构，使之视觉符号化，从而契合受众兴趣，激发其强烈的信息接受欲望，即视觉冲击。

二是受众对符号的解读，指经过传统元素或符号的渲染，其潜移默化的感染力，促使受众与之产生共情，并根据自我认知产生对符号的再创造。

由此可见，以“契合思维”“共情”为核心，可提出传统文化阅读推广活动中的视觉传达运用策略。而四川大学图书馆在长期的阅读推广实践案例中，也给该策略提供了有力的实证支撑。

（二）推广策略——四川大学图书馆传统文化阅读推广案例

在全民阅读和“双一流”建设的双重环境下，笔者参与组织开展了四川大学图书馆“光影悦动·微拍电子书”活动，活动获得第一届全国高等学校图书馆阅读推广案例大赛第一名，其后参与组织开展校级活动“经典守护者·中华经典美文诵读大赛”“青春之我·真人书屋”等多个具有较大影响力的阅读推广活动。基于上述经历，笔者尝试以阅读推广理论和策略为基础，以阅读推广案例为出发点，以探索视觉传达特征及效果为切入点，通过案例分析方式，初步寻找阅读推广活动中视觉传达文化的思路和途径。

1.“契合思维”策略在四川大学图书馆传统文化阅读推广案例中的体现

（1）“光影悦动·微拍电子书”活动。该活动是四川大学图书馆2015年进行的一次大胆的阅读推广尝试。图书馆阅读推广团队以当时新兴的媒体“短视频”为表现形式，以此作为活动表现主体，引导学生“诵经典文化，展精神风采”。视觉传达策略上，阅读推广团队契合思维“稳重、大方、释放”，注重对学生的引导，使其在可控范围内尽量展现自己对传统文化的新解读。活动前期制作了平面海报，立体海报，文化衫等特色宣传品在校内进行宣传造势，制作样片推广后，面向学生群体开展“摄—录—剪辑”培训，使活动“满而不溢”，富有立体感。其简约而清新的色彩元素和图像的表达策略，充分符合校园背景下的学生活动，其趣味性情景呈现，与当前青年潮流文化存在相当的契合性。

同时，活动启用微博和微信延伸宣传推广范围，依靠新媒体视觉表达的趣味性特征，激发了更多参与者的兴趣，取得良好的效果，共征集投稿百余份，数百人参与投稿。活动期间，新浪微博“微拍电子书”话题阅读量超过百万人次，互动讨论数百条，微信推送数十条，阅读量近万次。

（2）四川大学“青春之我·真人书屋”系列活动。该活动始于 2018 年 9 月，遴选和推荐具有巨大影响力的人物和学者作为真人图书，以分享人生经历、共读优秀图书为媒介，引领师生闻其言，瞻其行，读其书，悟其道，提高文化素养和文化品位。在视觉传达策略上，阅读推广团队充分考虑领读者的人物特点与真人书屋主题，契合思维“大学大师，感动川大”，结合时下元素个性化定制平面海报，言简意赅，生动活泼，深受师生好评，这也成为图书馆阅读推广的固定动作。

（3）“明远展厅”阅读推广平台。该平台建立于 2019 年 9 月，是四川大学图书馆利用有限空间做的一次再造尝试，阅读推广团队契合校训“海纳百川，有容乃大”设计出了以“活字方块”为主体展示橱窗，辅以极简主义模块化定制展览区域，整个视觉传达上，线条明快现代，色彩使用传统“川大红”压低灰度，活泼稳重，视觉呈现出深厚但不失活泼的特征，充分将我校传统符号融入现代设计。其多变而灵活的设计，吸引了更多师生的注意力。同时，还配套推出以现代设计理念“解构”制作而成的配套文创产品进一步根植图书馆在师生中的新形象。

2.“共情”策略在四川大学图书馆传统文化阅读推广案例中的体现

（1）“经典守护者·中华经典美文诵读大赛”系列活动。该活动是四川大学举办的弘扬中华优秀传统文化，进一步促进精神文明建设和书香川大建设的大型诵读比赛。阅读推广团队充分利用“微拍电子书”活动的经验，视觉传达策略以“古典华服，中华韵味，精神传承”为中心，前期组织广泛征集视频诵读作品，中期通过微信微博平台对征集到的优秀视频作品做充分展示，视觉传达中所凸显的传统审美情趣与潮流文化相融合的内涵，挑动了广大师生长期以来植根于血脉的传统文化认同感和新时代的带入感，完美达到了“共情”的视觉表达效果。最终在以现场诵读比赛的形式为广大师生呈现一桌丰盛的传统文化大餐的同时，也悄然将传统诗词化作文化符号引导进当下的流媒体中，活跃了传统文化符号，取得双赢。

（2）明远文库。文库建立于 2017 年，是四川大学图书馆反映川大历代学人学术专著和研究成果，收藏、展示著名川大校友文献著作，弘扬川大精神而建立的多功能空间。阅读推广团队在此主旨指引下，视觉传达策略从“厚重活泼，精神永存”入手，将川大行政楼的厚重感与线条感解构融入文库装修设计中，同时充分利用川大视觉元素“锦绣红”“优雅灰”点缀配色，配合存放的川大师生学术成果，从视觉上给参观者以“海纳百川，有容乃大”之感。建成后，明远文库作为活动举办地之一，视觉传达策略起到很好的效果，给参与者以庄重大方、肃然起敬之感，促使其产生强烈的“共情”，激发其民族自豪感。阅读推广团队在此基础上拟策划更多元的活动在其中举行，促成传统与现代精神契合，使明远文库活动在潜移默化中将川大的传统文化元素与当下不同学术元素结合，从视觉上引导精神上的丰收。

三、视觉传达策略研究对传统文化阅读推广的启示

（一）视觉传达策略研究可以有效实现传统文化的现代表达

通过成功的案例实践，从高校阅读推广受众对传统文化元素与可视化环境间的融合性特征出发，研究提升传统文化阅读推广活动效果的策略和思路是可行的、成功的。专注于受众的传统文化素材视觉特征对阅读推广活动的促进作用，经受众的反馈展开研究的方法是行之有效的，结果是显著的。通过对阅读推广活动中传统文化的元素及可视化环境契合度的分析和研究，可以寻找到大学生对视觉传达的接受特征，尝试探索针对高校大学生的视觉培养策略和思路。结合这个思路，传统文化符号将自然而然地与阅读推广活动相辅相成，继续完善其现代表达。

（二）视觉传达策略对传统文化阅读推广的积极促进作用

优秀的文化是同时代一起进步的，具有时代的属性。尊重文化也是时代的责任与发展的必须。当下，随着大众审美水平的不断提高，传统文化阅读推广已经从“遍地开花”到了“精益求精”的关键阶段，不跟上时代就湮没在时代的更替中。在此视觉传达策略下，传统文化的符号得以解构和融合，更容易被受众接受，更好地服务于阅读推广。

（三）传统文化阅读推广可将“契合思维”作为视觉传达的指引方向

本研究突破既往阅读推广集中关注策略、思路的特征，将视觉传递纳入阅读推广的范围内，开辟相关理论研究的新路径。以视觉理论及阅读推广理论为支撑，调研阅读推广中的读者反馈数据，形成“契合思维”，探

索传统文化在阅读推广中的视觉传达策略，对于当前高校传统文化的阅读推广具有一定的指导和借鉴作用。

四、结语

传统文化阅读推广注定肩负重任。传统文化复兴首先要建立充分的文化自信，文化符号应该自然地、自信地与现在的流行元素和传播途径契合，这才是它该具有的活力。这也需要阅读推广人充分探索与引导，了解受众，把握趋势，形成默契，这是得到正确方法的途径，才能使传统文化阅读推广在视觉传达方向上迸发应有的火花。